Ⅱ

공익신고 포상금(보상금) 1

최 종 배 編著

 법률출판사

머리말

우리 사회는 법을 위반하는 행위를 죄의식 없이 감행하는 풍조가 만연한 것 같습니다. 얼마 전에 보았듯이 국무총리로 임명될만한 인재를 모시기 어렵고, 인사청문회를 무난히 통과할 수 있는 장관후보자를 찾는 것이 힘든 일이라는 점을 청와대 관계자가 스스로 인정합니다. 저잣거리의 어떤 이는 범법행위를 마치 무용담처럼 자랑하는 실정입니다. 안타깝습니다. 따라서 「공익신고자보호법」을 제정하는 일에 힘쓴 분들에게 고마움을 표합니다.

이 법은 이제 막 시행(2011. 9. 29.)되었으므로 아직 그 위력을 보이지는 못하지만, 그리 멀지 않은 장래에 우리 사회의 정화에 큰 기여를 할 것이라고 확신합니다. 공익신고를 전문적으로(직업적으로) 하는 분이든 그렇지 않은 분이든 가릴 것 없이 자긍심과 보람을 만끽할 수 있는 때가 되었다는 생각을 하게 됩니다.

과거부터 각각의 법률에서 시행해온 "신고포상금"의 경우는 대부분 특정한 범죄행위만을 그 대상으로 합니다. 따라서 신고의 대상이 한정됩니다. 그러나 이 책에서 소개하는 「공익신고자보호법」은 형사상 처벌, 과태료 · 과징금 · 이행강제금 등의 부과는 물론 행정처분(특허 · 허가 · 인가 · 면허 · 승인 · 등록 · 지정 · 검정 등의 취소 · 정지 등)을 할 수 있는 행위까지도 모두 공익신고의 대상으로 하면서 신고자에게 상금을 지급하고 있습니다.

이 책에서 소개하는 60개 법률만으로도 공익신고의 대상 범법행위는 수천 종류가 됩니다. 이들을 모두 섭렵할 수만 있다면 특별한 노력을 기울이지 않더라도 신고대상은 항상 눈앞에 있을 것입니다. 우선 접근이 쉬운 분야부터 차근차근 법령을 섭렵하시기 바랍니다. 그렇게 하다 보면 모순된 법령이나 제도 등도 덩달아 보이게 될 것입니다. 이러한 모순을 시정해달라는 의견은 특별한 증거가 없더라도 가능합니다. 그 신청에 따라 법령의 제·개정이나 제도개선 등이 이루어지면 포상금을 지급받습니다. 법령에 관한 지식을 습득하다보면 주업이나 부업이든 투잡(two job)이든 조만간 희열을 맛보게 되실 것임을 확신합니다.

증거의 수집 내지 확보를 위한 장비가 아무리 훌륭해도 법률지식이 뒷받침되지 않는다면 그 포상금은 몇 십만 원 또는 몇 백만 원에 불과할 것입니다. 국민권익위원회가 2011년부터 의욕적으로 나서서 공익신고자에게 지급하는 "보상금"의 최고액은 10억 원입니다. 보상금이라는 용어를 사용하였지만 그 실질은 포상금입니다.

공익신고의 대상 범법행위는 큰 틀에서 보면 ① 국민의 건강과 안전을 침해하는 행위, ② 환경을 훼손하는 행위, ③ 소비자의 이익을 침해하는 행위 및 ④ 공정한 경쟁을 침해하는 행위(불공정거래행위)입니다.

이 책에서 검토하는 모든 법률은 국민권익위원회를 상대로 하는 내용입니다. 따라서 책의 앞부분은 권익위원회에서 지급하는 포상금과 보상금에 관한 이해를 돕는 내용으로 엮었습니다. 그 다음 공익신고의 대상인 법률 180개 중 우선 60개 법률을 소개하였습니다. 나머지 120개 법률에 관한 내용은 조만간 소개해드릴 것을 약속합니다. 이 책에서 소개하고 있는 60개 법률이 모든 분에게 접근이 용이한 것은 아닐 것입니다. 그러나 이 책을 엮는 이 사람의 입장에서는 특정 법률만을 선별하는 것이 어려운 나머지 공익신고의 대상이 되는 모든 법률을 일단 소개할 수밖에 없다는 점에 관하여는 양해를 구합니다. 일반적(공통적)으로 유용할 것으로 보이는 법률을 발췌하는 일도 쉽지 않거니와 농·어촌 등 특정지역이 생활무대인 분들이나 특수분야에 종사하는 분들에게만 필요할 것으로 보이는 법률일지라도 모두 소개를 한 이유입니다. 따라서 개인적으로 정보에의 접근이 비교적 쉬운 분야에 관련된 법률을 중점적으로 검토하시기를 권합니다. 이 책만으로 완벽한 이해를 기대할 수는 없습니다. 책의 내용 중에 법령을 검색하는 요령 및 신고 방법 및 포상금 또는 보상금을 신청하는 요령을 소개하였으나, 그것만으로 부족한 분은 주저할 것 없이 저에게 편지를 쓰시기 바랍니다. 다만, 전자우편으로 한정하는 점은 너그러운 마음으로 헤아려 주시기 바랍니다.

몇 개의 법률은 이 사람이 이미 세상에 공개한 바 있는 〈신고포상금〉에서 소개한 것과 중복되는 듯이 느껴질 수도 있습니다. 그러나 앞의 책에서 소개한 내용과 이 책에서 다루는 내용은 신고의 대상, 포상금 내지 보상금의 지급 주체 및 상금의 액수 등에서 전혀 다른 것이라는 점을 밝혀둡니다.

독자 여러분에게 건강과 행운이 항상 함께 하길 바라면서 줄입니다. 고맙습니다. 우리나라에서 검증된 적이 없는 저의 원고를 서슴없이 책으로 만들어주신 법률출판사의 김용성 사장과 임직원 모두에게도 고마움을 표합니다.

최 종 배 올림

cjb4128@naver.com

차 례

1. 부패방지 및 국민권익위원회의 설치와 운영에 관한 법률 ·············13

  제1절 국민권익위원회의 구성 · 조직 ·······························14

  제2절 국민권익위원회가 하는 일 ·································14

    제1관 위원회의 기능 ·······································15

    제2관 위원회의 권능 ·······································16

    제3관 고충민원의 제기 및 처리 ·····························18

    제4관 부패행위의 신고 및 처리 ·····························23

  제3절 포상금과 보상금 ···27

    제1관 포상금 ···27

    제2관 보상금 ···29

    제3관 포상금 · 보상금 지급의 세부적 기준 · 방법 · 절차 ·············34

2. 공익신고자보호법 ···43

  제1절 「공익신고자보호법」의 이해 ·································44

  제2절 공익신고의 요건 · 절차 등 ···································45

    제1관 공익신고의 개념 ·······································45

    제2관 공익침해행위의 범위 ···································47

    제3관 공익신고의 방법 및 처리 ·······························48

  제3절 보상금의 지급기준 · 절차 · 방법 ·····························50

    제1관 「공익신고자보호법」의 규정 ·····························50

    제2관 「공익신고자보호법 시행령」의 규정 ·······················52

3. 개별 법률 분석 ···59

　제1장 가맹사업거래의 공정화에 관한 법률 ················61

　제2장 가축분뇨의 관리 및 이용에 관한 법률 ···········67

　제3장 가축전염병예방법 ·······································77

　제4장 감염병의 예방 및 관리에 관한 법률 ···········89

　제5장 개항질서법 ···99

　제6장 건강검진기본법 ···108

　제7장 건강기능식품에 관한 법률 ·······················108

　제8장 건설기계관리법 ···119

　제9장 건설기술진흥법 ···125

　제10장 건설산업기본법 ·······································135

　제11장 건설폐기물의 재활용촉진에 관한 법률 ········144

　제12장 건축사법 ··157

　제13장 검역법 ···159

　제14장 경비업법 ··163

　제15장 계량에 관한 법률 ·····································168

　제16장 고압가스 안전관리법 ································176

　제17장 골재채취법 ···185

　제18장 공연법 ···188

　제19장 공유수면 관리 및 매립에 관한 법률 ··········192

　제20장 공인중개사법 ··198

　제21장 관광진흥법 ···203

　제22장 광산보안법 ···209

　제23장 광산피해의 방지 및 복구에 관한 법률 ········215

제24장 교통안전법 ···215

제25장 교통약자의 이동편의 증진법 ·····················220

제26장 국가기술자격법 ···223

제27장 국민건강증진법 ···225

제28장 국유림의 경영 및 관리에 관한 법률 ···········228

제29장 국제상거래에 있어서 외국공무원에 대한

　　　 뇌물방지법 ··229

제30장 궤도운송법 ··231

제31장 금강수계 물관리 및 주민지원 등에 관한 법률 ·······234

제32장 급경사지 재해예방에 관한 법률 ·················239

제33장 낙동강수계 물관리 및 주민지원 등에 관한 법률 ····241

제34장 낚시 관리 및 육성법 ·····································241

제35장 내수면어업법 ···247

제36장 농수산물 품질관리법 ·····································251

제37장 농수산물유통 및 가격안정에 관한 법률 ·······259

제38장 농수산물의 원산지표시에 관한 법률 ···········266

제39장 농약관리법 ··271

제40장 농어촌도로 정비법 ···276

제41장 농어촌정비법 ···278

제42장 농지법 ···281

제43장 다중이용시설 등의 실내공기질관리법 ··········286

제44장 다중이용업소의 안전관리에 관한 특별법 ······286

제45장 대기환경보전법 ···286

제46장 대부업 등의 등록 및 금융이용자 보호에 관한 법률 ····297

제47장 대·중소기업 상생협력 촉진에 관한 법률 ·······301

제48장 댐건설 및 주변지역지원 등에 관한 법률 ··············304

제49장 도로교통법 ··305

제50장 도시가스사업법 ···310

제51장 도시철도법 ··330

제52장 독도 등 도서지역의 생태계보전에 관한 특별법 ······333

제53장 독점규제 및 공정거래에 관한 법률 ··················335

제54장 마약류 관리에 관한 법률 ····································350

제55장 말산업 육성법 ··367

제56장 먹는물관리법 ··369

제57장 무인도서의 보전 및 관리에 관한 법률 ··················377

제58장 문화재보호법 ··381

제59장 물가안정에 관한 법률 ··389

제60장 방문판매 등에 관한 법률 ····································391

제2권 목차(예정)

1. 「부패방지 및 국민권익위원회의 설치와 운영에 관한 법률」
제1절 국민권익위원회의 구성 · 조직
제2절 국민권익위원회가 하는 일
  제1관 위원회의 기능
  제2관 위원회의 권능
  제3관 고충민원의 제기 및 처리
  제4관 부패행위의 신고 및 처리
제3절 포상금과 보상금
  제1관 포상금
  제2관 보상금
  제3관 포상금 · 보상금 지급의 세부적 기준 · 방법 · 절차

2. 「공익신고자보호법」
제1절 「공익신고자보호법」의 이해
제2절 공익신고의 요건 · 절차 등
  제1관 공익신고의 개념
  제2관 공익침해행위의 범위
  제3관 공익신고의 방법 및 처리
제3절 보상금의 지급기준 · 절차 · 방법
  제1관 「공익신고자보호법」의 규정
  제2관 「공익신고자보호법 시행령」의 규정

3. 개별 법률의 검토
제61장 방사성폐기물 관리법
제62장 백두대간 보호에 관한 법률
제63장 보건범죄 단속에 관한 특별조치법
제64장 보험업법
제65장 부정경쟁방지 및 영업비밀보호에 관한 법률
제66장 비료관리법
제67장 사격 및 사격장 안전관리에 관한 법률
제68장 사료관리법
제69장 산림보호법
제70장 산림자원의 조성 및 관리에 관한 법률
제71장 산업안전보건법
제72장 산업표준화법
제73장 산지관리법
제74장 상호저축은행법
제75장 새마을금고법
제76장 석면안전관리법
제77장 석유 및 석유대체연료 사업법
제78장 선박안전법
제79장 소금산업진흥법
제80장 소나무재선충병 방제특별법
제81장 소 및 쇠고기 이력관리에 관한 법률
제82장 소방시설공사업법

제83장 소방시설설치유지 및 안전관리에 관한 법률
제84장 소비자기본법
제85장 소하천정비법
제86장 송유관 안전관리법
제87장 수도법
제88장 수산생물질병 관리법
제89장 수산업법
제90장 수산자원관리법
제91장 수상레저안전법
제92장 수질 및 수생태계 보전에 관한 법률
제93장 습지보전법
제94장 승강기시설 안전관리법
제95장 시설물의 안전관리에 관한 특별법
제96장 식물방역법
제97장 식물신품종 보호법
제98장 식품산업진흥법
제99장 식품안전기본법
제100장 식품위생법
제101장 액화석유가스의 안전관리 및 사업법
제102조 야생생물 보호 및 관리에 관한 법률
제103장 약사법
제104장 양곡관리법
제105장 어린이놀이시설 안전관리법
제106장 어린이 식생활안전관리 특별법
제107장 어장관리법
제108장 어촌 · 어항법
제109장 에너지이용 합리화법
제110장 여신전문금융업법
제111장 연구실 안전환경 조성에 관한 법률
제112장 영산강 · 섬진강수계 물관리 및 주민지원 등에
    관한 법률
제113장 영유아보육법
제114장 오존층 보호를 위한 특정물질의 제조규제 등에
    관한 법률
제115장 원자력안전법
제116장 원자력시설 등의 방호 및 방사능 방재 대책법
제117장 유사수신행위의 규제에 관한 법률
제118장 유전자변형생물체의 국가간 이동 등에 관한 법률
제119장 유해화학물질 관리법
제120장 응급의료에 관한 법률

제3권 목차(예정)

제121장 의료기기법
제122장 의료기사 등에 관한 법률
제123장 의료법
제124장 인삼사업법
제125장 임업 및 산촌 진흥촉진에 관한 법률
제126장 자격기본법
제127장 자연공원법
제128장 자연재해대책법
제129장 자연환경보전법
제130장 잔류성유기오염물질 관리법
제131장 장기등 이식에 관한 법률
제132장 저수지·댐의 안전관리 및 재해예방에 관한 법률
제133장 전기공사업법
제134장 전기사업법
제135장 전기용품안전 관리법
제136장 전기·전자제품 및 자동차의 자원순환에 관한 법률
제137장 전력기술관리법
제138장 전자상거래 등에서의 소비자보호에 관한 법률
제139장 전통주 등의 산업진흥에 관한 법률
제140장 정보통신망 보호법
제141장 제주특별자치도 설치 및 국제자유도시 조성을 위한 특별법
제142장 제품안전기본법
제143장 종자산업법
제144장 지진재해대책법
제145장 지하수법
제146장 직업안정법
제147장 집단에너지사업법
제148장 철도안전법
제149장 청소년보호법
제150장 청소년활동진흥법
제151장 초고층 및 지하연계 복합건축물 재난관리에 관한 특별법
제152장 초지법
제153장 축산물위생관리법
제154장 측량·수로조사 및 지적에 관한 법률
제155장 친환경농업육성법
제156장 토양환경보전법
제157장 폐기물관리법
제158장 표시·광고의 공정화에 관한 법률
제159장 품질경영 및 공산품안전관리법
제160장 하도급거래 공정화에 관한 법률
제161장 하수도법
제162장 하천법
제163장 학교보건법
제164장 한강수계 상수원수질개선 및 주민지원 등에 관한 법률
제165장 할부거래에 관한 법률
제166장 항공법
제167장 항공안전 및 보안에 관한 법률
제168장 항로표지법
제169장 항만법
제170장 항만운송사업법
제171장 해양생태계의 보전 및 관리에 관한 법률
제172장 해양심층수의 개발 및 관리에 관한 법률
제173장 해양환경관리법
제174장 혈액관리법
제175장 화장품법
제176장 환경범죄의 단속에 관한 특별조치법
제177장 환경보건법
제178장 환경분야 시험·검사 등에 관한 법률
제179장 환경영향평가법
제180장 후천성면역결핍증 예방법

1

부패방지 및 국민권익위원회의 설치와 운영에 관한 법률

제1절 국민권익위원회의 구성 · 조직

국민권익위원회는 2008. 2. 29. 시행된 「부패방지 및 국민권익위원회의 설치와 운영에 관한 법률」의 규정에 의하여 설립된 국무총리 소속 합의제의 독립기관이다. 전원위원회는 위원장을 포함하여 15명으로 구성되며, 위원 3명으로 소위원회를 구성하여 활동한다.

위원회의 조직으로는 사무처에 운영지원과가 있고, 권익개선정책국, 고충처리국, 부패방지국 및 행정심판국으로 구성하고 있다.

위원회는 서울 서대문구 통일로 87(미근동)에 위치하고 있으며, 모든 신고와 신청은 인터넷 홈페이지(www.acrc.go.kr)를 통하여 할 수 있다. 즉 권익제도개선신청, 고충민원신청, 부패행위신고, 공익신고 및 이들 관련 이의신청은 인터넷을 통하여 신청이나 신고할 수 있다. 포상금이나 보상금의 지급신청도 인터넷으로 가능하다.

제2절 국민권익위원회가 하는 일

「부패방지 및 국민권익위원회의 설치와 운영에 관한 법률」은 국민권익위원회를 설치하여 고충민원의 처리와 이에 관련된 불합리한 행정제도를 개선하고, 부패의 발생을 예방하여 부패행위를 효율적으로 규제함으로써 국민의 기본적 권익을 보호하고 행정의 적정을 확보하는 것 등을 목적으로 제정된 법률이다. 이 법률에 터 잡아 ① 고충민원의 제기자(신청인)에 대한 포상금을 지급하고, ② 부패행위의 신고자에 대하

여 보상금을 지급하며, ③ 「공익신고자보호법」에 의거하여 180개 법률
에 해당하는 공익신고자에게 보상금을 지급한다.

「공익신고자보호법」에 관한 내용은 뒤에서 검토하기로 하고, 여기에
서는 먼저 부패방지 및 고충민원(법령 및 제도개선 포함) 관련 법령에
관한 내용을 살펴본다.

제1관 위원회의 기능

위원회가 담당하는 업무를 모두 열거하면 다음 각 호와 같다(법 제12조).
1. 국민의 권리보호 · 권리구제 및 부패방지를 위한 정책의 수립 및 시행
2. 고충민원의 조사와 처리 및 이와 관련된 시정권고 또는 의견표명
3. 고충민원을 유발하는 관련 행정제도 및 그 제도의 운영에 개선이
   필요하다고 판단되는 경우 이에 대한 권고 또는 의견표명
4. 위원회가 처리한 고충민원의 결과 및 행정제도 개선에 관한 실태
   조사와 평가
5. 공공기관의 부패방지를 위한 시책 및 제도개선 사항의 수립 · 권
   고와 이를 위한 공공기관에 대한 실태조사
6. 공공기관의 부패방지시책 추진사항에 대한 실태조사 · 평가
7. 부패방지 및 권익구제 교육 · 홍보 계획의 수립 · 시행
8. 비영리 민간단체의 부패방지활동 지원 등 위원회의 활동과 관련
   된 개인 · 법인 또는 단체와의 협력 및 지원
9. 위원회의 활동과 관련한 국제협력
10. 부패행위 신고 안내 · 상담 및 접수 등
11. 신고자의 보호 및 보상

12. 법령 등에 대한 부패유발요인 검토

13. 부패방지 및 권익구제와 관련된 자료의 수집 · 관리 및 분석

14. 공직자 행동강령의 시행 · 운영 및 그 위반행위에 대한 신고의 접수 · 처리 및 신고자의 보호

15. 민원사항에 관한 안내 · 상담 및 민원사항 처리실태 확인 · 지도

16. 온라인 국민참여포털의 통합 운영과 정부민원안내콜센터의 설치 · 운영

17. 시민고충처리위원회의 활동과 관련한 협력 · 지원 및 교육

18. 다수인 관련 갈등 사항에 대한 중재 · 조정 및 기업애로 해소를 위한 기업고충민원의 조사처리

19. 「행정심판법」에 따른 중앙행정심판위원회의 운영에 관한 사항

20. 다른 법령에 따라 위원회의 소관으로 규정된 사항

21. 그 밖에 국민권익 향상을 위하여 국무총리가 위원회에 부의하는 사항

제2관 위원회의 권능

위원회는 필요하다고 인정하는 경우 공공기관의 장에게 부패방지를 위한 제도의 개선을 권고할 수 있다. 이 권고를 받은 공공기관의 장은 이를 제도개선에 반영하여 그 조치결과를 위원회에 통보하여야 하며, 위원회는 이에 대한 이행실태를 확인 · 점검할 수 있다(법 제27조 제1항 · 제2항).

위원회는 <u>법률 · 대통령령 · 총리령 · 부령</u>1) 및 그 위임에 따른 <u>훈</u>

---

1) ★ 법률 · 대통령령 · 총리령 · 부령 : 이들을 합하여 "법령"이라고 부른다. 법령은

령·예규·고시·공고[2])와 조례·규칙[3])의 부패유발요인을 분석·검토하
여 그 법령 등의 소관 기관의 장에게 그 개선을 위하여 필요한 사항을
권고할 수 있다(법 제28조 제1항).

위원회는 위원회의 기능을 수행함에 있어서 필요한 경우 공공기관에
대한 설명 또는 자료·서류 등의 제출요구 및 실태조사를 할 수 있고,
이해관계인·참고인 또는 공직자의 출석 및 의견진술을 요구할 수 있
다(법 제29조 제1항).

상하의 서열이 있고, 하위의 법령은 상위 법령에 저촉되는 내용을 규정할 수 없
다. 대통령령은 법률이 위임하는 사항에 관한 내용을 규정하며, "시행령"이라고
부르기도 한다. 총리령과 부령은 법률이나 대통령령으로부터 위임받은 사항을
규정하며, "시행규칙"이라고 한다. 각 부의 장관은 부령을 제정할 수 있으나 국
무위원이 아닌 중앙행정기관의 장은 부령을 제정할 수 없기 때문에 국무총리가
대신 총리령을 제정하게 된다. 따라서 총리령은 시행규칙에 해당한다.
법령에 관하여는 충분히 이해할 수 있을 때까지 특별한 노력을 할 필요가 있다.
국민고충민원이나 제도개선에 대한 건의 결과 법령의 제정이나 개정이 이루어지
는 경우에는 그 자체가 포상의 대상이기 때문이다. 훈령·예규·고시·공고·조
례·규칙의 경우에도 마찬가지이다.

2) ★ 훈령·예규·고시·공고 : 이들을 합하여 "행정규칙"이라고 부른다. 훈령은 상
급 기관이 하급 기관에 대한 직무를 지휘·감독하기 위해서 제정하는 것, 예규
는 행정사무의 통일성을 기하기 위하여 상급기관이 하급기관에 내리는 것, 고시
와 공고는 행정기관이 국민에게 널리 알리는 글을 각각 의미한다. 이들 상호간
에는 서열이 정해진 것은 아니며, 엄격히 구별하여 사용되는 것도 아니다.

3) ★ 조례·규칙 : 조례는 지방자치단체가 지방의회의 의결을 거쳐 제정한 자치법
규를 말하고, 규칙은 지방자치단체의 장이 발령하는 것을 말한다.

제3관 고충민원의 제기 및 처리

제39조(고충민원의 신청 및 접수) ① 누구든지(국내에 거주하는 외국인을 포함한다) 위원회 또는 시민고충처리위원회(이하 이 장에서 "권익위원회"라 한다)에 고충민원을 신청할 수 있다. 이 경우 하나의 권익위원회에 대하여 고충민원을 제기한 신청인은 다른 권익위원회에 대하여도 고충민원을 신청할 수 있다.

┗ "고충민원"이란 행정기관 등의 위법·부당하거나 소극적인 처분(사실행위 및 부작위를 포함한다) 및 불합리한 행정제도로 인하여 국민의 권리를 침해하거나 국민에게 불편 또는 부담을 주는 사항에 관한 민원(현역장병 및 군 관련 의무복무자의 고충민원을 포함한다)을 말한다.

┗ "시민고충처리위원회"는 이 법에 터 잡아 각 지방자치단체(시·도·시·군·구)에 설치한 고충민원의 접수 및 처리기구를 말한다.

② 권익위원회에 <u>고충민원을 신청</u>4)하고자 하는 자는 다음 각 호의 사항을 기재하여 문서(전자문서를 포함한다. 이하 같다)로 이를 신청하여야 한다. 다만, 문서에 의할 수 없는 특별한 사정이 있는 경우에는 구술(口述)로 신청할 수 있다.

---

4) ★ 고충민원의 신청 방법 : 국민권익위원회 홈페이지(www.acrc.go.kr) "고충민원 신청"에서 인터넷 신청, 우편신청(서울 서대문구 통일로 87 또는 미근동 257 국민권익위원회), 팩스신청(02-360-3531) 또는 방문신청 중에서 신청인에게 편리한 방법을 선택하면 된다.

1. 신청인의 이름과 주소(법인 또는 단체의 경우에는 그 명칭 및 주된 사무소의 소재지와 대표자의 이름)
2. 신청의 취지·이유와 고충민원신청의 원인이 된 사실내용
3. 그 밖에 관계 행정기관의 명칭 등 대통령령으로 정하는 사항

> ∟ "대통령령으로 정하는 사항"은 다음 각 호를 말한다(시행령 제35조 제2항).
> 1. 관계 행정기관 등의 명칭
> 2. 소송 및 다른 법령에 의한 불복(不服)·구제절차의 신청 유무
> 3. 다른 권익위원회에 고충민원을 신청한 경우 그 권익위원회의 명칭 및 신청 내용
> 4. 대리인이 신청하는 경우 그 대리인의 인적 사항 및 본인과의 관계
> 5. 대표자의 인적 사항(대표자가 선정된 경우로 한정한다)
> 6. 군복무 중(「병역법」에 따라 교정시설경비교도·전투경찰순경 또는 의무소방원으로 전환복무 중인 경우를 포함한다)인 자가 신청하는 경우 그 신청인의 소속·계급 및 군번

④ 권익위원회는 고충민원의 신청이 있는 경우에는 다른 법령에 특별한 규정이 있는 경우를 제외하고는 그 접수를 보류하거나 거부할 수 없으며, 접수된 고충민원서류를 부당하게 되돌려 보내서는 아니 된다. 다만, 권익위원회가 고충민원서류를 보류·거부 또는 반려하는 경우에는 지체 없이 그 사유를 신청인에게 통보하여야 한다.

제40조(고충민원의 이첩 등) ① 권익위원회는 접수된 고충민원 중 관계 행정기관 등에서 처리하는 것이 타당하다고 인정되는 사항은 이를 관계 행정기관 등에 이첩할 수 있다. 이 경우 이첩 받은 관계 행정기관 등의 장은 권익위원회의 요청이 있는 때에는 그 처리결과를 권익위원회에 통보하여야 한다.

③ 권익위원회는 제1항에 따라 고충민원을 이첩한 경우에는 지체 없이 그 사유를 명시하여 신청인에게 통보하여야 한다. 이 경우 권익위원회는 필요하다고 인정하는 때에는 신청인에게 권리의 구제에 필요한 절차와 조치에 관하여 안내할 수 있다.

제41조(고충민원의 조사) ① 권익위원회는 고충민원을 접수한 경우에는 지체 없이 그 내용에 관하여 필요한 조사를 하여야 한다. 다만, 다음 각 호의 어느 하나에 해당하는 경우에는 조사를 하지 아니할 수 있다.

1. 제43조 제1항 각 호의 어느 하나에 해당하는 사항
2. 고충민원의 내용이 거짓이거나 정당한 사유가 없다고 인정되는 사항
3. 그 밖에 고충민원에 해당하지 아니하는 경우 등 권익위원회가 조사하는 것이 적절하지 아니하다고 인정하는 사항

제43조(고충민원의 각하 등) ① 권익위원회는 접수된 고충민원이 다음 각 호의 어느 하나에 해당하는 경우에는 그 고충민원을 각하하거나 관계기관에 이송할 수 있다.

1. 고도의 정치적 판단을 요하거나 국가기밀 또는 공무상 비밀에 관한 사항
2. 국회 · 법원 · 헌법재판소 · 선거관리위원회 · 감사원 · 지방의회에 관한 사항
3. 수사 또는 형집행에 관한 사항으로서 그 관장기관에서 처리하는 것이 적당하다고 판단되는 사항 또는 감사원의 감사가 착수된 사항
4. 행정심판, 행정소송, 헌법재판소의 심판이나 감사원의 심사청구, 그 밖에 다른 법률에 따른 불복 · 구제절차가 진행 중인 사항
5. 법령에 따라 화해 · 알선 · 조정 · 중재 등 당사자간의 이해조정을

목적으로 행하는 절차가 진행 중인 사항

6. 판결·결정·재결·화해·조정·중재 등에 따라 확정된 권리관계에 관한 사항 또는 감사원이 처분을 요구한 사항

7. 사인간의 권리관계 또는 개인의 사생활에 관한 사항

8. 행정기관의 직원에 관한 인사행정상의 행위에 관한 사항

제44조(합의의 권고) 권익위원회는 조사 중이거나 조사가 끝난 고충민원에 대한 공정한 해결을 위하여 필요한 조치를 당사자에게 제시하고 합의를 권고할 수 있다.

제45조(조정) ① 권익위원회는 다수인이 관련되거나 사회적 파급효과가 크다고 인정되는 고충민원의 신속하고 공정한 해결을 위하여 필요하다고 인정하는 경우에는 당사자의 신청 또는 직권에 의하여 조정을 할 수 있다.

② 조정은 당사자가 합의한 사항을 조정서에 기재한 후 당사자가 기명날인하고 권익위원회가 이를 확인함으로써 성립한다.

③ 제2항에 따른 조정은 「민법」상의 화해와 같은 효력이 있다.

제46조(시정의 권고 및 의견의 표명) ① 권익위원회는 고충민원에 대한 조사결과 처분 등이 위법·부당하다고 인정할 만한 상당한 이유가 있는 경우에는 관계 행정기관 등의 장에게 적절한 시정을 권고할 수 있다.

② 권익위원회는 고충민원에 대한 조사결과 신청인의 주장이 상당한 이유가 있다고 인정되는 사안에 대하여는 관계 행정기관 등의 장에게 의견을 표명할 수 있다.

제47조(제도개선의 권고 및 의견의 표명) 권익위원회는 고충민원을 조사·처리하는 과정에서 법령 그 밖의 제도나 정책 등의 개선이 필요하다고 인정되는 경우에는 관계 행정기관 등의 장에게 이에 대한 합리적

인 개선을 권고하거나 의견을 표명할 수 있다.

제48조(의견제출 기회 부여) ① 권익위원회는 제46조 또는 제47조에 따라 관계 행정기관 등의 장에게 시정 또는 제도개선의 권고를 하기 전에 그 행정기관 등과 신청인 또는 이해관계인에게 미리 의견을 제출할 기회를 주어야 한다.

② 관계 행정기관 등의 직원·신청인 또는 이해관계인은 권익위원회가 개최하는 회의에 출석하여 의견을 진술하거나 필요한 자료를 제출할 수 있다.

제49조(결정의 통지) 권익위원회는 고충민원의 결정내용을 지체 없이 신청인 및 관계 행정기관의 장에게 통지하여야 한다.

제50조(처리결과의 통보 등) ① 제46조 및 제47조에 따른 권고 또는 의견을 받은 관계 행정기관 등의 장은 이를 존중하여야 하며, 그 권고 또는 의견을 받은 날부터 30일 이내에 그 처리결과를 권익위원회에 통보하여야 한다.

② 제1항에 따른 권고를 받은 관계 행정기관 등의 장이 그 권고내용을 이행하지 아니하는 경우에는 그 이유를 권익위원회에 문서로 통보하여야 한다.

③ 권익위원회는 제1항 또는 제2항에 따른 통보를 받은 경우에는 신청인에게 그 내용을 지체 없이 통보하여야 한다.

제51조(감사의 의뢰) 고충민원의 조사·처리과정에서 관계 행정기관 등의 직원이 고의 또는 중대한 과실로 위법·부당하게 업무를 처리한 사실을 발견한 경우 위원회는 감사원에, 시민고충처리위원회는 당해 지방자치단체에 감사를 의뢰할 수 있다.

제52조(권고 등 이행실태의 확인·점검) 권익위원회는 제46조 및 제47

조에 따른 권고 또는 의견의 이행실태를 확인·점검할 수 있다.

제53조(공표) 권익위원회는 다음 각 호의 사항을 공표할 수 있다. 다만, 다른 법률에 따라 공표가 제한되거나 개인의 사생활의 비밀이 침해될 우려가 있는 경우에는 그러하지 아니하다.

1. 제46조 및 제47조에 따른 권고 또는 의견표명의 내용
2. 제50조 제1항에 따른 처리결과
3. 제50조 제2항에 다른 권고내용의 불이행사유

제4관 부패행위의 신고 및 처리

제55조(부패행위의 신고) 누구든지 부패행위를 알게 된 때에는 이를 위원회에 신고할 수 있다.

> ㄴ "부패행위"란 다음 각 목의 어느 하나에 해당하는 행위를 말한다(법 제2조 제4호).
> 가. 공직자가 직무와 관련하여 그 지위 또는 권한을 남용하거나 법령을 위반하여 자기 또는 제3자의 이익을 도모하는 행위
> 나. 공공기관의 예산사용, 공공기관 재산의 관리·취득·처분 또는 공공기관을 당사자로 하는 계약의 체결 및 그 이행에 있어서 법령에 위반하여 공공기관에 대하여 재산상 손해를 가하는 행위
> 다. 가목과 나목에 따른 행위나 그 은폐를 강요, 권유, 제의, 유인하는 행위

제58조(신고의 방법) 부패행위를 신고하고자 하는 자는 신고자의 인적사항과 신고취지 및 이유를 기재한 기명의 문서로써 하여야 하며, 신고대상과 부패행위의 증거 등을 함께 제시하여야 한다.

제59조(신고의 처리) ① 위원회는 접수된 신고사항에 대하여 신고자를 상대로 다음 각 호의 사항을 확인할 수 있다.

1. 신고자의 인적사항, 신고의 경위 및 취지 등 신고내용의 특정에 필요한 사항
2. 신고내용이 제29조 제2항 각 호의 어느 하나에 해당하는지의 여부에 관한 사항

> └ "제29조 제2항 각 호"는 다음과 같다.
> 1. 국가기밀에 관한 사항
> 2. 수사·재판 및 형집행의 당부에 관한 사항 또는 감사원의 감사가 착수된 사항
> 3. 행정심판·소송, 헌법재판소의 심판, 헌법소원이나 감사원의 심사청구, 그 밖의 다른 법률에 따른 불복·구제절차가 진행 중인 사항
> 4. 법령에 따라 화해·알선·조정·중재 등 당사자간의 이해조정을 목적으로 행하는 절차가 진행 중인 사항
> 5. 판결·결정·재결·화해·조정·중재 등에 따라 확정된 사항 또는 「감사원법」에 따른 감사위원회에서 의결된 사항

② 위원회는 제1항의 사항에 대한 진위 여부를 확인하는데 필요한 범위에서 신고자에게 필요한 자료의 제출을 요구할 수 있다.

③ 위원회는 접수된 신고사항에 대하여 조사가 필요한 경우에는 이를 감사원, 수사기관 또는 해당 공공기관의 감독기관(감독기관이 없는 경우에는 해당 공공기관을 말한다. 이하 "조사기관"이라 한다)에 이첩하여야 한다. 다만, 국가기밀이 포함된 신고사항에 대하여는 대통령령으로 정하는 바에 따라 처리한다.

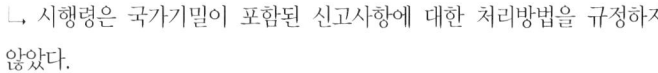

> └, 시행령은 국가기밀이 포함된 신고사항에 대한 처리방법을 규정하지 않았다.

④ 위원회에 신고가 접수된 당해 부패행위의 혐의대상자가 다음 각 호에 해당하는 고위공직자로서 부패혐의 내용이 형사처벌을 위한 수사 및 공소제기의 필요성이 있는 경우에는 위원회의 명의로 검찰에 고발하여야 한다.

1. 차관급 이상의 공직자
2. 특별시장·광역시장 및 도지사
3. 경무관급 이상의 경찰공무원
4. 법관 및 검사
5. 장관급 장교
6. 국회의원

제60조(조사결과의 처리) ① 조사기관은 신고를 이첩받은 날부터 60일 이내에 감사·수사 또는 조사를 종결하여야 한다. 다만, 정당한 사유가 있는 경우에는 그 기간을 연장할 수 있으며, 위원회에 그 연장사유 및 연장기간을 통보하여야 한다.

② 제59조에 따라 신고를 이첩받은 조사기관은 감사·수사 또는 조사결과를 감사·수사 또는 조사 종료 후 10일 이내에 위원회에 통보하여야 한다. 이 경우 위원회는 통보를 받은 즉시 신고자에게 감사·수사 또는 조사결과의 요지를 통지하여야 한다.

④ 위원회는 조사기관의 감사·수사 또는 조사가 충분하지 아니하다고 인정되는 경우에는 감사·수사 또는 조사결과를 통보받은 날부터 30일 이내에 새로운 증거자료의 제출 등 합리적인 이유를 들어 조사기관에 대하여 재조사를 요구할 수 있다. 제2항 후단에 따른 통지를 받

은 신고자는 위원회에 대하여 감사·수사 또는 조사결과에 대한 이의
신청을 할 수 있다.

⑤ 재조사를 요구받은 조사기관은 재조사를 종료한 날부터 7일 이내
에 그 결과를 위원회에 통보하여야 한다. 이 경우 위원회는 통보를 받
은 즉시 신고자에게 재조사 결과의 요지를 통지하여야 한다.

제62조(신분보장 등) ① 누구든지 이 법에 따른 신고나 이와 관련한
진술 그 밖에 자료제출 등을 한 이유로 소속 기관·단체·기업으로부
터 징계조치 등 어떠한 신분상 불이익이나 근무조건상의 차별을 받지
아니한다.

② 누구든지 신고를 한 이유로 신분상 불이익이나 근무조건상의 차
별을 받았거나 당할 것으로 예상되는 때에는 위원회에 해당 불이익처
분의 원상회복·전직·징계의 보류 등 신분보장조치와 그 밖에 필요한
조치를 요구할 수 있다.

③ 누구든지 신고로 인하여 허가 등의 취소, 계약의 해지 등 경제
적·행정적 불이익을 당한 때에는 위원회에 원상회복 또는 시정을 위
하여 인·허가, 계약 등의 잠정적인 효력 유지 등 필요한 조치를 요구
할 수 있다.

④ 제2항 또는 제3항의 요구가 있는 경우에 위원회는 조사에 착수하
여야 한다.

⑦ 위원회는 조사결과 요구된 내용이 타당하다고 인정된 때에는 요
구자의 소속 기관의 장, 관계기관의 장 또는 요구자가 소속한 단체·
기업 등의 장에게 적절한 조치를 요구할 수 있다. 이 경우 위원회로부
터 요구를 받은 소속 기관의 장 또는 요구자가 소속한 단체·기업 등
의 장은 정당한 사유가 없는 한 이에 따라야 한다.

⑧ 공직자인 신고자가 위원회에 전직, 전출·전입, 파견근무 등의 인사에 관한 조치를 요구한 경우 위원회는 그 요구 내용이 타당하다고 인정하는 때에는 안전행정부장관 또는 관련 기관의 장에게 필요한 조치를 요구할 수 있다. 이 경우 위원회로부터 요구를 받은 안전행정부장관 또는 관련 기관의 장은 이를 우선적으로 고려하여야 하며, 그 결과를 위원회에 통보하여야 한다.

⑨ 위원회는 제1항을 위반한 자에 대하여 징계권자에게 징계요구를 할 수 있다.

제3절 포상금과 보상금

이 법은 신고자에게 포상금과 보상금을 구별하여 지급한다. 포상금은 법을 위반한 모든 행위를 대상으로 일정한 요건에 따라 지급한다. 이에 비하여 보상금은 부패행위의 신고자에게만 지급한다.

제1관 포상금

제1항 법률의 규정

제68조(포상 및 보상) ① 위원회는 이 법에 따른 신고에 의하여 현저히 공공기관에 재산상 이익을 가져오거나 손실을 방지한 경우 또는 공익의 증진을 가져온 경우에는 신고를 한 자에 대하여 「상훈법」 등의 규정에 따라 포상을 추천할 수 있으며, 대통령령으로 정하는 바에 따

라 포상금을 지급할 수 있다.

제2항 시행령의 규정

제71조(포상금의 지급사유 등) ① 법 제68조 제1항에 따라 포상금을 지급할 수 있는 경우는 다음 각 호의 어느 하나에 해당하는 경우를 말한다.

1. 부패행위자에 대하여 공소제기 · 기소유예 · 기소중지, 통고처분, 과태료 또는 과징금의 부과, 징계처분 및 시정조치 등이 있는 경우
2. 법령의 제정 · 개정 등 제도개선에 기여한 경우
3. 부패행위신고에 의하여 신고와 관련된 정책 등의 개선 · 중단 또는 종료 등으로 공공기관의 재산상 손실을 방지한 경우
4. 금품 등을 받아 자진하여 그 금품 등을 신고한 경우
5. 그 밖에 포상금을 지급할 수 있다고 법 제69조 제1항에 따른 보상심의위원회가 인정하는 경우

② 제1호부터 제3호까지 및 제5호에 해당하는 경우 포상금은 1억 원 이하로 한다.

③ 제1항 제4호에 해당하는 경우 포상금은 신고금액의 20퍼센트 범위로 하되, 2억 원 이하로 한다.

④ 제77조 제2항, 제80조 및 제83조의 규정은 포상금을 지급하는 경우에 이를 준용한다.

⑤ 제1항에 따른 포상금 지급사유가 2 이상에 해당되는 경우에는 그 액수가 많은 것을 기준으로 한다.

제79조(보상금 등의 지급결정 등) ① 위원회는 보상심의위원회가 심의 · 의결한 사항을 기초로 하여 포상금 또는 보상금의 지급 여부 및

지급금액을 결정하여야 한다.

② 위원회는 제1항에 따른 보상금의 지급결정이 있은 때에는 보상결정서 원본을 보관하고, 보상결정서 정본 및 보상결정통지서를 신청인에게 지체 없이 송부하여야 한다.

제82조(보상금 등의 지급절차) 포상금 또는 보상금 지급절차에 관하여 필요한 사항은 위원회의 의결을 거쳐 위원장이 정한다.

제2관 보상금

제1항 법률의 규정

제68조(포상 및 보상) ② 부패행위의 신고자는 이 법에 따른 신고로 인하여 직접적인 공공기관 수입의 회복이나 증대 또는 비용의 절감을 가져오거나 그에 관한 법률관계가 확정된 때에는 위원회에 보상금의 지급을 신청할 수 있다. 이 경우 보상금은 불이익처분에 대한 원상회복 등에 소요된 비용을 포함한다.

③ 위원회는 제2항에 따른 보상금의 지급신청을 받은 때에는 제69조의 보상심의위원회의 심의·의결을 거쳐 대통령령으로 정하는 바에 따라 보상금을 지급하여야 한다. 다만, 공직자가 자기 직무와 관련하여 신고한 사항에 대하여는 보상금을 감액하거나 지급하지 아니할 수 있다.

> └ 위원회는 포상과 보상에 관한 사항을 심의하고 의결하기 위하여 위원회 안에 보상심의위원회를 둔다. 이 보상심의위원회는 포상금과 보상금의 지급요건·지급액·지급절차 등에 관한 사항을 심의·의결한다.

④ 제2항에 따른 보상금의 지급신청은 공공기관 수입의 회복이나 증대 또는 비용의 절감에 관한 법률관계가 확정되었음을 안 날부터 2년 이내에 하여야 한다.

제70조(보상금의 지급결정 등) ① 위원회는 제68조에 따른 보상금의 지급신청이 있는 때에는 특별한 사유가 없는 한 신청일부터 90일 이내에 그 지급 여부 및 지급금액을 결정하여야 한다.

② 위원회는 제1항에 따른 보상금 지급결정이 있는 때에는 즉시 이를 신청인에게 통지하여야 한다.

제71조(다른 법령과의 관계) ① 제68조에 따른 보상금을 지급받을 자는 다른 법령에 따라 보상금을 청구하는 것이 금지되지 아니한다.

② 보상금을 지급받을 자가 동일한 원인에 기하여 이 법에 의한 포상금을 받았거나 또는 다른 법령에 따라 보상을 받은 경우 그 포상금 또는 보상금의 액수가 이 법에 따라 받을 보상금의 액수와 같거나 이를 초과하는 때에는 보상금을 지급하지 아니하며, 그 포상금 또는 보상금의 액수가 이 법에 의하여 지급받을 보상금의 액수보다 적은 때에는 그 금액을 공제하고 보상금을 정하여야 한다.

제2항 시행령의 규정

제72조(보상금의 지급사유) ① 법 제68조 제3항에 따라 보상금을 지급할 수 있는 경우는 다음 각 호의 어느 하나에 해당하는 부과 및 환수 등으로 인하여 직접적인 공공기관 수입의 회복이나 증대 또는 비용의 절감을 가져오거나 그에 관한 법률관계가 확정된 경우를 말한다.

1. 몰수 또는 추징금의 부과

2. 국세 또는 지방세의 부과

3. 손해배상 또는 부당이득반환 등에 의한 환수

4. 계약변경 등에 의한 비용절감

5. 그 밖의 처분이나 판결. 다만, 벌금·과료·과징금 또는 과태료의 부과와 통고처분을 제외한다.

② 제1항 각 호의 어느 하나에 해당하는 부과 및 환수 등은 신고사항 및 증거자료 등과 직접적으로 관련된 것에 한한다.

③ 제68조 제2항 후단에 따른 원상회복 등에 소요된 비용은 치료, 이사 또는 실직·전직 등으로 지출된 비용 등을 포함하여 산정할 수 있다.

제77조(보상금의 결정) ① 보상금의 지급기준은 별표1과 같다.

② 보상위원회는 별표1의 기준에 따라 보상금을 산정함에 있어서 다음 각 호의 사유를 고려하여 감액할 수 있다.

1. 증거자료의 신빙성 등 신고의 정확성

2. 신고한 부패행위가 신문·방송 등 언론매체에 의하여 이미 공개된 것인지 여부

3. 신고자가 신고와 관련한 불법행위를 행하였는지 여부

4. 그 밖에 부패행위사건의 해결에 기여한 정도

③ 보상금의 지급한도액은 20억 원으로 하고, 산정된 보상금의 천원 단위 미만은 이를 지급하지 아니한다.

(별표1)

보상금의 지급기준(제77조 제1항 관련)

보 상 대 상 가 액	지 급 기 준
1억 원 이하	20%
1억 원 초과 5억 원 이하	2천만 원 + 1억 원 초과금액의 14%
5억 원 초과 20억 원 이하	7천6백만 원 + 5억 원 초과금액의 10%
20억 원 초과 40억 원 이하	2억2천6백만 원 + 20억 원 초과금액의 6%
40억 원 초과	3억4천6백만 원 + 40억 원 초과금액의 4%

　제78조(공직자 보상금의 제한) 부패행위의 감사·수사 또는 조사업무에 종사 중이거나 종사하였던 공직자가 자기의 직무 또는 직무이었던 사항과 관련하여 신고한 경우에는 보상금을 지급하지 아니한다.

　제80조(보상신청의 경합시 보상금 결정) ① 동일한 부패행위에 대하여 2명 이상이 각각 신고한 경우로서 제58조 제1항 제4호에 해당하지 아니하는 경우에는 별표1의 보상대상가액의 산정에 있어 이를 하나의 신고로 본다.

　② 위원회는 제1항에 따른 신고의 경우 각각의 신고자에 대한 보상금의 지급금액을 결정함에 있어 부패행위사건의 해결에 기여한 정도 등을 종합적으로 고려하여 각각의 신고자에게 배분한다. 이 경우 제77조 제2항에 따라 감액을 하는 경우에는 각각의 신고자별로 감액사유를 고려하여 결정한다.

　제81조(보상금의 지급시기 등) ① 보상금은 제72조 제1항 각 호의 어

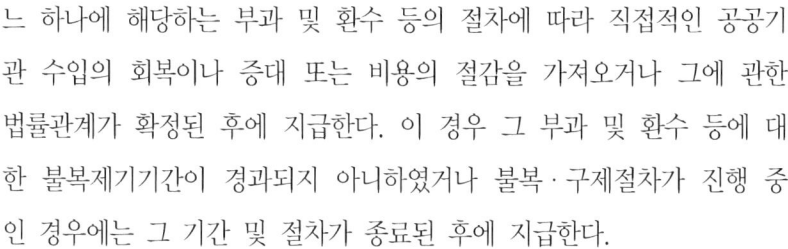

느 하나에 해당하는 부과 및 환수 등의 절차에 따라 직접적인 공공기관 수입의 회복이나 증대 또는 비용의 절감을 가져오거나 그에 관한 법률관계가 확정된 후에 지급한다. 이 경우 그 부과 및 환수 등에 대한 불복제기기간이 경과되지 아니하였거나 불복·구제절차가 진행 중인 경우에는 그 기간 및 절차가 종료된 후에 지급한다.

② 제1항에서 법률관계가 확정된 후 보상금을 지급하는 경우에는 공공기관의 수입회복 등이 시작될 때까지 제79조 제1항에 따라 결정된 보상금의 100분의50 범위에서 그 지급을 하지 아니할 수 있다.

③ 제2항에 따라 지급하지 아니한 보상금은 공공기관의 수입회복 등이 이미 지급된 보상금을 초과하는 경우 제79조 제1항에 따라 결정된 보상금액에 이를 때까지 초과한 금액을 보상금으로 지급한다.

제83조(보상금의 환수) 위원회 또는 다른 법령에 따라 보상금을 지급한 기관은 다음 각 호의 어느 하나에 해당하는 경우에는 보상금의 전부 또는 일부를 환수할 수 있다.

1. 신고자가 허위, 그 밖에 부정한 방법으로 보상금을 지급받은 경우
2. 법 제71조 제2항 및 제3항의 규정을 위반하여 보상금이 지급된 경우
3. 그 밖에 착오 등의 사유로 보상금이 잘못 지급된 경우

제3관 포상금·보상금 지급의 세부적 기준·방법·절차
〈포상금 지급기준〉

I. 일반기준

시행령 제71조에 따른 포상금은 예산의 범위 안에서 지급한다. 보상금이 공익증진 등에 기여한 정도에 비하여 현저히 적다고 판단되는 경우 포상금으로 지급한다.

포상금의 이중지급 방지를 위하여 포상금을 지급받을 자가 동일한 원인에 기하여 다른 법령의 규정에 의하여 포상금을 받았거나 받을 예정인 경우, 그 액수가 이 법령에 의하여 받을 포상금의 액수와 같거나 이를 초과할 때는 포상금을 지급하지 않고, 적은 때에는 그 금액을 공제하고 지급한다.

포상금의 감액 등은 법령상 보상금 지급기준을 준용한다. 보상금심의위원회는 필요한 경우 유형별로 정하여진 포상금액을 차하급(次下級) 기준으로 조정하여 지급할 수 있으며, 공적이 극히 경미하다고 판단되는 경우에는 지급하지 아니할 수 있다.

II. 개별기준

1. 신분상 처분

금 액 기 준	유 형
1억 원 이하	부패신고와 관련하여 기소되거나 징계처분을 받은 자가

	30명 이상인 경우 또는 파면·해임처분을 받은 자가 10명 이상인 경우
7,000만 원 이하	부패신고와 관련하여 기소되거나 징계처분을 받은 자가 20인 이상인 경우 또는 파면·해임처분을 받은 자가 8명 이상인 경우
5,000만 원 이하	부패신고와 관련하여 기소되거나 징계처분을 받은 자가 15명 이상인 경우 또는 파면·해임처분을 받은 자가 6명 이상인 경우
3,000만 원 이하	부패신고와 관련하여 기소되거나 징계처분을 받은 자가 10명 이상인 경우 또는 파면·해임처분을 받은 자가 4명 이상인 경우
1,000만 원 이하	부패신고와 관련하여 기소되거나 징계처분을 받은 자가 10명 이상인 경우 또는 파면·해임처분을 받은 자가 2명 이상인 경우
500만 원 이하	부패신고와 관련하여 기소, 기소유예, 기소중지 또는 징계처분을 받은 자가 있는 경우

┗, 비고 1. 금액기준란의 500만 원 초과 1억 원 이하인 경우, 고위공무원단 이상의 공무원은 1인을 3인으로 간주한다.

2. 금액기준란의 500만 원 초과 5,000만 원 이하의 경우, 기소유예처분을 받은 자 2명은 징계처분을 받은 자 1명으로 계산한다. 이 경우 소수점 이하는 버린다.

2. 금전적 처분

금 액 기 준	유 형
1억 원 이하	50억 원 이상의 과징금의 부과가 있는 경우
7,000만 원 이하	40억 원 이상의 과징금의 부과가 있는 경우
5,000만 원 이하	30억 원 이상의 과징금의 부과가 있는 경우

3,000만 원 이하	20억 원 이상의 과징금의 부과가 있는 경우
1,000만 원 이하	10억 원 이상의 과징금의 부과가 있는 경우
500만 원 이하	통고처분, 과태료 또는 과징금 부과가 있는 경우

3. 법령의 제·개정 등 제도개선에 기여

금 액 기 준	유 형
1억 원 이하	신고로 인하여 법률의 제정에 현저히 기여한 경우
7,000만 원 이하	신고로 인하여 2개 이상의 법률의 개정에 기여한 경우
5,000만 원 이하	신고로 인하여 법률 또는 2개 이상의 법령의 개정에 현저히 기여한 경우
3,000만 원 이하	신고로 인하여 대통령령의 제·개정에 현저히 기여한 경우
1,000만 원 이하	신고로 인하여 총리령·부령·조례의 제·개정에 현저히 기여한 경우
500만 원 이하	신고로 인하여 지침·규정 등의 제·개정에 현저히 기여한 경우

ㄴ 비고 1. 상위 법령의 제·개정에 따라 함께 제·개정되는 경우에는 1개의 법령이 제·개정된 것으로 본다.
2. 법률, 대통령령, 총리령, 부령, 조례나 지침 등의 형식에 관계없이 제도개선 등의 중요성, 사회적 파급효과 등을 고려하여 지급금액을 조정할 수 있다.

4. 공공기관의 재산상 손실방지

금 액 기 준	유 형
1억 원 이하	신고와 관련된 정책·사업 등의 개선·중단 또는 종료 등으로 공공기관에 100억 원 이상의 재산상 이익을 가져오거나 재산상 손실을 방지하게 한 경우
7,000만 원 이하	신고와 관련된 정책·사업 등의 개선·중단 또는 종료 등으로 공공기관에 70억 원 이상의 재산상 이익을 가져오거나 재산상 손실을 가져오게 한 경우
5,000만 원 이하	신고와 관련된 정책·사업 등의 개선·중단 또는 종료 등으로 공공기관에 50억 원 이상의 재산상 이익을 가져오거나 재산상 손실을 방지하게 한 경우
3,000만 원 이하	신고와 관련된 정책·사업 등의 개선·중단 또는 종료 등으로 공공기관에 30억 원 이상의 재산상 이익을 가져오거나 재산상 손실을 방지하게 한 경우
1,000만 원 이하	신고와 관련된 정책·사업 등의 개선·중단 또는 종료 등으로 공공기관에 10억 원 이상의 재산상 이익을 가져오거나 재산상 손실을 방지하게 한 경우
500만 원 이하	신고와 관련된 정책·사업 등의 개선·중단 또는 종료 등으로 공공기관에 재산상 이익을 가져오거나 재산상 손실을 방지하게 한 경우

5. 그 밖에 보상심의위원회가 인정하는 경우

금 액 기 준	유 형
1억 원 이하	신고로 인하여 사회적으로 관심도가 높고 고질적·구조적·반복적으로 발생되었던 비리 등이 밝혀져 사회적 반향을 크게 불러일으키고, 정책적 개선이 이루어지는

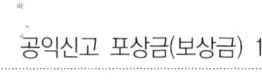

	등 공익증진에 지대한 공로가 있다고 인정되는 경우
7,000만 원 이하	위 공로에는 미치지 못하나 신고로 인하여 사회적으로 관심도가 높고 고질적·구조적·반복적으로 발생되었던 비리 등이 밝혀져 사회적 반향을 크게 불러일으키고, 정책적 개선이 이루어지는 등 공익증진에 크게 기여한 경우
5,000만 원 이하	신고로 인하여 고질적·구조적·반복적인 비리 등이 밝혀져 사회적 반향을 불러일으키고, 정책적 개선이 이루어지는 등 공익증진에 크게 기여한 경우
3,000만 원 이하	위 공로에는 미치지 못하나 신고로 인하여 고질적·구조적·반복적인 비리 등이 밝혀져 정책적 개선이 이루어지는 등 공익증진에 크게 기여한 경우
1,000만 원 이하	기타 신고로 인하여 부패방지시책 도입, 제도·관행의 개선 등이 이루어진 경우

6. 금품수수 자진신고

금 액 기 준	유 형
2억 원 이하	신고금액의 20% 범위 이내로 하되, 자진신고의 동기·시점, 금품수수의 정황 등을 고려하여 위원회에서 정한다.

(국민권익위원회 예규 제28호 별지 제1호 서식)

신 고 서

신고자	성명		주민등록번호	
	전화번호		직업	
	주소			
피신고자 (신고대상)	성명		주민등록번호	
	전화번호		직업	
	주소			
신고취지 및 이유				
증거서류				
비 고				

위와 같이 피신고자(신고대상)의 부패행위를 신고합니다.

20 . . .

위 신고자 (인 또는 서명)

국민권익위원회 위원장 귀하

└ 이 서식은 국민권익위원회를 직접 방문하여 신고서를 제출하거나 우송의 방법으로 제출할 경우에 사용하는 것이다. "신고취지 및 이유" 란이 부족한 경우에는 별지(別紙)에 작성하여 첨부하면 될 것이다. 인 터넷에 의하여 신고하는 경우에도 별지는 같은 요령으로 사용하면 된 다. 나머지는 인터넷의 안내에 따르면 된다.

(국민권익위원회 예규 제28호 별지 제8호 서식)

신분공개 동의 여부 확인서

신고자	성명		주민등록번호	
	전화번호	사무실)		자택)
		휴대전화)		
	주소			
신고사항 접수번호			접수일자	
신고제목				
신분공개 동의여부	1. 위원회심사 · 확인과정 앞으로 귀하의 신고사건에 대하여 우리 위원회에서 심사 · 확인하는 절차를 거치게 됩니다. 이 과정에서 귀하의 신분을 밝히거나 암시하는 것에 동의하시겠습니까? 선택해 주십시오. ⇨ ① 동의( )　　② 부동의( ) 2. 조사기관 조사과정 귀하의 신고사건이 조사기관에 이첩(송부)되는 경우, 조사기관의 감사 · 수사 또는 조사과정 등에 있어서 귀하의 신분을 밝히거나 암시하는 것에 동의하시겠습니까? 이에 부동의 하시는 경우에는 귀하의 인적사항을 제외하여 이첩(송부)하게 됩니다. ⇨ ① 동의( )　　② 부동의( )			

위 신고자 본인은 인적사항 등 신분공개 동의 여부에 대하여 위와 같이 확인서를 작성 제출합니다.

20   .   .   .

위 신고자 　　　　　　(인 또는 서명)

국민권익위원회 위원장 귀하

(국민권익위원회 예규 제57호 별지 제1호 서식)

신고자보상금지급신청서				처리기간	
				90일	
신청인	성명		주민등록번호		
	주소 · 전화번호				
	거주지(우편물 수령장소)				
대리인 또는 대표자	성명		신청인과의 관계	신청인의 ( )	
	주민등록번호				
	주소 · 전화번호				
	거주지(우편물 수령장소)				
부패신고조사 결과사항	접수번호	20 . 신고 제 호			
	통지일자	20 . . .			
	통지내용				
다른 법령의 규정에 의한 보상금 청구 또는 수령사항	청구 여부	▢ 있음(기관명 :) ▢ 없음			
	수령 여부	▢ 있음(금액 :) ▢ 없음			
입금 계좌	은행명 : 계좌번호 :				
보상금 신청금액					
원상회복 등에 소요된 비용					

「부패방지 및 국민권익위원회의 설치와 운영에 관한 법률」 제68조 제2항에 따라 보상금을 신청하오니 지급하여 주시기 바랍니다.
첨부서류 :

20 . . .

신청인 (인)

국민권익위원회 위원장 귀하

* 주민등록증 등 신청인 및 대리인 · 대표자가 본인임을 증명할 수 있는 신분증

공익신고자보호법

제1절 「공익신고자보호법」의 이해

　「공익신고자보호법」은 2011. 9. 29.부터 시행되었기 때문에 아직 일반에 널리 알려지지는 않았다. 이 법은 공익을 신고한 사람을 보호(신변보호, 책임감면, 불이익조치의 금지, 인사상 우선조치 등)하고, 공익신고로 인하여 재산상 손실이 발생한 경우에는 구조금을 지급하며, 신고자보상을 지급하는 등의 내용 등을 규정하고 있다.

　이 법에서 보상금을 지급하는 대상으로 하는 법률은 180개 법률이며, 이들 법률에 대한 보상에 관한 통칙적인 규정을 담고 있는 법률이 「공익신고자보호법」인 셈이다. 이들 법률에 관한 공익신고자는 「공익신고자보호법」의 규정에 의하여 국민권익위원회로부터 보상금을 받을 수 있다. 위 180개의 법률 중에는 이 법과는 별도로 그 법률이 자체적으로 포상규정을 두고 있는 경우도 있는데, 이와 같은 포상과 이 법에 의한 보상이 경합(중복)하는 경우에는 신고자에게 유리한 쪽을 선택하여 포상금 또는 보상금을 받을 수 있다. 이를 위반하여 양쪽에서 모두를 지급받은 경우에는 발각되면 반환명령을 받게 된다.

　이 법에 의한 보상과 그 법률 자체에 의한 포상이 경합하는 내용을 규정하고 있는 법률로는 「건강기능식품에 관한 법률」, 「공인중개사법」, 「농수산물의 원산지표시에 관한 법률」, 「마약류관리에 관한 법률」, 「문화재보호법」, 「방문판매 등에 관한 법률」, 「부정경쟁방지 및 영업비밀에 관한 법률」, 「산림보호법」, 「상호저축은행법」, 「수산자원관리법」, 「습지보전법」, 「식물방역법」, 「약사법」, 「야생생물 보호 및 관리에 관한 법률」, 「양곡관리법」, 「청소년보호법」 등이다.

이들 법률에 대한 "포상금"에 관한 내용은 편저자가 이미 출간한 〈신고포상금〉에서 자세히 다루었다. 이하 「공익신고자보호법」에서 규정하는 공익신고자 보상금에 관한 내용을 중심으로 검토한다. 이 법이 보상의 대상으로 하는 위반행위는 형사상 처벌, 과태료의 부과는 물론 행정상의 처분까지를 모두 포함하고 있는 점이 특색이라고 할 수 있다. 이 법에서는 이를 보상금이라고 규정하고 있지만 그 실질은 포상금에 해당한다고 이해하면 된다.

제2절 공익신고의 요건 · 절차 등

제1관 공익신고의 개념

이 법에서 말하는 "공익신고"란 제6조 각 호의 어느 하나에 해당하는 자에게 공익침해행위가 발생하였거나 발생할 우려가 있다는 사실을 신고 · 진정 · 제보 · 고소 · 고발하거나 공익침해행위에 대한 수사의 단서를 제공하는 것을 말한다. 다만, 다음 각 목의 어느 하나에 해당하는 경우에는 공익신고로 보지 아니한다(법 제2조 제2호).

　　가. 공익신고의 내용이 거짓이라는 사실을 알았거나 알 수 있었음에도 불구하고 공익신고를 한 경우

　　나. 공익신고와 관련하여 금품이나 근로관계상의 특혜를 요구하거나 그 밖에 부정한 목적으로 공익신고를 한 경우

제6조(공익신고) 누구든지 공익침해행위가 발생하였거나 발생할 우려가 있다고 인정하는 경우에는 다음 각 호의 어느 하나에 해당하는 자

에게 공익신고를 할 수 있다.

1. 공익침해행위를 하는 사람이나 기관·단체·기업 등의 대표자 또는 사용자

> ㄴ 제1호의 "공익침해를 하는 사람이나 기관·단체·기업"은 공익 침해행위를 하는 행위의 주체를 말하며, "대표자 또는 사용자"는 신고 를 받는 주체를 뜻한다.

2. 공익침해행위에 대한 지도·감독·규제 또는 조사 등의 권한을 가진 행정기관이나 감독기관(이하 "조사기관"이라 한다)

3. 수사기관

4. 국민권익위원회

> ㄴ 이 책에서는 국민권익위원회에 신고하는 것을 전제로 내용을 구 성한다. 물론 권익위원회는 신고를 접수한 후에 관계 기관에 이첩하는 것이 대부분이지만, 이 책에서는 권익위원회로부터 "보상금"을 받을 것 을 예정하고 있기 때문이다.

5. 그 밖에 공익신고를 하는 것이 공익침해행위의 발생이나 그로 인한 피해의 확대방지에 필요하다고 인정되어 대통령령으로 정 하는 자

> ㄴ "대통령령으로 정하는 자"란 다음 각 호에 해당하는 자를 말한다(시 행령 제5조 제1항).
> 1. 국회의원
> 2. <u>공익침해행위와 관련된 법률</u>5)에 따라 설치된 공사·공단 등 공공단체

제2관 공익침해행위의 범위

"공익침해행위"란 국민의 건강과 안전, 행정, 소비자의 이익 및 공정한 경쟁을 침해하는 행위로서 다음 각 목의 어느 하나에 해당하는 행위를 말한다(법 제2조 제1호).

　가. 별표에 규정된 법률의 벌칙에 해당하는 행위

> ↳ "별표에 규정된 법률"은 다음에 검토하게 되는 법률들을 말한다. 이 책에서는 우선 60개의 법률을 소개한다.

　나. 별표에 규정된 법률에 따라 인·허가의 취소처분, 정지처분 등 대통령령으로 정하는 행정처분의 대상이 되는 행위

> ↳ "대통령령으로 정하는 행정처분"이란 다음 각 호를 말한다(시행령 제3조).
> 1. 허가·인가·특허·면허·승인·지정·검정·인증·확인·증명·등록 등을 취소·철회하거나 말소하는 처분
> 2. 영업·업무·효력·자격 등을 정지하는 처분
> 3. 시정명령, 시설개수명령, 이전명령, 폐쇄명령, 철거명령, 위반사실 공표명령 등 의무자의 의사에 반하여 특정한 행위를 명하는 처분

---

5) ★ 공익침해와 관련된 법률 : 이는 "3. 개별 법률 분석"에서 검토하는 180개의 법률을 뜻한다. 따라서 이들 법률의 규정에 의하여 설치된 공사(公社)나 공단(公團) 등에 신고한 경우에도 보상의 대상이 되는 신고·진정·제보에 해당하는 것이다. 고소와 고발은 수사기관(검찰·경찰·특별사법경찰)에 신고하는 것을 말한다. 그러나 신고자로서 보상금을 지급받는 절차 등에 비추어보면 원칙적으로 권익위원회에 신고하는 것이 여러 가지 측면에서 유리할 것이다.

> 4. 과징금, 과태료 등 위반사실을 이유로 금전의 납부의무를 부과하는
> 처분

제3관 공익신고의 방법 및 처리

제8조(공익신고의 방법) ① 공익신고를 하려는 사람은 다음 각 호의 사항을 적은 문서(전자문서를 포함한다. 이하 "신고서"라 한다)와 함께 공익침해행위의 증거 등을 첨부[6]하여 제6조 각 호의 어느 하나에 해당하는 자에게 제출하여야 한다.

1. 공익신고자의 이름, 주민등록번호, 주소 및 연락처 등 인적사항
2. 공익침해행위를 하는 자
3. 공익침해행위 내용
4. 공익신고의 취지와 이유

② 제1항에도 불구하고 신고서를 제출할 수 없는 특별한 사정이 있는 경우에는 구술(口述)로 신고할 수 있다. 이 경우 증거 등을 제출하여야 한다.

제9조(신고내용의 확인 및 이첩 등) ① 위원회가 공익신고를 받은 때에

---

6) ★ 증거 등의 첨부 : 제8조 제1항에서 "증거 등을 첨부하여"라고 규정한 것은 신고 등을 하려는 사람이 스스로 확보한 증거(문서·사진·녹음·물건 등)를 가지고 있는 경우에는 첨부하라는 의미이다. 어떤 위반행위는 신고자가 증거를 수집할 여유가 없는 경우도 있다. 현행범인을 체포하는 경우가 그렇다. 또 강제수사권도 없는 민간인에게 사설탐정도 인정되지 않는 우리나라의 현실에서는 신고 등을 하는 사람으로서는 증거를 수집하는 일이 매우 제한적이기 때문에 법이 많은 것을 요구할 수는 없다. 따라서 반드시 증거자료를 첨부하여야만 하는 것은 아니다. 수사나 조사 등의 단서가 될 만한 충분한 이유를 제공하면 그것으로 충분하다.

는 공익신고자의 인적사항, 공익신고의 경위 및 취지 등 신고 내용의 특정에 필요한 사항 등을 확인할 수 있다.

② 위원회는 제1항의 사항에 대한 진위 여부를 확인하는 데 필요한 범위에서 공익신고자에게 필요한 자료의 제출을 요구할 수 있다.

③ 위원회는 제2항에 따른 사실확인을 마친 후에는 바로 해당 조사기관이나 수사기관에 이첩하고, 그 사실을 공익신고자에게 통보하여야 한다.

④ 제3항에 따라 공익신고를 이첩 받은 조사기관이나 수사기관은 조사·수사 종료 후 조사결과 또는 수사결과를 위원회에 통보하여야 한다. 이 경우 위원회는 조사결과 또는 수사결과의 요지를 공익신고자에게 통지하여야 한다.

제10조(공익신고의 처리) ① 조사기관은 공익신고를 받은 때와 위원회로부터 공익신고를 이첩 받은 때에는 그 내용에 관하여 필요한 조사를 하여야 한다.

② 조사기관은 공익신고가 다음 각 호의 어느 하나에 해당하는 때에는 조사를 하지 아니하거나 중단하고 끝낼 수 있다.

1. 공익신고의 내용이 명확히 거짓인 경우
2. 공익신고자의 인적사항을 알 수 없는 경우
3. 공익신고자가 신고서나 증명자료 등에 대한 보완요구를 2회 이상 받고도 보완기간에 보완하지 아니한 경우
4. 공익신고에 대한 처리결과를 통지받은 사항에 대하여 정당한 사유 없이 다시 신고한 경우
5. 공익신고의 내용이 언론매체 등을 통하여 공개된 내용에 해당하고, 공개된 내용 외에 새로운 증거가 없는 경우

6. 다른 법령에 따라 해당 공익침해행위에 대한 조사가 이미 시작 되었거나 끝난 때

7. 그 밖에 공익침해행위에 대한 조사가 필요하지 아니하다고 대통 령령으로 정하는 경우

┗ "대통령령으로 정하는 경우"란 다음 각 호를 말한다(시행령 제12조).
1. 신고내용이 공익침해행위와 관련성이 없는 경우
2. 공익침해행위를 증명할 수 있는 증거[7]가 없는 경우
3. 다른 법령 또는 위임에 따라 해당 공익침해행위에 대한 조사를 하 지 아니할 수 있도록 한 경우

제3절 보상금의 지급기준 · 절차 · 방법

제1관 「공익신고자보호법」의 규정

제26조(보상금) ① 공익신고자는 공익신고로 인하여 다음 각 호의 어 느 하나에 해당하는 부과 등을 통하여 국가 또는 지방자치단체에 직접 적인 수입의 회복 또는 증대를 가져오거나 그에 대한 <u>법률관계가 확정 된 때</u>[8]에는 위원회에 보상금의 지급을 신청할 수 있다.

---

7) ★ 증거 : 증거라고 하면 일반적으로 문서 · 사진 · 녹음 · 물건 등을 우선 떠올리 게 되지만, 법을 위반하는 행위를 보고 들은 사람의 진술도 증거가 된다. 그리 고 신고자의 진술(신고사실)도 그 자체에 신빙성이 있다면 증거이다.

8) ★ 법률관계의 확정 : 법률관계가 확정되었다고 함은 벌금의 경우에는 정식재판 의 청구나 상소(항소 · 상고)를 할 수 있는 기간이 경과한 경우를, 과태료의 경우 에는 「비송사건절차법」에 의한 불복(不服)을 할 수 없게 된 경우를, 행정처분의 경우에는 행정심판이나 행정소송을 통하여 더 이상 다툴 수 없게 된 경우를 말

1. 벌칙 또는 통고처분

2. 몰수 또는 추징금의 부과

3. 과태료 또는 이행강제금의 부과

4. 과징금(인·허가 등의 취소·정지처분 등을 갈음하는 과징금제도 가 있는 경우에 인·허가 등의 취소·정지처분 등을 포함한다) 의 부과

5. 그 밖에 대통령령으로 정하는 처분이나 판결

> ㄴ "대통령령으로 정하는 처분이나 판결"이라고 함은 다음 각 호의 경 우를 말한다(시행령 제21조).
> 1. 국세 또는 지방세의 부과
> 2. 부담금 또는 가산금 부과처분
> 3. 손해배상 또는 부당이득 반환 등의 판결

② 위원회는 제1항에 따른 보상금의 지급신청을 받은 때에는 「부패 방지 및 국민권익위원회의 설치와 운영에 관한 법률」 제69조에 따른 보상심의위원회의 심의·의결을 거쳐 대통령령으로 정하는 바에 따라 보상금을 지급하여야 한다. 다만, 공익침해행위를 관계 행정기관 등에 신고를 할 의무를 가진 자 또는 공직자가 자기의 직무와 관련하여 공 익신고를 한 사항에 대하여는 보상금을 감액하거나 지급하지 아니할 수 있다.

③ 제1항에 따른 보상금의 지급신청은 국가 또는 지방자치단체에 수 입의 회복이나 증대에 관한 법률관계가 확정되있음을 안 날부터 2년

한다. 따라서 벌금이나 과징금 등을 현실적으로 징수할 때까지 기다려야만 보상 금을 신청할 수 있는 것은 아니다. 그러나 신고자가 보상금을 손에 쥐기까지에 는 다소 기간이 필요하다고 보아야 할 것이다.

이내, 그 법률관계가 확정된 날부터 5년 이내에 하여야 한다. 다만, 정당한 사유가 있는 경우에는 그러하지 아니하다.

④ 위원회는 제1항에 따른 보상금의 지급신청이 있는 때에는 특별한 사유가 없는 한 신청일부터 90일 이내에 그 지급 여부 및 지급금액을 결정하여야 한다.

⑤ 위원회는 보상금 지급과 관련하여 조사가 필요하다고 인정되는 때에는 보상금 지급신청인, 참고인 또는 관계기관 등에 출석, 진술 및 자료의 제출 등을 요구할 수 있다. 보상금 지급신청인, 참고인 또는 관계기관 등은 위원회로부터 출석, 진술 및 자료제출 등을 요구받은 경우 정당한 사유가 없는 한 이에 따라야 한다.

⑥ 위원회는 제4항에 따른 보상금 지급결정이 있은 때에는 즉시 이를 보상금 지급신청인과 관련 지방자치단체(지방자치단체의 직접적인 수입의 회복이나 증대 및 그에 관한 법률관계의 확정을 이유로 보상금을 지급한 경우에 한정한다)에 통지하여야 한다.

제2관 「공익신고자보호법 시행령」의 규정

제22조(보상금의 산정기준) ① 보상금의 산정기준은 별표2와 같다. 다만, 다음 각 호의 사유를 고려하여 보상금 지급액을 감액하거나 보상금을 지급하지 아니할 수 있고, 공익침해행위의 조사·수사업무에 종사 중이거나 종사하였던 공직자가 그 조사 또는 수사사항과 관련하여 신고한 경우에는 보상금을 지급하지 아니한다.

1. 신고내용의 정확성이나 증거자료의 신빙성
2. 신고한 공익침해행위가 신문·방송 등 언론에 의하여 이미 공개

된 것인지 여부

3. 공익신고자가 공익신고와 관련한 불법행위를 하였는지 여부

4. 공익신고자가 공익침해행위 제거 및 예방 등에 이바지한 정도

5. 공익신고자가 관계 행정기관 등에 신고할 의무를 가졌는지 또는 직무와 관련하여 공익신고를 하였는지 여부

② 보상금의 지급한도액은 10억 원으로 하고, 신청된 보상금의 천 원 단위 미만은 이를 지급하지 아니한다.

③ 개별 공익침해행위로 인하여 산정된 보상금이 10만 원 미만인 경우에는 지급하지 아니한다.

(별표2)

보상금 산정 기준

보상대상가액	지 급 기 준
1억 원 이하	20%
1억 원 초과 5억 원 이하	2천만 원 + 1억 원 초과금액의 14%
5억 원 초과 20억 원 이하	7천6백만 원 + 5억 원 초과금액의 10%
20억 원 초과 40억 원 이하	2억2천6백만 원 + 20억 원 초과금액의 6%
40억 원 초과	3억4천6백만 원 + 40억 원 초과금액의 4%

└, 이 표에서 말하는 "보상대상가액"이란 국가나 지방자치단체가 수익으로 거두어들일 가능성이 확정된 금액(벌금, 과태료, 과징금 등)을 말하며, 만약 징역형이 선고되어 확정된 경우라면 그 징역형을 규정한 벌칙규정에서 함께 규정한 벌금액의 20%를 말한다.

제23조(보상금의 지급결정) ① 위원회는 「부패방지 및 국민권익위원회

의 설치와 운영에 관한 법률」 제69조에 따른 보상심의위원회가 심의·
의결한 사항을 기초로 보상금 지급 여부 및 지급금액을 결정하고, 보
상금 지급결정이 있는 경우에는 결정서 정본 및 결정통지서를 신청인
에게 지체 없이 보내야 한다.

② 위원회는 제1항에 따라 보상금을 결정하는 경우 결정 당시 국가
또는 지방자치단체에 직접적인 수입의 회복 또는 증대를 가져오는 법
률관계가 확정된 후 수입의 회복 또는 증대가 아직 시작되지 아니하였
거나 수입의 회복 또는 증대 금액이 제22조 제1항에 따라 산정된 보상
금의 100분의50 미만인 경우에는 우선적으로 100분의50 범위에서 보상
금을 지급하고, 나머지 금액은 국가 또는 지방자치단체의 수입의 회복
또는 증대 금액이 이미 지급된 보상금을 초과하는 경우에 지급하도록
결정할 수 있다.

제24조(보상신청의 경합시의 보상금 결정) ① 하나의 공익침해행위에
대하여 2명 이상이 각각 공익신고를 한 경우 별표2의 보상대상 가액을
산정할 때에는 이를 하나의 공익신고로 본다.

② 위원회는 제1항에 따른 공익신고의 경우 각각의 공익신고자에 대
한 보상금 지급금액을 결정할 때 공익침해행위의 제거 및 예방에 이바
지한 정도 등을 종합적으로 고려하여 각각의 공익신고자에게 배분한다.
이 경우 제22조 제1항 단서를 적용할 때에는 공익신고자별로 사유를
고려하여 결정한다.

제25조(보상금의 지급시기) 보상금은 법 제26조 제1항 각 호의 어느
하나에 해당하는 부과 등의 절차에 따라 국가 또는 지방자치단체에 직
접적인 수입의 회복 또는 증대를 가져오거나 그에 관한 법률관계가 확
정된 후에 지급한다. 이 경우 그 부과 등에 대한 이의제기기간이 지나

지 아니하였거나 불복 구제절차가 진행 중일 때에는 그 기간 및 절차가 끝난 뒤에 지급한다.

(공익신고 접수 및 처리사무 운영지침 별지 제1호 서식)

신　　고　　서

접수일자		접수번호			처리기간	60일
신고자	이름		주민등록번호			
	주소					
	연락처			직업		
피신고자	이름		주민등록번호			
	주소					
	연락처			직업		
공익신고 취지 및 이유						
공익신고 내용						
증거자료 등 첨부 서류						

위와 같이 피신고자의 공익침해행위를 신고합니다.

20 　　.　　.　　.

신고자　　　　　　　　(인 또는 서명)

국민권익위원회 위원장 귀하

> ㄴ 이 서식은 신고인이 직접 방문하여 제출하거나 우송하는 경우에 사용하는 것이다. 공익신고의 내용 등에 난이 부족한 때에는 별지(別紙)에 작성하여 첨부하면 된다. 인터넷으로 신고하는 경우에도 별지를 활용하는 요령은 마찬가지이다.

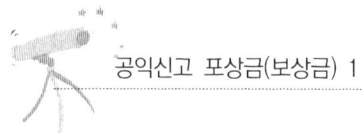
(공익신고 접수 및 처리사무 운영지침 별지 제2호 서식)

신분공개 동의 여부 확인서

신고자	성명		주민등록번호	
	주소			
	연락처			
공익신고	제목			
	접수일자		접수번호	
신분공개여부	1. 위원회심사 · 확인과정 앞으로 귀하의 공익신고사건에 관하여 우리 위원회에서 심사 · 확인하는 절차를 거치게 됩니다. 이 과정에서 귀하의 신분을 밝히거나 암시하는 것에 동의하시겠습니까? ⇨ 〔 〕동의 〔 〕부동의 2. 조사기관 조사과정 귀하의 신고사건이 조사기관에 이첩(송부)되는 경우, 조사기관의 수사 또는 조사과정 등에 있어서 귀하의 신분을 밝히거나 암시하는 것에 동의하시겠습니까? 이에 부동의 하시는 경우에는 귀하의 인적사항을 제외하여 이첩(송부)하게 됩니다. ⇨ 〔 〕동의 〔 〕부동의				

위 신고자 본인은 인적사항 등 신분공개 동의 여부에 대하여 위와 같이 확인합니다.

20   .   .   .

신고자   (인 또는 서명)

국민권익위원회 위원장 귀하

(공익신고 접수 및 처리사무 운영지침 별지 제3호 서식)

대표신고자 선정서

대표신고자	성명		주민등록번호	
	주소			
	연락처			
공익신고	제목			
	접수일자		접수번호	

아래의 신고자들은 공익신고 접수에 대하여 위 사람을 대표신고자로 선정하고 신고사항 처리결과 통보 수령 등 공익신고 처리에 관한 사항을 위임합니다.

20 .   .   .

신고인   등   명

국민권익위원회 위원장 귀하

선정자 명단

연번	성명	주민등록번호	주소(연락처)	서명 또는 날인

첨부서류
대표신고자의 신분증 사본
선정자들의 신분증 사본

┗, 앞쪽의 선정자명단이 부족한 경우 별지로 선정자명단을 작성하여 제출할 수 있습니다.

3

개별 법률 분석

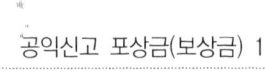

개별 법률의 규정들을 검토하기 전에 우선 양해를 구합니다. 이 책은 보상금과 관련한 내용만을 소개하면서 보충설명을 드리는 것을 원칙으로 함에 따른 제약으로 인하여 특별법들의 모든 규정을 다 소개하지 못합니다. 그뿐만 아니라 벌칙규정 및 과태료와 관련된 규정은 원칙적으로 모두 소개하지만 행위의 금지규정 또는 제한규정에 관한 내용도 책자의 분량을 고려하여 모두 소개함에는 어려움이 있습니다. 그러나 신고 및 보상과 관련하여 꼭 필요하다고 생각되는 규정들은 가능한 범위 안에서 최선을 다하여 발췌하는 것으로 하겠습니다.

행정처분은 대부분 벌칙 또는 과태료와 병과(竝科)하는 것이 행정법규의 특징이므로, 벌칙규정과 과태료규정만 대강 - 숙지까지는 어려우므로 - 기억을 해두시면 신고대상인 법위반 행위들이 눈과 귀에 들어올 것입니다. 이와 관련한 일을 직업(?)으로 하시는 분이라면 관심 있는 법률만큼은 그 시행령과 시행규칙까지 틈틈이 그러나 꼼꼼하게 챙겨두시기를 권합니다. 자신 있게 말할 수 있는 것은 다음에 검토하는 법률들의 절반은 보물창고가 될 것입니다. 최첨단 장비는 법령에 대한 지식이며, 받게 되는 보상금의 크기는 습득한 지식의 양에 정비례합니다. 법령을 찾아보는 요령을 소개합니다.

① 대법원 홈페이지 ⇨ ② 대국민서비스 ⇨ ③ 종합법률정보
⇨ ④ 법령 ⇨ ⑤ 검색어
① 법제처 홈페이지 ⇨ ② 국가법령 ⇨ ③ 검색어

검색어를 입력할 때에 법률명을 모두 입력할 필요는 없으며, 대부분은 법률명 중 앞부분의 단어만을 입력하면 시행령과 시행규칙도 함께 검색할 수 있다. 그리고 이렇게 검색하는 것이 시행령 및 시행규칙을 아울러 연구하는 데에 도움이 된다.

제1장 가맹사업거래의 공정화에 관한 법률

제1절 법률의 이해

이 법이 말하는 가맹사업거래는 프랜차이즈 체인(franchise chain) 또는 프랜차이즈 시스템을 말한다. 법이 규정하는 "가맹사업거래"란 가맹본부가 가맹사업자로 하여금 자기의 상표·서비스표·상호·간판, 그 밖의 영업표지(이하 "영업표지"라 한다)를 사용하여 일정한 품질기준이나 영업방식에 따라 상품(원재료 및 부재료를 포함한다) 또는 용역을 판매함과 아울러 이에 따른 경영 및 영업활동 등에 대한 지원·교육과 통제를 하며, 가맹점사업자는 영업표지의 사용과 경영 및 영업활동 등에 대한 지원·교육의 대가로 가맹본부에 가맹금을 지급하는 계속적인 거래관계를 말한다.

이 법에서 힘주어 규제하는 것은 이른바 "갑·을관계"이다. 즉 가맹본부가 약자인 가맹점사업자를 상대로 하는 각종 횡포(불공정거래행위, 허위·과대광고행위)를 막고, 가맹본부와 가맹점사업자의 지위를 대등하게 유지하려는 것이 이 법의 입법목적이라고 이해하면 된다. 이 법의 소관청은 공정거래위원회(가맹과)이다.

제2절 법령의 규정

제41조(벌칙) ① 제9조 제1항의 규정에 위반하여 허위·과장의 정보제공행위나 기만적인 정보제공행위를 한 자는 5년 이하의 징역 또는 3

억 원 이하의 벌금에 처한다.

ㄴ. 제9조 제1항은 가맹본부가 가맹희망자나 가맹사업자에게 정보를 제공함에 있어서 다음 각 호의 행위를 하여서는 아니 된다고 규정하였다.

1. 사실과 다르게 정보를 제공하거나 사실을 부풀려 정보를 제공하는 행위(허위·과장의 정보제공행위)

2. 계약의 체결·유지에 중대한 영향을 미치는 사실을 은폐하거나 축소하는 방법으로 정보를 제공하는 행위(기만적인 정보제공행위)

ㄴ. 이러한 정보제공행위에 해당하는지 여부는 공정거래위원회에서 인터넷에 공개하는 해당 가맹본부의 표준계약서에 의해 확인할 수 있다.

② 다음 각 호의 어느 하나에 해당하는 자는 3년 이하의 징역 또는 1억 원 이하의 벌금에 처한다.

1. 제33조 제1항에 따른 시정조치의 명령에 따르지 아니한 자

2. 제37조 제4항의 규정에 의하여 준용되는 「독점규제 및 공정거래에 관한 법률」 제62조의 규정에 위반한 자

ㄴ. 「독점규제 및 공정거래에 관한 법률」 제62조(비밀엄수의 의무) 이 법에 의한 직무에 종사하거나 종사하였던 위원, 공무원 또는 협의회에서 분쟁조정업무를 담당하거나 담당하였던 자는 그 직무상 알게 된 사업자 또는 사업자단체의 비밀을 누설하거나 이 법의 시행을 위한 목적 외에 이를 이용하여서는 아니 된다.

③ 다음 각 호의 어느 하나에 해당하는 자는 2년 이하의 징역이나 5천만 원 이하의 벌금에 처한다.

1. 제6조의5 제1항을 위반하여 가맹점사업자로부터 예치가맹금을 직접 수령한 자

ㄴ. 가맹본부는 가맹점사업자피해보상보험을 가입한 경우가 아니면 가맹점사업자나 가맹희망자로부터 예치가맹금(보증금이라고 이해하면 된다)을 직접 수령할 수 없으며, 이를 금융기관에 예치하게 하여야 한다.

2. 제7조 제3항을 위반하여 가맹금을 수령하거나 가맹계약을 체결한 자

└, 가맹본부는 공정거래위원회에 등록된 정보공개서(표준계약서 등) 및 인근 가맹점현황문서를 가맹희망자에게 내용증명우편 등으로 제공한 날로부터 14일(가맹희망자가 변호사나 가맹거래사의 자문을 받은 경우에는 7일) 이내에는 가맹희망자와 계약을 체결하거나 가맹금을 받을 수 없다.

3. 제15조의2 제6항을 위반하여 가맹점사업자피해보상보험계약 등을 체결하였다는 사실을 나타내는 표지 또는 이와 유사한 표지를 제작하거나 사용한 자

   └, 가맹점사업자피해보상보험을 체결하지 아니한 가맹본부에 해당하는 규정이다.

④ 제6조의5 제4항을 위반하여 거짓이나 그 밖의 부정한 방법으로 예치가맹금의 지급을 요청한 자는 예치가맹금의 2배에 상당하는 금액 이하의 벌금에 처한다.

   └, 가맹본부는 가맹희망자(가맹점사업자로 될 계약자)가 영업을 개시한 경우 또는 계약을 체결한 때로부터 2개월이 경과한 경우가 아니면 가맹희망자가 금융기관에 예치한 가맹금의 지급을 받을 수 없다.

제43조(과태료) ① 가맹본부가 제3호 또는 제4호의 규정에 해당하는 경우에는 1억 원 이하, 제1호 또는 제2호의 규정에 해당하는 경우에는 5천만 원 이하의 과태료에 처한다.

1. 제32조의2 제2항에 따른 자료를 제출하지 아니하거나 거짓의 자료를 제출한 자

   └, 이는 공정거래위원회가 가맹본부와 가맹사업자 사이의 공정거래 여부에 관하여 서면실태조사를 하기 위하여 자료의 제출을 요구한 경우에 적용될 수 있는 규정이다.

2. 제37조 제1항의 규정에 의하여 준용되는 「독점규제 및 공정거래에 관한 법률」 제50조 제1항 제1호의 규정에 위반하여 정당한 사유 없이 2회 이상 출석하지 아니한 자

ㄴ. 공정거래위원회는 법의 시행을 위하여 필요하다고 인정하는 경우에는 당사자·이해관계인·참고인을 출석하게 하여 의견을 청취할 수 있다.

3. 제37조 제1항의 규정에 의하여 준용되는 「독점규제 및 공정거래에 관한 법률」 제50조 제1항 제3호 또는 동조 제3항의 규정에 의한 보고 또는 필요한 자료나 물건의 제출을 정당한 사유 없이 하지 아니하거나, 허위의 보고 또는 자료나 물건을 제출한 자

ㄴ. 공정거래위원회 및 조사를 담당하는 공정거래위원회 소속 공무원은 법의 시행상 필요하다고 인정하는 경우에는 사업자·사업자단체 및 이들의 임직원에 대하여 원가 및 경영상황에 대한 보고, 기타 필요한 자료나 물건의 제출을 명할 수 있다.

4. 제37조 제1항의 규정에 의하여 준용되는 「독점규제 및 공정거래에 관한 법률」 제50조 제2항의 규정에 의한 조사를 정당한 사유 없이 거부·방해 또는 기피한 자

ㄴ. 공정거래위원회 소속 공무원이 사업자나 사업자단체의 사무소 또는 사업장에 출입하여 업무 및 경영상황, 장부·서류, 전산자료·음성녹음자료·화상자료 등 자료나 물건을 조사할 수 있으며, 지정된 장소에서 당사자·이해관계인·참고인의 진술을 들을 수 있다.

② 가맹점사업자가 제1항 제2호 또는 제3호의 규정에 해당하는 경우에는 1억 원 이하, 동항 제1호의 규정에 해당하는 경우에는 1천만 원 이하의 과태료에 처한다.

③ 가맹본부 또는 가맹점사업자의 임원이 각각 제1항 제3호의 규정에 해당하는 경우에는 5천만 원 이하, 동항 제1호 또는 제2호에 해당하는 경우에는 1천만 원 이하의 과태료에 처한다.

④ 가맹본부 또는 가맹점사업자의 종업원 또는 이에 준하는 법률상 이해관계에 있는 자가 각각 제1항 제3호의 규정에 해당하는 경우에는 5천만 원 이하, 동항 제2호의 규정에 해당하는 경우에는 1천만 원 이

하, 동항 제1호의 규정에 해당하는 경우에는 5백만 원 이하의 과태료에 처한다.

⑤ 제37조 제1항의 규정에 의하여 준용되는 「독점규제 및 공정거래에 관한 법률」 제43조의2의 규정에 의한 질서유지명령에 응하지 아니한 자는 100만 원 이하의 과태료에 처한다.

　└, 공정거래위원회가 개정하는 심판정에서의 질서유지명령을 의미한다.

⑥ 다음 각 호의 어느 하나에 해당하는 자에게는 1천만 원 이하의 과태료를 부과한다.

　1. 제6조의2 제2항 본문의 규정을 위반하여 기간 내에 변경등록을 하지 아니하거나 거짓으로 변경등록을 한 자

　　└, 가맹본부는 가맹희망자에게 제공할 정보공개서를 공정기래위원회에 등록하여야 하고, 등록된 정보공개서의 기재사항을 변경하는 경우에도 변경등록을 하여야 한다.

　2. 제9조 제3항을 위반하여 같은 항 각 호의 어느 하나에 해당하는 정보를 서면으로 제공하지 아니한 자

　　└, 가맹본부는 가맹희망자나 가맹점사업자에게 다음 각 호의 어느 하나에 해당하는 정보를 제공하는 경우에는 서면으로 하여야 한다.
　　　1. 가맹희망자의 예상매출액·수익·매출총이익 등 장래의 예상수익상황에 대한 정보
　　　2. 가맹점사업자의 매출액·수익·매출총이익·순이익 등 과거의 수익상황이나 장래의 예상수익상황에 관한 정보

　3. 제9조 제4항을 위반하여 근거자료를 비치하지 아니하거나 자료 요구에 응하지 아니한 자

　　└, 가맹본부는 제9조 제3항의 제공정보의 산출근거가 되는 자료를 가맹본부의 사무소에 비치하고, 영업시간 중에는 언제든지 가맹희망자나 가맹점사업자의 열람요구에 응해야 한다.

　　4. 제9조 제5항을 위반하여 예상매출액산정서를 제공하지 아니한 자

　　5. 제9조 제6항을 위반하여 예상매출액산정서를 보관하지 아니한 자

　　6. 제11조 제1항을 위반하여 가맹계약서를 보관하지 아니한 자

　⑦ 다음 각 호의 어느 하나에 해당하는 자에게는 300만 원 이하의 과태료를 부과한다.

　　1. 제6조의2 제2항 단서를 위반하여 신고를 하지 아니하거나 거짓으로 신고한 자

　　　ㄴ, 여기의 신고는 등록된 정보공개서의 경미한 사항에 대한 변경등록을 말한다.

　　2. 제29조 제3항을 위반하여 가맹거래사임을 표시하거나 유사한 용어를 사용한 자

　　　ㄴ, 등록한 가맹거래사 아닌 자의 행위를 말한다.

　제44조(고발) ① 제41조 제1항·제2항 제1호 및 제3항의 죄는 공정거래위원회의 고발이 있어야 공소를 제기할 수 있다.

　⑥ 공정거래위원회는 공소가 제기된 후에는 고발을 취소하지 못한다.

　제35조(과징금) ① 공정거래위원회는 제6조의5 제1항·제4항, 제7조 제3항, 제9조 제1항, 제10조 제1항, 제11조 제1항·제2항, 제12조 제1항, 제12조의2 제1항·제2항, 제12조의3 제1항·제2항, 제12조의4 제1항·제3항, 제14조의2 제5항, 제15조의2 제3항·제6항을 위반한 가맹본부에 대하여 대통령령으로 정하는 매출액에 100분의2를 곱한 금액을 초과하지 아니하는 범위에서 <u>과징금9)</u>을 부과할 수 있다. 다만, 그 위반행위를 한 가맹본부가 매출액이 없거나 매출액의 산정이 곤란한 경

---

9) ★ 과징금(過徵金) : 국가가 국민에게 부과하고 징수하는 금전 중에서 조세를 제외한 것을 통틀어 이르는 말이다. 이 중에는 과태료도 포함되는데, 과태료는 일반적으로 행정질서벌이라고 한다. 이에 비하여 벌금·과료·몰수·추징은 형벌이다.

우로서 대통령령으로 정하는 경우에는 5억 원을 초과하지 아니하는 범위에서 과징금을 부과할 수 있다.

⑥ 제1항에 따른 과징금의 부과기준은 대통령령으로 정한다.

ㄴ. 대통령령으로 정하는 "과징금 부과기준"은 시행령 제34조 제4항에 따른 별표4의2에서 규정하고 있다.

제2장 가축분뇨의 관리 및 이용에 관한 법률

제1절 법률의 이해

이 법은 가축의 분뇨를 자원화하거나 적정하게 처리함으로써 환경오염을 방지하고, 이와 더불어 축산업의 발전 및 국민의 건강도 향상하는 것을 목적으로 한다. 분뇨의 분은 똥 분(糞)과 오줌 뇨(尿)자를 쓴다.

이 법에서 말하는 "가축"이란 소 · 돼지 · 말 · 닭 · 젖소 · 오리 · 양 · 사슴 · 개를 말한다. 이 법에서 규제하는 행위의 대부분은 가축의 분뇨 · 퇴비 또는 액비(액체비료)를 공공수역(강 · 하천 · 저수지 등)에 흘러들어가게 하는 행위이다. 가축분뇨의 처리 등과 관련한 영업허가를 받은 경우이든 받지 아니한 경우이든 공공수역에 흘러들게 하는 행위는 예외 없이 처벌의 대상이 된다. 따라서 이 법의 주관부처는 환경부(유역총량과)이다.

제2절 법령의 규정

제48조(벌칙) 다음 각 호의 어느 하나에 해당하는 자는 5년 이하의

징역 또는 5천만 원 이하의 벌금에 처한다.

1. 제11조 제1항에 따른 허가를 받지 아니한 자 또는 거짓, 그 밖의 부정한 방법으로 허가를 받은 자로서 제10조 제1항을 위반하여 가축분뇨 또는 퇴비 · 액비(液肥)를 공공수역에 유입시키거나 제17조 제1항 각 호의 어느 하나에 해당하는 행위를 한 자

   ㄴ. 제11조 제1항의 허가는 배출시설에 대한 시장 · 군수 · 구청장의 허가를 말한다.

2. 제18조에 따른 폐쇄명령을 이행하지 아니한 자

   ㄴ. 제18조는 배출시설의 설치 · 운영자 또는 배출시설의 설치자가 법령에 위반하는 행위를 한 경우에 시장 · 군수 · 구청장이 명하는 폐쇄명령을 말한다.

3. 제24조에 따라 설치한 공공처리시설을 파손하거나 그 기능에 장애를 주어 가축분뇨를 처리할 수 없게 방해한 자

   ㄴ. 제24조에 따라 설치한 공공처리시설은 지방자치단체 또는 농협조합이 축산농가에서 발생하는 가축분뇨를 처리하기 위하여 설치하는 시설을 말한다.

4. 공공처리시설 설치자 등으로서 제25조 제9항 제3호부터 제6호까지에 해당하는 행위를 한 자

   ㄴ. 제25조(공공처리시설의 운영 등) ⑨ 공공처리시설설치자등10)은 다음 각 호의 어느 하

---

10) ★ 공공처리시설설치자등 : 공공처리시설설치자와 가축분뇨시설관리업의 허가를 받은 자를 말한다.

3. 공공처리시설로 유입되는 가축분뇨를 중간배출하거나 중간배출을 할 수 있는 시설을 설치하는 행위. 다만, 처리시설의 처리과정에서 액비를 생산하기 위하여 제24조 제3항에 따라 시 · 도지사, 특별자치시장 또는 특별자치도지사에게 공공처리시설의 설치승인 또는 변경승인을 받은 때에 미리 중간배출이 필요하다고 인정받은 경우에는 그러하지 아니하다.

4. 공공처리시설로 유입되는 가축분뇨에 물을 섞어 처리하는 행위 또는 물을 섞어 배출하는 행위. 다만, 시 · 도지사, 특별자치시장 또는 특별자치도지사가 「한국환경공단법」에 따른 한국환경공단 등 관련 전문기관의 자문을 거쳐 가축분뇨

나에 해당하는 행위를 하여서는 아니 된다.

5. 재활용신고자로서 제27조 제5항에 따른 폐쇄명령을 이행하지 아니한 자

6. 제28조 제1항에 따라 가축분뇨관련영업의 허가를 받지 아니한 자로서 제10조 제1항을 위반하여 가축분뇨 또는 퇴비·액비를 공공수역에 유입시키거나 제17조 제1항 각 호의 어느 하나에 해당하는 행위를 한 자

  ┗ 제17조(배출시설 및 처리시설의 관리 등) ① 배출시설의 설치자와 그가 설치한 배출시설을 운영하는 재(이하 "배출시설설치·운영자"라 한다), 처리시설설치자와 그가 설치한 처리시설을 운영하는 재(이하 "처리시설설치·운영자"라 한다) 또는 퇴비·액비를 살포하는 자는 가축분뇨 또는 퇴비·액비를 처리·살포할 때 다음 각 호의 어느 하나에 해당하는 행위를 하여서는 아니 된다.

  1. 가축분뇨를 처리시설에 유입하지 아니하고 배출하거나 처리시설에 유입시키지 아니하고 배출할 수 있는 시설을 설치하는 행위

  2. 처리시설에 유입되는 가축분뇨를 자원화하지 아니한 상태 또는 최종방류구를 거치지 아니한 상태로 배출(이하 "중간배출"이라 한다)을 하거나 중간배출을 할 수 있는 시설을 설치하는 행위. 다만, 처리시설의 처리과정에서 액비를 생산하기 위하여 관할 시장·군수·구청장에게 미리 중간배출이 필요하다고 인정을 받은 경우에는 그러하지 아니하다.

  3. 정화시설에 유입되는 가축분뇨에 물을 섞어 정화하는 행위 또는 물을 섞어 배출하는 행위. 다만, 관할 시장·군수·구청장이 「한국환경공단법」에 따른 한국환경공단 등 관련 전문기관의 자문을 거쳐 가축분뇨의 정화공법상 물을 섞어야만 가

의 처리의 공법상(工法上) 물을 섞어야만 오염물질의 처리가 가능하다고 인정한 경우에는 그러하지 아니하다.

5. 공공처리시설에서 생산된 액비를 해당 공공처리시설설치자등이 확보한 액비 살포지 외의 장소에 뿌리거나 환경부령으로 정하는 살포기준을 지키지 아니하는 행위

  ┗ 환경부령에서는 "살포기준"에 관하여 규정을 두지 않았다.

6. 퇴비 또는 액비를 비료로 사용하지 아니하고 버리는 행위

축분뇨의 정화가 가능하다고 인정한 경우에는 그러하지 아니하다.

4. 자원화시설에서 가축분뇨를 처리하는 경우 퇴비·액비화기준에 적합하지 아니한 퇴비·액비를 생산하여 사용하거나 다른 사람에게 주는 행위. 다만, 환경부령으로 정하는 방법에 따라 퇴비·액비화기준에 적합하지 아니한 상태의 퇴비·액비를 다시 발효시켜 사용하려는 자에게 주는 경우에는 그러하지 아니하다.

ㄴ, "환경부령으로 정하는 방법"은 규정되지 않았다.

5. 액비를 만드는 자원화시설에서 생산된 액비를 해당 자원화시설을 설치한 자가 확보한 액비살포지 외의 장소에 뿌리거나 환경부령으로 정하는 살포기준을 지키지 아니하는 행위

ㄴ, 환경부령으로 정하는 "살포기준"은 시행규칙 제13조 및 별표4에서 규정하고 있다.

6. 퇴비 또는 액비를 비료로 사용하지 아니하고 버리는 행위

7. 정당한 사유 없이 정화시설을 정상적으로 가동하지 아니하여 방류수수질기준에 맞지 아니하게 가축분뇨를 배출하는 행위

제49조(벌칙) 다음 각 호의 어느 하나에 해당하는 자는 2년 이하의 징역 또는 2천만 원 이하의 벌금에 처한다.

1. 제11조 제1항 또는 제2항에 따른 허가 또는 변경허가를 받지 아니하거나 거짓, 그 밖의 부정한 방법으로 허가 또는 변경허가를 받아 배출시설을 설치·변경하거나 그 배출시설을 이용하여 가축을 사육한 자 또는 위탁사육한 자

ㄴ, 시장·군수·구청장의 허가대상 배출시설(시행령 제6조 별표1)

배출시설의 종류	규 모
돼지 사육시설	면적 1,000㎡ 이상. 다만, 수질보전특별대책지역 등에서는 면적 500㎡ 이상으로 한다.
소(젖소는 제외한다) 사육시설	면적 900㎡ 이상. 다만, 수질보전특별대책지역 등에서는 면적 450㎡ 이상으로 한다.
젖소 사육시설	축사면적 900㎡ 이상 또는 운동장면적 2,700㎡ 이상. 다만, 수질보전특별대책지역 등에서는 축

	사면적 450㎡ 이상 또는 운동장면적 1,350㎡ 이상으로 한다.
말 사육시설	면적 900㎡ 이상. 다만, 수질보전특별대책지역 등에서는 면적 450㎡ 이상으로 한다.

비고 1. "수질보전특별대책지역 등"이란 제12조 제1호부터 제5호까지 및 제8호에 해당하는 지역 또는 구역을 말한다.

2. "운동장"이란 휴식이나 운동을 목적으로 젖소가 일시적으로 머무르는 곳을 말한다.

3. 동일 사업장에 같은 종류의 시설이 2 이상 있는 경우에는 각 시설의 면적을 합산한 것을 해당 시설의 규모로 한다.

4. 동일 사업장에 다른 종류의 시설이 2 이상 있는 경우에는 다음 식에 따라 산출한 수치의 합이 1 이상이면 허가대상 배출시설로 본다.

제1배출시설의 면적/해당배출시설의 기준면적 + 제2배출시설의 면적/해당 배출시설의 기준면적 + · · ·

2. 제11조 제1항에 따른 허가를 받은 자로서 제10조 제1항을 위반하여 가축분뇨 또는 퇴비·액비를 공공수역에 유입시키거나 제17조 제1항 각 호의 어느 하나에 해당하는 행위를 한 자

    ㄴ, 제17조 제1항의 행위는 제48조 제6호 참조

3. 제11조 제1항 또는 제2항에 따른 허가 또는 변경허가를 받은 자로서 제12조를 위반하여 처리시설을 설치 또는 변경허가를 받지 아니하고 배출시설을 사용한 자

4. 제11조 제3항을 위반하여 신고를 하지 아니한 자로서 제10조 제1항을 위반하여 가축분뇨 또는 퇴비·액비를 공공수역에 유입시키거나 제17조 제1항 각 호의 어느 하나에 해당하는 행위를 한 자

5. 제15조에 따른 준공검사를 받지 아니하고 제10조 제1항을 위반하여 가축분뇨 또는 퇴비·액비를 공공수역에 유입시키거나 제

17조 제1항 각 호의 어느 하나에 해당하는 행위를 한 자

6. 제18조에 따른 사용중지명령을 이행하지 아니한 자

   ㄴ. 배출시설의 사용중지명령을 말한다.

7. 제27조 제1항을 위반하여 신고를 하지 아니하거나 거짓으로 신고를 하고 재활용을 한 자, 신고하지 아니한 재활용시설을 운영한 자 또는 신고하지 아니한 재활용시설을 사용할 목적으로 가축분뇨를 수집한 자

   ㄴ. 가축분뇨를 퇴비나 액비로 만드는 것에 한하여 시장·군수·구청장에게 신고하고 재활용을 할 수 있다.

8. 제27조 제5항에 따른 처리금지명령을 이행하지 아니한 자

   ㄴ. "처리금지명령"은 시장·군수·구청장이 재활용신고자에게 하는 명령을 말한다.

9. 제28조 제1항에 따른 가축분뇨관련영업의 허가를 받지 아니하거나 거짓, 그 밖의 부정한 방법으로 허가를 받아 가축분뇨관련영업을 한 자

10. 가축분뇨관련영업자로서 제10조 제1항을 위반하여 가축분뇨 또는 퇴비·액비를 공공수역에 유입시키거나 제17조 제1항 각 호의 어느 하나에 해당하는 행위를 한 자

11. 가축분뇨관련영업자 또는 설계·시공업자로서 제32조 또는 제35조에 따른 영업정지기간 중에 영업을 한 자

12. 제34조에 따른 등록을 하지 아니하거나 거짓, 그 밖의 부정한 방법으로 등록을 하여 설계·시공업을 한 자

제50조(벌칙) 다음 각 호의 어느 하나에 해당하는 자는 1년 이하의

징역 또는 1천만 원 이하의 벌금에 처한다.

1. 제8조 제3항에 따른 축사의 이전 등 조치명령을 이행하지 아니한 자

2. 제10조 제2항에 따른 조치명령을 이행하지 아니한 자

   ㄴ, 시장·군수·구청장은 유출·방치된 가축분뇨 또는 퇴비·액비로 인하여 생활환경이나 공공수역이 오염되거나 오염될 우려가 있는 경우에는 가축분뇨 또는 퇴비·액비를 배출·수집·운반·처리·살포하는 자, 그 밖에 가축분뇨 또는 퇴비·액비의 소유자·관리자에게 가축분뇨 또는 퇴비·액비의 보관방법 변경이나 수거 등 환경오염 방지에 필요한 명령을 할 수 있다.

3. 제11조 제1항에 따른 허가를 받지 아니하거나 거짓, 그 밖의 부정한 방법으로 허가를 받은 자로서 업무상 과실로 제10조 제1항을 위반하여 가축분뇨 또는 퇴비·액비를 공공수역에 유입시킨 자

4. 제11조 제3항을 위반하여 신고를 하지 아니하거나 거짓, 그 밖의 부정한 방법으로 신고를 하고 그 배출시설을 설치하거나 그 배출시설을 이용하여 가축을 사육한 자 또는 위탁사육한 자

5. 제11조 제3항에 따른 신고를 한 자로서 제10조 제1항을 위반하여 가축분뇨 또는 퇴비·액비를 공공수역에 유입시키거나 제17조 제1항 각 호의 어느 하나에 해당하는 행위를 한 자

6. 제11조 제1항에 따른 허가를 받은 자, 제15조를 위반하여 준공검사를 받지 아니한 자 또는 가축분뇨관련영업자로서 업무상 과실로 제10조 제1항을 위반하여 가축분뇨 또는 퇴비·액비를 공공수역에 유입시킨 자 또는 가축분뇨관련영업자로서 업무상 과실로 제17조 제1항 각 호의 어느 하나에 해당하는 행위를 한 자

7. 배출시설설치·운영자, 처리시설설치·운영자 및 퇴비·액비를 살포하는 자로서 제17조 제4항에 따른 개선명령을 이행하지 아

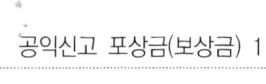

니한 자(제51조 제3호의 자는 제외한다)

8. 제11조 제2항 또는 제3항에 따른 신고 또는 변경신고를 한 자로
서 제12조에 따른 처리시설을 설치 또는 변경하지 아니하고 배
출시설을 사용한 자

9. 제11조 제3항에 다른 신고를 하지 아니하거나 거짓으로 신고를
한 자로서 업무상 과실로 인하여 제10조 제1항을 위반하여 가축
분뇨 또는 퇴비·액비를 공공수역에 유입시킨 자

10. 제25조 제10항에 따른 시설의 개선 등 조치명령을 이행하지 아
니한 자

11. 재활용신고자로서 제10조 제1항을 위반하여 가축분뇨 또는 퇴
비·액비를 공공수역에 유입시키거나 제17조 제1항 각 호의 어
느 하나에 해당하는 행위를 한 자

12. 제27조 제4항에 따른 개선명령을 이행하지 아니한 자

13. 제28조 제1항을 위반하여 가축분뇨관련영업의 변경허가를 받지
아니하거나 거짓으로 변경허가를 받아 가축분뇨관련영업을 한 자

14. 제28조 제6항을 위반하여 다른 사람에게 자기의 상호 또는 성
명을 사용하여 가축분뇨관련영업을 하게 하거나 허가증을 빌려
준 자

15. 제34조 제2항을 위반하여 변경등록을 하지 아니하거나 거짓으
로 변경등록을 하여 설계·시공업을 한 자

16. 제34조 제4항을 위반하여 다른 사람에게 자기의 상호 또는 성명
을 사용하여 설계·시공업을 하게 하거나 등록증을 빌려 준 자

제51조(벌칙) 다음 각 호의 어느 하나에 해당하는 자는 300만 원 이

하의 벌금에 처한다.

1. 제7조의2 제4항을 위반하여 토지에의 출입 또는 사용을 거부·방해한 자

   ∟, 가축분뇨의 실태조사를 위한 공무원의 출입을 말한다.

2. 제11조 제3항에 따른 신고를 한 자 또는 재활용신고자로서 업무상 과실로 제10조 제1항을 위반하여 가축분뇨 또는 퇴비·액비를 공공수역에 유입시키거나 제17조 제1항 각 호의 어느 하나에 해당하는 행위를 한 자

3. 제11조 제3항에 따른 신고를 한 자 또는 그 배출시설·처리시설을 운영하는 자로서 제17조 제4항에 따른 개선명령을 이행하지 아니한 자

4. 제15조에 따른 준공검사를 받지 아니하고 그 배출시설·처리시설을 사용한 자

5. 다음 각 목의 어느 하나에 해당하지 아니한 자로서 제10조 제1항을 위반하여 가축분뇨 또는 퇴비·액비를 공공수역에 유입시킨 자
   가. 제11조 제1항 또는 제3항에 따라 배출시설의 설치허가를 받거나 신고를 하여야 하는 자
   나. 제27조 제1항에 따른 신고를 하여야 하는 자

   ∟, 재활용신고를 말한다.

   다. 제28조 제1항에 따른 가축분뇨관련영업의 허가를 받아야 하는 자
6. 제27조 제3항에 따른 설치 및 운영기준을 위반하여 재활용시설을 설치·운영한 자
7. 제30조 제2항을 위반하여 가축분뇨관련영업자의 가축분뇨의 수집·

운반 · 처리 및 시설관리의 기준과 준수사항을 지키지 아니한 자

8. 제37조 제1항을 위반하여 기술관리인을 두지 아니한 자

> ㄴ, 일정한 규모 이상의 처리시설을 설치 · 운영하는 자는 기술관리인을 두어야 하며, 기술
> 관리인을 두어야 할 처리시설은 법 제11조 제1항에 따라 배출시설의 설치허가를 받은
> 자 및 법 제24조에 따라 설치된 공공처리시설이다(시행령 제23조).

9. 제37조의3 제2항을 위반하여 관계 행정기관이나 그 소속 공무원
이 요구하여도 인계 · 인수, 처리 또는 살포에 관한 내용을 확인
할 수 있도록 협조하지 아니한 자

10. 제41조 제3항을 위반하여 관계 공무원의 출입 · 검사를 거부 ·
방해 또는 기피한 자

제53조(과태료) ① 다음 각 호의 어느 하나에 해당하는 자에게는 1천
만 원 이하의 과태료를 부과한다.

1. 제11조 제1항에 따른 허가를 받아 처리시설을 설치한 자로서 방
류수수질기준을 위반하여 방류하거나 퇴비액비화기준에 맞지 아
니하게 퇴비 또는 액비를 생산한 자

2. 공공처리시설설치자등으로서 방류수수질기준을 위반하여 방류하거
나 퇴비액비화기준에 맞지 아니하게 퇴비 또는 액비를 생산한 자

3. 가축분뇨처리업자로서 방류수수질기준을 위반하여 방류하거나
퇴비액비화기준에 맞지 아니하게 퇴비 또는 액비를 생산한 자

② 다음 각 호의 어느 하나에 해당하는 자에게는 500만 원 이하의
과태료를 부과한다.

1. 제11조 제3항에 따른 신고를 하고 처리시설을 설치한 자로서 방
류수수질기준을 위반하여 방류하거나 퇴비액비화기준에 맞지 아

니하게 퇴비 또는 액비를 생산한 자

2. 제16조를 위반하여 처리시설의 설계 또는 시공을 하게 한 자

제3장 가축전염병예방법

제1절 법률의 이해

이 법에서 말하는 "가축"이란 소 · 말 · 당나귀 · 노새 · 양 · 염소 · 사슴 · 돼지 · 닭 · 오리 · 칠면조 · 거위 · 개 · 토끼 · 꿀벌 · 고양이 · 타조 · 메추리 · 꿩을 말한다.

가축의 방역은 농림축산식품부 방역총괄과에서, 수출입의 검역은 같은 부 검역정책과에서 각각 주관한다. 이 법의 주된 목적이 가축 전염병의 예방과 이미 발생한 전염병의 확산방지인 특성상 관계 행정기관의 명령이 많을 수밖에 없다. 따라서 주된 규제(처벌 및 과태료의 부과)의 대상은 각종 명령을 이행하지 아니하는 행위가 된다.

제2절 가축전염병의 범위

제1관 제1종 가축전염병

제1종 가축전염병은 우역(牛疫), 우폐역(牛肺疫), 구제역(口蹄疫), 가성우역(假性牛疫), 블루텅병, 리프트계곡열, 럼피스킨병, 양두(羊痘), 수포성구내염(水疱性口內炎), 아프리카마역(馬疫), 아프리카돼지열병, 돼지

열병, 돼지수포병(水疱病), 뉴캣슬병 및 고병원성 조류인플루엔자를 말한다.

제2관 제2종 가축전염병

제2종 가축전염병은 탄저(炭疽), 기종저(氣腫疽), 브루셀라병, 결핵병(結核病), 요네병, 소해면상뇌증(海綿狀腦症), 큐열, 돼지오제스키병, 돼지일본뇌염, 돼지테센병, 스크래피(양해면상뇌증), 비저(鼻疽), 말전염성빈혈, 말바이러스성동맥염, 구역(狗疫), 말전염성자궁염, 동부말뇌염, 서부말뇌염, 베네수엘라말뇌염, 추백리(雛白痢), 가금(家禽)티푸스, 가금콜레라, 광견병(狂犬病), 사슴만성소모성질병, 타이레리아병(타이레리아팔바 및 애눌라타만 해당한다), 바베시아병(바베시아 비제미나 및 보이스만 해당한다), 아나플라즈마(아나플라즈마 마니날레만 해당한다), 오리바이러스성간염, 오리바이러스성장염, 마(馬)웨스트나일열, 돼지인플루엔자(H5 또는 H7혈청형 바이러스 및 신종인플루엔자 A(H1N1) 바이러스만 해당한다), 낭충봉아부패병을 말한다.

제3관 제3종 가축전염병

제3종 가축전염병은 소유행열, 소아카바네병, 닭마이코플라스마병, 저병원성 조류인플루엔자, 부저병(腐蛆病), 소전염성비기관염, 소류코시스(지방병성소류코시스만 해당한다), 소렙토스피라병, 돼지전염성위장염, 돼지단독, 돼지생식기호흡기증후군, 돼지유행성설사, 돼지위축성비염, 닭뇌척수염, 닭전염성후두기관염, 닭전염성기관지염, 마렉병, 닭전염성에프(F)낭(囊)병을 말한다.

제3절 법령의 규정

제55조의2(벌칙) 제17조의4 제1항을 위반하여 차량출입정보를 목적 외용도로 사용한 자는 5년 이하의 징역 또는 5천만 원 이하의 벌금에 처한다.

제56조(벌칙) 다음 각 호의 어느 하나에 해당하는 자는 3년 이하의 징역 또는 1천500만 원 이하의 벌금에 처한다.

1. 제11조 제1항 본문 또는 제2항을 위반하여 신고를 하지 아니한 수의사

   ㄴ. 다음 각 호의 어느 하나에 해당하는 가축을 발견하였을 때에는 그 가축의 소유자 등과 그 가축을 진단하였거나 그 가축의 사체를 검안한 수의사 및 그 가축의 소유자 등에게 동물약품 또는 사료를 판매한 자는 지체 없이 그 가축 또는 사체의 소재지를 관할하는 특별자치도지사·시장·구청장·읍장·면장에게 신고하여야 한다.

      1. 병명이 분명하지 아니한 질병으로 죽은 가축
      2. 가축의 전염성질병에 걸렸거나 걸렸다고 믿을만한 역학조사·정밀검사 결과나 임상증상이 있는 가축

2. 제20조 제1항(제28조에서 준용하는 경우를 포함한다)에 따른 명령을 위반한 자

   ㄴ. 제1종 가축전염병이 퍼지는 것을 막기 위하여 시장·군수·구청장이 가축의 살처분(殺處分)을 명한 경우를 말한다.

3. 제32조 제1항, 제33조 제1항·제5항(제38조 제4항에서 준용하는 경우를 포함한다), 제34조 제1항 본문 또는 제37조 본문을 위반

한 자

ㄴ, 제32조(수입금지) ① 다음 각 호의 어느 하나에 해당하는 물건은 수입하지 못한다.

    1. 농림축산식품부장관이 지정·고시하는 수입금지지역에서 생산 또는 발송되었거나 그 지역을 경유한 지정검역물

    2. 동물의 전염성질병의 병원체

    3. 소해면상뇌증11)이 발생한 날로부터 5년이 지나지 아니한 국가산 30개월령 이상 쇠고기 및 쇠고기 제품

    4. 특정위험물질

ㄴ, 제33조(수입금지 물건 등에 대한 조치) ① 검역관은 수입된 지정검역물이 다음 각 호의 어느 하나에 해당하는 경우 그 화주(貨主)에게 반송을 명할 수 있으며, 반송하는 것이 가축방역에 지장을 주거나 반송이 불가능하다고 인정하는 경우에는 소각, 매몰 또는 농림축산식품부장관이 정하여 고시하는 가축방역상 안전한 방법으로 처리할 것을 명할 수 있다.

    1. 제32조 제1항에 따라 수입이 금지된 물건

    2. 제34조 제1항 본문에 따라 수출국의 정부기관이 발행한 검역증명서를 첨부하지 아니한 경우

    3. 부패·변질되었거나 부패·변질될 우려가 있다고 판단되는 경우

    4. 그 밖에 지정검역물을 수입하면 국내에서 가축방역상 또는 공중위생상 중대한 위해가 발생할 우려가 있다고 판단되는 경우로서 농림축산식품부장관의 승인을 받은 경우

    ⑤ 반송하거나 소각·매몰 등을 하여야 할 지정검역물은 검역관의 지시 없이는 다른 장소로 옮기지 못한다.

ㄴ, 제34조(수입을 위한 검역증명서의 첨부) ① 지정검역물을 수입하는 자는 수출국의 정부기관이 가축전염병의 병원체를 퍼뜨릴 우려가 없다고 증명한 검역증명서를 첨부하여야 한다.

ㄴ, 제37조(수입 장소의 제한) 지정검역물은 농림축산식품부령으로 정하는 항구, 공항 또는 그 밖의 장소를 통하여 수입하여야 한다.

    ㄴ, 시행규칙 제39조에서 규정하는 수입항구·공항 등은 다음과 같다.

        1. 항구 : 경인항, 부산항, 인천항, 군산항, 제주항, 울산항, 동해·묵호항, 포항항, 마산항, 여수항, 평택·당진항, 광양항, 속초항, 목포항

---

11) ★ 소해면상뇌증 : 구제역(口蹄疫)을 말한다.

2. 공항 : 인천공항, 김포공항, 김해공항, 제주공항, 대구공항, 청주공항, 양양공항, 무안공항

3.「관세법」제148조의 규정에 의한 통관역 및 통관장

4. 제36조 제1항 본문에 따른 검역을 받지 아니하거나 검역과 관련하여 부정행위를 한 자

5. 제38조 제3항을 위반하여 불합격한 지정검역물을 하역하거나 반송명령을 위반한 자

제57조(벌칙) 다음 각 호의 어느 하나에 해당하는 자는 1년 이하의 징역 또는 500만 원 이하의 벌금에 처한다.

1. 제5조 제6항에 따른 국립가축방역기관장의 질문에 대하여 거짓으로 답변하거나 국립가축방역기관장의 검사·소독 등의 조치를 거부·방해 또는 기피한 자

2. 제11조 제1항 본문 또는 제2항 및 제3항을 위반한 가축의 소유자 등 또는 가축운송업자

    ㄴ, 제11조(죽거나 병든 가축의 신고) "제1항 본문"의 내용은 제56조 제1호 참조. ② 제1항 각 호에 해당하는 가축의 진단이나 검안을 의뢰받은 수의사 등은 검사결과를 지체 없이 당사자에게 통보하여야 하고, 검사결과 가축전염병으로 확인된 경우에는 수의사 등과 가축의 소유자 등은 지체 없이 시장·구청장·읍장·면장에게 신고하여야 한다.

    ③ 철도, 선박, 자동차, 항공기 등 교통수단으로 가축을 운송하는 자(이하 "가축운송업자"라 한다)는 운송 중의 가축이 제1항 각 호의 어느 하나에 해당하면 지체 없이 그 가축의 출발지 또는 도착지를 관할하는 시장·구청장·읍장·면장에게 신고하여야 한다.

3. 거짓이나 그 밖의 부정한 방법으로 가축병성감정실시기관으로 지정을 받은 자

3의2. 제17조의3 제1항을 위반하여 등록을 하지 아니한 자

ㄴ. 가축·원유·동물약품·사료·가축분뇨·왕겨·퇴비를 운반하거나 진료·인공수정·컨설팅·시료채취·방역·기계수리를 위하여 제17조 제1항 각 호의 어느 하나에 해당하는 자가 운영하는 시설(이하 "축산관계시설"이라 한다)에 출입하는 차량으로서 농림축산식품부령으로 정하는 차량(이하 "시설출입차량"이라 한다)의 소유자는 그 차량의 「자동차관리법」에 따른 등록지(등록지가 사용본거지와 다른 경우에는 사용본거지를 말한다)를 관할하는 시장·군수·구청장에게 농림축산식품부령으로 정하는 바에 따라 해당 차량을 등록하여야 한다. 시설출입차량의 세부적인 내용은 시행령 제20조의3 별표2의2에서 규정하고 있다.

3의3. 제17조의3 제2항을 위반하여 차량무선인식장치를 장착하지 아니한 소유자 및 차량무선인식장치의 전원을 끄거나 훼손·제거한 운전자

ㄴ. 축산관계시설에 출입하는 차량으로서 등록된 차량의 소유자는 농림축산식품부령으로 정하는 바에 따라 해당 차량의 축산관계시설에 대한 출입정보(이하 "차량출입정보"라 한다)를 무선으로 인식하는 장치를 장착하여야 하며, 운전자는 운행을 하거나 축산관계시설을 출입하는 경우 차량무선인식장치의 전원을 끄거나 훼손·제거하여서는 아니 된다.

4. 제19조 제1항(제28조에서 준용하는 경우를 포함한다) 제2항 또는 제27조에 따른 명령을 위반한 자

ㄴ. 제19조(격리와 가축사육시설의 폐쇄명령 등) ① 시장·군수·구청장은 가축전염병이 퍼지는 것을 막기 위하여 농림축산식품부령으로 정하는 바에 따라 다음 각 호의 조치를 명할 수 있다. 다만, 제4호에 따라 이동이 제한된 사람과 차량 등의 소유자는 부득이하게 이동이 필요한 경우에는 농림축산식품부령으로 정하는 바에 따라 시·도가축방역기관장에게 신청을 하여 승인을 받아야 하며, 이동승인신청을 받은 시·도가축방역기관장은 농림축산식품부령으로 정하는 바에 따라 이동을 승인할 수 있다.

1. 제1종 가축전염병에 걸렸거나 걸렸다고 믿을만한 역학조사·정밀검사 결과나 임상증상이 있는 가축의 소유자 등이나 제1종 가축전염병이 발생한 가축사육시설과 가까워 가축전염병이 퍼질 우려가 있는 지역에서 사육되는 가축의 소유자 등에 대하여 해당 가축을 격리·억류하거나 이동을 제한하는 조치

2. 제1종 가축전염병에 걸렸거나 걸렸다고 믿을 만한 역학조사·정밀검사 결과나 임상증상이 있는 가축의 소유자 등과 그 동거가족, 해당 가축의 소유자에게 고

용된 사람 등에 대하여 이동을 제한하거나 소독을 하는 조치

3. 제1종 가축전염병에 걸렸거나 걸렸다고 믿을 만한 역학조사 · 정밀조사 결과나 임상증상이 있는 가축이 있거나 있었던 장소를 중심으로 일정한 범위의 지역으로 들어오는 다른 지역의 사람, 가축 또는 차량에 대하여 교통차단, 출입통제 또는 소독을 하는 조치

4. 제13조에 따른 역학조사 결과 가축전염병을 전파시킬 우려가 있다고 판단되는 사람과 차량 등에 대하여 이동을 제한하는 조치

② 시장 · 군수 · 구청장은 다음 각 호의 어느 하나에 해당하는 가축의 소유자 등에 대하여 해당 가축사육시설의 폐쇄를 명하거나 6개월 이내의 기간을 정하여 가축사육의 제한을 명할 수 있다.

1. 제1항 제1호에 따른 가축의 격리 · 억류 · 이동제한명령을 위반한 자

2. 제5조 제3항에 따른 외국인근로자에 대한 고용신고 · 소독 · 교육 등을 하지 아니하여 가축전염병을 발생하게 하였거나 다른 지역으로 퍼지게 한 자

3. 제5조 제5항에 따른 입국신고를 하지 아니하여 가축전염병을 발생하게 하였거나 다른 지역으로 퍼지게 한 자

4. 제5조 제6항에 따른 국립가축방역기관장의 질문에 대하여 거짓으로 답변하거나 국립가축방역기관장의 검사 · 소독 등의 조치를 거부 · 방해 또는 기피하여 가축전염병을 발생하게 하였거나 다른 지역으로 퍼지게 한 자

5. 제11조 제1항에 따른 신고를 지연한 자

6. 제17조에 따른 소독설비 및 실시를 위반한 자

ㄴ. 제27조(가축집합시설의 사용정지 등) 시장 · 군수 · 구청장은 가축전염병이 퍼지는 것을 막기 위하여 필요하다고 인정하는 경우에는 농림축산식품부령이 정하는 바에 따라 경마장, 축산진흥대회장, 가축시장, 도축장, 그 밖에 가축이 모이는 시설의 소유자 등에게 그 시설의 사용정지 또는 사용제한을 명할 수 있다.

5. 제19조 제6항에 따른 가축의 소유자 등의 위반행위에 적극 협조한 가축운송업자 또는 도축업 영업자

ㄴ. 시장 · 군수 · 구청장은 격리 · 억류 · 이동제한 명령에 대한 가축소유자 등의 위반행위에 적극적으로 협조한 가축운송업자, 도축업 영업자에 대하여 6개월 이내의 기간을 정하여 그 업무의 전부 또는 일부의 정지를 명할 수 있다. 이 경우 청문을 하여야 한다.

5의2. 제19조의2 제3항 본문을 위반한 자

　ㄴ. 농림축산식품부장관은 구제역 등 농림축산식품부령으로 정하는 가축전염병이 전국적으로 확산되어 국가경제에 심각한 피해가 발생할 것으로 판단하는 경우 해당 가축전염병의 전국적 확산을 방지하기 위하여 해당 가축전염병의 전파가능성이 있는 가축, 시설출입차량, 수의사·가축방역사·가축인공수정사 등 관련 종사자(이하 이 조에서 "종사자"라 한다)에 대하여 일시적으로 이동의 제한을 명할 수 있다.

　일시 이동제한명령을 받은 일시 이동중지 대상 가축의 소유자 등은 해당 가축을 현재 가축이 사육되는 장소 외의 장소로 이동시켜서는 아니 되며, 일시 이동중지 대상 시설출입차량 및 종사자는 가축사육시설이나 축산관련시설을 방문하는 등 이동을 하여서는 아니 된다.

6. 제22조 제2항 본문(가축방역관은 제외한다) 제4항 또는 제47조 제2항을 위반한 자

　ㄴ. 제22조(사체의 처분제한) ② 가축전염병에 걸렸거나 걸렸다고 믿을 만한 역학조사·정밀검사 결과나 임상증상이 있는 가축 사체의 소유자 등이나 제20조 제2항에 따라 가축을 살처분한 가축방역관은 농림축산식품부령으로 정하는 바에 따라 지체 없이 해당 사체를 소각하여 매몰하여야 한다.

　④ 제2항에 따라 소각·매몰 또는 재활용하여야 할 가축의 사체는 가축방역관의 지시 없이는 다른 장소로 옮기거나 손상 또는 해체하지 못한다.

　ㄴ. 제47조(승계인에 대한 처분의 효력) ② 이 법 또는 이 법에 따른 명령이나 처분의 목적이 된 가축 또는 물건을 다른 자에게 양도하거나 관리하게 한 자는 명령이나 처분을 받은 사실과 그 내용을 새로운 권리의 취득자에게 알려야 한다.

7. 거짓이나 그 밖의 부정한 방법으로 검역시행장의 지정을 받은 자
8. 부정한 방법으로 사육관리인 또는 보관관리인으로 지정을 받은 사람

제58조(벌칙) 다음 각 호의 어느 하나에 해당하는 자는 300만 원 이하의 벌금에 처한다.

1. 제13조 제3항을 위반하여 역학조사를 거부·방해 또는 회피한 자

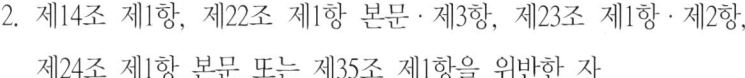

2. 제14조 제1항, 제22조 제1항 본문·제3항, 제23조 제1항·제2항, 제24조 제1항 본문 또는 제35조 제1항을 위반한 자

　ㄴ 제14조(가축전염병 병원체 분리신고 및 보존·관리) ① 시·도가축방역기관장 또는 제12조 제6항에 따른 가축병성감정 실시기관의 장은 병성감정을 하여 가축전염병 병원체를 분리한 경우에는 국립가축방역기관장에게 보고하거나 신고하여야 한다.

　ㄴ 제22조(사체의 처분제한) ① 제11조 제1항 제1호에 따른 가축 사체의 소유자 등은 가축방역관의 지시 없이는 가축의 사체를 이동·해체·매몰 또는 소각하여서는 아니 된다.
　　③ 사체를 소각·매몰 또는 재활용하려는 자 및 시장·군수·구청장은 농림축산식품부령으로 정하는 바에 따라 주변 환경의 오염방지를 위하여 필요한 조치를 제24조 제1항에서 정하는 기간 동안 하여야 한다. 다만, 시장·군수·구청장은 매몰지의 규모나 주변 환경 여건 등을 고려하여 그 기간을 연장 또는 단축할 수 있다.

　ㄴ 제23조(오염물건의 소각 등) ① 가축전염병의 병원체에 의하여 오염되었거나 오염되었다고 믿을 만한 역학조사·역학검사 결과나 임상증상이 있는 물건의 소유자 등은 농림축산식품부령이 정하는 바에 따라 가축방역관의 지시에 따라 그 물건을 매몰 또는 소독하여야 한다.
　　② 제1항의 물건의 소유자 등은 가축방역관의 지시 없이는 그 물건을 다른 장소로 옮기거나 세척하지 못한다.

　ㄴ 제24조(매몰한 토지의 발굴 금지 및 관리) ① 누구든지 제22조 제2항 본문, 제23조 제1항 및 제3항에 따른 가축의 사체 또는 물건을 매몰한 토지는 3년(탄저·기종저의 경우에는 20년을 말한다) 이내에는 발굴하지 못하며, 매몰 목적 이외의 가축사육시설 설치 등 다른 용도로 사용하여서는 아니 된다.

　ㄴ 제35조(동물수입에 대한 사전신고) ① 지정검역물 중 농림축산식품부령으로 정하는 동물을 수입하려는 자는 수입 예정 항구·공항 또는 그 밖의 장소를 관할하는 동물검역기관의 장에게 동물의 종류, 수량, 수입 시기 및 장소 등을 미리 신고하여야 한다.

3. 제39조 제1항 본문에 따른 검역을 받지 아니하거나 검역과 관련하여 부정행위를 한 자

4. 제44조 제1항에 따른 명령을 위반한 자

　ㄴ 이 명령은 검역관이 지정검역물을 발견한 때에 화주(貨主)에게 소각·매몰 등의 방법으로 처리하록 명하는 것을 말한다.

제60조(과태료) ① 다음 각 호의 어느 하나에 해당하는 자에게는 500만 원 이하의 과태료를 부과한다.

1. 제5조 제3항을 위반하여 외국인 근로자에 대한 고용신고 · 교육 · 소독을 하지 아니한 자

2. 제5조 제5항에 따른 서류의 제출을 거부 · 방해 또는 기피하거나 거짓서류를 제출한 자

3. 제5조 제5항에 따른 국립가축방역기관장의 질문에 대하여 거짓으로 답변하거나 국립가축방역기관장의 검사 · 소독 등의 조치를 거부 · 방해 또는 기피한 자

4. 제15조 제1항, 제16조 제1항 · 제3항 또는 제43조 제6항에 따른 명령을 위반한 자

　└ 제15조(검사 · 주사 · 약물목욕 · 면역요법 또는 투약 등) ① 농림축산식품부장관, 시 · 도지사 또는 시상 · 군수 · 사치구의 구정장은 가축전염병이 발생하거나 퍼지는 것을 막기 위하여 필요하다고 인정하면 농림축산식품부령이 정하는 바에 따라 가축의 소유자 등에게 가축에 대하여 다음 각 호의 어느 하나에 해당하는 조치를 받을 것을 명할 수 있다.

　　1. 검사 · 주사 · 약물목욕 · 면역요법 또는 투약

　　2. 주사 · 면역요법을 실시한 경우에는 그 주사 · 면역요법을 실시하였음을 확인할 수 있는 표시

　　3. 주사 · 면역요법 또는 투약의 금지

　└ 제16조(가축거래기록 작성 · 보존 등) ① 농림축산식품부장관은 가축전염병이 퍼지는 것을 방지하기 위하여 필요하다고 인정하면 가축 소유자 등에게 가축거래기록을 작성 · 보존하게 할 수 있다.

　　③ 농림축산식품부장관, 시 · 도지사 또는 시장 · 군수 · 자치구의 구청장은 가축전염병이 퍼지는 것을 방지하기 위하여 필요하다고 인정하면 가축의 소유자 등과 가축운송업자에게 가축을 이동할 때에 검사증명서 또는 예방접종증명서를 지니게 하거나 예방접종을 하였음을 가축에 표시하도록 명할 수 있다.

　└ 제43조(검역물의 관리인 지정 등) ⑥ 동물검역기관의 장은 검역상 필요하다고 인정할 경우에는 지정검역물의 화주나 운송업자에게 지정검역물이나 운송차량에 대하여 지정

검역을 화주의 부담으로 농림축산식품부령으로 정하는 바에 따라 소독을 명하거나 쥐·곤충을 없앨 것을 명할 수 있다.

5. 제17조 제1항에 따른 소독설비를 갖추지 아니한 자

5의2. 제17조의3 제3항을 위반하여 필요한 조치를 취하지 아니한 소유자 및 운전자

> ㄴ. 가축관련 시설을 출입하는 차량의 운전자 및 소유자는 차량무선인식장치가 정상적으로 작동하는지 여부를 항상 점검 및 관리를 하여야 하며, 정상적으로 작동되지 아니하는 경우에는 즉시 필요한 조치를 취해야 한다.

5의3. 제17조의3 제4항을 위반하여 가축방역 등에 관한 교육을 받지 아니한 소유자 및 운전자

6. 제36조 제1항 단서를 위반하여 신고하지 아니한 자

> ㄴ. 여행자 휴대품으로 지정검역물을 수입한 자는 즉시 출입 공항·항만 등에 있는 동물검역기관의 장에게 신고하여 검역을 받아야 한다. 지정검역물은 농림축산식품부장관이 지정하여 고시하는 물건을 말한다.

② 다음 각 호의 어느 하나에 해당하는 자에게는 300만 원 이하의 과태료를 부과한다.

1. 제7조 제4항(제8조 제3항에서 준용하는 경우를 포함한다)에 따른 가축검역관의 검사 등을 거부·방해 또는 회피한 자

2. 제11조 제1항을 위반하여 신고를 하지 아니한 동물약품 또는 사료 판매자

3. 제17조 제2항 또는 제3항을 위반하여 소독을 하지 아니한 자

> ㄴ. 제17조(소독설비 및 실시 등) ① 가축전염병이 발생하거나 퍼지는 것을 막기 위하여 다음 각 호의 어느 하나에 해당하는 자는 농림축산식품부령으로 정하는 바에 따라 소독설비를 갖추어야 한다.
> 　1. 가축사육시설(300제곱미터 이하는 제외한다)을 갖추고 있는 가축소유자 등

   2. 「축산물위생처리법」에 따른 집유장(集乳場) 및 도축장의 영업자

   3. 「사료관리법」에 따른 사료제조업자

   4. 「축산법」에 따른 가축시장·가축검정기관·종축장(種畜場) 등 가축이 모이는 시설, 부화장(孵化場) 또는 계란 집하장(集荷場)의 운영자

   5. 가축분뇨를 주원료로 하는 비료제조업자

② 제1항 각 호의 자(300제곱미터 이하 가축사육시설의 소유자 등을 포함한다)는 해당 시설 및 가축, 출입자, 출입차량 등 오염원을 소독하고 쥐, 곤충을 없애야 한다.

③ 가축, 원유, 동물약품, 사료, 가축분뇨 등을 운반하는 자, 제1항 각 호의 어느 하나에 해당하는 자가 운영하는 해당 시설에 출입하는 수의사·가축인공수정사, 그 밖에 농림축산식품부령으로 정하는 자는 그 차량과 탑승자에 대하여 소독을 하여야 한다.

   ㄴ, "농림축산식품부령으로 정하는 자"란 다음의 자를 말한다(시행령 제20조 제3항).

     1. 계란을 운반하는 자

     2. 육류를 운반하는 자

     3. 가축의 정액을 운반하는 자

     4. 왕겨 또는 톱밥을 운반하는 자

     5. 그 밖의 축산관련 출입자

4. 제17조 제6항을 위반하여 소독실시기록부를 갖추어두지 아니하거나 거짓으로 기재한 자

4의2. 제17조의2 제1항 전단을 위반하여 출입기록을 하지 아니하거나 거짓으로 출입기록을 한 자

4의3. 제17조의2 제1항 후단을 위반하여 보존기한까지 출입기록을 보관하지 아니한 자

4의4. 제17조의2 제2항에 따른 가축방역관 또는 가축방역사의 확인을 거부·방해 또는 회피한 자

4의5. 제17조의5 제2항을 위반하여 관계공무원의 출입 또는 조사를 거부·방해 또는 기피한 자

5. 제25조 제1항, 제26조 또는 제38조 제1항을 위반한 자

6. 제30조 제3항 및 제4항에 따른 검역관의 출입검사 또는 물건 등

의 무상수거를 거부·방해 또는 기피한 자

7. 제36조 제2항에 따른 검역을 거부·방해 또는 기피한 자

8. 제38조 제1항을 위반하여 화물목록을 제출하지 아니한 자

9. 제41조 제1항 본문에 따른 검역을 받지 아니하고 지정검역물을 수출한 자

10. 제45조 제2항에 따른 검역관의 음식물 처리검사를 거부·방해 또는 기피한 자

11. 제45조 제2항에 따른 검역관의 자료제출요구에 응하지 아니하 거나 거짓자료를 제출한 자

12. 제51조 제1항에 따라 보고하여야 하는 자가 보고를 하지 아니 하거나 거짓으로 보고한 자

ㄴ. 제51조(보고) ① 농림축산식품부장관 또는 시·도지사는 가축 전염성 질병을 예방하기 위하여 필요하다고 인정할 때에는 농림축산식품부령으로 정하는 바에 따라 다음 각 호 의 어느 하나에 해당하는 자로 하여금 필요한 사항에 관하여 보고를 하게 할 수 있다.
　　1. 동물의 소유자 등
　　2. 가축 전염성 질병 소유자 등
　　3. 경마장, 축산진흥대회장, 가축시장, 도축장 그 밖에 가축이 모이는 시설의 소유자 등

제4장 감염병의 예방 및 관리에 관한 법률

제1절 법률의 이해

제3장에서는 가축에 관한 감염병(感染病)을 검토하였다. 이 법은 사 람에 관한 감염병을 예방하고 관리하는 것을 그 주된 내용으로 한다. 다만, 가축의 감염병에 비하여 사람에 관한 감염병은 그 종류가 매우

다양하다. 그러나 법을 위반하는 행위에 대한 처벌 또는 과태료의 부과에 있어서는 그 법정형과 부과금이 가볍다는 특징을 보인다. 이 법의 주관부처는 보건복지부(질병정책과)이다. 감염병을 과거에는 전염병이라고 하였다.

제2절 감염병의 범위

1. "감염병"이란 제1군감염병, 제2군감염병, 제3군감염병, 제4군감염병, 제5군감염병, 지정감염병, 세계보건기구 감시대상 감염병, 생물테러감염병, 성매개감염병, 인수(人獸)공동감염병 및 의료관련공동감염병을 말한다.

2. "제1군감염병"이란 마시는 물 또는 식품을 매개로 발생하고 집단발생의 우려가 커서 발생 또는 유행 즉시 방역대책을 수립하여야 하는 다음 각 목의 감염병을 말한다.
   가. 콜레라
   나. 장티푸스
   다. 파라티푸스
   라. 세균성이질
   마. 장출혈성대장균감염증
   바. A형간염

3. "제2군감염병"이란 예방접종을 통하여 예방 및 관리가 가능하여 국가예방접종사업의 대상이 되는 다음 각 목의 감염병을 말한다.
   가. 디프테리아
   나. 백일해(百日咳)

다. 파상풍(破傷風)

라. 홍역(紅疫)

마. 유행성이하선염(流行性耳下腺炎)

바. 풍진(風疹)

사. 폴리오

아. B형간염

자. 일본뇌염

차. 수두(水痘)

카. B형헤모필루스인플루엔자

타. 폐렴구균

4. "제3군감염병"이란 간헐적으로 유행할 가능성이 있어 계속 그 발생을 감시하고 방역대책의 수립이 필요한 다음 각 목의 감염병을 말한다.

가. 말라리아

나. 결핵(結核)

다. 한센병

라. 성홍열(猩紅熱)

마. 수막구균성수막염(髓膜球菌性髓膜炎)

바. 레지오넬라증

사. 비브리오패혈증

아. 발진티푸스

자. 발진열(發疹熱)

차. 쯔쯔가무시증

카. 렙토스피라증

　　타. 브루셀라증

　　파. 탄저(炭疽)

　　하. 공수병(恐水病)

　　거. 신증후군출혈열(腎症候群出血熱)

　　너. 인플루엔자

　　더. 후천성면역결핍증(AIDS)

　　러. 매독(梅毒)

　　머. 크로이츠펠트-야콥병(CJD) 및 변종크로이츠펠트-야콥병(vCJD)

5. "제4군감염병"이란 국내에서 새롭게 발생하였거나 발생할 우려가 있는 감염병 또는 국내 유입이 우려되는 해외 유행 감염병으로서 보건복지부령으로 정하는 감염병을 말한다. "보건복지부령으로 정하는 감염병"은 페스트·황열·뎅기열·바이러스성 출혈열·두창·보툴리눔독소증·중증 급성 호흡기증후군(SARS)·동물인플루엔자 인체감염증·신종인플루엔자·야토병·큐열(Q열)웨스트나일열·신종감염증후군·라임병·진드기매개뇌염·유비저(類鼻疽)·치쿤구니야열·중증열성혈소판감소증후군(SFTS)을 말한다.

6. "제5군감염병"이란 기생충에 감염되어 발생하는 감염병으로서 정기적인 조사를 통한 감시가 필요하여 보건복지부령으로 정하는 감염병을 말한다. 여기에 해당하는 것으로는 회충증·편충증·요충증·간흡충증·폐흡충증·장흡충증이 있다.

7. "지정감염병"이란 제1군감염병부터 제5군감염병까지의 감염병 외에 유행 여부를 조사하기 위하여 감시활동이 필요하여 보건복지부장관이 지정하는 감염병을 말한다.

8. "세계보건기구 감시대상 감염병"이란 세계보건기구가 국제공중보

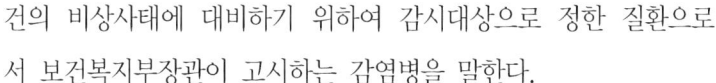
건의 비상사태에 대비하기 위하여 감시대상으로 정한 질환으로 서 보건복지부장관이 고시하는 감염병을 말한다.

9. "생물테러감염병"이란 고의 또는 테러 등을 목적으로 이용된 병원 체에 의하여 발생된 감염병 중 보건복지부장관이 고시하는 감염 병을 말한다.

10. "성매개감염병"이란 성 접촉을 통하여 전파되는 감염병 중 보건 복지부장관이 고시하는 감염병을 말한다.

11. "인수공통감염병"이란 동물과 사람 간에 서로 전파되는 병원체에 의하여 발생되는 감염병 중 보건복지부장관이 고시하는 감염병 을 말한다.

12. "의료관련감염병"이란 환자나 임산부 등이 의료행위를 적용받는 과정에서 발생한 감염병으로서 감시활동이 필요하여 보건복지부 장관이 고시하는 감염병을 말한다.

└, 보건복지부장관이 고시하는 감염병의 종류는 보건복지부 홈페이지(www.mw.go.kr)에서 확인 할 수 있다.

제3절 법령의 규정

제77조(벌칙) 제22조 제1항 또는 제2항을 위반하여 <u>고위험병원체[12]</u>의 반입허가를 받지 아니하고 반입한 자는 5년 이하의 징역 또는 5천만 원 이하의 벌금에 처한다.

└, 제22조(고위험병원체의 반입허가 등) ① 감염병의 진단 및 학술연구 등을 목적으로 고위험병 원체를 국내로 반입하려는 자는 대통령령으로 정하는 요건을 갖추어 보건복지부장관의 허가

---

12) ★ 고위험병원체 : "고위험병원체"란 생물테러의 목적으로 이용되거나 사고 등 에 의하여 외부에 유출될 경우 국민건강에 심각한 위험을 초래할 수 있는 감염 병원체를 말하며, 그 종류는 시행령 제2조에 터 잡은 별표1에서 규정한다.

를 받아야 한다.

② 제1항에 따라 허가받은 사항을 변경하려는 자는 보건복지부장관의 허가를 받아야 한다. 다만, 대통령령으로 정하는 경미한 사항을 변경하려는 경우에는 보건복지부장관에게 신고하여야 한다.

제78조(벌칙) 제74조를 위반하여 업무상 알게 된 비밀을 누설한 자는 3년 이하의 징역 또는 3천만 원 이하의 벌금에 처한다.

제79조(벌칙) 다음 각 호의 어느 하나에 해당하는 자는 2년 이하의 징역 또는 2천만 원 이하의 벌금에 처한다.

1. 제21조 또는 제22조 제3항에 따른 신고를 하지 아니하거나 거짓으로 신고를 한 자

ㄴ. 감염병환자, 식품, 동식물, 그 밖의 환경 등으로부터 고위험병원체를 분리하거나 이미 분리된 고위험병원체를 이동하려는 자는 지체 없이 고위험병원체의 명칭, 분리된 검체명, 분리 일시 또는 이동계획을 보건복지부장관에게 신고하여야 한다.

ㄴ. 고위험병원체의 반입허가를 받은 자가 해당 고위험병원체를 인수하여 이용하려면 대통령령으로 정하는 바에 따라 그 인수 장소를 지정하고 제21조 제1항에 따라 이동계획을 보건복지부장관에게 미리 신고하여야 한다(법 제22조 제3항).

2. 제23조 제2항에 따른 고위험병원체에 대한 안전관리 점검을 거부·방해 또는 기피한 자

제80조(벌칙) 다음 각 호의 어느 하나에 해당하는 자는 300만 원 이하의 벌금에 처한다.

1. 제37조 제4항을 위반하여 감염병관리시설을 설치하지 아니한 자

ㄴ. 보건복지부장관, 시·도지사 또는 시장·군수·구청장은 감염병환자가 대량으로 발생하거나 제36조에 따라 지정된 감염병관리기관만으로 감염병환자 등을 모두 수용하기 어려운 경우에는 지정된 감염병관리기관이 아닌 의료기관을 일정기간 동안 감염병관리기

관으로 지정하거나 격리소 · 요양소 · 진료소의 설치 및 운영을 명할 수 있다.

2. 제41조 제1항을 위반하여 입원치료를 받지 아니하거나 같은 조 제2항 및 제3항을 위반하여 입원 또는 치료를 거부한 자

┗ 감염병 중 특히 전파위험이 높은 감염병으로서 보건복지부장관이 고시한 감염병에 걸린 감염병환자 등은 감염병관리기관에서 입원치료를 받아야 한다. 이 경우 보건복지부장관, 시 · 도지사 또는 시장 · 군수 · 구청장은 감염병관리기관의 병상(病床)이 포화상태에 이르러 감염병환자 등을 수용하기 어려운 경우에는 감염병관리기관이 아닌 다른 의료기관에서 입원치료를 하게 할 수 있다.

3. 제42조에 따른 강제처분을 따르지 아니한 자

┗ 보건복지부장관, 시 · 도지사, 시장 · 군수 · 구청장은 해당공무원으로 하여금 제1군감염병과 나머지 감염병 중 일정한 감염병에 걸린 환자 등이 있다고 인정되는 주거시설, 선박 · 항공기 · 열차 등 운송수단 또는 그 밖의 장소에 들어가 필요한 조사나 진찰을 하게 할 수 있으며, 그 진찰 결과 감염병환자 등으로 인정될 때에는 동행하여 치료받게 하거나 입원시킬 수 있다.

4. 제45조를 위반하여 일반인과 접촉하는 일이 많은 직업에 종사한 자 또는 감염병환자 등을 그러한 직업에 고용한 자

┗ 감염병환자 등은 보건복지부령으로 정하는 바에 따라 업무의 성질상 일반인과 접촉하는 일이 많은 직업에 종사할 수 없고, 누구든지 감염병환자를 그러한 직업에 고용할 수 없다(법 제45조 제1항). 감염병환자가 일시적으로 업무의 종사에 제한을 받는 감염병은 제1군감염병이며, 제한받는 업무는 「식품위생법」 제2조 제12호에 따른 집단급식소 및 같은 법 제36조 제1항 제3호에 따른 식품접객업을 말한다(시행규칙 제33조).

┗ 제19조의 규정에 따라 성매개감염병에 관한 건강진단을 받아야 할 자가 건강진단을 받지 아니한 때에는 같은 조에 따른 직업에 종사할 수 없으며, 해당 업무를 영위하는 자는 건강진단을 받지 아니한 자를 그 영업에 종사하게 하여서는 아니 된다(법 제45조 제2항). 성매개감염병의 예방을 위하여 종사자의 건강진단이 필요한 직업으로 보건복지부령으로 정하는 직업에 종사하는 자와 성매개감염병에 감염되어 그 전염을 매개할 상당한 우려가 있다고 시장 · 군수 · 구청장이 인정한 자는 보건복지부령으로 정하는 바에 따라 성매개감염병에 관한 건강진단을 받아야 한다(제19조). 시행규칙은 법 제19

조에서 위임한 "성매개감염병에 관한 건강검진을 받아야 할 직업"에 관하여는 규정을 마련하지 않았다.

5. 제47조 또는 제49조 제1항(같은 항 제3호 중 건강진단에 관한 사항은 제외한다)에 따른 조치에 위반한 자

ㄴ, 제47조(감염병 유행에 대한 방역 조사) 특별자치도지사 또는 시장·군수·구청장은 감염병이 유행하면 감염병 전파를 막기 위하여 다음 각 호에 해당하는 모든 조치를 하거나 그에 필요한 일부 조치를 하여야 한다.

    1. 감염병환자 등이 있는 장소나 감염병병원체에 오염되었다고 인정되는 장소의 교통을 일정한 기간 차단하는 것

    2. 감염병병원체에 감염되었다고 의심되는 사람을 적당한 장소에 일정한 기간 입원 또는 격리시키는 것

    3. 감염병병원체에 오염되었거나 오염되었다고 의심되는 물건을 사용·접수·이동하거나 버리는 행위 또는 해당 물건을 세척을 금지하거나 태우거나 폐기처분하는 것

    4. 감원병병원체에 오염된 장소에 대한 소독이나 그 밖에 필요한 조치를 명하는 것

    5. 일정한 장소에 세탁하는 것을 막거나 오물을 일정한 장소에서 처리하도록 명하는 것

ㄴ, 제49조(감염병의 예방조치 등) ① 시·도지사 또는 시장·군수·구청장은 감염병을 예방하기 위하여 다음 각 호에 해당하는 모든 조치를 하거나 그에 필요한 일부 조치를 하여야 한다.

    1. 관할 지역에 대한 교통의 전부 또는 일부를 차단하는 것

    2. 흥행, 집회, 제례(祭禮) 또는 그 밖의 여러 사람의 집합을 제한하거나 금지하는 것

    3. 건강진단, 시체검안 또는 해부를 실시하는 것

    4. 감염병 전파의 위험성이 있는 음식물의 판매·수령을 금지하거나 그 음식물의 폐기나 그 밖에 필요한 처분을 명하는 것

    5. 인수공통감염병 예방을 위하여 살처분(殺處分)에 참여한 사람 또는 인수공통감염병에 드러난 사람 등에 대한 예방조치를 명하는 것

    6. 감염병 전파의 매개가 되는 물건의 소지·이동을 제한·금지하거나 그 물건에 대하여 폐기, 소각 또는 그 밖에 필요한 처분을 명하는 것

    7. 선박·항공기·열차 등 운송수단, 사업장 또는 그 밖에 여러 사람이 모이는 장소에 의사를 배치하거나 감염병 예방에 필요한 시설의 설치를 명하는 것

    8. 공중위생에 관계 있는 시설 또는 장소에 대한 소독이나 그 밖에 필요한 조치를

명하거나 상수도·하수도·우물·쓰레기장·화장실의 신설·개조·변경·폐지 또는 사용을 금지하는 것

9. 쥐, 위생해충 또는 그 밖의 감염병 매개동물의 구제(驅除) 또는 구제시설의 설치를 명하는 것

10. 일정한 장소에서의 어로(漁撈)·수영 또는 일정한 우물의 사용을 제한하거나 금지하는 것

11. 감염병 매개의 중간 숙주가 되는 동물류의 포획 또는 생식을 금지하는 것

12. 감염병 유행기간 중 의료업자나 그 밖에 필요한 의료관계요원을 동원하는 것

13. 감염병병원체에 오염된 건물에 대한 소독이나 그 밖에 필요한 조치를 명하는 것

14. 감염병병원체에 감염되었다고 의심되는 자를 적당한 장소에 일정한 기간 입원 또는 격리시키는 것

6. 제52조 제1항에 따른 소독업 신고를 하지 아니하거나 거짓이나 그 밖의 부정한 방법으로 신고하고 소독업을 영위한 자

7. 제54조 제1항에 따른 기준과 방법에 따라 소독하지 아니한 자

ㄴ. 소독의 기준과 방법은 시행규칙 제40조 제1항에 터 잡은 별표5 및 별표6에서 규정하였다.

제81조(벌칙) 다음 각 호의 어느 하나에 해당하는 자는 200만 원 이하의 벌금에 처한다.

1. 제11조에 따른 보고 또는 신고를 게을리하거나 거짓으로 보고 또는 신고한 의사, 한의사, 군의관, 의료기관의 장 또는 감염병표본감시기관

2. 제11조에 따른 의사, 한의사, 군의관, 의료기관의 장 또는 감염성표본감시기관의 보고 또는 신고를 방해한 자

3. 제12조 제1항에 따른 신고를 게을리한 자

ㄴ. 제12조(그 밖의 신고의무자) ① 다음 각 호의 어느 하나에 해당하는 사람은 제1군감염병 감염병환자 등 또는 제1군감염병이나 의사증(擬似症)[13]으로 인한 사망자가 있을 경우와 제2군감염병으로부터 제4군감염병까지에 해당하는 감염병 중 보건복지부령

으로 정하는 감염병이 발생한 경우에는 의사나 한의사의 진단이나 검안을 요구하거나 해당 주소지를 관할하는 보건소장에게 신고하여야 한다.

1. 일반가정에서는 세대를 같이하는 세대주. 다만, 세대주가 부재중인 경우에는 그 세대원

2. 학교, 병원, 관공서, 회사, 공연장, 예배장소, 선박·항공기·열차 등 운송수단, 각종 사무소·사업소, 음식점, 숙박업소 또는 그 밖에 여러 사람이 모이는 장소의 관리인, 경영자 또는 대표자

4. 세대주, 관리인 등으로 하여금 제12조 제1항에 따른 신고를 하지 아니하도록 한 자

5. 제18조에 따른 역학조사를 거부·방해 또는 기피한 자

6. 제20조에 따른 해부명령을 위반한 자

7. 제27조에 따른 예방접종증명서[14]를 거짓으로 발급한 자

   └ 제27조(예방접종증명서) ① 특별자치도지사 또는 시장·군수·구청장은 정기예방접종 또는 임시예방접종을 받은 사람에게 보건복지부령으로 정하는 바에 따라 예방접종증명서를 발급하여야 한다.

   ② 특별자치도지사나 시장·군수·구청장이 아닌 자가 이 법에 따른 예방접종을 한 때에는 특별자치도지사 또는 시장·군수·구청장은 보건복지부령으로 정하는 바에 따라 해당 예방접종을 한 자로 하여금 예방접종증명서를 발급하게 할 수 있다.

8. 제29조를 위반하여 역학조사를 거부·방해 또는 기피한 자

9. 제45조 제2항을 위반하여 성매개감염병에 관한 건강진단을 받지

---

13) ★ 의사증 : 진성의 전염병과 비슷한 병 증상을 말한다.

14) ★ 예방접종증명서 : 제27조 제1항은 공무원이, 같은 조 제2항은 비공무원이 각 예방접종증명서를 발급하는 것을 예정하고 있다. 공무원이 이를 허위로 작성하는 경우는 형법상 "허위공문서작성죄"를 구성한다. 이 법은 제1항과 제2항 모두 이를 허위작성한 사람에게 200만 원 이하의 벌금에 처한다고 규정하였다. 「형법」은 공문서를 허위로 작성한 사람에게 7년 이하의 징역 또는 2천만 원 이하의 벌금에 처한다고 규정하였다(형법 제227조).

아니한 자를 영업에 종사하게 한 자

10. 제46조 또는 제49조 제1항 제3호에 따른 건강진단을 거부하거나 기피한 자

제83조(과태료) ① 다음 각 호의 어느 하나에 해당하는 자에게는 100만 원 이하의 과태료를 부과한다.

1. 제28조 제2항에 따른 보고를 하지 아니하거나 거짓으로 보고한 자
   ㄴ, 특별자치도지사나 시장·군구·구청장이 아닌 자가 이 법에 따른 예방접종을 하면 특별자치도지사 또는 시장·군수·구청장에게 보고를 하여야 한다.

2. 제51조 제2항에 따른 소독을 하지 아니한 자

3. 제53조에 따른 휴업·폐업 또는 재개업 신고를 하지 아니한 자
   ㄴ, 소독업자의 신고의무를 말한다.

4. 제54조 제2항에 따른 소독에 관한 사항을 기록·보존을 하지 아니하거나 거짓으로 기록한 자
   ㄴ, 소독업자의 기록의무를 말한다.

제5장 개항질서법

제1절 법률의 이해

이 법은 개항(開港)에서 선박의 안전과 질서유지 등을 위하여 제정되었다. "개항"이라 함은 대한민국 또는 외국국적의 선박이 상시 출입할 수 있는 항(港)을 말한다.

　개항은 「항만법 시행령」 별표1 제1호의 "무역항"과 같다(시행령 제2조). 따라서 경인항, 인천항, 서울항, 평택·당진항, 대산항, 태안항, 보령항, 장항항, 군산항, 목포항, 완도항, 여수항, 광양항, 하동항, 삼천포항, 통영항, 장승포항, 옥포항, 고현항, 마산항, 진해항, 부산항, 울산항, 포항항, 호산항, 삼척항, 동해·묵호항, 옥계항, 속초항, 제주항, 서귀포항이 이 법의 적용을 받는 개항에 해당한다. 이 법의 주관부처는 해양수산부(항만운영과)이다.

제2절 법령의 규정

제44조(벌칙) 다음 각 호의 어느 하나에 해당하는 자는 1년 이하의 징역 또는 1천만 원 이하의 벌금에 처한다.

　1. 제5조 단서, 제7조 제1항, 제21조 또는 제23조 제1항을 위반한 자

　　ㄴ. 제5조(출입신고) 제3조에 따라 대통령령으로 정한 개항의 항계(港界) 안과 「항만법」 제2조 제5호 가목의 수역시설 중 해양수산부장관이 지정·고시한 항계 밖의 항로, 정박지 등 수역시설(이하 "개항의항계안등"이라 한다)에 출입하는 선박(다음 각 호의 선박은 제외한다)은 대통령령으로 정하는 바에 따라 해양수산부장관에게 신고하여야 한다. 다만, 전시·사변 또는 이에 준하는 국가비상사태이거나 국가안전보장상 필요한 경우에는 대통령령으로 정하는 바에 따라 해양수산부장관의 허가를 받아야 한다.

　　　1. 총톤수 5톤 미만의 선박

　　　2. 해양사고구조에 종사하는 선박

　　　3. 그 밖에 항만운영의 효율성을 위하여 해양수산부령으로 정하는 선박

　　ㄴ. 제7조(수리와 계선) ① 개항의항계안등에서 다음 각 호의 선박을 불꽃이나 열이 발생하는 용접 등의 방법으로 수리하려는 자는 해양수산부령으로 정하는 바에 따라 해양수산부장관의 허가를 받아야 한다. 다만, 제2호의 선박의 경우에는 기관실, 연료탱크, 그 밖에 해양수산부령으로 정하는 선박 내 위험구역에서 수리작업을 하는 경우에만 허가를 받는다.

　　　ㄴ. "해양수산부령으로 정하는 선박 내 위험구역"이란 윤활유탱크, 쿠퍼댐, 공소(空

所), 축전지실, 페인트창고, 가연성 액체를 보관하는 창고 및 폐위(閉圍)된 차량 구역을 말한다(시행규칙 제5조 제2항).

1. 위험물을 저장·운송하는 선박과 위험물을 하역한 후에도 인화성 물질 또는 폭발성 가스가 남아있어 화재 또는 폭발의 위험이 있는 선박(이하 "위험물운송선박"이라 한다)

2. 총톤수 20톤 이상의 선박

ㄴ. 제21조(위험물운송선박의 정박 등) 위험물운송선박은 해양수산부장관이 지정한 장소 외의 장소에 정박하거나 정류하여서는 아니 된다.

ㄴ. 제23조(위험물 취급 시의 안전조치 등) ① 개항의항계안등에서 위험물취급자는 소화장비를 갖춰두고 안전관리자를 배치하는 등 해양수산부령으로 정하는 안전에 필요한 조치를 하여야 한다.

2. 제23조 제3항, 제24조 제4항 또는 제40조에 따른 명령이나 처분을 위반한 자

ㄴ. 제23조(위험물취급 시의 안전조치 등) ① 개항의항계안등에서 위험물취급자는 소화장비를 갖춰두고 안전관리자를 배치하는 등 해양수산부령으로 정하는 안전에 필요한 조치를 하여야 한다.

　ㄴ. "안전에 필요한 조치"는 다음 각 호를 말한다(시행규칙 제8조).

1. 위험물취급에 관한 안전관리자의 확보 및 배치. 다만, 별표1에 따른 안전관리자를 보유한 안전관리전문업체로 하여금 안전관리업무를 대행하게 한 경우에는 그러하지 아니하다.

2. 위험물의 특성에 맞는 소화장비의 비치

3. 위험표지 및 차단시설의 설치

4. 선박과 육상 간의 통신수단 확보

5. 작업자에 대한 안전교육과 그 밖에 안전에 필요한 조치

③ 해양수산부장관은 제1항에 따른 안전조치를 하지 아니한 위험물취급자에게 시설·인원·장비 등의 보강 또는 개선을 명할 수 있다.

ㄴ. 제24조(유해물의 투기금지 등) ① 누구든지 개항의항계안등이나 개항의 항계 밖 10킬로미터 이내의 수면에 선박의 안전운항을 해칠 우려가 있는 흙·돌·나무·어구(漁具) 등 폐기물을 버려서는 아니 된다.

③ 개항의항계안등이나 개항의 항계 부근에서 석탄·돌·벽돌 등 흩어지기 쉬운 물건을 하역하는 자는 그 물건이 수면에 떨어지는 것을 방지하기 위하여 대통령령으로 정

하는 바에 따라 필요한 조치를 하여야 한다.

ㄴ. 흩어지기 쉬운 물건을 하역하는 자는 덮개를 사용하거나 물건의 탈락을 방지하기 위한 시설을 설치하고, 수면에 떠돌아다니는 물건의 확산을 방지하기 위한 시설을 설치하여야 한다(시행령 제14조).

④ 해양수산부장관은 제1항을 위반하여 폐기물을 버리거나 제3항을 위반하여 흩어지기 쉬운 물건을 수면에 떨어뜨린 자에게 그 폐기물 또는 물건을 제거할 것을 명할 수 있다.

ㄴ. 제40조(출항의 중지) 해양수산부장관은 선박이 이 법 또는 이 법에 따른 명령을 위반한 경우에는 그 선박의 출항을 금지시킬 수 있다.

제45조(벌칙) 다음 각 호의 어느 하나에 해당하는 자는 500만 원 이하의 벌금에 처한다.

1. 제6조 제1항 본문, 제7조 제4항, 제10조 제1항, 제11조 제1항 본문, 제12조 제1항, 제22조 제1항, 제24조 제3항 또는 제36조 제1항을 위반한 자

ㄴ. 개항의항계안등에 정박하는 선박(우선피항선15)은 제외한다)은 선박의 종류 · 톤수 · 흘수(吃水) 또는 적재물의 종류에 따라 해양수산부장관이 지정 · 고시한 정박구역 또는 정박지에 정박하여야 한다(법 제6조 제1항).

　가. 부선(艀船) : 동력설비가 없어 짐을 싣고 다른 배에 끌려다니는 배

　나. 단정(端艇) : 아주 작은 배

　다. 주로 노와 삿대로 운전하는 선박

　라. 예선(曳船) : 배를 끄는 배

　마. 예인선(曳引船)과 부선(예인선에 결합되어 운항하는 압항부선(押航艀船)은 제외한다)

　바. 「항만운송사업법」 제26조의3 제1항에 따라 항만운송관련사업을 등록한 자가 소유한 선박

　사. 「해양환경관리법」 제70조 제1항에 따라 해양환경관리업을 등록한 자가 소유한 선박(폐기물해양배출업을 등록한 선박은 제외한다)

　아. 가목부터 사목까지의 규정에 해당하지 아니하는 총톤수 20톤 미만의 선박

ㄴ. 제7조(수리와 계선) ④ 선박을 수리하거나 계선(繫船)16)하려는 자는 그 선박을 해양수

15) ★ "우선피항선"이란 주로 개항의 항계(港界) 안에서 운항하는 선박으로서 다른 선박의 진로를 피하여야 하는 선박을 말한다.

산부장관이 지정한 장소에 정박 또는 계류하여야 한다.

ㄴ, 제10조(정박의 제한 및 방법 등) ① 선박은 개항의항계안등의 다음 각 호의 장소에서는 정박 또는 정류하지 못한다.

1. 부두 · 잔교(棧橋)17) · 안벽(岸壁)18) · 계선부표19) · 돌핀20) 및 선거(船渠)21)의 부근 수역

2. 하천 · 운하, 그 밖의 협소한 수로(水路)와 선류장(船溜場)22) 입구의 부근 수역

ㄴ, 제11조(항로 등) ① 우선피항선 외의 선박은 개항의항계안등에 출입하는 경우 또는 개항의항계안등을 통과하는 경우에는 해양수산부장관이 지정 · 고시한 항로를 따라 항행하여야 한다.

ㄴ, 제12조(항로에서의 정박 등 금지) ① 다음 각 호의 어느 하나에 해당하는 경우를 제외하고는 선박을 항로에 정박 또는 정류시키거나 예인23)되는 선박 또는 부유물체를 항로에 방치하여서는 아니 된다.

1. 해양사고를 피하기 위한 경우

2. 선박의 고장이나 그 밖의 사유로 선박조종이 불가능한 경우

3. 인명을 구조하거나 급박한 위험이 있는 선박을 구조하는 경우

4. 제33조에 따라 해양수산부장관의 허가를 받은 공사 또는 작업에 종사하는 경우

ㄴ, 제22조(위험물의 하역) ① 개항의항계안등에서 위험물을 하역(荷役)하려는 자는 대통령령으로 정하는 바에 따라 자체안전관리계획을 수립하여 해양수산부장관의 허가를 받아야 한다. 승인받은 사항 중 대통령령으로 정하는 사항을 변경하려는 경우에도 또한 같다.

ㄴ, 개항의항계안등이나 개항의 항계 부근에서 석탄 · 벽돌 등 흘어지기 쉬운 물건을 하역하는 자는 그 물건이 수면에 떨어지는 것을 방지하기 위하여 대통령령으로 정하는 바에 따라 필요한 조치를 하여야 한다(법 제24조 제3항).

---

16) ★ 계선 : 선박이 운항을 중지하고 장기간 정박하거나 계류하는 것을 말한다.

17) ★ 잔교 : 배를 댈 수 있도록 물가에 다리처럼 만들어놓은 구조물

18) ★ 안벽 : 깍아 지른 듯한 낭떠러지의 바닷가

19) ★ 계선부표 : 배를 붙들어 매어 두기 위하여 설치한 부표

20) ★ 돌핀 : 배를 매어 두기 위하여 계선안(繫船岸 : 배를 매어 두는 안벽)이나 부두(埠頭)에 세워놓은 기둥

21) ★ 선거 : 배를 건조하거나 수리하기 위해서 조선소 또는 항만에 건설한 설비

22) ★ 선류장 : 배를 대고 매어놓는 장소. 계류장(繫留場)과 같은 말

23) ★ 예인(曳引) : 배에 줄을 매어 다른 배를 끎

ㄴ, 제36조(부유물체의 허가) ① 개항의항계안등에서 나무 등 선박교통의 안전에 장애가 되는 부유물체(浮遊物體)에 대하여 다음 각 호의 어느 하나에 해당하는 행위를 하려는 자는 해양수산부장관의 허가를 받아야 한다.(각 호 생략)

2. 제7조 제5항, 제9조 제1항·제2항, 제10조 제5항, 제22조 제2항·제3항, 제36조 제2항 또는 제39조 제1항에 따른 명령이나 처분을 위반한 자

ㄴ, 제7조(수리와 계선) ⑤ 해양수산부장관은 수리 또는 계선 중인 선박의 안전을 위하여 필요하다고 인정하는 경우에는 그 선박의 소유자나 임차인에게 안전 유지에 필요한 수의 선원을 승선(乘船)시킬 것을 명할 수 있다.

ㄴ, 제9조(이동명령) ① 해양수산부장관은 개항을 효율적으로 운영하기 위하여 필요하다고 인정하는 경우에는 개항의항계안등에 있는 선박에 대하여 항계 안이나 항계 밖의 다른 장소로 이동할 것을 명할 수 있다.

② 해양수산부장관은 전시·사변 또는 이에 준하는 국가비상사태이거나 국가안전보장상 필요한 경우에는 개항의항계안등에 있는 선박에 대하여 다른 개항으로 이동할 것을 명할 수 있다.

ㄴ, 제10조(정박의 제한 및 방법 등) ⑤ 해양수산부장관은 정박하는 선박의 안전을 위하여 필요하다고 인정하는 경우에는 개항에 정박하는 선박에 대하여 정박 장소 또는 방법의 변경을 명할 수 있다.

ㄴ, 제22조(위험물의 하역) ① 개항의항계안등에서 위험물을 하역하려는 자는 대통령령으로 정하는 바에 따라 자체안전관리계획을 수립하여 해양수산부장관의 승인을 받아야 한다. 승인받은 사항 중 대통령령으로 정하는 사항을 변경하는 경우에도 또한 같다.

② 해양수산부장관은 항만의 안전을 위하여 필요하다고 인정할 때에는 제1항에 따른 자체안전관리계획을 변경할 것을 명할 수 있다.

③ 해양수산부장관은 기상악화 등의 사유로 개항의항계안등에서 위험물을 하역(荷役)하는 것이 부적당하다고 인정하는 경우에는 제1항에 따른 승인을 받은 자에 대하여는 해양수산부령으로 정하는 바에 따라 그 하역을 금지 또는 중지하게 하거나 항계 밖의 일정한 장소를 지정하여 하역하게 할 수 있다.

ㄴ, 제36조(부유물체의 허가) ① 개항의항계안등에서 나무 등 선박교통의 안전에 장애가 되는 부유물체(浮遊物體)에 대하여 다음 각 호의 어느 하나에 해당하는 행위를 하려는 자는 해양수산부장관의 허가를 받아야 한다.

1. 부유물체를 선박으로부터 수상에 내려놓으려는 자

2. 물에 떠있는 부유물체를 선박 등 다른 시설에 붙들어 매거나 운반하려는 자

3. 부유물체를 수상에 띄워놓으려는 자

② 해양수산부장관이 제1항에 따른 허가를 할 때에는 선박교통의 안전을 위하여 필요한 조치를 명할 수 있다.

┗ 제39조(선박교통의 제한) ① 해양수산부장관은 해양교통의 안전을 위하여 필요하다고 인정되는 경우에는 개항의항계안등에서 항로 또는 구역을 지정하여 선박교통을 제한하거나 금지할 수 있다.

제46조(벌칙) 다음 각 호의 어느 하나에 해당하는 자는 300만 원 이하의 벌금에 처한다.

1. 제5조 본문에 따른 출입신고를 하지 아니하거나 거짓으로 신고한 자

2. 제13조 제1항·제2항, 제24조 제1항, 제33조 제1항, 제34조 제1항 또는 제37조를 위반한 자

┗ 제13조(항법) ① 모든 선박은 개항의항계안등의 항로에서 다음 각 호의 항법에 따라 항행하여야 한다.

1. 항로 밖에서 항로에 들어오거나 항로에서 항로 밖으로 나가는 선박은 항로를 항행하는 다른 선박의 진로를 피하여 항행하여야 한다.

2. 선박은 항로에서 나란히 항행하지 못한다.

3. 선박이 항로에서 다른 선박과 마주칠 우려가 있는 경우에는 오른쪽으로 항행하여야 한다.

4. 선박은 항로에서 다른 선박을 추월하여서는 아니 된다. 다만, 추월하려는 선박을 눈으로 볼 수 있고, 안전하게 추월할 수 있다고 판단되는 경우에는 「해사안전법」 제67조 제5항 및 같은 법 제71조에 따른 방법으로 추월할 수 있다.

5. 선박은 항로를 항행하는 위험물운송선박(제2조 제2호 바목에 따른 선박 중 급유선(給油船)은 제외한다) 또는 「해사안전법」 제2조 제14조에 따른 흘수제한선(吃水制限船)24)의 진로를 방해하여서는 아니 된다.

---

24) ★ 흘수제한선 : 선박의 흘수와 수심과의 관계에 의하여 그 진로로부터 벗어날 수 있는 능력을 매우 제한받고 있는 동력선

② 범선(帆船)[25]은 개항의항계안등에서 항로를 지그재그로 항행하여서는 아니 된다.

ㄴ. 제24조(유해물의 투기금지 등) ① 누구든지 개항의항계안등이나 개항의 항계 밖 10킬로미터 이내의 수면에서 선박의 안전운항을 해할 우려가 있는 흙·돌·나무·어구 등 폐기물을 버려서는 아니 된다.

ㄴ. 제33조(공사 등의 허가) ① 개항의항계안등이나 개항의 항계 부근에서 대통령령으로 정하는 자는 해양수산부령으로 정하는 바에 따라 해양수산부장관의 허가를 받아야 한다.

ㄴ. 제34조(선박경기 등의 행사의 허가) ① 개항의항계안등에서 선박경기 등의 행사를 하려는 자는 해양수산부장관의 허가를 받아야 한다.

ㄴ. 제37조(어로의 제한) 누구든지 개항의항계안등에서 선박교통에 방해가 될 우려가 있는 장소 또는 제11조 제2항에 따라 해양수산부장관이 지정·고시한 항로에서는 어로(어구 등의 설치를 포함한다)를 하여서는 아니 된다.

3. 제20조 제2항, 제33조 제2항, 제38조 제2항 또는 제42조에 따른 명령이나 처분을 위반한 자

ㄴ. 제20조(위험물의 반입) ① 위험물을 개항의항계안등으로 들여오려는 자는 입항 전에 해양수산부령으로 정하는 바에 따라 해양수산부장관에게 신고하여야 한다.

② 해양수산부장관은 제1항에 따른 신고를 받았을 때에는 항만의 안전, 오염방지 및 저장능력을 고려하여 해양수산부령으로 정하는 바에 따라 들여올 수 있는 위험물의 종류 및 수량을 제한하거나 안전에 필요한 조치를 할 것을 명할 수 있다.

ㄴ. 제33조(공사 등의 허가) ① 개항의항계안등이나 항계 부근에서 대통령령으로 정하는 공사 또는 작업을 하려는 자는 해양수산부령으로 정하는 바에 따라 해양수산부장관의 허가를 받아야 한다.

② 해양수산부장관이 제1항의 허가를 할 때에는 선박교통의 안전과 화물의 보전 및 항만의 안전을 위하여 필요한 조치를 명할 수 있다.

ㄴ. 제38조(등화의 제한) ① 누구든지 개항의항계등이나 개항의 항계 부근에서 선박교통에 방해가 될 우려가 있는 강력한 불빛을 사용하여서는 아니 된다.

② 해양수산부장관은 제1항에 따른 불빛을 사용하고 있는 자에게 그 빛을 줄이거나 가리개를 씌우도록 명할 수 있다.

ㄴ. 제42조(개선명령) 해양수산부장관은 제41조 제1항에 따른 검사 또는 확인 결과 개항의 질서유지를 위하여 필요하다고 인정되는 경우에는 그 선박의 소유자·선장이나 그 밖

---

25) ★ 범선 : 돛단배

의 관계인에게 다음 각 호의 사항을 명할 수 있다.

 1. 시설의 보강 및 대체

 2. 공사 또는 작업의 중지

 3. 인원의 보강

 4. 장애물 등의 제거

 5. 선박의 이동

 6. 선박 척수의 제한

 7. 그 밖에 필요한 사항

제48조(과태료) ① 다음 각 호의 어느 하나에 해당하는 자에게는 200만 원 이하의 과태료를 부과한다.

 1. 제6조 제3항, 제7조 제2항·제3항 또는 제20조 제1항에 따른 신고를 하지 아니한 자

 2. 제6조 제2항을 위반한 자

 3. 제12조 제2항이나 제25조 제1항에 따른 신고 또는 표지의 설치 등 필요한 조치를 하지 아니한 자

 4. 제13조 제3항, 제14조, 제15조 제1항·제2항·제4항, 제16조, 제17조, 제18조, 제19조, 제27조, 제28조 또는 제31조를 위반한 자

 5. 제26조 제1항에 따른 장애물 등의 제거에 관한 명령을 이행하지 아니한 자

 6. 제41조 제1항에 따른 출석·진술 또는 보고를 하지 아니하거나 거짓으로 보고를 한 자 또는 관계공무원의 출입을 거부하거나 방해한 자

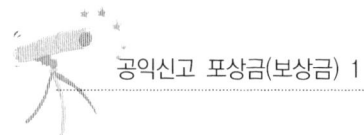

제6장 건강검진기본법

제28조(벌칙) 제23조를 위반한 자는 3년 이하의 징역 또는 1천만 원 이하의 벌금에 처한다.

제23조(비밀누설의 금지) 이 법에 따른 국가건강검진업무에 종사하는 자 또는 종사하였던 자는 그 업무상 알게 된 비밀을 정당한 이유 없이 누설하여서는 아니 된다.

  ㄴ. 이 법에서는 벌칙에 관한 규정은 제28조가 유일한 규정이며, 과태료 등에 관한 규정은 두지 않았다. 「공익신고자보호법 시행령」에서 「건강검진기본법」을 공익신고의 대상 법률로 규정한 것은 의미 없는 것을 포함시킨 실책으로 보인다.

제7장 건강기능식품에 관한 법률

제1절 법률의 이해

이 법에서 말하는 "건강기능식품"이란 인체에 유용한 기능성을 가진 원료나 성분을 사용하여 제조(가공을 포함한다)한 식품을 말한다. 법 제3조 제1호가 규정하는 건강기능식품의 정의는 다소 추상적이라고 말할 수 있다. 먹을 수 있는 것 중 약품을 제외한 것이 모두 식품이라고 이해한다면 건강기능식품에 대한 정의는 무척 추상적임을 알 수 있다. 먹는 것은 모두 인체에 유용한 기능을 함유하고 있다고 보아야 하기 때문이다. 이 법이 제정되기 전에는 건강보조식품이라고 하였다.

아무튼 이 법을 위반하는 행위는 어렵지 않게 발견할 수 있다는 점을 고려해보면 법령을 충분히 검토해둘 필요가 있다고 하겠다. 법령이 법령을 위반하는 행위의 유형 등에 관하여 꼼꼼히 규정하고, 형량도 가볍지 않게 정해 두었지만 이 법을 위반하는 행위는 계속되고 있는 것이 현실이다. 아마도 인류가 존재하는 한 - 인간의 건강에 대한 열망이 식지 않는 한 - 이 법을 위반하는 행위는 계속될 개연성이 농후하다. 이 법의 주관부처는 식품의약품안전처(영양안전정책과)이다.

제2절 법령의 규정

제43조(벌칙) 제5조 제1항 및 제23조의 규정을 위반한 자는 7년 이하의 징역 또는 1억 원 이하의 벌금에 처한다. 이 경우 징역과 벌금을 병과할 수 있다.

ㄴ. 제5조(영업의 허가 등) ① 제4조 제1항 제1호에 따른 건강기능식품제조업을 하려는 자는 총리령으로 정하는 바에 따라 영업소별로 제4조에 따른 시설을 갖추고 식품의약품안전처장의 허가를 받아야 한다. 대통령령으로 정하는 사항을 변경하려는 경우에도 또한 같다.

ㄴ. 제4조 제1항 제1호는 "건강기능식품제조업"을 말한다.

ㄴ. "허가를 받아야 하는 변경사항"은 영업소의 소재지를 말한다(시행령 제3조).

ㄴ. 제23조(위해 건강기능식품 등의 판매 등의 금지) 누구든지 다음 각 호의 어느 하나에 해당하는 건강기능식품을 판매하거나 판매할 목적으로 제조·수입·사용·저장 또는 운반하거나 진열하여서는 아니 된다.

1. 썩었거나 상한 것으로서 인체의 건강을 해칠 우려가 있는 것

2. 유독·유해물질이 들어있거나 묻어있는 것 또는 그럴 가능성이 있는 것 다만, 인체의 건강을 해칠 우려가 없다고 식품의약품안전처장이 인정하는 것은 예외로 한다.

3. 병을 일으키는 미생물에 오염되었거나 그럴 가능성이 있어 인체의 건강을 해칠 우려가 있는 것

4. 불결하거나 다른 물질이 섞이거나 첨가된 것 또는 그 밖의 사유로 인체의 건강을 해칠 우려가 있는 것

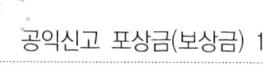

5. 제5조 제1항에 따른 영업허가를 받지 아니한 자가 제조한 것

6. 수입이 금지된 것 또는 제8조에 따른 수입신고를 하지 아니하고 수입한 것

  ㄴ 제8조(건강기능식품의 수입신고 등) ① 영업상 사용하기 위하여 건강기능식품을 수입하고자 하는 자는 총리령이 정하는 바에 따라 식품의약품안전처장에게 신고 하여야 한다.

제44조(벌칙) 다음 각 호의 1에 해당하는 자는 5년 이하의 징역 또는 5천만 원 이하의 벌금에 처한다.

1. 제6조 제1항 또는 제2항의 규정에 의한 영업을 하지 아니하고 영업신고를 한 자

  ㄴ 제6조 제1항은 건강기능식품수입업을, 같은 조 제2항은 건강기능식품판매업의 신고를 말한다.

2. 제7조 제1항 전단의 규정에 의한 품목제조신고를 하지 아니하고 제품을 제조·판매한 자

  ㄴ 제7조(품목제조신고 등) ① 제5조 제1항에 따라 건강기능식품제조업의 허가를 받은 자 가 건강기능식품을 제조하려는 경우에는 그 품목의 제조방법 설명서 등 총리령으로 정하는 사항을 식품의약품안전처장에게 신고하여야 한다.

3. 제10조 제1항 제4호의 규정에 위반하여 판매한 자

  ㄴ 제10조(영업자의 준수사항) ① 영업자는 건강기능식품의 안전성 확보 및 품질관리와 유통질서 유지 및 국민보건의 증진을 위하여 다음 각 호의 사항을 준수하여야 한다.
     4. 판매 사례품이나 경품을 제공하는 등 사행심을 조장하여 제품을 판매하는 행위 를 하지 말 것
  ㄴ "영업자"는 건강기능식품을 판매의 목적으로 제조 또는 수입하거나 판매(불특정 다수 에게 무상으로 제공하는 것을 포함한다)하는 것을 업(業)으로 하는 자를 말한다.

4. 제18조 제1항의 규정에 위반하여 허위·과대·비방의 표시·광 고를 한 자

ㄴ. 제18조(허위·과대·비방의 표시·광고의 금지) ① 누구든지 건강기능식품의 명칭, 원재료, 제조방법, 영양소, 성분, 사용방법, 품질 및 건강기능식품이력추적관리 등에 관하여 다음 각 호에 해당하는 허위·과대·비방의 표시·광고를 하여서는 아니 된다.

1. 질병의 예방 및 치료에 효능·효과가 있거나 의약품으로 오인(誤認)·혼동할 우려가 있는 내용의 표시·광고
2. 사실과 다르거나 과장된 표시·광고
3. 소비자를 기만하거나 오인·혼동시킬 우려가 있는 표시·광고
4. 의약품의 용도로만 사용되는 명칭(한약의 처방명을 포함한다)의 표시·광고
5. 다른 업체 또는 그 업체의 제품을 비방하는 표시·광고
6. 제16조 제1항에 따라 심의를 받지 아니하거나 심의받은 내용과 다른 내용의 표시·광고

② 제1항에 따른 허위·과대·비방의 표시·광고의 범위 등에 관하여 필요한 사항은 총리령으로 정한다.

ㄴ. 허위·과대·비방의 표시·광고의 범위(시행규칙 제21조 별표5)

1. 질병의 예방 및 치료에 효능·효과가 있거나 의약품으로 오인·혼동할 우려가 있는 내용의 표시·광고에 해당하는 경우
   가. 질병 또는 질병군(疾病群)의 발생을 사전에 방지한다는 내용의 표시·광고
   나. 질병 또는 질병군에 효과가 있다는 내용의 표시·광고. 다만, 질병이 아닌 인체의 구조 및 기능에 대한 보건용도의 유용한 효과는 해당되지 아니한다.
   다. 질병의 특징적인 징후 또는 증상에 대하여 효과가 있다는 내용의 표시·광고
   라. 제품명, 학술자료, 사진 등을 활용하여 질병과의 연관성을 암시하는 표시·광고. 다만, 질병의 발생 위험을 감소시키는데 도움이 된다는 표시·광고는 해당되지 아니한다.
   마. 의약품에 포함된다는 표시·광고
   바. 의약품을 대체할 수 있다는 내용의 표시·광고
   사. 의약품의 효능 또는 질병 치료의 효과를 증가시킨다는 내용의 표시·광고
2. 사실과 다르거나 과장된 표시·광고에 해당하는 경우
   가. 법 제5조 내지 법 제7조의 규정에 따라 허가받은 사항이나 신고한 사항 또는 법 제8조의 규정에 따라 수입신고한 사항과 다른 내용의 표시·광고
   나. 식품의약품안전처장이 인정하지 아니한 기능성을 나타내는 내용의 표시·광고
   다. 정부 또는 관련 기관의 수상·인증·선정·특허와 관련하여 사실과 다른 내용의 표시·광고

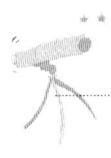

3. 소비자를 기만하거나 오인·혼동시킬 우려가 있는 표시·광고에 해당하는 경우

　　가. 각종의 감사장 또는 체험기 등을 이용하거나 "주문쇄도", "단체추천" 또는
이와 유사한 내용을 표시하는 광고

　　나. 의사, 치과의사, 한의사, 수의사, 약사, 한약사, 대학교수 또는 그 밖의 자가
제품의 기능성을 보증하거나, 제품을 지정·공인·추천·지도 또는 사용하
고 있다는 내용 등의 표시·광고. 다만, 해당 제품의 연구·개발에 직접 참
여한 사실을 표시·광고하는 경우를 제외한다.

　　다. 외국어의 사용 등으로 외국제품으로 혼동할 우려가 있는 표시·광고 또는
외국과 기술 제휴한 것으로 혼동할 우려가 있는 표시·광고

　　라. 해당 제품의 제조방법·품질·영양소·원재료·성분 또는 효과와 직접 관련
이 적은 내용을 강조함으로써 다른 업소의 제품을 간접적으로 다르게 인식
되도록 하는 광고

　　마. 비교표시·광고의 경우 그 비교대상 및 비교기준이 명확하지 아니하거나 비
교내용 및 비교방법이 적정하지 아니한 표시·광고

4. 의약품의 용도로만 사용되는 명칭(한약의 처방명을 포함한다)의 표시·광고의 경
우 : 법 제24조 제3항의 규정에 따라 식품의약품안전처장이 정한 의약품의 용
도로만 사용되는 원료에 관한 내용의 표시·광고

5. 다른 업체 또는 그 제품을 비방하는 표시·광고에 해당하는 경우 : 다른 업체
또는 그 제품에 관하여 객관적인 근거가 없는 내용을 나타내어 비방하는 표시·
광고

5. 제21조 제1항의 규정에 의한 자가품질검사를 실시하지 아니한 자

　└, 제21조(자가품질검사의 의무) ① 제5조 제1항에 따라 건강기능식품제조업의 허가를 받
은 자는 총리령으로 정하는 바에 따라 그가 제조하는 건강기능식품이 제14조에 따른
기준 및 규격에 맞는지를 검사하고 그 기록을 보존하여야 한다.

6. 제22조 제5항의 규정에 위반하여 표시·광고를 한 자

　└, 우수건강기능식품제조기준 적용 업소로 지정받지 아니한 자는 우수건강기능식품제조기
준 적용 업소라는 명칭이나 이와 유사한 내용을 표시·광고하여서는 아니 된다.

7. 제24조 내지 제26조의 규정에 위반하여 판매 등을 한 자

└, 제24조(기준 · 규격위반 건강기능식품의 판매 등의 금지) ① 영업자는 제14조 제1항 및 제2항에 따라 기준과 규격이 정하여진 건강기능식품을 그 기준에 따라 제조 · 사용 · 보존하여야 하며, 그 기준과 규격에 맞지 아니하는 건강기능식품을 판매하거나 판매할 목적으로 제조 · 수입 · 사용 · 저장 · 운반 · 보존 또는 진열하여서는 아니 된다.

② 영업자는 다음 각 호의 어느 하나에 해당하는 행위를 하여서는 아니 된다.

　1. 의약품의 용도로만 사용되는 원료를 사용하여 건강기능식품을 제조하는 행위

　2. 배합 · 혼합비율, 함량이 의약품과 같거나 유사한 건강기능식품을 제조하는 행위

　3. 제1호 또는 제2호에 따라 제조된 건강기능식품을 수입 · 판매 또는 진열하는 행위

　③ 제2항에 따른 의약품의 용도로만 사용되는 원료 및 유사한 건강기능식품 등에 관한 구체적인 기준과 범위는 식품의약품안전처장이 정한다.

└, 제25조(표시기준 위반 건강기능식품의 판매 등의 금지) 영업자는 제17조에 따른 표시기준을 위반한 건강기능식품을 판매하거나 판매할 목적으로 제조 · 수입 · 진열 · 운반 또는 사용하여서는 아니 된다.

└, 제26조(유사표시 등의 금지) 건강기능식품이 아닌 것은 그 용기 · 포장에 인체의 구조 및 기능에 대한 식품영양학석 · 생리학적 기능 및 작용 등이 있는 것으로 오인될 우려가 있는 표시를 하거나 이와 같은 내용의 광고를 하여서는 아니 되며, 이와 같은 건강기능식품과 유사하게 표시되거나 광고되는 것을 판매하거나 판매할 목적으로 저장 또는 진열하여서는 아니 된다.

8. 제29조 또는 제30조 제1항 및 제3항의 규정에 의한 명령을 이행하지 아니한 자

└, 제29조(시정명령) 식품의약품안전처장 또는 특별자치시장 · 특별자치도지사 · 시장 · 군수 · 구청장은 이 법을 지키지 아니하는 자에 대하여 필요하다고 인정할 때에는 시정을 명할 수 있다.

└, 제30조(폐기처분 등) ① 식품의약품안전처장 또는 특별자치시장 · 특별자치도지사 · 시장 · 군수 · 구청장은 영업자가 제23조부터 제26조까지의 규정 중 어느 하나를 위반하였을 때에는 관계공무원으로 하여금 그 건강기능식품을 압류 또는 폐기하게 하거나, 영업사에게 식품위생상의 위해를 제거하기 위한 조치를 할 것을 명할 수 있다.

③ 식품의약품안전처장 또는 특별자치시장 · 특별자치도지사 · 시장 · 군수 · 구청장은 위생상의 위해가 발생하였거나 발생할 우려가 있다고 인정될 때에는 영업자에게 유통 중인 해당 건강기능식품을 회수 · 폐기하게 하거나 그 건강기능식품의 원료, 제조방법, 성

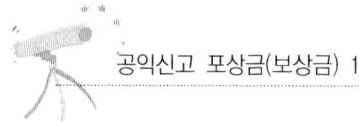

분 또는 그 배합비율을 변경할 것을 명할 수 있다.

9. 제32조 제1항의 규정에 의한 영업정지명령에 위반한 자

└ 제32조(영업허가취소 등) ① 식품의약품안전처장 또는 특별자치시장·특별자치도지사·시장·군수·구청장은 영업자가 다음 각 호의 어느 하나에 해당하는 경우에는 대통령령으로 정하는 바에 따라 영업허가를 취소하거나, 6개월 이내의 기간을 정하여 그 영업의 전부 또는 일부의 정지를 명하거나, 영업소의 폐쇄(제6조에 따라 신고한 영업에 해당한다. 이하 이 조에서 같다)를 명할 수 있다.

　　1. 제5조 제1항 후단, 제7조 제1항 전단, 제8조 제1항, 제10조 제1항 각 호(제1호와 제5호는 제외한다) 또는 제11조 제3항을 위반한 경우

　　　└ 제5조 제1항 후단은 건강기능식품제조업의 허가를 받은 자가 영업소소재지를 변경허가 없이 변경한 경우를 말한다(시행령 제3조).

　　　└ 제7조 제1항 전단은 건강기능식품제조업의 허가를 받은 자가 품목 제조방법 설명서 등을 신고하지 아니하고 제조행위를 한 경우를 말한다.

　　　└ 제8조 제1항은 식품의약품안전처장에게 신고하지 아니하고 영업상 사용하기 위하여 건강기능식품을 수입한 경우를 말한다.

　　　└ 제10조(영업자의 준수사항) ① 영업자는 건강기능식품의 안전성 확보 및 품질관리와 유통질서 유지 및 국민보건의 증진을 위하여 다음 각 호의 사항을 준수하여야 한다.

　　　　2. 유통기한이 지난 제품을 판매하거나 판매할 목적으로 진열·보관하거나 건강기능식품 제조에 사용하지 말 것

　　　　3. 부패·변질되거나 폐기된 제품 또는 유통기한이 지난 제품을 정당한 사유가 없으면 교환하여 줄 것

　　　　4. 판매 사례품이나 경품을 제공하는 등 사행심을 조장하여 경품을 판매하는 행위를 하지 말 것

　　　└ 제11조 제3항은 종전 영업자의 지위를 승계한 자(승계원인 불문)는 1개월 이내에 총리령이 정하는 바에 따라 식품의약품안전처장 또는 특별자치시장·특별자치도지사·시장·군수·구청장에게 신고하여야 한다고 규정하였다.

　　2. 제12조 제1항을 위반한 경우

　　　└ 제12조 제1항은 건강기능식품제조업의 허가를 받은 영업자가 스스로 품질관리인의 자격을 갖추지 못한 경우에는 품질관리인을 두도록 하였다.

　　3. 제18조 제1항을 위반한 경우

ㄴ, 제18조 제1항은 영업자의 허위·과대·비방을 내용으로 하는 표시·광고의 금지에 관한 규정이다.

4. 제21조에 따른 자가품질검사를 하지 아니한 경우

5. 제22조 제5항을 위반한 경우

ㄴ, 제22조 제5항은 우수건강기능식품제조기준 적용업소가 아닌 자가 우수건강기능식품제조기준 적용업소라는 표시를 하는 것을 금지하고 있다.

6. 제22조의2 제1항 단서를 위반한 경우

ㄴ, 제22조의2(건강기능식품이력추적관리 등록기준 등) ① 건강기능식품을 수입·제조 또는 판매하는 자 중 건강기능식품이력추적관리[26]를 하려는 자는 총리령으로 정하는 등록기준을 갖추어 해당 건강기능식품을 식품의약품안전처장에게 등록할 수 있다. 다만, 그 매출액 등이 총리령으로 정하는 매출액 또는 매장면적에 해당하는 자는 식품의약품안전처장에게 등록하여야 한다.

ㄴ, "총리령으로 정하는 매출액 또는 매장면적에 해당하는 자"란 연매출액이 50억 원 이상이 되는 자를 말한다(시행규칙 제29조의2 제2항). 면적에 관하여는 규정하지 않았나.

7. 제23조, 제24조 제1항·제2항, 제25조 또는 제26조에 따른 판매 등의 금지나 유사표시 금지를 위반한 경우

8. 제29조, 제30조 제1항·제3항, 제31조 제1항 또는 제33조 제1항에 따른 명령을 위반한 경우

ㄴ, 제29조(시정명령) 식품의약품안전처장 또는 특별자치시장·특별자치도지사·시장·군수·구청장은 이 법을 지키지 아니하는 자에 대하여 필요하다고 인정할 때에는 시정을 명할 수 있다.

ㄴ, 제30조(폐기처분 등) ① 식품의약품안전처장 또는 특별자치시장·특별자치도지사·시장·군수·구청장은 영업자가 제23조부터 제26조까지의 규정 중 어느 하나를 위반하였을 때에는 관계공무원으로 하여금 그 건강기능식품을 압류 또는 폐기하게 하거나 영업자에게 식품위생상의 위해를 제거하기 위한 조치를 명할 수 있다.

③ 식품의약품안전처장 또는 특별자치시장·특별자치도지사·시장·군수·

---

26) ★ 건강기능식품이력추적관리 : 건강기능식품을 제조·수입하는 단계부터 판매하는 단계까지 각 단계별로 정보를 기록·관리하여 해당 건강기능식품의 안전성 등에 문제가 발생할 경우 해당 건강기능식품을 추적하여 원인을 규명하고, 필요한 조치를 할 수 있도록 관리하는 것을 말한다.

구청장은 위생상의 위해가 발생하였거나 발생할 우려가 있다고 인정될 때에는 영업자에게 유통 중인 해당 건강기능식품을 회수·폐기하게 하거나 그 건강기능식품의 원료, 제조방법, 성분 또는 그 배합비율을 변경할 것을 명할 수 있다.

ㄴ. 제31조(시설의 개수명령 등) ① 식품의약품안전처장 또는 특별자치시장·특별자치도지사·시장·군수·구청장은 영업시설이 제4조 제1항에 따른 시설기준에 맞지 아니할 때에는 기간을 정하여 그 영업자에게 시설의 개수(改修)를 명할 수 있다. 제4조 제1항은 건강기능식품제조업허가에 관한 규정이다.

ㄴ. 제33조(품목의 제조정지 등) ① 식품의약품안전처장은 영업자가 제18조 제1항, 제21조 제1항, 제23조, 제24조 제1항·제2항, 제25조 또는 제26조를 위반하였을 때에는 대통령령으로 정하는 바에 따라 6개월 이내의 기간을 정하여 해당 품목 또는 품목류(제14조에 따라 정하여진 건강기능식품의 기준 및 규격 중 동일한 기준 및 규격을 적용받아 제조되는 모든 품목을 말한다)의 제조정지를 명할 수 있다.

9. 영업정지명령을 위반하여 계속하여 영업을 한 경우

10. 영업자가 정당한 사유 없이 계속하여 6개월 이상 휴업하는 경우

② 제1항에 따른 행정처분의 세부적인 기준은 위반행위의 종류와 위반정도 등을 고려하여 대통령령으로 정한다.

제45조(벌칙) 다음 각 호의 어느 하나에 해당하는 자는 3년 이하의 징역 또는 3천만 원 이하의 벌금에 처한다.

1. 제4조에 따른 시설기준을 위반한 영업자

2. 제10조 제1항 제2호 및 제3호에 따른 영업자가 지켜야 할 사항을 지키지 아니한 자

3. 제11조 제3항에 따른 영업승계의 신고를 하지 아니한 자

4. 제12조 제1항에 따른 품질관리인을 고용하지 아니한 자

5. 제20조 제1항에 따른 출입·검사·수거를 거부·방해·기피한 자

6. 제22조의2 제1항 단서에 따른 건강기능식품이력관리 등록을 하지 아니한 자

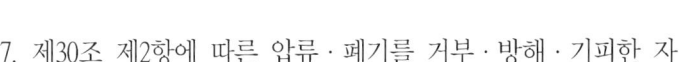

7. 제30조 제2항에 따른 압류·폐기를 거부·방해·기피한 자

8. 제33조 제1항에 따른 품목 제조정지 등의 명령을 위반한 자

9. 제35조에 따라 관계공무원이 부착한 봉인·게시문 등을 함부로 제거하거나 손상한 자

제46조(양벌규정) 법인의 대표자나 법인 또는 개인의 대리인, 사용인, 그 밖의 종업원이 그 법인 또는 개인의 업무에 관하여 제43조부터 제45조까지의 어느 하나에 해당하는 위반행위를 하면 그 행위자를 벌하는 외에 그 법인 또는 개인에게도 해당 조문의 벌금형을 과한다. 다만, 법인 또는 개인이 그 위반행위를 방지하기 위하여 해당 업무에 관하여 상당한 주의와 감독을 게을리 하지 아니한 경우에는 그러하지 아니하다.

ㄴ, 행위자 외에 법인이 양벌규정에 의하여 벌금형의 처벌을 받은 경우에, 보상금을 신청할 때에는 행위자와 법인이 선고받은 벌금액을 합산하여 "기준금액"으로 하면 된다. 만약 행위자가 징역형(집행유예를 포함)을 선고받은 경우에는 해당 벌칙규정에서 정한 벌금형(법정형)의 상한액을 보상금신청의 기준금액으로 하면 된다.

이하 다른 법률에서 양벌규정을 둔 경우에도 이 법과 같은 법리가 적용되며, 양벌규정은 법인 또는 개인에게 벌금의 과벌요건이 모두 같으므로, 다음부터는 양벌규정이 있다는 사실만을 소개하고 그 규정 내용은 인용을 생략한다.

제47조(과태료) ① 다음 각 호의 어느 하나에 해당하는 자에게는 300만 원 이하의 과태료를 부과한다.

1. 제5조 제2항에 따른 허가사항 변경신고를 하지 아니한 자

2. 제6조 제3항에 따른 신고사항 변경신고를 하지 아니한 자

3. 제7조 제1항 후단에 따른 품목제조 신고사항 변경신고를 하지 아니한 자

4. 제10조 제1항 제1호 및 제5호에 따른 영업자가 지켜야 할 사항을 지키지 아니한 자 또는 같은 조 제2항을 위반한 자

5. 제12조 제3항을 위반하여 품질관리인의 업무를 방해하거나 같은 조 제4항에 따른 품질관리인 선임·해임 신고를 하지 아니한 자

6. 제13조 제1항부터 제3항까지의 규정에 따른 교육을 받지 아니한 자

7. 제21조 제1항에 따른 자가품질검사를 하고 그 기록을 보존하지 아니하거나 거짓으로 기록한 자

8. 제22조의2 제3항을 위반하여 1개월 이내에 신고하지 아니한 자

9. 제31조 제1항에 따른 시설의 개수명령을 이행하지 아니한 자

제3절 포상규정

제40조(포상금의 지급) ① 식품의약품안전처장 또는 특별자치시장·특별자치도지사·시장·군수·구청장은 제5조 제1항, 제6조 제1항·제2항 또는 제23조부터 제26조까지의 규정 등 중 어느 하나를 위반한 자를 관계 행정관청이나 수사기관에 신고하거나 고발한 자에게 1천만 원의 범위에서 포상금을 지급할 수 있다.

② 제1항에 따른 포상금 지급의 기준·방법 및 절차 등에 관하여 필요한 사항은 대통령령으로 정한다.

ㄴ. 앞에서도 언급하였듯이 이 법과 같이 국민권익위원회의 보상금 지급대상 위반행위와 특별법 자체의 규정에 의한 보상금 지급대상 위반행위가 경합하는 경우에는 그 중 신고 등을 하는 사람에게 유리한 것을 선택하면 될 것이다. 각 특별법에서 규정하는 포상금의 지급기준 등에 관하여는 편저자가 이미 세상에 내놓은 〈신고포상금〉에서 자세히 소개하였다.

제8장 건설기계관리법

제1절 법률의 이해

이 법은 건설기계의 등록 · 검사 · 형식승인 및 건설기계사업과 건설기계조종사면허에 관한 사항을 규정한다. 이 법의 적용대상인 건설기계의 종류는 시행령 별표1에서 규정하였다(시행령 제2조). 이 법의 주관부처는 국토교통부(건설인력기재과)이다.

건설기계의 범위

건설기계명	범 위
1. 불도저	무한궤도 또는 타이어식인 것
2. 굴삭기	무한궤도 또는 타이어식으로 굴삭장치를 가진 자체중량 1톤 이상인 것
3. 로더	무한궤도 또는 타이어식으로 적재장치를 가진 자체중량 2톤 이상인 것
4. 지게차	타이어식으로 들어올림장치와 조종석을 가진 것. 다만, 건동식으로 솔리드타이어를 부착한 것 중 도로(「도로교통법」 제2조 제1호에 따른 도로를 말하며, 이하 같다)가 아닌 장소에서만 운행하는 것은 제외한다.
5. 스크레이퍼	흙 · 모래의 굴삭 및 운반장치를 가진 자주식인 것
6. 덤프트럭	적재용량 12톤 이상인 것. 다만, 적재용량 12톤 이상 20톤 미만의 것으로 화물운송에 사용하기 위하여 「자동차관리법」에 의한 자동차로 등록된 것을 제외한다.
7. 기중기	무한궤도 또는 타이어식으로 강재의 지주 및 선회장치를 가진 것. 다만, 궤도(레일식)인 것을 제외한다.
8. 모터그레이더	정지장치를 가진 자주식인 것
9. 롤러	1. 조종석과 전압장치를 가진 전압식인 것

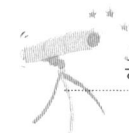

	2. 피견인 진동식인 것
10. 노상안정기	노상안정장치를 가진 자주식인 것
11. 콘크리트 뱃칭플랜트	골재저장통·계량장치 및 혼합장치를 가진 것으로서 원동기를 가진 이동식인 것
12. 콘크리트 피니셔	정리 및 사상장치를 가진 것으로 원동기를 가진 것
13. 콘크리트 살포기	정리장치를 가진 것으로 원동기를 가진 것
14. 콘크리트 믹서트럭	혼합장치를 가진 자주식인 것(재료의 투입·배출을 위한 보조장치가 부착된 것을 포함한다)
15. 콘크리트 펌프	콘크리트배송능력이 매시간당 5세제곱미터 이상으로 원동기를 가진 이동식과 트럭적재식인 것
16. 아스팔트 믹싱플랜트	골재공급장치·건조가열장치·혼합장치·아스팔트공급장치를 가진 것으로 원동기를 가진 이동식인 것
17. 아스팔트 피니셔	정리 및 사상장치를 가진 것으로 원동기를 가진 것
18. 아스팔트 살포기	아스팔트살포장치를 가진 자주식인 것
19. 골재살포기	골재살포장치를 가진 자주식인 것
20. 쇄석기	20킬로와트 이상의 원동기를 가진 이동식인 것
21. 공기압축기	공기토출량이 매분당 2.83세제곱미터(매제곱센티미터당 7킬로그램 기준) 이상의 이동식인 것
22. 천공기	천공장치를 가진 자주식인 것
23. 항타 및 항발기	원동기를 가진 것으로 헤머 또는 뽑는 장치의 중량이 0.5톤 이상인 것
24. 사리채취기	사리채취장치를 가진 것으로 원동기를 가진 것
25. 준설선	펌프식·바켓식·딧퍼식 또는 그래브식으로 비자항식인 것. 다만, 해상화물운송에 사용하기 위하여 「선박법」에 따른 선박으로 등록된 것은 제외한다.
26. 특수건설 기계	제1호부터 제25호까지의 규정 및 제27조에 따른 건설기계와 유사한 구조 및 기능을 가진 기계류로서 국토교통부장관이 따로 정하는 것
27. 타워크레인	수직타워의 상부에 위치한 지브(jib)를 선회시켜 중량물을 상하, 전후 또는 좌우로 이동시킬 수 있는 것으로서 원동기 또는 전

| | 동기를 가진 것. 다만, 「산업집적활성화 및 공장설립에 관한 법률」제16조에 따라 공장등록대장에 등록된 것은 제외한다. |

제2절 법령의 규정

제40조(벌칙) 다음 각 호의 어느 하나에 해당하는 자는 2년 이하의 징역이나 1천만 원 이하의 벌금에 처한다.

1. 제4조를 위반하여 등록되지 아니한 건설기계를 사용하거나 운행한 자
2. 제6조에 따라 등록이 말소된 건설기계를 사용하거나 운행한 자
3. 제8조의2 제1항을 위반하여 시·도지사의 지정을 받지 아니하고 등록번호표를 제작하거나 등록번호를 새긴 자
3의2. 제20조의2 제2항에 따른 시정명령을 이행하지 아니한 자

> ㄴ 제20조의2(제작결함의 시정) ① 제작자 등은 제작 등을 한 건설기계가 건설기계안전기준에 부적합하거나 안전운행 또는 작업의 안전에 지장을 주는 등의 결함이 발생한 경우에는 국토교통부령으로 정하는 바에 따라 지체 없이 그 사실을 공개하고 시정조치를 하여야 한다.
> ② 국토교통부장관은 제1항에 따른 결함사실의 공개 또는 시정조치를 하지 아니하는 제작자 등에 대하여는 국토교통부령으로 정하는 바에 따라 시정을 권고하거나 명하여야 한다.

4. 제21조를 위반하여 등록을 하지 아니하고 건설기계사업을 하거나 거짓으로 등록을 한 자

> ㄴ "건설기계사업"이란 건설기계대여업, 건설기계정비업, 건설기계매매업 및 건설기계폐기업을 말한다.

5. 제35조의2 제1항에 따라 등록이 취소되거나 사업의 전부 또는 일부가 정지된 건설기계사업자로서 계속하여 건설기계사업을 한 자

제41조(벌칙) 다음 각 호의 어느 하나에 해당하는 자는 1년 이하의 징역 또는 300만 원 이하의 벌금에 처한다.

1. 제25조 제1항을 위반하여 매매용 건설기계를 운행하거나 사용한 자

1의2. 제25조의2 제1항을 위반하여 폐기인수 사실을 증명하는 서류의 발급을 거부하거나 거짓으로 발급한 자

> ㄴ. 제25조의2(건설기계의 폐기) ① 제21조에 따라 건설기계폐기업의 등록을 한 자는 건설기계소유자 또는 시·도지사로부터 폐기의 요청을 받은 경우에는 해당 건설기계와 등록번호표를 인수하고 그 사실을 증명하는 서류를 발급하여야 한다.

1의3. 제25조의2 제2항을 위반하여 폐기요청을 받은 건설기계를 폐기하지 아니하거나 등록번호표를 폐기하지 아니한 자

2. 제26조 제1항 본문에 따른 건설기계조종사면허를 받지 아니하고 건설기계를 조종한 자

2의2. 제26조에 따른 건설기계조종사면허를 거짓이나 그 밖의 부정한 방법으로 받은 자

2의3. 제26조 제2항에 따른 소형 건설기계의 조종에 관한 교육과정의 이수에 관한 증빙서류를 거짓으로 발급한 자

> ㄴ. 국토교통부령으로 정하는 소형건설기계로서 시·도지사가 지정한 교육기관에서 그 건설기계의 교육과정을 마친 경우에는 건설기계조종사면허를 받은 것으로 본다(법 제26조 제2항). "소형건설기계"란 5톤 미만의 불도저, 5톤 미만의 로더, 3톤 미만의 지게차, 3톤 미만의 굴삭기, 공기압축기, 이동식 콘크리트펌프, 쇄석기 및 준설선을 말한다(시행규칙 제73조 제2항). 시·도지사는 소형건설기계의 제작자, 고등학교·고등기술학교, 건설기계조종을 교습하는 학원 및 직업능력개발훈련원을 소형건설기계조종교육기관으로 지정할 수 있다(시행규칙 제74조 제1항).

3. 제28조에 따라 건설기계조종사면허가 취소되거나 건설기계조종
   사면허의 효력정지처분을 받은 후에도 건설기계를 계속하여 조
   종한 자

4. 제33조 제3항을 위반하여 건설기계를 도로나 타인의 토지에 버
   려둔 자

제42조(벌칙) 다음 각 호의 어느 하나에 해당하는 자는 100만 원 이
하의 벌금에 처한다.

1. 제10조를 위반하여 등록번호를 지워 없애거나 그 식별을 곤란하
   게 한 자

2. 제13조 제1항에 따른 구조변경검사 또는 수시검사를 받지 아니
   한 자

3. 제13조 제7항에 따른 정비명령을 이행하지 아니한 자

4. 제18조 제2항 본문, 같은 조 제3항 또는 제19조 제1항에 따른
   형식승인, 형식변경승인 또는 확인검사를 받지 아니하고 건설기
   계의 제작 등을 한 자

5. 제20조 제3항에 따른 사후관리에 관한 명령을 이행하지 아니한 자

제43조(양벌규정) 제40조부터 제42조까지에 해당하는 범죄는 양벌규정
을 적용한다.

제44조(과태료) ① 다음 각 호의 어느 하나에 해당하는 자에게는 300
만 원 이하의 과태료를 부과한다.

1. 제22조 제1항을 위반하여 건설기계임대차 등에 관한 계약서를

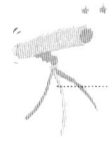

작성하지 아니한 자

2. 제35조 제1항에 따른 시설 또는 업무에 관한 보고를 하지 아니하거나 거짓으로 보고한 자

3. 제35조 제1항에 따른 소속 공무원의 검사 · 질문을 거부 · 방해 · 기피한 자

② 다음 각 호의 어느 하나에 해당하는 자에게는 100만 원 이하의 과태료를 부과한다.

1. 제6조 제3항을 위반하여 수출의 이행 여부를 신고하지 아니하거나 폐기 또는 등록을 하지 아니한 자

2. 제8조 제1항을 위반하여 등록번호표를 부착 · 봉인하지 아니하거나 등록번호를 새기지 아니한 자

2의2. 제8조 제3항을 위반하여 등록번호표를 부착 및 봉인하지 아니한 건설기계를 운행한 자

3. 제8조 제4항을 위반하여 등록번호표를 가리거나 훼손하여 알아보기 곤란하게 한 자 또는 그러한 건설기계를 운행한 자

4. 제11조에 따른 등록번호의 새김명령을 위반한 자

5. 제12조 제2항을 위반하여 건설기계안전기준에 적합하지 아니한 건설기계를 도로에서 운행하거나 운행하게 한 자

6. 제22조의2 제2항을 위반하여 특별한 사정없이 건설기계 임대차 등에 관한 계약과 관련된 자료를 제출하지 아니한 자

7. 제25조의3에 따른 건설기계사업자의 의무를 위반한 자

제9장 건설기술진흥법

제1절 법률의 이해

「건설기술진흥법」은 건설기술의 연구개발을 촉진하고, 건설공사의 품질을 높임과 아울러 안전을 확보하는 것 등을 목적으로 한다. 이 법의 주관부서는 국토교통부 소속 기술정책과·기술기준과 및 기술안전과이다.

제2절 법령의 규정

제85조(벌칙) ① 제28조 제1항을 위반하여 「건설산업기본법」 제28조에 따른 하자담보책임기간에 다리, 터널, 철도, 그 밖에 대통령령으로 정하는 시설물의 구조에서 주요부분에 중대한 손괴를 일으켜 사람을 다치거나 죽음에 이르게 한 자는 무기 또는 3년 이상의 징역에 처한다.

② 제1항의 죄를 범하여 사람을 위험하게 한 자는 10년 이하의 징역 또는 1억 원 이하의 벌금에 처한다.

└ 「건설산업기본법」 제28조(건설공사수급인의 하자담보책임) ① 수급인은 발주자에 대하여 다음 각 호의 범위에서 종류별로 대통령령으로 정하는 기간에 발생한 하자에 대하여 담보책임이 있다.

　　1. 건설공사의 목적물이 벽돌쌓기식구조, 철근콘크리트구조, 철골구조, 철골철근콘크리트구조, 그 밖에 이와 유사한 구조로 된 구조인 경우 : 건설공사의 완공일로부터 10년

　　2. 제1호 이외의 구조로 된 것인 경우 : 건설공사의 완공일로부터 5년

② 수급인은 다음 각 호의 어느 하나의 사유로 발생한 하자에 대하여는 제1항에도 불구하고 담보책임이 없다.

　　1. 발주자가 제공한 재료의 품질이나 규격 등이 기준미달로 인한 경우

　　2. 발주자의 지시에 따라 시공한 경우

3. 발주자가 건설공사의 목적물을 관계 법령에 따라 내구연한(耐久年限) 또는 설계상의 구조내력(構造耐力)을 초과하여 사용한 경우

③ 건설공사의 하자담보책임기간에 관하여 다른 법령(민법 제570조 및 제671조는 제외한다)에 특별하게 규정되어 있거나 도급계약에서 따로 정한 경우에는 그 법령이나 도급계약에서 정한 바에 따른다.

건설공사의 종류별 하자담보책임기간
(「건설산업기본법 시행령」 제30조 관련)

공사별	세부공종별	책임 기간
1. 교량	① 기둥사이의 거리가 50m 이상이거나 길이가 500m 이상인 교량의 철근콘크리트 또는 철골구조부	10년
	② 길이가 500m 미만인 교량의 철근콘크리트 또는 철골구조부	7년
	③ 교량 중 ① · ② 외의 공종(교면포장 · 이음부 · 난간시설 등)	2년
2. 터널	① 터널(지하철을 포함한다)의 철근콘크리트 또는 철골구조부	10년
	② 터널 중 ① 외의 공종	5년
3. 철도	① 교량 · 터널을 제외한 철도시설 중 철근콘크리트 또는 철골구조	7년
	② ①외의 시설	5년
4. 공항 · 삭도	① 철근콘크리트 · 철골구조부	7년
	② ①외의 시설	5년
5. 항만 · 사방간척	① 철근콘크리트 · 철골구조부	7년
	② ①외의 시설	5년
6. 도로	① 콘크리트 포장도로(암거 및 측구를 포함한다)	3년
	② 아스팔트 포장도로(암거 및 측구를 포함한다)	2년
7. 댐	① 본체 및 여수로 부분	10년

	② ①외의 시설	5년
8. 상·하수도	① 철근콘크리트·철골구조부	7년
	② 관로매설·기기설치	3년
9. 관계수로·매립		3년
10. 부지정지		2년
11. 조경	조경시설물 및 조경식재	2년
12. 발전·가스 및 산업설비	① 철근콘크리트·철골구조부	7년
	② 압력이 1제곱센티미터당 10킬로그램 이상인 고압가스의 관로(부대기기를 포함한다) 설치공사	5년
	③ ①·②외의 시설	3년
13. 기타 토목공사		1년
14. 건축	① 대형 공공성 건축물(공동주택·종합병원·관광숙박시설·관람집회시설·대규모소매점과 16층 이상 기타 용도의 건축물의 기둥 및 내력벽	10년
	② 대형 공공성 건축물 중 기둥 및 내력벽 외의 구조상 주요부분과 ①외의 건축물 중 구조상 주요부분	5년
	③ 건축물 중 ①·②와 제15호의 전문공사를 제외한 기타부분	1년
15. 전문공사	① 실내의장	1년
	② 토공	2년
	③ 미장·타일	1년
	④ 방수	3년
	⑤ 도장	1년
	⑥ 석공사·조적	2년
	⑦ 창호설치	1년
	⑧ 지붕	3년
	⑨ 판금	1년
	⑩ 철물(제1호 내지 제14호에 해당하는 철골을 제외한다)	2년
	⑪ 철근콘크리트(제1호부터 제14호까지의 규정에 해당하는 철근콘크리트는 제외한다) 및 콘크리트 포장	3년

⑫ 급배수 · 공동구 · 지하저수조 · 냉난방 · 환기 · 공기 조화 · 자동제어 · 가스 · 배연설비	2년
⑬ 승강기 및 인양기기설비	3년
⑭ 보일러설비	1년
⑮ ⑫ · ⑭외의 건물 내 설비	1년
⑯ 아스팔트포장	2년
⑰ 보링	1년
⑱ 건축물조립(건축물의 기둥 및 내력벽의 조립을 제 외하며, 이는 제14호에 따른다)	1년
⑲ 온실설치	5년

비고 : 위 표 중 2 이상의 공종이 복합된 공사의 하자담보책임기간은 하자책임을 구분할 수 없는 경우를 제외하고는 각각의 세부 공종별 하자담보책임기간으로 한다.

제86조(벌칙) ① 업무상 과실로 제85조 제1항의 죄를 범하여 사람을 다치거나 죽음에 이르게 한 자는 10년 이하의 징역이나 금고 또는 1억 원 이하의 벌금에 처한다.

② 업무상 과실로 제85조 제2항의 죄를 범한 자는 5년 이하의 징역이나 금고 또는 5천만 원 이하의 벌금에 처한다.

제87조(벌칙) ① 제47조 제1항에 따른 타당성조사를 할 때 고의로 수요예측을 부실하게 하여 발주청에 손해를 끼친 <u>건설기술용역업자</u>[27]는 5년 이하의 징역 또는 5천만 원 이하의 벌금에 처한다.

② 제47조 제1항에 따른 타당성조사를 할 때 중대한 과실로 수요예측을 부실하게 하여 발주청에 손해를 끼친 건설기술용역업자는 3년 이하의 징역 또는 3천만 원 이하의 벌금에 처한다.

---

27) ★ 건설기술용역업자 : 건설기술용역을 영업의 수단으로 하기 위하여 전문분야별로 요건을 갖추어 시 · 도지사에게 등록한 자를 말한다.

제88조(벌칙) 다음 각 호의 어느 하나에 해당하는 자는 2년 이하의 징역 또는 2천만 원 이하의 벌금에 처한다.

1. 제26조 제1항에 따른 등록을 하지 아니하고 건설기술용역업무를 수행한 자

2. 제40조 제1항에 따른 건설기술용역업자의 재시공·공사중지 명령이나 그 밖에 필요한 조치를 이행하지 아니한 자

3. 제55조 제1항 및 제2항에 따른 품질관리계획 또는 품질시험계획을 수립·이행하지 아니하거나 품질시험 및 검사를 하지 아니한 건설업자 또는 주택건설등록업자

4. 제57조 제2항을 위반하여 품질이 확보되지 아니한 건설자재·부재를 공급하거나 사용한 자

5. 제57조 제3항을 위반하여 반품된 **레디믹스트콘크리트**[28]를 품질인증을 받지 아니하고 재사용한 자

6. 제62조 제1항 및 제2항에 따른 안전관리계획을 수립·이행하지 아니하거나 안전점검을 하지 아니한 건설업자 또는 주택건설등록업자

   ㄴ, 제62조(건설공사의 안전관리) ① 건설업자와 주택건설등록업자는 안전점검 및 안전관리조직 등 건설공사의 안전관리계획을 수립하고, 이를 발주자에게 제출하여 승인을 받아야 한다. 이 경우 발주청[29]이 아닌 발주자는 미리 안전관리계획의 사본을 인·허가 기관의 장에게 제출하여야 한다.

---

28) ★ 레디믹스트콘크리트 : 현장에서 섞지 않고 공장에서 미리 혼합하여 운반되는 굳지 않은 콘크리트를 말한다.

29) ★ 발주청 : 건설공사 또는 건설기술용역을 발주(發注)하는 국가·지방자치단체·공기업·준정부기관·지방공사·지방공단, 공유수면매립면허를 받은 자, 발전사업자 및 신항만건설사업자로 지정을 받은 자를 말한다.

7. 제81조를 위반하여 직무상 알게 된 비밀을 누설하거나 도용한 사람

  ㄴ. 제81조(비밀의 누설 등 금지) 이 법에 따른 건설사업관리의 업무나 신기술 또는 외국 도입 건설기술 및 건설기술자의 관리에 종사하는 사람은 직무상 알게 된 비밀을 다른 사람에게 누설하거나 도용(盜用)하여서는 아니 된다.

제89조(벌칙) 다음 각 호의 어느 하나에 해당하는 자는 1년 이하의 징역 또는 1천만 원 이하의 벌금에 처한다.

1. 제14조 제3항에 따른 <u>신기술</u>[30] 활용실적을 거짓으로 제출한 자

2. 제21조 제1항에 따른 신고 · 변경신고를 하면서 근무처 및 경력 등을 거짓으로 신고하여 신기술자가 된 자

3. 제23조를 위반한 다음 각 목의 어느 하나에 해당하는 사람

  가. 다른 사람에게 자기의 성명을 사용하여 건설공사 또는 건설기술용역업무를 수행하게 하거나 자신의 건설기술경력증을 빌려준 사람

  나. 다른 사람의 성명을 사용하여 건설공사 또는 건설기술용역업무를 수행하거나 다른 사람의 건설기술경력증을 빌린 사람

  다. 가목 및 나목의 행위를 알선한 사람

4. 제38조 제3항에 따른 검사를 거부 · 방해 또는 기피한 자

  ㄴ. 건설기술용역업자에 대한 사무실 및 공사현장에서 하는 감독관청 공무원의 검사를 말한다.

5. 제53조 제1항에 따른 부실측정 또는 제54조 제1항에 따른 건설

---

30) ★ 신기술 : 국내에서 최초로 특정 건설기술을 개발하거나 기존 건설기술을 개량한 자의 신청을 받아 그 기술을 평가하여 신규성 · 진보성 및 현장적용성이 있을 경우 건설교통부장관이 지정 · 고시하는 기술을 말한다.

공사현장 등의 점검을 거부 · 방해 또는 기피한 자

6. 제67조 제1항 및 제3항에 따른 국토교통부장관, 발주청, 인 · 허가기관 및 건설사고조사위원회의 중대 건설현장사고 조사를 거부 · 방해 또는 기피한 자

제90조(양벌규정) ① 법인의 대표자나 법인 또는 개인의 대리인, 사용인, 그 밖의 종업원이 그 법인 또는 개인의 업무에 관하여 제85조의 위반행위를 하면 그 행위자를 벌하는 외에 그 법인 또는 개인에게도 10억 원 이하의 벌금에 처한다. 다만, 법인 또는 개인이 그 위반행위를 방지하기 위하여 해당 업무에 관하여 상당한 주의와 감독을 게을리하지 아니한 경우에는 그러하지 아니하다.

② 법인의 대표자나 법인 또는 개인의 대리인, 사용인, 그 밖의 종업원이 그 법인 또는 개인의 업무에 관하여 제86조, 제88조 또는 제89조의 위반행위를 하면 그 행위자를 벌하는 외에 그 법인 또는 개인에게도 해당 조문의 벌금형을 과한다. 다만, 법인 또는 개인이 그 위반행위를 방지하기 위하여 해당 업무에 관하여 상당한 주의와 감독을 게을리하지 아니한 경우에는 그러하지 아니하다.

제91조(과태료) ① 다음 각 호의 어느 하나에 해당하는 자에게는 1천만 원 이하의 과태료를 부과한다.

1. 제56조 제1항에 따른 품질관리비를 공사금액에 계상하지 아니한 자 또는 같은 조 제2항을 위반하여 품질관리비를 사용한 자

  ㄴ. 건설공사의 발주자는 건설공사계약을 체결할 때에는 건설공사의 품질관리에 필요한 비용을 건설교통부령이 정하는 바에 따라 공사금액에 계상하여야 한다. 사용방법 등은 건설교통부령이 정한다(법 제56조).

2. 제62조 제4항에 따른 종합보고서를 제출하지 아니하거나 거짓으로 작성하여 제출한 자

　ㄴ. 건설업자나 주택건설등록업자는 안전관리계획을 수립하였던 건설공사를 준공하였을 때에는 대통령령으로 정하는 방법 및 절차에 따라 안전점검에 관한 종합보고서를 작성하여 발주청에게 제출하여야 한다.

3. 제63조 제1항에 따른 안전관리비를 공사금액에 계상하지 아니한 자 또는 같은 조 제2항을 위반하여 안전관리비를 사용한 자

　ㄴ. 건설공사의 발주자는 건설공사계약을 체결할 때에 건설공사의 안전관리에 필요한 비용을 국토교통부령으로 정하는 바에 따라 공사금액에 계상하여야 한다.

4. 제66조 제3항에 따른 환경관리비를 공사금액에 계상하지 아니한 자 또는 같은 조 제4항을 위반하여 환경관리비를 사용한 자

　ㄴ. 건설공사의 발주자는 건설공사계약을 체결할 때에는 환경 훼손 및 오염 방지 등 건설공사의 환경관리에 필요한 비용을 국토교통부령으로 정하는 바에 따라 공사금액에 계상하여야 한다.

② 다음 각 호의 어느 하나에 해당하는 자에게는 300만 원 이하의 과태료를 부과한다.

1. 제20조 제2항에 따른 교육훈련을 정당한 사유 없이 받지 아니한 건설기술자

2. 제20조 제3항에 따른 경비를 부담하지 아니하거나 경비부담을 이유로 건설기술자에게 불이익을 준 사용자

3. 제21조 제3항에 따른 자료를 제출하지 아니하거나 거짓으로 자료를 제출한 자

　ㄴ. 국토교통부장관은 건설기술자로 인정받으려는 사람으로부터 신고를 받은 경우에 그 내용을 확인하기 위하여 필요한 경우에 중앙행정기관, 지방자치단체, 학교, 발주청 및 건설기술자가 소속된 건설관련 업체 등 관계기관의 장에게 자료를 제출하여 줄 것을 요

청할 수 있고, 이 경우 요청을 받은 기관의 장은 특별한 사정이 없으면 이를 거부하지 못한다.

4. 제24조 제4항을 위반하여 건설기술경력증을 반납하지 아니한 건설기술자

  ∟ 업무정지처분을 받은 건설기술자가 여기에 해당한다.

5. 제26조 제3항 본문에 따른 변경등록을 하지 아니하거나 거짓으로 변경등록을 한 자

  ∟ 건설기술용역업자가 여기에 해당한다.

6. 제26조 제4항에 따라 휴업 또는 폐업신고를 하지 아니한 자

  ∟ 건설기술용역업자가 여기에 해당한다.

7. 제29조 제1항에 따라 영업양도 또는 합병신고를 하지 아니한 자

  ∟ 건설기술용역업자가 여기에 해당한다.

8. 제31조 제1항·제2항에 따른 영업정지명령을 받고 영업정지기간에 건설기술용역업무를 수행한 자(제33조에 따라 건설기술용역업무를 수행한 경우를 제외한다)

  ∟ 등록취소 또는 영업정지의 처분을 받은 건설기술용역업자는 그 처분을 받기 전에 체결한 건설기술용역계약에 따른 업무는 계속할 수 있다(법 제33조 제1항).

9. 제31조 제3항을 위반하여 영업정지기간에 상호를 바꾸어 건설기술용역을 수주한 자

10. 제33조 제1항 후단에 따라 등록취소처분 등을 받은 사실과 그 내용을 해당 건설기술용역의 발주자에게 통지하지 아니한 자

11. 제38조 제2항에 따른 업무에 관한 보고를 하지 아니하거나 관

계 자료를 제출하지 아니한 자

└, 건설기술용역업자가 여기에 해당한다.

제32조(과징금) ① 시·도지사는 제31조 제1항에 따라 영업정지를 명하여야 하는 경우에는 영업정지를 갈음하여 2억 원 이하의 과징금을, 같은 조 제2항에 따라 영업정지를 명하여야 하는 경우에는 영업정지를 갈음하여 6천만 원 이하의 과징금을 부과할 수 있다.

└, 제31조(건설기술용역업자의 등록취소 등) ① 시·도지사는 건설기술용역업자가 다음 각 호의 어느 하나에 해당하면 그 등록을 취소하거나 1년 이내의 기간을 정하여 영업의 전부나 일부의 정지를 명할 수 있다. 다만, 제1호부터 제5호까지의 어느 하나에 해당하면 등록을 취소하여야 한다.

1. 거짓이나 그 밖의 부정한 방법으로 제26조 제1항에 따라 등록을 한 경우
2. 최근 5년간 3회 이상 영업정지 또는 제32조에 따른 과징금 부과처분을 받은 경우
3. 영업정지기간에 건설기술용역업무를 수행한 경우. 다만, 제33조에 따라 건설기술용역을 수행한 경우는 제외한다.
4. 건설기술용역업자로 등록한 후 제27조에 따른 결격사유 중 어느 하나에 해당하게 된 경우
5. 제28조 제2항을 위반하여 타인에게 자기의 성명 또는 상호를 사용하여 건설기술용역을 하게 하거나 등록증을 빌려준 경우
6. 제35조 제2항에 따른 사업수행능력 평가에 관한 서류를 위조하거나 변조하는 등 거짓이나 그 밖의 부정한 방법으로 입찰에 참여한 경우
7. 건설기술용역업자로 등록한 후 제26조 제1항에 따른 등록기준을 충족하지 못하게 된 경우에 그 날부터 60일 이내에 미달된 사항을 보완하지 아니한 경우
8. 고의 또는 과실로 「산업안전보건법」 제2조 제7호에 따른 중대재해가 발생하거나 건설공사의 발주청에 재산상의 손해를 발생하게 하거나 사람에게 위해를 끼치거나 부실공사를 초래한 경우
9. 다른 행정기관이 관계 법령에 따라 등록취소 또는 영업정지를 요구한 경우

제10장 건설산업기본법

제1절 법률의 이해

「건설산업기본법」은 건설공사의 조사·설계·시공·감리·유지관리· 기술관리 등 건설공사에 관한 기본적인 사항, 건설업의 등록 및 건설 공사의 도급 등에 관한 사항을 규정한다. 주로 문제가 될 수 있는 공 익신고의 대상행위로는 입찰담합행위, 하도급 관련 부정행위 및 건설업 등록증 등의 대여행위가 될 것이다. 이 법의 주관부서는 국토교통부(건 설경제과)이다.

제2절 법령의 규정

제93조(벌칙) ① 건설업자 또는 제40조 제1항에 따라 건설현장에 배 치된 건설기술자로서 건설공사의 안전에 관한 법령을 위반하여 건설공 사를 시공함으로써 그 착공 후 제28조에 따른 <u>하자담보책임기간</u>에 교 량, 터널, 철도, 그 밖에 대통령령으로 정하는 시설물의 구조상 주요부 분에 중대한 파손을 발생시켜 공중(公衆)의 위험을 발생하게 한 자는 10년 이하의 징역에 처한다.

ㄴ, 하자담보책임기간은 제9장 「건설기술진흥법」 참조

② 제1항의 죄를 범하여 사람을 죽거나 다치게 한 자는 무기 또는 3 년 이상의 징역에 처한다.

ㄴ, "대통령령으로 정하는 시설물"이란 다음 각 호에 해당하는 것을 말한다(시행령 제88조).

1. 고가도로 · 지하도 · 활주로 · 삭도31) · 댐 및 항만시설 중 외곽시설32) · 임항교통시설33) · 계류시설34)

2. 연면적 5천 제곱미터 이상인 공항청사 · 철도역사 · 여객자동차터미널 · 종합여객시설 · 종합병원 · 판매시설 · 관광숙박시설 및 관람집회시설

3. 16층 이상인 건축물. 다만, 「주택법」 제2조 제2호의 규정에 의한 공동주택을 제외한다.

제94조(벌칙) ① 업무상 과실로 제93조 제1항의 죄를 범한 자는 5년 이하의 징역이나 금고 또는 5천만 원 이하의 벌금에 처한다.

② 업무상 과실로 제93조 제1항의 죄를 범하여 사람을 죽거나 다치게 한 자는 10년 이하의 징역이나 금고 또는 1억 원 이하의 벌금에 처한다.

제95조(벌칙) 건설공사의 입찰에서 다음 각 호의 어느 하나에 해당하는 행위를 한 자는 5년 이하의 징역 또는 5천만 원 이하의 벌금에 처한다.

1. 부당한 이득을 취하거나 공정한 가격결정을 방해할 목적으로 입

---

31) ★ 삭도(索道) : 공중에 강철선을 가로질러 설치하고, 운반기를 매달아 사람이나 물건을 운반하는 장치

32) ★ 외곽시설 : 방파제 · 수문(水門) · 갑문(閘門) · 호안(護岸) 등 시설

33) ★ 임항교통시설(臨港交通施設) : 항만에 접속하는 도로 · 교량 · 철도 · 궤도 · 운하 등 시설

34) ★ 계류시설(繫留施設) : 안벽(岸壁) · 잔교(棧橋) · 부잔교 · 계선부표(繫船浮標) 등 시설

찰자가 서로 공모(共謀)하여 미리 조작한 가격으로 입찰한 자

2. 다른 건설업자의 견적을 제출한 자

3. <u>위계 또는 위력35)</u>, 그 밖의 방법으로 다른 건설업자의 입찰을 방해한 자

제95조의2(벌칙) 제38조의2를 위반하여 부정한 청탁을 받고 재물 또는 재산상의 이익을 취득하거나 부정한 청탁을 하면서 재물 또는 재산상의 이익을 제공한 자는 5년 이하의 징역 또는 5천만 원 이하의 벌금에 처한다.

ㄴ, 제38조의2(부정한 청탁에 의한 재물 등의 취득 및 제공 금지) ① 발주자, 수급인, 하수급인 또는 이해관계인은 도급계약의 체결 또는 건설공사의 시공에 관하여 부정한 청탁을 받고 재물 또는 재산상의 이익을 취득하거나 부정한 청탁을 하면서 재물 또는 재산상의 이익을 제공하여서는 아니 된다.

② 국가, 지방자치단체 또는 대통령령으로 정하는 공공기관이 발주한 건설공사의 업체 선정에 참여한 법인, 해당 법인의 대표자, 상업사용인, 그 밖의 임원 또는 직원은 그 직무에 관하여 부정한 청탁을 받고 재물 또는 재산상의 이득을 취득하거나 부정한 청탁을 하면서 재물 또는 재산상의 이익을 제공하여서는 아니 된다.

제96조(벌칙) 다음 각 호의 어느 하나에 해당하는 자는 3년 이하의 징역 또는 3천만 원 이하의 벌금에 처한다.

1. 제9조 제1항에 따른 등록을 하지 아니하거나 부정한 방법으로 등록을 하고 건설업을 한 자

ㄴ, "건설업"이란 건설공사를 하는 업(業)에 말한다.

2. 제17조에 따른 신고를 하지 아니하거나 부정한 방법으로 신고하고 건설업을 한 자

---

35) ★ 위계(僞計)·위력(威力) : 위계는 거짓으로 속이는 것, 위력은 힘으로 제압하는 것을 각각 뜻한다.

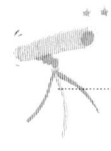

ㄴ, 제17조(건설업의 양도 등) ① 건설업자는 다음 각 호의 어느 하나에 해당하는 경우에는 국토교통부령으로 정하는 바에 따라 국토교통부장관에게 신고하여야 한다.

    1. 건설업자가 건설업을 양도하려는 경우

    2. 건설업자인 법인이 다른 법인과 합병하려는 경우. 다만, 건설업자인 법인이 건설업자가 아닌 법인을 흡수하려는 경우를 제외한다.

3. 제21조를 위반하여 다른 사람에게 자기의 성명이나 상호를 사용하여 건설공사를 수급 또는 시공하게 한 건설업자와 그 상대방 또는 이를 알선한 자, 건설업등록증이나 건설업등록수첩을 빌려 준 건설업자와 그 상대방 또는 이를 알선한 자

4. 제25조 제2항 및 제29조 제1항부터 제3항까지의 규정을 위반하여 하도급한 자

ㄴ, 제25조(수급인 등의 자격제한) ② 수급인은 공사내용에 상응하는 업종을 등록한 건설업자에게 하도급 하여야 한다.

ㄴ, 제29조(건설공사의 하도급제한) ① 건설업자는 도급받은 건설공사의 전부 또는 대통령령으로 정하는 주요부분의 대부분을 다른 건설업자에게 하도급 할 수 없다. 다만, 건설업자가 도급받은 공사를 대통령령으로 정하는 바에 따라 2인 이상에게 분할하여 하도급 하는 경우에는 예외로 한다.

② 수급인은 그가 도급받은 건설공사의 일부를 동일한 업종에 해당하는 건설업자에게 하도급 할 수 없다. 다만, 발주자가 공사품질이나 시공상 능률을 높이기 위하여 필요하다고 인정하여 서면으로 승낙한 경우에는 예외로 한다.

③ 하수급인은 하도급 받은 건설공사를 다른 사람에게 다시 하도급 할 수 없다. 다만, 다음 각 호의 어느 하나에 해당하는 경우에는 하도급 할 수 있다.

    1. 제2항 단서에 따라 종합공사를 시공하는 업종을 등록한 건설업자가 하도급 받은 경우로서 그가 하도급 받은 건설공사 중 전문공사에 해당하는 건설공사를 그 전문공사를 시공하는 업종을 등록한 건설업자에게 다시 하도급 하는 경우

    2. 전문공사를 시공하는 업종을 등록한 건설업자가 하도급 받은 경우로서 다음 각 목의 요건을 모두 충족하여 하도급 받은 전문공사의 일부를 그 전문공사를 시공하는 업종을 등록한 건설업자에게 다시 하도급 하는 경우

    가. 공사의 품질이나 시공상의 능률을 높이기 위하여 필요한 경우로서 국토교통

부령으로 정하는 요건에 해당할 것

　ㄴ, "국토교통부령으로 정하는 요건에 해당하는 것"이란 하도급 받은 전체
　　공사금액 중 100분의20 이내에 해당하는 금액의 공사를 다시 하도급
　　하는 경우로서 시행규칙 제25조의6의 요건을 모두 충족하는 경우를 말
　　한다.

　나. 수급인의 서면승낙을 받을 것

5. 정당한 사유 없이 제82조, 제82조의2 또는 제83조에 따른 영업
정지처분을 위반한 자

제97조(벌칙) 다음 각 호의 어느 하나에 해당하는 자는 1년 이하의
징역 또는 1천만 원 이하의 벌금에 처한다.

1. 제11조에 따른 표시·광고의 제한을 위반한 자

　ㄴ, 제11조(표시·광고의 제한) ① 제9조에 따라 업종별로 건설업등록을 하지 아니한 자는
　　사업장, 광고물 등에 해당 업종의 건설업자임을 표시·광고하거나 해당 업종의 건설업
　　자로 오인될 우려가 있는 표시·광고를 하여서는 아니 된다.
　　② 국토교통부장관은 소속 공무원으로 하여금 제1항을 위반하여 표시·광고한 자에
　　대하여 광고물의 강제철거 등 적절한 조치를 하게 할 수 있다.

2. 제23조 제3항에 따른 건설공사 실적, 기술자 보유현황, 재무상태
를 거짓으로 제출한 자

3. 제23조의2 제2항에 따른 건설사업 관리 실적, 인력보유현황, 재
무상태를 거짓으로 제출한 자

4. 제40조 제1항에 따른 건설기술자의 현장배치를 하지 아니한 자

제98조(양벌규정) ① 법인의 대표자나 법인 또는 개인의 대리인, 사용
인, 그 밖의 종업원이 법인 또는 개인의 업무에 관하여 제93조의 위반
행위를 하면 그 행위자를 벌하는 외에 그 법인 또는 개인에게도 10억

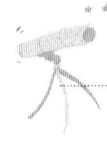

원 이하의 벌금형을 과한다. 다만, 법인 또는 개인이 그 위반행위를 방지하기 위하여 해당 업무에 관하여 상당한 주의와 감독을 게을리 하지 아니한 경우에는 그러하지 아니하다.

② 법인의 대표자나 법인 또는 개인의 대리인, 사용인, 그 밖의 종업원이 그 법인 또는 개인의 업무에 관하여 제94조, 제95조, 제95조의 2, 제96조 또는 제97조 제1호·제2호·제3호의 위반행위를 하면 그 행위자를 벌하는 외에 그 법인 또는 개인에게도 해당 조문의 벌금형을 과한다. 다만, 법인 또는 개인이 그 위반행위를 방지하기 위하여 해당 업무에 관하여 상당한 주의와 감독을 게을리 하지 아니한 경우에는 그러하지 아니하다.

제99조(과태료) 다음 각 호의 어느 하나에 해당하는 자에게는 500만 원 이하의 과태료를 부과한다.

1. 제14조 제2항을 위반하여 처분의 내용을 발주자 등에게 통지하지 아니한 건설업자 및 그 <u>포괄승계인36)</u>

2. 제22조 제2항을 위반하여 도급계약을 계약서로 체결하지 아니하거나 계약서를 교부하지 아니한 건설업자(하도급인 경우에는 하도급 받은 건설업자를 제외한다)

3. 제22조 제6항에 따른 건설공사대장의 기재사항을 해당 공사 완료일까지 발주자에게 통보하지 아니하거나 거짓으로 통보한 자

4. 제28조의2 제2항에 따른 통보를 하지 아니한 자

   ㄴ. 제28조의2(건설공사의 직접 시공) ① 건설업자는 1건 공사의 금액이 100억 원 이하로서 대통령령으로 정하는 금액 미만인 건설공사를 도급 받은 경우에는 그 금액 중 대

---

36) ★ 포괄승계인 : 타인의 모든 권리와 의무를 일괄하여 승계하는 사람(법인). 여기에 해당하는 사유는 상속, 법인의 합병이 있다.

통령령으로 정하는 비율에 따른 금액 이상에 해당하는 공사를 직접 시공하여야 한다. 다만, 그 건설공사를 직접 시공하기 곤란한 경우로서 대통령령으로 정하는 경우에는 직접 시공하지 아니할 수 있다.

② 제1항에 따라 건설공사를 직접 시공하는 자는 대통령령으로 정하는 바에 따라 직접시공계획을 발주자에게 통보하여야 한다.

5. 제29조 제4항에 따른 통보를 하지 아니한 자

ㄴ. 제29조(건설공사의 하도급 제한) ④ 도급 받은 공사의 일부를 하도급 한 건설업자와 다시 하도급 하는 것을 승낙한 자는 대통령령으로 정하는 바에 따라 발주자에게 통보를 하여야 한다. 다만, 다음 각 호의 어느 하나에 해당하는 경우에는 그러하지 아니하다.

　　1. 발주자가 하도급을 서면으로 승낙한 경우
　　2. 하도급을 하려는 부분이 그 공사의 주요부분에 해당하는 경우로서 발주자가 품질관리상 필요하여 도급계약의 조건으로 사전승인을 받도록 요구한 경우

6. 제29조의2 제1항에 따른 하수급인에 대한 관리의무를 이행하지 아니한 자(하수급인이 제82조 제2항 제3호에 따른 영업정지 등의 처분을 받은 경우로서 그 위반행위를 지시하거나 묵인한 사실이 확인된 경우만 해당한다)

7. 제31조의2에 따라 제출한 하도급계획(건설공사를 도급 받은 경우 제출한 하도급계획만 해당한다)을 정당한 사유 없이 이행하지 아니한 자

8. 제34조 제1항에 따른 하도급대금 등을 지급기일까지 지급하지 아니하여 제81조 제4호에 따라 시정명령을 받고 이에 따르지 아니한 자

9. 제49조 제1항에 따른 조사 또는 검사를 거부, 기피, 방해하거나 거짓으로 보고한 자

10. 제72조에 따라 위원회로부터 분쟁조정신청 내용을 통보받고 그 조정에 참여하지 아니한 자

　　ㄴ. 건설업 및 건설용역업에 관한 분쟁을 조정하기 위하여 국토교통부장관 소속으로 둔 위
　　원회를 말한다.

11. 제81조 제3호의 사유로 인한 시정명령이나 지시에 따르지 아니
　　한 자

　　ㄴ. 건설공사대장의 기재사항을 발주자에게 통보하지 아니하여 시정명령을 받은 경우를 말
　　한다.

제82조(영업정지 등) ① 국토교통부장관은 건설업자가 다음 각 호의
어느 하나에 해당하면 6개월 이내의 기간을 정하여 그 건설업자의 영
업정지를 명하거나 영업정지를 갈음하여 1억 원 이하의 과징금을 부과
할 수 있다.

1. 제28조에 따른 하자담보책임기간에 수급인이나 하수급인이 책임
　　질 사유로 국토교통부령으로 정하는 규모 이상의 하자가 3회 이
　　상 발생한 경우. 이 경우 하수급인이 책임질 사유에 대하여는
　　수급인에게도 같은 책임이 있는 것으로 본다.

2. 제21조의2를 위반하여 국가기술자격증 또는 건설기술경력증을
　　다른 자에게 빌리거나 빌려준 경우

3. 제23조 제3항에 따른 건설공사 실적, 기술자 보유현황 등을 거
　　짓으로 제출한 경우

4. 제29조 제4항에 따른 통보를 거짓으로 한 경우

5. 정당한 사유 없이 제81조(제2호 · 제3호 · 제4호 · 제6호 및 제8호
　　는 제외한다)에 따른 시정명령 또는 시정지시에 따르지 아니한
　　경우

6. 다음 각 호의 어느 하나에 해당하는 경우

　　가. 「건설기술진흥법」 제54조 제1항에 따른 시정명령을 이행하지
　　　　아니한 경우

나. 「건설기술진흥법」 제48조 제4항에 따른 시공상세도면의 작성 의무를 위반하거나 건설사업관리를 수행하는 건설기술자 또는 공사감독자의 검토와 확인을 받지 아니하고 시공한 경우

다. 「건설기술진흥법」 제55조에 따른 품질시험 또는 검사를 성실하게 수행하지 아니한 경우

라. 「건설기술진흥법」 제62조 제2항에 따른 안전점검을 성실하게 수행하지 아니한 경우

마. 「건설기술진흥법」 제80조에 따른 시정명령을 이행하지 아니한 경우

7. 「산업안전보건법」에 따른 중대재해를 발생시킨 건설업자에 대하여 고용노동부장관이 영업정지를 요청한 경우와 그 밖에 다른 법령에 따라 국가 또는 지방자치단체의 기관이 영업정지를 요구한 경우

8. 제22조 제7항, 제34조, 제36조 제1항, 제37조, 제38조 제1항, 제68조의2 제1항 또는 제68조의3 제1항에 따른 건설업자로서의 의무를 위반한 경우

9. 제38조 제2항을 위반하여 부당한 특약을 강요한 경우

② 국토교통부장관은 건설업자가 다음 각 호의 어느 하나에 해당하면 1년 이내의 기간을 정하여 그 건설업자(제5호의 경우 중 하도급인 경우에는 그 건설업자와 수급인을, 다시 하도급 한 경우에는 다시 하도급한 자를 말한다)의 영업정지를 명하거나 영업정지를 갈음하여 그 위반한 공사의 도급금액(제3호의 경우에는 하도급금액을 말한다)의 100분의30에 상당하는 금액(제5호의 경우에는 5억 원) 이하의 과징금을 부과할 수 있다.

1. 제16조를 위반하여 건설공사를 도급 또는 하도급 받은 경우
2. 제28조의2 제1항을 위반하여 건설공사를 직접 시공하지 아니한 경우
3. 제25조 제2항 및 제29조 제1항부터 제3항까지의 규정에 따른 하도급 제한을 위반한 경우
4. 제47조 제2항에 따른 공사금액의 하한에 미달하는 공사를 도급 받은 경우
5. 고의나 과실로 건설공사를 부실하게 시공한 경우

제11장 건설폐기물의 재활용촉진에 관한 법률

제1절 법률의 이해

이 법은 건설공사 등에서 나온 건설폐기물을 친환경적으로 처리하고, 재활용을 촉진하는 것 등을 목적으로 한다. "건설폐기물"이란 「건설산업기본법」 제2조 제4호에 해당하는 건설공사로 인하여 건설현장에서 발생하는 5톤 이상의 폐기물(공사를 시작할 때부터 완료할 때까지 발생하는 것만 해당한다)로서 대통령령으로 정하는 것을 말한다.

「건설산업기본법」 제2조 제4호의 "건설공사"란 토목공사, 건축공사, 산업설비공사, 조경공사, 환경시설공사, 그 밖에 명칭에 관계없이 시설물을 설치·유지·보수하는 공사(시설물을 설치하기 위한 부지조성공사를 포함한다) 및 기계설비나 그 밖의 구조물의 설치 및 해체공사 등을 말한다. 다만, 다음 각 호에 해당하는 공사는 포함하지 않는다.

가. 「전기공사업법」에 따른 전기공사

나. 「정보통신공사업법」에 따른 정보통신공사

다. 「소방시설공사업법」에 따른 소방설비공사

라. 「문화재 수리 등에 관한 법률」에 따른 문화재 수리공사

"대통령령으로 정하는 건설폐기물"은 다음과 같다(시행령 별표1).

1. 폐콘크리트

2. 폐아스팔트콘크리트

3. 폐벽돌

4. 폐블록

5. 폐기와

6. 폐목재(나무와 뿌리, 가지 등 입목폐기물이 5톤 이상인 경우는
   제외한다)

7. 폐합성수지

8. 폐섬유

9. 폐벽지

10. 건설오니〔준설공사, 굴착공사, 지하구조물공사 등 건설공사 과정
    에서 발생하거나 건설폐재류를 중간처리하는 과정 또는 건설공
    사장 세륜시설(洗輪施設)에서 발생하는 무기성 오니를 말한다〕

11. 폐금속류

12. 폐유리

13. 폐타일 및 폐도자기

14. 폐보드류

15. 폐판넬

16. 건설폐토석(건설공사 시 건설폐기물과 혼합되어 발생되는 것 중

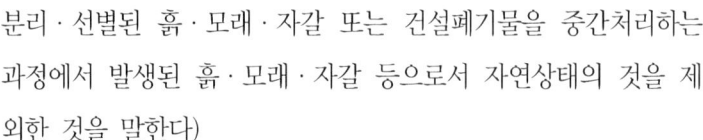

분리·선별된 흙·모래·자갈 또는 건설폐기물을 중간처리하는 과정에서 발생된 흙·모래·자갈 등으로서 자연상태의 것을 제외한 것을 말한다)

17. 혼합건설폐기물(제1호부터 제15호까지의 건설폐기물 중 둘 이상의 건설폐기물이 혼합된 것을 말하되, 다음 각 목의 기준에 맞게 혼합된 경우로 한정한다)

　가. 불연성 건설폐기물(제1호부터 제5호까지 및 제10호부터 제13호까지의 건설폐기물을 말한다)에 가연성 건설폐기물(제6호부터 제9호까지의 건설폐기물을 말한다)이 혼합된 상태로 불연성 건설폐기물을 제외한 건설폐기물의 함유량이 중량기준으로 5퍼센트 이하일 것

　나. 불연성 건설폐기물을 제외한 가연성 건설폐기물과 그 밖의 건설폐기물이 혼합된 상태로 가연성 건설폐기물의 함유량이 중량기준으로 5퍼센트 이하일 것

18. 건설공사로 인하여 발생되는 그 밖의 폐기물(생활폐기물과 지정폐기물은 제외한다)

　이 법령에서는 건설폐기물을 처리하는 기준과 방법에 관하여 매우 엄격한 기준을 설정하고 있어　건설폐기물을 처리하는 업자는 자칫하면 범법자가 될 것이다. 건설폐기물이 환경보전에 미치는 영향이 크기 때문일 것이다. 꼼꼼히 검토해두기를 권한다. 이 법의 주관부처는 환경부이다.

제2절 법령의 규정

제62조(벌칙) 다음 각 호의 어느 하나에 해당하는 자는 5년 이하의 징역 또는 5천만 원 이하의 벌금에 처한다.

1. 제21조 제3항을 위반하여 허가를 받지 아니하고 건설폐기물처리업의 영업영위를 한 자

2. 거짓이나 그 밖의 부정한 방법으로 건설폐기물처리업 허가를 받은 자

제63조(벌칙) 다음 각 호의 어느 하나에 해당하는 자는 3년 이하의 징역 또는 3천만 원 이하의 벌금에 처한다.

1. 제13조 제1항에 따른 처리기준을 위반하여 주변환경을 오염시킨 자

    ㄴ. 제13조(건설폐기물의 처리기준 등) ① 누구든지 건설폐기물을 배출, 수집·운반, 보관 또는 중간처리를 하려는 자는 대통령령으로 정하는 기준과 방법에 따라야 한다.

    ㄴ. 시행령 제9조(건설폐기물의 처리기준 등) ① 법 제13조에 따른 건설폐기물의 배출, 수집·운반, 보관, 중간처리의 기준 및 방법은 다음 기준과 같다.

    1. 건설폐기물은 폐콘크리트·폐아스팔트콘크리트·폐목재·폐합성수지·폐금속류 등의 종류별로 재활용가능성, 소각가능성 또는 매립필요성 여부 등에 따라 구분하여 배출, 수집·운반, 보관할 것. 다만, 다음 각 목의 어느 하나에 해당하는 경우에는 그러하지 아니하다.

        가. 건설폐기물의 발생 당시 별표1 제17호에 따른 혼합건설폐기물로 발생되는 경우

        나. 처리기준 및 방법이 동일한 건설폐기물로서 동일한 건설폐기물 처리시설에서 처리하는 경우

        다. 환경부령으로 정하는 바에 따라 폐아스팔트콘크리트를 배출, 수집·운반, 보관 및 중간처리하는 경우

    1의2. 건설폐기물을 중간처리한 후 발생되는 폐기물(별표1 제10호 및 제16호에 따

른 건설오니 및 건설폐토석은 제외한다)은 「폐기물관리법」 제17조 제2항에 따라 신고를 하고, 같은 법 제18조에 따라 처리할 것. 다만, 건설폐기물 처리시설에서 발생되는 폐기물 중 그 성질과 상태가 중간처리하기 전의 폐기물과 동일한 폐기물은 수집·운반업자와 중간처리업자(이하 "건설폐기물처리업자"라 한다)가 자기 소유의 건설폐기물 수집·운반차량으로 수집·운반할 수 있다.

2. 건설폐기물을 수집·운반하는 자는 건설폐기물을 수집·운반하는 차량(철도차량 및 선박을 포함한다)에 건설폐기물을 수집·운반하는 차량임을 표시하고, 건설폐기물수집·운반증을 부착(철도차량 또는 선박으로 운송하는 경우에는 휴대)할 것. 다만, 다음 각 목의 어느 하나에 해당되는 경우에는 그러하지 아니하다.

가. 건설현장에서 발생한 건설폐기물을 당해 건설현장 안에서 수집·운반하는 경우

나. 건설폐기물을 수출하는 경우로서 건설폐기물을 컨테이너 등에 넣은 후 밀폐하여 운반하는 경우(당해 건설폐기물이 수출되는 건설폐기물임을 증명하는 서류를 휴대하는 경우에 한한다)

3. 삭제

4. 건설폐기물의 수집·운반, 보관 중 건설폐기물이 흩날리거나 흘러내리지 아니하도록 덮개 등을 확보할 것

5. 침출수가 발생할 우려가 있는 건설폐기물을 보관하는 경우에는 외부로부터 지표수가 흘러 들어가지 아니하도록 그 주변에 배수로 등을 설치할 것

6. 구분하여 수집·운반 또는 보관중인 가연성 건설폐기물과 비가연성 건설폐기물을 혼합하지 아니할 것

7. 건설폐기물을 종류별로 재활용용도에 적합하게 중간처리할 것

8. 건설폐기물을 중간처리한 후에 발생한 폐기물을 중간처리하기 전의 건설폐기물과 혼합하지 아니할 것

9. 건설폐기물을 중간처리하는 자가 위탁받은 건설폐기물을 보관하는 경우에는 그 건설폐기물 처리시설과 동일한 사업장에 있는 보관시설에 보관할 것

10. 건설폐기물을 중간처리하는 자는 위탁받은 건설폐기물과 중간처리한 후 발생한 폐기물을 보관하는 시설을 설치하여 재활용대상, 소각대상 및 매립대상으로 각각 보관하여 처리하되, 보관시설에는 보관표지판을 설치할 것

② 제1항에 따른 건설폐기물의 배출, 수집·운반, 보관, 중간처리에 관한 구체적인 기준 및 방법은 환경부령으로 정한다.

ㄴ. 건설폐기물의 배출·수집·운반, 보관, 중간처리에 관한 구체적인 기준 및 방법

(시행규칙 제5조 제2항 관련)

1. 공통사항

　　가. 재활용하지 아니하는 소각 가능한 폐기물은 이를 소각하여야 한다. 다만, 건설현장에서 분리·선별이 곤란하여 매립 및 재활용대상 폐기물과 혼합되어 배출되는 가연성 폐기물은 그러하지 아니하다.

　　나. 건물 등을 철거하는 자(사업장폐기물배출자 신고를 한 자를 말한다)는 그 안에 있는 폐기물을 우선 제거하여 건설폐기물과 혼합되지 아니하도록 하여야 한다.

　　다. 건물 등의 철거·신축 과정에서 발생하는 건설폐기물은 배출현장에서 폐목재·폐합성수지 등의 가연성 폐기물과 폐금속류·폐콘크리트 등의 불연성 폐기물로 분리하여 재활용 및 소각 가능성 또는 매립 필요성 여부에 따라 종류별·처리방법별로 배출하여야 한다.

　　라. 건설현장에서 분리·배출된 재활용이 불가능한 폐목재 등 가연성 폐기물은 소각전문 폐기물중간처리업자 또는 폐기물종합처리업자에게 위탁하여 처리하여야 한다.

　　마. 매립되는 건설폐물로 인하여 매립층 안에 공간이 생길 수 있는 건설폐재료는 매립공간이 최소화되도록 최대지름이 50센티미터 이하의 크기로, 소각이 곤란한 폐합성수지 등은 최대지름이 15센티미터 이하의 크기로 파쇄·절단 또는 용융(熔融)한 후 매립하여야 하며, 건설오니의 경우에는 탈수·건조 등에 의하여 수분함량 85퍼센트 이하로 사전처리를 한 후에 매립하여야 한다.

　　바. 폐아스팔트콘크리트는 재활용이 용이하도록 다른 건설폐기물과 분리하여 처리하여야 하며, 분리배출된 폐아스팔트콘크리트는 다른 건설폐기물과 섞이지 아니하도록 수집·운반, 중간처리하거나, 보관하여야 한다. 다만, 콘크리트에 아스팔트콘크리트를 덧씌우기하여 분리배출할 수 없는 경우에는 그러하지 아니하다.

　　사. 입도(粒度)가 40밀리리터 이하로 절삭(切削)되어 배출된 폐아스팔트콘크리트는 순환아스팔트콘크리트의 원료로 직접 사용할 수 있다.

　　아. 건설폐기물 중 「폐기물관리법」에서 규정하고 있는 사업장폐기물의 처리기준과 방법이 동일한 가연성 폐기물은 사업장폐기물과 함께 배출·보관·수집·운반·처리할 수 있다.

　　자. 건설폐기물 중 분리·선별된 폐금속류는 건설현장에서 처리할 수 있다.

1의2. 수집·운반의 경우

　가. 건설폐기물수집·운반차량 적재함의 양쪽 옆면에는 건설폐기물수집·운반차량, 회사명 및 전화번호를 잘 알아볼 수 있도록 가로 100센티미터 이상, 세로 50센티미터 이상의 크기로 부착 또는 표기하여야 한다. 이 경우 관할 시·도지사가 당해 차량의 크기에 따라 부착 또는 표기의 크기를 조정할 수 있다.

　나. 동일차량에 건설폐기물과 건설폐기물 외의 물건을 함께 싣지 아니하여야 한다. 다만, 건설폐기물의 수집·운반에 필요한 장비 등은 그러하지 아니하다.

　다. 건설폐기물을 중간처리하는 자가 영 제9조 제1항 제10호의 규정에 의하여 설치하는 보관시설에는 보관시설마다 다음의 보관표지판을 설치하여야 한다.

건설폐기물 보관표지판		
① 건설폐기물구분 :	② 보관량	(톤)
③ 보관장소 면적 :　　(㎡)	④ 허용보관량	(톤)
⑤ 보관기관 :	⑥ 관리책임자 :	
⑦ 보관시 주의사항 　○ 　○		
⑧ 운반예정장소 :		

　비고 1) 건설폐기물 구분란에는 "위탁받은 건설폐기물", "재활용대상 폐기물", "소각 대상 폐기물" 및 "매립대상 폐기물"로 각각 구분하여 기재하여야 한다.

　　　 2) 표지판은 사람이 쉽게 볼 수 있는 위치에 설치하여야 한다.

　　　 3) 표지의 규격은 가로 60센티미터 이상, 세로 40센티미터 이상으로 한다.

　　　 4) 표지의 색깔은 흰색 바탕에 흑색선 및 흑색글자로 한다.

3. 중간처리의 경우

　가. 혼합건설폐기물은 중간처리하는 과정에서 종류별로 최대한 분리·선별하여 처리하여야 한다.

　나. 영 별표1 제1호부터 제5호까지 및 제16호에 따른 건설폐기물을 영 제

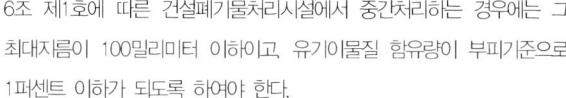

6조 제1호에 따른 건설폐기물처리시설에서 중간처리하는 경우에는 그 최대지름이 100밀리미터 이하이고, 유기이물질 함유량이 부피기준으로 1퍼센트 이하가 되도록 하여야 한다.

다. 나목에 따라 중간처리한 건설폐기물을 재활용하고자 하는 경우에는 「환경분야 시험검사 등에 관한 법률」 제6조 제1항 제7호 및 제9호에 해당하는 분야에 대한 환경오염 공정시험규정에 따라 시험한 결과 「폐기물관리법 시행규칙」 제2조 제1항에 따른 유해물질 함유기준 이내이고, 「토양환경보전법 시행규칙」 제1조의5의 토양오염우려기준 이내이어야 한다.

라. 철도의 선로에서 발생하는 건설폐토석이 발생 당시부터 나목과 다목 괄호 안의 기준을 만족한다고 시·도지사가 인정하는 경우에는 건설폐기물처리시설에서 중간처리하지 아니하고 해당 건설공사 현장에서 영 제4조 제3호 가목의 용도로 재활용할 수 있다.

마. 건설오니를 재활용하고자 하는 경우에는 수분함량 70퍼센트 이하가 되도록 탈수·건조하여 「폐기물관리법 시행규칙」 별표16 제2호에 따른 무기성 오니의 재활용용도 및 방법으로 재활용할 수 있다(「환경분야 시험·검사 등에 관한 법률」 제6조 제1항 제7호 및 제9호에 해당하는 분야에 대한 환경오염시험공정에 따라 시험한 결과 「폐기물관리법 시행규칙」 제2조 제1항에 따른 유해물질 함유기준 이내이고 「토양환경보전법 시행규칙」 제1조의5의 토양오염우려기준 이내인 경우에 한한다). 다만, 건설오니(굴착공사 등의 연약지반을 안정화시키는 과정 등에서 발생하는 페벤토나이트만 해당한다)가 발생 당시부터 본문의 기준을 만족한다고 시·도지사가 인정하는 경우에는 건설폐기물처리시설에서 처리하지 아니하고 해당 건설공사 현장에서 재활용할 수 있다.

2. 제13조 제3항에 따른 조치명령을 이행하지 아니한 자

ㄴ. 제13조(건설폐기물의 처리기준 등) ① 누구든지 건설폐기물을 배출, 수집·운반, 보관 또는 중간처리를 하려는 자는 대통령령으로 정하는 기준과 방법에 따라야 한다. ② 건설폐기물의 처리를 위탁받은 건설폐기물처리업자는 허용보관량을 초과하여 건설폐기물을 보관하여서는 아니 된다. ③ 시·도지사 또는 시장·군수·구청장은 건설폐기물이 제1항 또는 제2항의 기준에 맞지 아니하게 배출, 수집·운반, 보관 또는 중간처리 되면 다음 각 호의 어느 하나에 해당하는 자에게 기간을 정하여 건설폐기물의 배출, 수

집 · 운반, 보관 또는 처리방법의 변경, 그 밖에 필요한 조치를 명할 수 있다.

1. 건설폐기물의 배출, 수집 · 운반, 보관 또는 중간처리를 한 자
2. 제16조 제1항 각 호 외의 부분 단서에 따른 확인을 하지 아니하고 위탁한 자
3. 제31조 제1항에 따라 권리 · 의무를 승계한 자

2의2. 제13조의2를 위반하여 건설폐기물을 운반하여 주변 환경을 오염시킨 자

└. 제13조의2(건설폐기물 임시보관장소의 승인) ① 수집 · 운반업자는 제13조 제1항에 따라 건설폐기물을 적정하게 처리 또는 보관할 수 있는 장소(수출을 위한 경우에는 수출자가 지정한 선적장소를 말한다) 외의 장소로 운반하여서는 아니 된다.

3. 제16조 제1항을 위반하여 건설폐기물을 처리한 자

└. 제16조(건설폐기물 처리용역의 위탁 · 수탁계약 등) ① 배출자는 해당 건설공사 현장에서 발생하는 건설폐기물을 스스로 처리하거나 다음 각 호의 어느 하나에 해당하는 자에게 위탁처리하여야 한다. 다만, 제1호 · 제3호 및 제4호에 해당하는 자에게 위탁하려는 경우에는 수탁자가 제13조 세1항에 따른 기준에 맞게 건설폐기물을 수집 · 운반 및 처리할 능력이 있는지를 환경부령으로 정하는 바에 따라 확인한 후 위탁하여야 한다.

4. 제22조 제1항에 따른 변경허가를 받지 아니하고 중요사항을 변경한 자
5. 제23조를 위반하여 자신이 위탁받은 건설폐기물을 다른 건설폐기물 처리업자에게 수집 · 운반 또는 중간처리를 재위탁하거나 재위탁을 받은 자
6. 제25조 제2항에 따른 영업정지기간에 영업을 한 자
7. 제27조 제1항을 위반하여 승인을 받지 아니하고 건설폐기물 처리시설을 설치한 자
8. 제29조 제2항에 따른 개선명령을 이행하지 아니하거나 사용중지 명령을 위반한 자

9. 제36조 제1항에 따른 품질인증을 받지 아니하고 품질인증을 사용한 자

   ┗ 순환골재의 품질인증을 말한다. "순환골재"란 물리적 또는 화학적 처리과정 등을 거쳐 건설폐기물을 제35조에 따른 순환골재 품질기준에 맞게 만든 것을 말한다.

10. 거짓이나 그 밖의 부정한 방법으로 제36조 제1항에 따른 품질인증을 받은 자

11. 제43조 제1항에 따른 처리명령을 이행하지 아니한 자

   ┗ 방치폐기물의 처리명령을 말한다.

제64조(벌칙) 다음 각 호의 어느 하나에 해당하는 자는 2년 이하의 징역 또는 2천만 원 이하의 벌금에 처한다.

1. 삭제
2. 제21조 제6항 제1호 또는 제2호를 위반하여 다른 자에게 자기의 성명이나 상호를 사용하여 폐기물을 수집·운반 또는 중간처리 하게 하거나 허가증을 다른 자에게 빌려준 자
3. 제25조 제4항에 따른 반입정지기간에 건설폐기물을 반입한 자

   ┗ 임시보관장소로의 건설폐기물 반입정지를 말한다.

4. 제27조 제1항 단서를 위반하여 신고를 하지 아니하고 건설폐기물 처리시설을 설치한 자

제65조(양벌규정) 제62조부터 제64조까지 해당. 이하 생략

제66조(과태료) ① 다음 각 호의 어느 하나에 해당하는 자에게는 1천만 원 이하의 과태료를 부과한다.

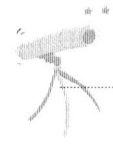

1. 제13조 제1항의 처리기준을 위반한 자(제63조 제1호에 해당하는 경우는 제외한다)

   ㄴ 건설폐기물 처리기준을 말한다.

2. 제13조 제2항에 따른 허용보관량을 초과하여 건설폐기물을 보관한 자

2의2. 제13조의2를 위반하여 건설폐기물을 운반한 자(제63조 제2호의2에 해당하는 경우를 제외한다)

   ㄴ 건설폐기물의 수입·운반업자가 건설폐기물을 적정하게 처리 또는 보관할 수 있는 장소 외의 장소로 운반한 경우를 말한다.

3. 제14조 제3항에 따라 용역이행실적 등을 신고하지 아니하거나 거짓 또는 그 밖의 부정한 방법으로 신고한 자

4. 제15조 제1항에 따라 분리 발주하지 아니한 자

   ㄴ 제15조(건설폐기물 처리용역의 발주) ① 국가, 지방자치단체, 공공기관 및 「사회기반시설에 대한 민간투자법」 제2조 제7호에 따른 사업시행자는 대통령령으로 정하는 규모 이상의 건설공사를 발주하려는 경우에는 건설공사와 건설폐기물 처리용역을 분리하여 발주하여야 한다.

      ㄴ "사업시행자"란 공공부문 외의 자로서 「사회기반시설에 대한 민간투자법」에 의하여 사업시행자의 지정을 받아 민간투자업을 시행하는 법인을 말한다. "대통령령으로 정하는 규모 이상의 건설공사"는 해당 건설공사에서 발생하는 건축폐기물 중 위탁처리하는 건설폐기물의 양이 100톤 이상인 건설공사를 말한다(시행령 제11조).

5. 제16조 제2항에 따라 위탁·수탁계약을 체결하지 아니하고 건설폐기물을 배출, 수집·운반 또는 처리한 자

6. 제16조 제3항을 위반하여 하나의 계약서로 위탁·수탁계약을 체결하지 아니한 자

6의2. 건설폐기물을 처리할 때까지 제17조 제1항 전단에 따른 배출 자신고를 하지 아니하거나 거짓으로 신고한 자

7. 제21조 제6항 제3호에 따른 준수사항을 지키지 아니한 자

┗ 건설폐기물처리업자는 수집·운반능력을 초과한 건설폐기물의 수탁금지 등 대통령령으로 정하는 준수사항을 지켜야 한다. 그 준수사항은 다음과 같다(시행령 제13조).

    1. 휴업·폐업, 허용보관량의 초과 등의 정당한 사유 없이 배출자가 요청한 건설폐기물 수집·운반, 중간처리용역의 위탁을 거부하지 아니할 것

    2. 수집·운반능력 또는 중간처리능력을 초과한 건설폐기물을 위탁받지 아니할 것

    3. 천재지변, 그 밖의 정당한 사유 없이 용역 받은 건설폐기물의 수집·운반, 중간처리를 지연시키지 아니할 것

    4. 건설폐기물의 수집·운반, 중간처리를 위탁받은 때에는 건설폐기물처리업허가증 사본 등 환경부령이 정하는 서류를 배출자에게 송부할 것

    5. 건설폐기물 처리업자는 위탁받은 건설폐기물을 수집·운반, 처리하는 경우 환경오염이 발생하지 아니하도록 할 것

    6. 허가취소·영업정지·휴업 또는 폐업 등으로 건설폐기물을 수집·운반하지 못하는 때에는 발급받은 폐기물수집·운반증을 허가기관에 반납할 것

    7. 수집·운반업자는 위탁받은 건설폐기물을 배출자가 지정한 적정 처리장소 외의 장소로 운반하지 아니할 것

    8. 그 밖에 건설폐기물의 적정한 처리를 위하여 환경부령으로 정하는 준수사항

      ┗ 시행규칙은 별도의 규정을 두지 않았다.

8. 제27조 제2항을 위반하여 해당 건설공사 현장 외의 장소에서 재활용을 한 자

9. 제27조 제3항에 따른 변경승인을 받지 아니하고 승인받은 사항을 변경한 자

10. 제27조 제4항 전단을 위반하여 신고를 하지 아니하고 건설폐기물 처리시설을 설치한 자

11. 제29조에 따른 관리기준에 맞지 아니하게 건설폐기물 처리시설을 유지·관리하여 주변 환경을 오염시킨 자

12. 제33조 제1항에 따른 신고를 하지 아니하고 휴업 또는 폐업을 한 자

13. 제33조 제2항에 따른 조치를 이행하지 아니한 자

    ㄴ. 건설폐기물처리업자가 휴업 또는 폐업의 신고를 하려면 환경부령이 정하는 바에 따라 방치폐기물의 적정한 처리 등 필요한 조치를 하여야 한다. 시행규칙은 이와 관련한 규정을 마련하지 않았다.

14. 제38조 제1항에 따라 순환골재 및 순환골재 재활용품을 사용하지 아니한 순환골재 등 의무사용 건설공사의 발주자

    ㄴ. "순환골재의무사용 건설공사"는 국가, 지방자치단체, 공공기관 등 법 제2조 제15호 및 시행령 제5조 제1항에서 규정하는 공사를 말한다.

15. 제39조에 따른 시정조치명령을 이행하지 아니한 자

    ㄴ. 환경부장관 또는 국토교통부장관은 순환골재 등 의무사용 건설공사의 발주자가 제38조에 따른 순환골재 및 순환골재 재활용품 사용의무를 준수하지 아니하는 경우에는 순환골재 및 순환골재 재활용품의 사용을 권고하거나 시정조치를 명할 수 있다.

16. 제42조 제1항을 위반하여 분담금을 내지 아니하거나 처리이행 보증보험에 가입하지 아니한 자

17. 제42조 제3항을 위반하여 계약의 갱신 또는 분담금 납부명령을 이행하지 아니한 자

제26조(과징금의 부과·징수 등) ① 시·도지사는 건설폐기물 처리업자가 제25조 제2항 각 호의 어느 하나에 해당하여 영업정지처분을 하여야 할 경우로서 그 영업정지가 다음 각 호의 어느 하나에 해당한다고 인정하면 그 영업정지를 갈음하여 1억 원 이하의 과징금을 부과할 수 있다.

1. 건설폐기물의 적체(積滯) 등으로 건설폐기물 위탁처리자의 사업활동에 막대한 지장을 줄 우려가 있는 경우

2. 해당 건설폐기물 처리업자가 보관하고 있는 건설폐기물로 인하여 인근지역 주민의 생활환경에 심각한 위해가 발생되거나 발생될 우려가 있는 경우

3. 천재지변이나 그 밖에 부득이한 사유로 해당 영업을 계속하도록 할 필요가 있다고 인정되는 경우

ㄴ. 제25조 제2항은 건설폐기물처리업자에 대한 영업의 취소 및 영업정지 사유에 관하여 규정하였다.

제12장 건축사법

제1절 법률의 이해

「건축사법」은 건축사의 자격과 그 업무에 관한 사항을 규정한다. 이 법에서 규정하는 "공사감리"란 자기 책임 아래(보조자의 도움을 받는 경우를 포함한다) 「건축법」에서 정하는 바에 따라 건축물, 건축설비 또는 공작물이 설계도서의 내용대로 시공되는지 확인하고 품질관리, 공사관리 및 안전관리 등에 대하여 지도·감독하는 행위 등을 말한다. 이 법의 주관부처는 국토교통부(건축기획과)이다.

제2절 법령의 규정

제39조(벌칙) 다음 각 호의 어느 하나에 해당하는 사람은 1년 이하의

징역이나 1천만 원 이하의 벌금에 처한다.

1. 거짓이나 그 밖의 부정한 방법으로 건축사 자격을 취득하거나 제18조에 따른 자격등록 또는 갱신등록을 한 사람

2. 제4조를 위반하여 건축물의 설계 또는 공사감리를 한 사람

3. 제10조 또는 제18조 제4항을 위반하여 다른 사람에게 자기의 성명을 사용하여 건축사업무를 수행하게 하거나 자격증 또는 등록증을 빌려준 사람 및 그 상대방

4. 제18조의2에 따라 자격등록 또는 갱신등록이 거부되거나 제18조의3에 따라 자격등록이 취소된 사람으로서 건축사업무를 수행한 사람

5. 제20조 제6항을 위반하여 직무상 알게 된 비밀을 누설하거나 다른 용도로 사용한 사람

6. 거짓이나 그 밖의 부정한 방법으로 건축사사무소개설신고를 한 사람

7. 제23조를 위반하여 건축사사무소개설신고를 하지 아니하고 건축사업을 한 사람

8. 건축사업무의 수행과 관련하여 다음 각 목의 어느 하나에 해당하는 행위를 한 건축사, 건축사보 또는 실무수련자

   가. 부당하게 금품을 주고받거나 요구하는 행위

   나. 제3자에게 부당한 금품을 제공하게 하거나 제공을 요구하는 행위

∟, "건축사보"란 제23조에 따른 건축사사무소에 소속되어 제19조에 따른 업무를 보조하는 사람 중 다음 각 호의 어느 하나에 해당하는 사람으로서 국토교통부장관에게 신고한 사람을 말한다.

   1. 제13조에 따른 실무수련을 받고 있거나 받은 사람

2. 「국가기술자격법」에 따라 건설, 전기·전자, 기계, 화학, 재료, 정보통신, 환경·에너지, 안전관리, 문화·예술·디자인·방송 분야의 기사(技士) 또는 산업기사 자격을 취득한 사람

제40조(양벌규정) 제39조 해당

제13장 검역법

제1절 법률의 이해

「검역법」은 우리나라로 들어오거나 외국으로 나가는 운송수단, 사람 및 화물을 검역(檢疫)하는 절차와 감염병(感染病)을 예방하기 위한 조치 등에 관한 사항을 규정한다.

"감염병"이라고 함은 다음의 것을 말한다.

가. 콜레라

나. 페스트

다. 황열

라. 중증급성호흡기증후군

마. 조류인플루엔자 인체감염증

바. 신종인플루엔자감염증

사. 가목에서 바목까지의 것 외의 감염병으로서 외국에서 발생하여 국내로 들어올 우려가 있거나 우리나라에서 발생하여 외국으로 번질 우려가 있어 보건복지부장관이 긴급 검역조치가 필요하다고 인정하여 고시하는 감염병

이 법의 주관부처는 보건복지부(질병정책과)이다.

제2절 법령의 규정

제39조(벌칙) ① 다음 각 호의 어느 하나에 해당하는 자는 1년 이하의 징역 또는 1천만 원 이하의 벌금에 처한다.

1. 제6조 제1항에 따른 검역조사를 받지 아니하고 우리나라로 들어오거나 외국으로 나간 운송수단의 장, 사람, 화물의 소유자 또는 관리자

   ∟ "운송수단"이란 선박·항공기·열차 및 자동차를 말한다.

2. 제12조 제3항에 따른 서류의 제출 또는 제시 요구를 거부·방해·기피하거나 거짓 서류를 제출 또는 제시한 자

   ∟ 검역소장은 검역조사를 하기 위하여 운송수단의 장, 그 승객 및 승무원 또는 도보출입자에게 필요한 서류를 제출하거나 제시하도록 요구할 수 있으며, 필요한 사항을 질문할 수 있다.

3. 제15조 제1항에 따른 검역소장의 조치에 따르지 아니한 자

   ∟ 제15조(검역조치) ① 검역소장은 검역감염병에 감염되었거나 감염된 것으로 의심되는 사람, 검역감염병 병원체에 오염되었거나 오염된 것으로 의심되거나 감염병 매개체가 서식하는 것으로 의심되는 운송수단이나 화물에 대하여 다음 각 호의 전부 또는 일부의 조치를 할 수 있다.

      1. 검역감염병환자와 검역감염병 의사환자[37](이하 "검역감염병 환자등"이라 한다)를 격리시키는 것
      2. 검역감염병 환자등과 접촉하거나 검역감염병 병원체에 노출된 사람으로서 검역감염병의 증상은 없으나 검역감염병의 발생이 의심되는 사람(이하 "검역감염병

---

37) ★ 검역감염병 의사환자 : 검역감염병 병원체가 인체에 침입한 것으로 의심되나 검역감염병 환자로 확인되기 전 단계에 있는 사람을 말한다.

의심자"라 한다)을 감시하거나 격리시키는 것

3. 검역감염병 병원체에 오염되었거나 오염된 것으로 의심되는 화물을 소독 또는 폐기하거나 옮기지 못하게 하는 것

4. 검역감염병 병원체에 오염되었거나 오염된 것으로 의심되는 곳을 소독하거나 사용을 금지 또는 제한하는 것

5. 검역감염병에 감염되었거나 감염된 것으로 의심되는 시체(죽은 태아를 포함한다. 이하 같다)를 검사하기 위하여 해부하는 것

6. 운송수단과 화물을 소독하고 감염병 매개체를 없애도록 운송수단의 장이나 화물의 소유자 또는 관리자에게 명하는 것

7. 검역감염병의 감염 여부를 확인할 필요가 있다고 인정되는 사람을 진찰하거나 검사하는 것

8. 검역감염병의 예방이 필요한 사람에게 예방접종을 하는 것

4. 제16조 제1항 및 제17조 제1항에 따른 격리조치에 따르지 아니한 자

5. 제38조를 위반하여 업무상 알게 된 다른 사람의 비밀을 누설한 사람

② 다음 각 호의 어느 하나에 해당하는 자는 500만 원 이하의 벌금에 처한다.

1. 제15조 제3항을 위반하여 소독실시 등의 명령을 이행하지 아니하거나 그 실시결과에 대하여 검역소장의 확인을 받지 아니한 자

2. 제15조 제4항 또는 제23조 제4항에 따른 회항 또는 이동지시를 거부한 운송수단의 장

3. 제18조를 위반하여 격리병동과 임시 격리시설에서 사용하거나 보관중인 화물을 검역소장의 확인을 받지 아니하고 반출한 자

4. 제19조 제1항에 따른 이동금지 등의 조치에 따르지 아니한 자

제40조(양벌규정) 제39조 해당

제41조(과태료) ① 다음 각 호의 어느 하나에 해당하는 자에게는 500만 원 이하의 과태료를 부과한다.

1. 제8조 제1항에 따른 보고를 하지 아니하거나 거짓 보고를 한 운송수단의 장

   ㄴ. 운송수단의 장이 긴급한 위난을 피하기 위하여 부득이 하게 검역장소 아닌 곳에 도착·한 경우에 하는 검역소장에게 하는 보고를 말한다.

2. 제9조에 따른 검역통보를 하지 아니한 운송수단의 장

   ㄴ. 운송수단의 장은 해당 운송수단이 검역장소에 접근하였을 때에는 해당 검역장소를 관할하는 검역소장에게 통보를 하여야 한다.

3. 제13조를 위반하여 검역 전에 승선하거나 탑승한 자
4. 제16조 제5항을 위반하여 격리기간 동안 다른 사람과 접촉한 격리대상자
5. 제26조에 따른 공중보건조치에 따르지 아니한 자

   ㄴ. 제26조(공중보건조치) 검역소장은 검역감염병의 전파가 우려될 경우에는 우리나라로 들어오거나 외국으로 나가는 사람에게 다음 각 호에 해당하는 조치를 할 수 있다.

      1. 여행지역과 시기에 관한 정보의 요구
      2. 검역감염병 관련 건강상태에 관한 정보의 요구
      3. 예방접종을 증명할 수 있는 서류의 요구
      4. 검역감염병의 감염 여부를 파악하기 위한 검사 또는 검진

제14장 경비업법

제1절 법률의 이해

"경비업"이라 함은 다음 각 목의 하나에 해당하는 업무의 전부나 일부를 도급받아 행하는 영업을 말한다.

가. 시설경비업무 : 경비를 필요로 하는 시설 및 장소(이하 "경비대상시설"이라 한다)에서의 도난·화재, 그 밖의 혼잡 등으로 인한 위험발생을 방지하는 업무

나. 호송경비업무 : 운반중에 있는 현금·유가증권·귀금속·상품, 그 밖의 물건에 대하여 도난·화재 등 위험발생을 방지하는 업무

다. 신변보호업무 : 사람의 생명이나 신체에 대한 위해의 발생을 방지하고 그 신변을 보호하는 업무

라. 기계경비업무 : 경비대상시설에 설치한 기계에 의하여 감지·송신된 정보를 그 경비대상시설 외의 장소에 설치한 관계시설의 기기로 수신하여 도난·화재 등 국가중요시설의 경비 및 도난·화재, 그 밖의 위험발생을 방지하는 업무

이 법의 주관부서는 경찰청 생활안전과이다.

제2절 법령의 규정

제28조(벌칙) ① 제14조 제2항의 규정에 위반하여 국가중요시설의 정상적인 운영을 해치는 장해를 일으킨 특수경비원은 7년 이하의 징역

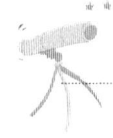

또는 5천만 원 이하의 벌금에 처한다.

② 다음 각 호의 어느 하나에 해당하는 자는 3년 이하의 징역 또는 3천만 원 이하의 벌금에 처한다.

1. 제4조 제1항의 규정에 의한 허가를 받지 아니하고 경비업을 영위한 자

2. 제7조 제4항의 규정에 위반하여 직무상 알게 된 비밀을 누설하거나 부당한 목적을 위하여 사용한 자

3. 제7조 제8항의 규정에 위반하여 경비업무의 중단을 통보하지 아니하거나 경비업무를 즉시 인수하지 아니한 특수경비업자 또는 경비대행업자

> ㄴ. 특수경비업자는 국가중요시설에 대한 특수경비업무를 중단하게 되는 경우에는 미리 이를 경비대행업자에게 통보하여야 하며, 경비대행업자는 통보받은 즉시 그 경비업무를 인수하여야 한다. 경비대행업자는 다른 특수경비업자를 말한다.

4. **집단민원현장**[38])에 경비원을 배치하면서 제7조의2 제1항을 위반하여 제4조 제1항에 따른 허가를 받지 아니한 자에게 경비업무를 도급한 자

---

38) ★ 집단민원현장 : 집단민원현장은 다음 각 호의 장소를 말한다.
　　1. 「노동조합 및 노동관계조정법」에 따라 노동관계 당사자가 노동쟁의조정 신청을 한 사업장 또는 쟁의행위가 발생한 사업장
　　2. 「도시 및 주거환경정비법」에 따른 정비사업과 관련하여 이해대립이 있어 다툼이 있는 장소
　　3. 특정 시설물의 설치와 관련하여 민원이 있는 장소
　　4. 주주총회와 관련하여 이해대립이 있어 다툼이 있는 장소
　　5. 건물·토지 등 부동산 및 동산에 대한 소유권·운영권·관리권·점유권 등 법적 권리에 대한 이해대립이 있어 다툼이 있는 장소
　　6. 100명 이상의 사람이 모이는 국제·문화·예술·체육 행사장
　　7. 「행정대집행법」에 따라 대집행을 하는 장소

5. 제7조의2 제2항을 위반하여 집단민원현장에 20명 이상의 경비인력을 배치하면서 그 경비인력을 직접 고용한 자

┗, 제7조의2(경비업무 도급인 등의 의무) ② 누구든지 집단민원현장에 경비인력을 20명 이상 배치하려고 할 때에는 그 경비인력을 직접 고용하여서는 아니 되고, 경비업자에게 경비업무를 도급하여야 한다. 다만, 시설주 등이 집단민원현장 발생 3개월 전까지 직접 고용하여 경비업무를 수행하는 피고용인의 경우에는 그러하지 아니하다.

6. 과실로 인하여 제14조 제2항의 규정에 위반하여 국가중요시설의 정상적인 운영을 해치는 장해를 일으킨 특수경비원

7. 특수경비원으로서 경비구역 안에서 시설물의 절도, 손괴, 위험물의 폭발 등의 사유로 인한 위급사태가 발생한 때에 제15조 제1항 또는 제2항의 규정에 위반한 자

┗, 제15조의2(경비원 등의 의무) ① 경비원은 직무를 수행함에 있어 타인에게 이력을 과시하거나 물리력을 행사하는 등 경비업무의 범위를 벗어난 행위를 하여서는 아니 된다.
② 누구든지 경비원으로 하여금 경비업무의 범위를 벗어난 행위를 하게 하여서는 아니 된다.

8. 제15조의2 제2항의 규정을 위반하여 경비원에게 경비업무의 범위를 벗어난 행위를 하게 한 자

③ 제14조 제4항 후단의 규정에 위반하여 정당한 사유 없이 무기를 소지하고 배치된 경비구역을 벗어난 특수경비원은 2년 이하의 징역 또는 2천만 원 이하의 벌금에 처한다.

④ 다음 각 호의 어느 하나에 해당하는 자는 1년 이하의 징역 또는 1천만 원 이하의 벌금에 처한다.

1. 제14조 제7항의 규정에 위반한 관리책임자

┗, 제14조(특수경비원의 직무 및 무기사용 등) ⑦ 시설주로부터 무기의 관리를 위하여 지정받은 책임자(이하 "관리책임자"라 한다)는 다음 각 호에 의하여 관리하여야 한다.

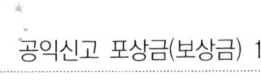

1. 무기출납부 및 무기장부운영카드를 비치·관리하여야 한다.
2. 무기는 관리책임자가 직접 지급·회수하여야 한다.

2. 제15조 제3항의 규정에 위반하여 쟁의행위를 한 특수경비원

ㄴ. 특수경비원은 파업·태업 그 밖에 경비업무의 정상적인 운영을 저해하는 일체의 쟁의
행위를 하여서는 아니 된다.

3. 제15조의2 제1항을 위반하여 경비업무의 범위를 벗어난 행위를
한 경비원

4. 제16조의2 제1항에서 정한 장비 외에 흉기 또는 그 밖의 위험한
물건을 휴대하고 경비업무를 수행한 경비원 또는 경비원에게 이
를 휴대하고 경비업무를 수행하게 한 자

5. 제18조 제8항을 위반하여 경찰관서장의 배치폐지명령을 따르지
아니한 자

6. 제24조 제3항에 따른 지방경찰청장 또는 관할 경찰서장의 중지
명령에 따르지 아니한 자

ㄴ. 지방경찰청장 또는 관할 지방경찰서장은 경비업자 또는 배치된 경비원이 이 법이나 이
법에 따른 명령, 「폭력행위 등 처벌에 관한 법률」을 위반하는 행위를 하는 경우 그 위
반행위의 중지를 명할 수 있다.

제30조(양벌규정) 제28조 해당

제31조(과태료) ① 다음 각 호의 어느 하나에 해당하는 경비업자에게
는 3천만 원 이하의 과태료를 부과한다.

1. 제16조 제1항을 위반하여 경비원의 복장에 관한 신고를 하지 아
니하고 집단민원현장에 경비원을 배치한 자

2. 제16조 제2항을 위반하여 이름표를 부착하게 하지 아니하거나

신고된 동일 복장을 착용하게 하지 아니하고 집단민원현장에 경비원을 배치한 자

3. 제18조 제1항 단서를 위반하여 집단민원현장에 일반경비원을 배치하면서 경비원의 명부를 배치장소에 작성 · 비치하지 아니한 자

4. 제18조 제2항 각 호 외의 부분 단서를 위반하여 배치허가를 받지 아니하고 경비원을 배치하거나 경비원 명단 및 배치일시 · 배치장소 등 배치허가 신청의 내용을 거짓으로 한 자

5. 제18조 제7항을 위반하여 제13조에 따른 신임교육을 이수하지 아니한 자를 제18조 제2항 각 호의 경비원으로 배치한 자

② 다음 각 호의 어느 하나에 해당하는 경비업자 또는 시설주에게는 500만 원 이하의 과태료를 부과한다.

1. 제4조 제3항 또는 제18조 제2항의 규정에 위반하여 신고를 하지 아니한 자

　 ㄴ, 제4조(경비업의 허가) ③ 경비업의 허가를 받은 법인은 다음 각 호의 1에 해당하는 때에는 지방경찰청장에게 신고하여야 한다.

　　　 1. 영업을 폐지하거나 휴업한 때

　　　 2. 법인의 명칭이나 대표자 · 임원을 변경한 때

　　　 3. 법인의 주사무소나 출장소를 신설 · 이전 또는 폐지한 때

　　　 4. 기계경비업무의 수행을 위한 관제시설을 신설 · 이전 또는 폐지한 때

　　　 5. 특수경비업무를 개시하거나 종료한 때

　　　 6. 그 밖에 대통령령으로 정하는 중요사항을 변경한 때

　　　　 ㄴ, "중요사항"은 정관의 목적을 말한다(시행령 제5조 제4항)

　 ㄴ, 제18조(경비원의 명부와 배치허가 등) ② 경비업자가 경비원을 배치하거나 배치를 폐지한 경우에는 관할 경찰관서장에게 신고하여야 한다.

2. 제7조 제7항의 규정에 위반하여 경비대행업자 지정신고를 하지 아니한 자

3. 제9조 제1항의 규정에 위반하여 설명의무를 이행하지 아니한 자

   ㄴ. 제9조(오경보의 방지 등) ① 기계경비업자는 경비계약을 체결하는 때에는 오경보를 막기 위하여 계약 상대방에게 기기사용요령 및 기계경비운영체계 등에 관하여 설명하여야 하며, 각종 기기가 오작동 되지 않도록 관리하여야 한다.

4. 제12조 제1항의 규정에 위반하여 경비지도사를 선임하지 아니한 자

5. 제14조 제6항의 규정에 의한 감독상 필요한 명령을 정당한 이유 없이 이행하지 아니한 자

   ㄴ. 지방경찰청장은 경비업자에게 복장변경 등에 대한 시정명령을 할 수 있다.

6. 제10조 제3항을 위반하여 결격사유에 해당하는 경비원을 배치하거나 결격사유에 해당하는 경비지도사를 선임·배치한 자

7. 제16조 제1항의 복장 등에 관한 신고규정을 위반하여 신고를 하지 아니한 자

8. 제16조 제2항을 위반하여 이름표를 부착하게 하지 아니하거나 신고된 동일복장을 착용하게 하지 아니하고 경비원을 경비업무에 배치한 자

9. 제18조 제5항 본문을 위반하여 경비원의 근무상황을 기록하여 보관하지 아니한 자

제15장 계량에 관한 법률

제1절 법률의 이해

「계량(計量)에 관한 법률」은 계량의 기준을 정하여 공정한 상거래질

서를 유지하고 산업의 선진화를 도모하는 것 등을 목적으로 한다. "계량기"란 계량을 하기 위한 기계·기구 또는 장치로서 법 제4조에 따른 기본단위·유도단위·보조단위 또는 특수단위를 사용하여 계량하는 것을 말한다. 저울·택시미터기, 전기·가스·수도의 계량기 등이 여기에 해당한다.

이 책에서는 현재 시행중인 「계량에 관한 법률」에 터 잡아 내용을 구성하였다. 이 법은 전면개정(법률 제12694호, 2014.5.28.)되어 2015. 1. 1.부터 시행된다. 개정된 법률에서는 법위반행위를 신고한 사람에 대한 포상규정(제56조)과 법위반행위자에 대한 과징금의 부과 근거 규정(제55조)을 신설하였다. 이 법의 주관부처는 산업통상자원부(국가기술표준원 계량측정제도과)이다.

제2절 법령의 규정

제46조(벌칙) 다음 각 호의 어느 하나에 해당하는 자는 3년 이하의 징역 또는 3천만 원 이하의 벌금에 처하거나 이를 병과(倂科)할 수 있다.

1. 제6조 제1항 각 호 외의 부분 전단을 위반하여 등록을 하지 아니하고 계량기의 제작 또는 수리를 업으로 한 자

   ㄴ. 제6조(계량기 제작업의 등록 등) ① 다음 각 호의 어느 하나에 해당하는 업(業)을 하려는 자는 산업통상자원부령으로 정하는 바에 따라 특별시장·광역시장·도지사 또는 특별자치도지사(이하 "시·도지사"라 한다)에게 등록하여야 한다. 등록한 사항을 변경하였을 때에도 또한 같다.

      1. 계량기의 제작업
      2. 계량기의 수입업
      3. 계량을 하고 그 계량한 값이 진실임을 증명하는 업(이하 "계량증명업"이라 한다)

2. 제9조 제3호를 위반하여 계량기의 제작업자가 아닌 자가 제작한 계량기 또는 제12조 제1항에 따른 형식승인을 받지 아니한 계량기를 양도하거나 대여한 자

3. 제11조 제3항을 위반하여 계량기를 변조하거나 제9조 제6호를 위반하여 변조된 계량기를 양도하거나 대여한 자

4. 제12조 제1항, 제20조 제1항 또는 제24조 제1항을 위반하여 형식승인·검정 또는 기준기 검사를 받지 아니한 자

   ㄴ 제12조(계량기의 형식승인) ① 계량기를 제작(외국에서 계량기를 제작하여 대한민국에 수출하는 자를 포함한다)하거나 수입하는 자는 그 계량기의 형식에 관하여 제14조에 따라 지정을 받은 형식승인기관으로부터 미리 형식승인을 받아야 한다.

   ㄴ 제20조(검정) ① 제12조 제1항에 따라 형식승인을 받은 계량기는 대통령령으로 정하는 바에 따라 제21조 제1항에 따라 지정받은 검정기관으로부터 검정을 받아야 한다. 다만, 제21조 제3항에 따라 자체검정을 받은 계량기에 대하여는 검정의 전부 또는 일부를 면제할 수 있다.

   ㄴ 제24조(기준기의 검사) ① 계량기 시험·검사의 기준이 되는 계량기(이하 "기준기"라 한다)를 제작하는 자는 검정기관으로부터 그 기준기가 산업통상자원부령으로 정하는 기준에 적합한지를 검사받아야 한다.

제47조(벌칙) 다음 각 호의 어느 하나에 해당하는 자는 2년 이하의 징역 또는 2천만 원 이하의 벌금에 처한다.

1. 제8조를 위반하여 정밀도 등을 표시하지 아니하거나 거짓으로 표시한 자

   ㄴ 제8조(정밀도 등의 표시) 제6조에 따라 계량기 제작업의 등록을 한 자(이하 "제작업자"라 한다) 및 계량기 수리업의 등록을 한 자(이하 "수리업자"라 한다)와 계량기의 수입을 업으로 하는 자(이하 "수입업자"라 한다)는 제작·수리 또는 수입한 계량기에 정밀도와 그 밖에 산업통상자원부령으로 정하는 사항(이하 "정밀도등"이라 한다)을 표시하여야 한다.

2. 제9조 제2호를 위반하여 정밀도등을 표시하지 아니하거나 거짓

으로 표시한 사실을 알고 계량기를 양도하거니 대여한 자

3. 제9조 제4호를 위반하여 검정 유효기간이 지난 계량기를 양도하거나 대여한 자

4. 제10조를 위반하여 계량기가 아닌 것 또는 같은 조 각 호의 어느 하나에 해당하는 계량기를 <u>법정계량</u>[39]에 사용하거나 법정계량에 사용할 목적으로 소지한 자

5. 계량기를 변조할 목적으로 계량기의 봉인을 훼손한 자

6. 계량을 속일 목적으로 계량기를 사용하거나 거짓으로 법정계량을 한 자

제48조(벌칙) 다음 각 호의 어느 하나에 해당하는 자는 1년 이하의 징역 또는 1천만 원 이하의 벌금에 처한다.

1. 제5조 제2항 본문을 위반하여 비법정계량단위로 표시된 계량기나 상품을 제작하거나 수입한 제작업자 또는 수입업자

> ㄴ. 제5조(비법정계량단위의 사용금지 등) ② 누구든지 비법정계량단위로 표시된 계량기나 상품을 제작하거나 수입하여서는 아니 된다. 다만, 다음 각 호에서 정하는 계량기나 상품에 대하여는 그러하지 아니하다.
>> 1. 수출물품 또는 수출을 위하여 수입하는 물품의 계량에 사용하는 계량기
>> 2. 선박·항공기 또는 군용물품의 계량에 사용하는 계량기
>> 3. 연구·개발에 이용되는 계량물품의 계량에 사용되는 계량기
>> 4. 수출을 목적으로 하는 계량이나 상품
>> 5. 수출품의 원료 또는 부품으로서 수입하는 상품

2. 제6조 제1항 각 호 외의 부분 전단을 위반하여 등록을 하지 아니하고 계량증명을 업으로 한 자

---

39) ★ 법정계량 : 정확성과 공정성을 확보하기 위하여 법령으로 정하는 상거래용 및 증명용 계량을 말한다.

3. 제9조 제5호를 위반하여 검정 증인(證印) 또는 검정검사 증인의 표시가 없거나 거짓으로 표시된 사실을 알고 계량기를 양도하거나 대여한 자

4. 제17조 제2항을 위반하여 형식승인번호의 표시 또는 이와 유사한 표시를 한 자

5. 제25조 제1항을 위반하여 상품을 용기에 넣거나 포장하여 판매하면서 실량(實量)의 허용오차를 초과하여 계량된 상품을 판매한 자

  ∟ 제25조(실량표시상품) ① 실량표시상품을 제조·수입·가공 또는 판매하는 자(이하 "실량표기상품사업자"라 한다)가 실량표시상품의 용기·포장에 실량을 표시할 때에는 상품에 표시된 양과 실량이 대통령령으로 정하는 허용오차를 넘지 아니하도록 하여야 한다.

    ∟ 실량표시상품의 종류 및 허용오차(시행령 제26조 제1항 관련)

1. 실량표시상품의 종류 및 적용범위

종 류	적 용 범 위	허용오차 적용분류
1. 쌀, 보리	도정한 것	가 분류
2. 콩·팥 및 콩자반 가공품	미숙성된 것은 제외	
	가. 가공되지 아니한 것	가 분류
	나. 가공품 고물(팥소)·삶은 콩·콩가루·땅콩제품 및 녹두국수	가 분류
3. 쌀가루, 보리가루, 그 외의 곡류가루	오트밀 및 그 외 가공품 포함	가 분류
4. 전분		가 분류
5. 채소 및 그 가공품	가. 미숙성된 콩류 포함	
	나. 김치 외의 염장채소는 제외	
	1) 신선한 채소 및 냉장된 것	나 분류

172

	2) 그릇이나 병에 든 토마토가공품 및 채소주스		가 또는 다 분류
	3) 김치 및 채소절임(그릇이나 병에 든 것은 제외) 및 냉동식품(가공된 채소를 냉동시켜 용기에 넣거나 포장된 것)		나 분류
	4) 2)·3)에 포함되지 않은 가공품		가 분류
6. 과실류 및 그 가공품	과실음료의 원료는 제외		
	가. 신선한 것 및 냉장시킨 것		나 분류
	나. 절인 것(용기나 병에 든 것은 제외) 및 냉장식품(가공된 과실을 동결시켜 용기에 넣거나 포장된 것에 한정함)		나 분류
	다. 나목에 포함되지 아니한 가공품(통조림·잼·유자청·과일·버터와 건조과일)		가 분류
7. 설탕			가 분류
8. 차, 커피 및 코코아의 가공품			가 분류
9. 향신료	파쇄하거나 분쇄한 것		가 분류
10. 면류			나 분류
11. 과자류	아이스크림, 빙과류 포함		가 분류
12. 육류	냉동품 및 가공품 포함		가 분류
13. 꿀			가 또는 다 분류
14. 우유	가. 가공우유와 유제품 포함(탈지유 제외)		
	나. 유산균음료 포함		
	1) 분유·버터 및 치즈		가 분류
	2) 1)에 속하지 아니한 것		가 또는 다 분류
15. 생선류, 어패류 및 그 외의 수산물과 냉동식품 및 가공품	가. 생선알 포함		
	나. 수산물은 식품에 한정하고 포유류는 제외		
	1) 생선 및 냉장시킨 것과 냉동품		나 분류
	2) 건조하거나 훈제시킨 냉동식품		나 분류
	3) 2)에 속하지 아니한 것		가 분류
16. 해조류	신선한 것, 냉장한 것, 말린 김 또는 김의 가공품		나 분류

및 그 가공품	외의 것	
17. 조미료 등	조미료 · 식염 · 된장 · 고추장 · 카레 · 식용유 · 쇼트닝 및 마가린류	가 분류
18. 소스류	면류의 국물, 불고기, 갈비 등의 소스, 스프류	가 또는 다 분류
19. 간장 및 식초		다 분류
20. 조리식품	가. 즉석식품	가 분류
	나. 가목에 속하지 아니한 것 냉동식품, 냉장식품, 통조림과 병조림	나 분류
21. 조미 반찬류 등	청량음료의 분말, 밥에 뿌리는 것, 조림, 조미반찬, 깨소금	가 분류
22. 음료, 주류	의약품 제외	
	가. 알코올이 포함되지 아니하는 것	가 또는 다 분류
	나. 알코올이 포함된 것	다 분류
23. 액화 석유가스	1회용 용기에 충전된 것에 한정함	가 또는 다 분류
24. 윤활유		다 분류
25. 유성도료 등	유성도료, 락카, 합성수지도료 및 신나(도료용에 한정함)	가 또는 다 분류
26. 가정용 합성 세제, 세탁제 및 클린제	비누포함	가 또는 다 분류

2. 적용분류별 허용오차

적용분류	표 시 량	허용오차
가 분류	5g 이상 50g 이하	-4%
	50g 초과 100g 이하	-2g
	100g 초과 200g 이하	-2%
	500g 초과 1kg 이하	-10g
	1kg 초과 25kg 이하	-1%
나 분류	5g 이상 50g 이하	-6%
	50g 초과 100g 이하	-3g
	100g 초과 500g 이하	-3%
	500g 초과 1.5kg 이하	-15g
	1.5kg 초과 25kg 이하	-1%
다 분류	5mL 이상 50mL 이하	-4%
	50mL 초과 100mL 이하	-2mL
	100mL 초과 500mL 이하	-2%
	500mL 초과 1L 이하	-10mL
	1L 초과 25L 이하	-1%

ㄴ 가 분류, 나 분류, 다 분류 중 %로 표시된 허용오차는 표시량에 대한 백분율임

6. 제35조에 따른 개선명령을 이행하지 아니한 자

ㄴ 제35조(개선명령) 시·도지사는 제35조 제1항에 따른 검사결과 정밀도 등을 적정하게 표시하지 아니한 계량기의 소유자 또는 점유자에게 3개월 이내의 기간을 정하여 그 계량기 또는 표시의 개선을 명할 수 있다.

제49조(미수범) 제46조 제2호·제3호, 제47조 제2호·제3호 및 제48조 제3호·제5호에 규정된 죄의 미수범은 처벌한다.

제50조(양벌규정) 제46조부터 제49조까지 해당

제51조(과태료) ① 다음 각 호의 어느 하나에 해당하는 사람에게는 300만 원 이하의 과태료를 부과한다.

1. 제9조 제1호의 규정을 위반하여 비법정계량단위로 표시된 계량기를 양도하거나 대여한 자

2. 제25조 제2항을 위반하여 상품의 용기 또는 포장에 실량의 표시나 상호 또는 성명의 부기를 하지 아니한 자

3. 제29조 제2항을 위반하여 자기적합성선언의 확인을 받지 아니한 실량표시상품에 자기적합성선언을 한 자

   ㄴ. 실량표시상품사업자는 실량표시상품에 대하여 제27조 제1항에 따른 적합성확인기관으로부터 실량표시상품이 산업통상자원부령으로 정하는 요건을 갖추었는지 확인받아 그 상품의 실량오차가 기준에 적합함을 선언(이하 "자기적합성선언"이라 한다)할 수 있다.

4. 제30조 또는 제31조 제2항에 따른 명령을 위반하여 자기적합성선언표시를 제거하지 아니한 자

5. 제32조 제2항에 따른 계량기의 정기검사를 받지 아니한 자

제16장 고압가스 안전관리법

제1절 법률의 이해

「고압가스 안전관리법」은 고압가스의 제조 · 저장 · 판매 · 운반 · 사용과 고압가스의 용기 · 냉동기 · 특정설비 등의 제조와 검사 등에 관한 사항 및 가스안전에 관한 기본적인 사항을 정하여 고압가스의 위해로부터 안전을 확보하는 것 등을 목적으로 한다.

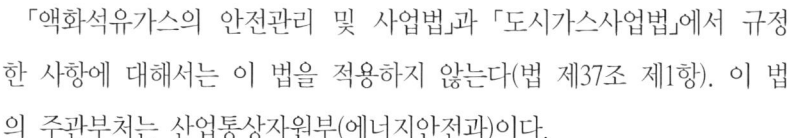

「액화석유가스의 안전관리 및 사업법」과 「도시가스사업법」에서 규정한 사항에 대해서는 이 법을 적용하지 않는다(법 제37조 제1항). 이 법의 주관부처는 산업통상자원부(에너지안전과)이다.

제2절 고압가스의 종류와 범위(시행령 제2조)

1. 상용(常用)의 온도에서 압력(게이지압력을 말한다. 이하 같다)이 1메가파스칼 이상이 되는 압축가스로서 실제로 그 압력이 1메가파스칼 이상이 되는 것 또는 섭씨 35도의 온도에서 압력이 1메가파스칼 이상이 되는 압축가스(아세틸렌가스는 제외한다)
2. 섭씨 15도의 온도에서 압력이 0파스칼을 초과하는 아세틸렌가스
3. 상용의 온도에서 압력이 0.2메가파스칼 이상이 되는 액화가스로서 실제로 그 압력이 0.2메가파스칼 이상이 되는 것 또는 압력이 0.2메가파스칼이 되는 경우의 온도가 섭씨 35도 이하인 액화가스
4. 섭씨 35도의 온도에서 압력이 0파스칼을 초과하는 액화가스 중 액화시안화수소·액화브롬화메탄 및 액화산화에틸렌가스

제3절 이 법의 적용범위에서 제외되는 고압가스

1. 「에너지이용 합리화법」의 적용을 받는 보일러 안과 그 도관 안의 고압증기
2. 철도차량의 에어콘디셔너 안의 고압가스
3. 「선박안전법」의 적용을 받는 선박 안의 고압가스

4. 「광산보안법」의 적용을 받는 광산에 소재하는 광업을 위한 설비 안의 고압가스

5. 「항공법」의 적용을 받는 항공기 안의 고압가스

6. 「전기사업법」에 따른 전기설비 중 발전·변전 또는 송전을 위하여 설치하는 전기설비 또는 전기를 사용하기 위하여 설치하는 변압기 리액틀·개폐기·자동차단기로서 가스를 압축 또는 액화 그 밖의 방법으로 처리하는 그 전기설비 안의 고압가스

7. 「원자력법」의 적용을 받는 원자로 및 그 부속설비 안의 고압가스

8. 내연기관의 시동, 타이어의 공기충전, 리벳팅, 착암 또는 토목공사에 사용되는 압축장치 안의 고압가스

9. 오토크레이브 안의 고압가스(수소아세틸렌 및 염화비닐은 제외한다)

10. 액화브롬화메탄 제조설비 외에 있는 액화브롬화메탄

11. 등화용의 아세틸렌가스

12. 청량음료수·과실주 또는 발포성 주류에 혼합된 고압가스

13. 냉동능력이 3톤 미만인 냉동설비 안의 고압가스

14. 「소방시설설치유지 및 안전관리에 관한 법률」의 적용을 받는 내용적 1리터 이하의 소화기용 용기 또는 소화기에 내장되는 용기 안에 있는 고압가스

15. 정부·지방자치단체·자동차제작자 또는 시험·연구기관이 시험·연구목적으로 제작하는 고압가스, 연료용 차량 안의 고압가스

16. 「총포·도검·화약류 등 단속법」의 적용을 받는 총포에 충전하는 고압공기 또는 고압가스

17. 국가기관에서 특수한 목적으로 사용하는 휴대용 최루액 분사기에 최루액 추진재로 충전되는 고압가스

18. 섭씨 35도의 온도에서 게이지압력이 4.9메가파스칼 이하인 유니
    트형 공기압축장치(압축기·공기탱크·배관유수분리기 등의 설비
    가 동일한 프레임 위에 일체로 조립된 것. 다만, 공기액화분리장
    치는 제외한다) 안의 압축공기

19. 한국가스안전공사 또는 한국표준과학연구원에서 표준가스를 충전
    하기 위한 정밀충전설비 안의 고압가스

19의2. 「방위사업법」에 따른 품질보증을 받은 것으로서 무기체계에
    사용되는 용기 등 안의 고압가스

20. 그 밖의 산업통상자원부장관이 위해발생의 우려가 없다고 인정
    하는 고압가스

제4절 법령의 규정

제38조(벌칙) ① 고압가스시설을 손괴한 자 및 용기·특정설비를 개
조한 자는 5년 이하의 징역 또는 5천만 원 이하의 벌금에 처한다.

② 업무상 과실 또는 중대한 과실로 인하여 고압가스 시설을 손괴한
자는 2년 이하의 금고 또는 2천만 원 이하의 벌금에 처한다.

③ 제2항의 죄를 범하여 가스를 누출시키거나 폭발하게 함으로써 사
람을 상해에 이르게 하면 10년 이하의 금고 또는 1억 원 이하의 벌금
에 처한다. 사망에 이르게 하면 10년 이하의 금고 또는 1억 5천만 원
이하의 벌금에 처한다.

④ 제1항의 미수범은 처벌한다.

제39조(벌칙) 다음 각 호의 어느 하나에 해당하는 자는 2년 이하의

징역 또는 2천만 원 이하의 벌금에 처한다.

1. 제4조 제1항 전단에 따른 허가를 받지 아니하고 고압가스를 제조한 자

2. 제4조 제3항 전단에 따른 허가를 받지 아니하고 저장소를 설치하거나 고압가스를 판매한 자

   ㄴ, "저장소"란 산업통상자원부령으로 정하는 일정량 이상의 고압가스를 용기나 저장탱크로 저장하는 일정한 장소를 말한다(법 제3조 제1호). "산업통상자원부령으로 정하는 일정량"이란 다음과 같다(시행규칙 제2조 제2항).

   1. 액화가스 : 5톤. 다만, 독성가스인 액화가스의 경우에는 1톤(허용농도가 100만분의200 이하인 독성가스의 경우에는 100킬로그램)을 말한다.

   2. 압축가스 : 500세제곱미터. 다만, 독성가스인 압축가스의 경우에는 100세제곱미터(허용농도가 100만분의200 이하인 독성가스의 경우에는 10세제곱미터)를 말한다.

3. 제5조 제1항 전단에 따른 등록을 하지 아니하고 용기등을 제조한 자

   ㄴ, "용기등"은 용기 · 냉동기 · 특정설비를 말한다.

4. 제5조의3 제1항 전단에 따른 등록을 하지 아니하고 고압가스의 수입업을 한 자

5. 제5조의4 제1항 전단에 따른 등록을 하지 아니하고 고압가스를 운반한 자

6. 제35조 제1항에 따라 검사기관으로 지정을 받지 아니하고 검사를 한 자

7. 제36조 제2항에 따라 검사업무를 위탁받지 아니하고 검사를 한 자

제40조(벌칙) 다음 각 호의 어느 하나에 해당하는 자는 1년 이하의

징역 또는 1천만 원 이하의 벌금에 처한다.

1. 제4조 제1항 후단이나 제3항 후단에 따른 변경허가를 받지 아니하고 허가받은 사항을 변경한 자(상호의 변경 및 법인의 대표자 변경은 제외한다)

2. 제5조 제1항 후단, 제5조의3 제1항 후단이나 제5조의4 제1항 후단에 따른 변경등록을 하지 아니하고 등록받은 사항을 변경한 자(상호의 변경 및 법인의 대표자 변경은 제외한다)

3. 제10조 제1항에 따른 안전점검을 실시하지 아니한 자 또는 제13조 제1항을 위반한 자

   ㄴ, 고압가스제조자 및 고압가스판매자가 고압가스를 수요자에게 공급할 때에는 그 수요자의 시설에 대하여 안전점검을 하여야 하며, 산업통상자원부령으로 정하는 바에 따라 수요자에게 위해예방에 필요한 사항을 계도하여야 한다.

   ㄴ, 사업자등(허가받은 자·신고한 자·등록한 자)은 고압가스의 제조·저장·판매의 시설 및 용기 등의 제조시설을 제4조 제4항, 제5조 제2항, 제5조의3 제2항 또는 제5조의4 제2항에 따른 시설기준과 기술기준에 맞도록 유지하여야 한다.

4. 제13조의2 제1항에 따른 안전성평가를 하지 아니하거나 안전성향상계획을 제출하지 아니한 자

   ㄴ, 제13조의2(안전성평가 등) ① 제11조 제2항에 따른 사업자 등은 산업통상자원부령으로 정하는 시설에 대하여 안전성평가를 하고 안전성향상계획을 작성하여 대통령령으로 정하는 바에 따라 허가관청에 제출하거나 사무소에 갖추어 두어야 한다. 이 경우 안전성향상계획에는 제28조에 따른 한국가스안전공사의 의견서를 첨부하여야 한다.

   ㄴ, "제11조 제2항에 따른 사업자 등"이란 고압가스제조자 중 다음 각 호의 어느 하나에 해당하는 시설을 보유한 자를 말한다.

      1. 「석유 및 석유대체연료사업법」에 따른 석유정제사업자의 고압가스시설로서 저장능력이 100톤 이상인 것

      2. 석유화학공업자 또는 지원사업을 하는 자의 고압가스시설로서 1일 처리능력이 1만 제곱미터 이상 또는 저장능력이 100톤 이상인 것

      3. 「비료관리법」에 따른 비료생산업자의 고압가스시설로서 1일 처리능력이 10만 세

제곱미터 이상 또는 저장능력이 100톤 이상인 것

5. 제13조의2 제3항에 따른 안전성향상계획을 이행하지 아니한 자

6. 제16조 제1항부터 제3항까지의 규정이나 제17조 제1항에 따른 검사나 감리를 받지 아니한 자

7. 제17조 제5항을 위반한 자

　ㄴ. 검사나 재검사를 받아야 할 용기 등으로서 검사나 재검사를 받지 아니한 경우에는 이를 양도·임대 또는 사용하거나 판매할 목적으로 진열하여서는 아니 된다.

제41조(벌칙) 다음 각 호의 어느 하나에 해당하는 자는 500만 원 이하의 벌금에 처한다.

1. 제4조 제2항 전단에 따른 신고를 하지 아니하고 고압가스를 제조한 자

2. 제15조 제1항부터 제3항까지의 규정에 따른 안전관리자를 선임하지 아니한 자

제42조의2(양벌규정) 제38조부터 제41조 해당

제43조(과태료) ① 다음 각 호의 어느 하나에 해당하는 자에게는 2천만 원 이하의 과태료를 부과한다.

1. 제4조 제2항 후단을 위반하여 변경신고를 하지 아니하고 신고한 사항을 변경한 자(상호의 변경 및 법인의 대표자 변경은 제외한다)

2. 제11조 제1항을 위반하여 안전관리규정을 제출하지 아니한 제4조 제2항에 따른 고압가스제조신고를 한 자(이하 이 조에서 "고압가스제조신고자"라 한다)

3. 제11조 제4항이나 제13조의2 제2항에 따른 명령을 위반한 자

└, 제11조(안전관리규정) ④ 허가관청·신고관청 또는 등록관청은 안전확보를 위하여 필요하다고 인정하면 안전관리규정의 변경을 명할 수 있다.

└, 제13조의2(안전성 평가 등) ② 허가관청은 공공의 안전을 위하여 필요하다고 인정하면 안전성향상계획의 변경을 명할 수 있다.

4. 제15조 제4항을 위반하여 대리자를 지정하여 그 직무를 대행하게 하지 아니한 고압가스제조신고자 또는 특정고압가스사용신고자

└, 제15조(안전관리자) ④ 안전관리자를 선임한 자는 안전관리자가 여행과 질병, 그 밖의 사유로 인하여 일시적으로 그 직무를 수행할 수 없으면 대리자를 지정하여 그 직무를 대리하게 하여야 한다.

5. 제16조 제4항 후단을 위반하여 고압가스의 제조·저장 또는 판매시설을 사용한 자

└, 임시사용을 말한다.

6. 제25조 제1항을 위반하여 보험에 가입하지 아니한 고압가스제조신고자, 특정고압가스사용신고자 또는 용기 등을 수입한 자

7. 제28조의2를 위반하여 한국가스안전공사 또는 이와 유사한 명칭을 사용한 자

② 다음 각 호의 어느 하나에 해당하는 자에게는 1천만 원 이하의 과태료를 부과한다.

1. 제11조 제5항을 위반하여 안전관리규정을 지키지 아니하거나 안전관리규정의 실시기록을 거짓으로 작성한 자

2. 제11조 제5항을 위반하여 안전관리규정의 실시기록을 작성·보존하지 아니한 고압가스제조신고자

2의2. 제10조 제2항을 위반하여 시설을 개선하도록 하지 아니한 고압가스제조신고자

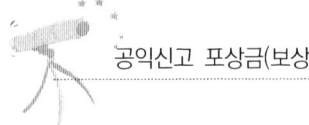

└. 제10조(공급자의 의무 등) ② 고압가스제조자나 고압가스판매자는 안전점검을 한 결과 수요자의 시설 중 개선되어야 할 사항이 있다고 판단되면 그 수요자에게 그 시설을 개선하도록 하여야 한다.

3. 제10조 제3항, 제13조 제4항이나 제20조 제3항·제4항을 위반한 자

└. 제10조(공급자의 의무 등) ③ 고압가스제조자나 고압가스판매자는 고압가스의 수요자가 그 시설을 개선하지 아니하면 그 수요자에 대한 고압가스의 공급을 중지하고 지체 없이 그 사실을 시장·군수·구청장에게 신고하여야 한다.

└. 제13조(시설·용기의 안전유지) ④ 고압가스제조자나 고압가스판매자는 산업통상자원부령으로 정하는 바에 따라 용기를 안전하게 유지·관리하여야 한다.

└. 제20조(사용신고 등) ③ 특정고압가스를 사용하는 자는 산업통상자원부령으로 정하는 시설기준과 기술기준에 맞도록 특정고압가스의 사용시설을 갖추어야 한다.
④ 신고를 하거나 신고를 한 것으로 보는 자(이하 "특정고압가스 사용신고자"라 한다)가 특정고압가스 사용시설의 설치나 변경공사를 완공하면 그 시설의 사용 전에 신고를 받은 관청의 정기검사를 받아야 한다.

3의2. 제13조 제5항을 위반하여 충전·판매기록을 작성·보존하지 아니한 고압가스제조신고자

4. 제24조에 따른 명령을 위반한 자

└. 위해방지를 위한 필요한 조치명령을 말한다.

5. 제26조 제1항을 위반하여 사고발생사실을 공사에 통보하지 아니하거나 거짓으로 통보한 자

③ 다음 각 호의 어느 하나에 해당하는 자에게는 500만 원 이하의 과태료를 부과한다.

1. 제4조 제1항 후단 또는 같은 조 제3항 후단을 위반하여 변경허가를 받지 아니하고 허가받은 사항 중 상호를 변경하거나 법인의 대표자를 변경한 자

2. 제4조 제2항 후단을 위반하여 변경신고를 하지 아니하고 신고한

사항 중 상호를 변경하거나 법인의 대표자를 변경한 자

3. 제5조 제1항 후단, 제5조의3 제1항 후단 또는 제5조의4 제1항 후단을 위반하여 변경등록을 하지 아니하고 등록한 사항 중 상호를 변경하거나 법인의 대표자를 변경한 자

4. 제10조 제4항에 따른 명령을 위반한 자

ㄴ, 안전관리규정의 변경명령을 말한다.

5. 제10조 제5항에 따른 안전점검자의 자격·인원, 점검장비, 점검 기준 등을 준수하지 아니한 고압가스제조신고자

6. 제11조의2를 위반하여 용기 등에 표시를 하지 아니한 자

ㄴ, 제11조의2(용기 등의 표시) 용기 등을 제조·수입하는 자(외국용기 등 제조자를 포함한다)는 그 용기 등에 제조일자, 제조자 등 산업통상자원부령으로 정하는 사항을 표시하여야 한다.

제9조의2(과징금) ① 허가관청이나 등록관청은 제9조에 따라 사업 또는 저장소 사용의 정지나 제한을 명하여야 할 경우 그 처분을 갈음하여 2천만 원 이하의 과징금을 부과할 수 있다.

② 제1항에 따라 과징금을 부과하는 위반행위의 종류와 위반 정도에 따른 과징금의 금액과 그 밖에 필요한 사항은 대통령령으로 정한다.

제17장 골재채취법

제1절 법률의 이해

「골재채취법」은 골재(骨材)의 원활한 수급과 골재채취에 따른 재해를

예방하기 위하여 골재의 수급계획, 골재채취업의 등록 등에 관한 사항을 규정하는 것을 목적으로 한다. 이 법에서 말하는 "골재"란 하천·산림·공유수면이나 그 밖의 지상·지하 등 자연상태에 부존(賦存)하는 암석〔쇄석용(碎石用)에 한정한다〕, 모래 또는 자갈로서 콘크리트 및 아스팔트콘크리트의 재료 또는 그 밖에 건설공사의 기초재료로 쓰이는 것을 말한다. 이 법의 주관부처는 국토교통부(건설인력기재과)이다.

제2절 법령의 규정

제49조(벌칙) 다음 각 호의 어느 하나에 해당하는 자는 3년 이하의 징역 또는 1천만 원 이하의 벌금에 처한다.

1. 제14조 제1항을 위반하여 등록을 하지 아니하고 골재채취업을 경영한 자
2. 거짓이나 그 밖의 부정한 방법으로 제14조 제1항에 따른 골재채취업의 등록을 한 자
3. 제22조 제1항을 위반하여 허가를 받지 아니하고 골재를 채취한 자
4. 거짓이나 그 밖의 부정한 방법으로 제22조 제1항에 따른 골재채취허가를 받은 자

4의2. 제22조의4 제1항을 위반하여 인증을 받지 아니하거나 품질기준에 적합하지 아니한 골재를 공급하거나 판매한 자

  ㄴ. 제22조의4(골재의 품질기준) ① 골재채취업자 또는 골재를 판매하는 자는 다음 각 호의 어느 하나에 해당하는 골재를 공급하거나 판매하여야 한다.
    1. 「산업표준화법」에 따른 한국산업표준에 적합하다는 인증을 받은 골재
    2. 대통령령으로 정하는 골재의 용도별 품질기준에 적합한 골재

5. 제25조 본문을 위반하여 승인을 받지 아니하고 허가받은 내용을

변경하여 골재를 채취한 자

6. 제26조를 위반하여 허가받은 내용과 달리 골재를 채취한 자

제50조(벌칙) 다음 각 호의 어느 하나에 대항하는 자는 1년 이하의 징역 또는 500만 원 이하의 벌금에 처한다.

1. 제18조를 위반하여 다른 사람에게 자기의 상호 또는 명칭을 사용하여 골재채취업을 경영하게 하거나 그 등록증을 빌려준 자

2. 제20조 제1항 단서를 위반하여 허가채취량 또는 신고생산량의 30퍼센트 이상이 남은 골재채취구역의 골재를 채취하거나 선별·세척 또는 파쇄한 자

   ㄴ 제20조(행정처분 시의 골재채취업의 계속 등) ① 골재채취업자가 제19조에 따라 영업정지처분을 받은 경우에는 ㄱ 영업정지처분을 받은 날부터 처분이 종료되는 날까지 골재채취업을 할 수 없다. 다만, 영업정지처분을 받기 전에 제22조에 따른 골재채취허가를 받거나 제32조에 따른 골재의 선별·세척 또는 파쇄신고를 한 사업으로서 그 허가채취량 또는 신고생산량의 30퍼센트 미만이 남은 경우에는 허가받은 골재채취나 신고한 골재의 선별·세척 또는 파쇄를 계속할 수 있다.

3. 제20조 제2항 단서를 위반하여 허가채취량 또는 신고생산량의 20퍼센트 이상이 남은 골재채취구역의 골재를 채취하거나 선별·세척 또는 파쇄한 자

   ㄴ 골재채취업의 등록취소처분이 있는 경우이다.

4. 제30조에 따른 명령을 위반한 자

   ㄴ 제30조(골재채취구역 변경 등의 명령) 시장·군수 또는 구청장은 다음 각 호의 어느 하나에 해당하는 경우에는 골재채취허가를 받은 자에게 골재채취구역 변경, 채취 중지, 시설물 이전 그 밖에 필요한 조치를 명할 수 있다.

      1. 자연환경 훼손, 하천이나 해양환경의 변화 등으로 인하여 골재채취를 계속하면 재해가 발생하는 등 공중(公衆)에게 위해가 발생할 우려가 있는 경우

2. 「수질 및 수생태계 보전에 관한 법률」과 「해양환경관리법」 등 관계 법령에 따른 배출허용기준을 초과하여 오염물질을 배출하는 경우
3. 골재채취허가 시 부여한 허가조건을 지키지 아니하는 경우
  ㄴ. 제30조의 규정은 「산지관리법」에 의한 산지(山地)에서 골재를 채취하는 경우에는 적용하지 않는다(법 제3조).

5. 제32조 제1항 또는 제2항에 따른 신고나 변경신고를 하지 아니하고 골재를 선별·세척 또는 파쇄한 자
  ㄴ. 제32조의 규정은 「산지관리법」에 의한 산지에서는 적용하지 않는다.

제51조(양벌규정) 제49조 및 제50조 해당

제52조(과태료) ① 다음 각 호의 어느 하나에 해당하는 자에게는 대통령령으로 정하는 바에 따라 500만 원 이하의 과태료를 부과한다.
1. 제14조 제3항을 위반하여 신고기간 내에 등록기준에 관한 사항을 신고하지 아니한 자
2. 제17조 제1항을 위반하여 양도 및 합병 신고를 하지 아니한 자
3. 정당한 사유 없이 제21조 제2항에 따른 자료제출을 하지 아니하거나 조사를 거부·방해 또는 기피한 자

제18장 공연법

제1절 공연법의 이해

이 법은 예술의 자유를 보장함과 아울러 건전한 공연활동을 진흥함

을 목적으로 한다. 이 법에서 말하는 "공연(公演)"은 음악·무용·연극·연예·국악·곡예 등 예술적 관람물을 실연(實演)에 의하여 공중(公衆)에게 관람하도록 하는 행위를 말한다. 다만, 상품의 판매나 선전에 부수(附隨)한 공연은 제외한다. 이 법의 주관부처는 문화체육관광부(공연전통예술과)이다.

제2절 법률의 규정

제40조(벌칙) 다음 각 호의 어느 하나에 해당하는 자는 2년 이하의 징역 또는 2천만 원 이하의 벌금에 처한다.

1. 제5조 제1항을 위반한 자

    └ 제5조(연소자 유해 공연물 등) ① 누구든지 「청소년보호법」 제9조의 기준에 따른 연소자(年少者)[40] 유해 공연물을 연소자에게 관람시킬 수 없다.

2. 제6조 제1항 또는 제2항을 위반한 자

    └ 제6조(외국인의 국내 공연 추천) ① 국내에서 공연하려는 외국인이나 외국인을 국내에 초청하여 공연하려는 자는 위원회[41]의 추천을 받아야 한다. 추천받은 사항을 변경하려는 때에도 또한 같다.
    ② 제1항에 따른 위원회의 추천을 받지 아니한 외국인의 공연물은 국내에서 공연할 수 없다. 다만, 대통령령으로 정하는 경우에는 그러하지 아니하다.

3. 제7조 제2항에 따라 외국인 공연의 추천이 취소된 후 그 공연을 한 자

4. 제33조 제1항에 따른 행정처분을 받고 해당 기관에 공연활동이

---

40) ★ 연소자 : 18세 미만의 사람(「초·중등교육법」 제2조에 따른 고등학교에 재학 중인 사람을 포함한다)을 말한다.

41) ★ 위원회 : 영상물등급위원회를 말한다.

나 공연장 운영을 계속한 자

└, 공연활동 또는 공연장 운영의 정지를 말한다.

제41조(벌칙) 다음 각 호의 어느 하나에 해당하는 자는 1년 이하의 징역 또는 1천만 원 이하의 벌금에 처한다.

1. 제5조 제2항을 위반한 자

   └, 제5조(연소자 유해 공연물 등) ② 「청소년보호법」 제9조에 해당하는 선전물은 공중이 통행하는 장소에 공공연히 설치·부착하거나 배포할 수 없고, 같은 내용으로 관람을 권유하는 등 광고를 할 수 없다.

2. 제34조 제1항 제2호·제3호의 게시물 등 또는 봉인을 임의로 철거하거나 해제한 자

   └, 제34조(폐쇄조치 등) ① 특별자치도지사·시장·군수·구청장은 제33조 제1항에 따른 공연활동 또는 공연장 운영의 정지명령을 받은 자가 계속하여 공연활동 또는 공연장 운영을 할 때에는 관계 공무원으로 하여금 다음 각 호의 조치를 하게 할 수 있다.
      2. 해당 활동 또는 운영이 위법한 것임을 알리는 게시물 등의 부착
      3. 해당 공연을 위하여 필요한 기구나 시설물을 사용할 수 없게 하는 봉인

제42조(양벌규정) 제40조 및 제41조 해당

제43조(과태료) ① 제11조 제1항 또는 제2항을 위반하여 재해대처계획을 신고하지 아니한 자에게는 1천만 원 이하의 과태료를 부과한다.

② 다음 각 호의 어느 하나에 해당하는 자에게는 500만 원 이하의 과태료를 부과한다.

1. 제9조 제1항 및 제2항을 위반한 자

   └, 제9조(공연장의 등록) ① 공연장을 설치하여 운영하려는 자(국가와 지방자치단체를 포함한다. 이하 "공연장운영자"라 한다)는 문화체육관광부령으로 정하는 시설기준을 갖추어 공연장 소재지를 관할하는 특별자치도지사·시장·군수·구청장에게 등록하여야 한

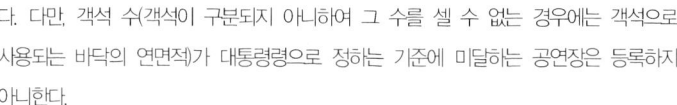

다. 다만, 객석 수(객석이 구분되지 아니하여 그 수를 셀 수 없는 경우에는 객석으로 사용되는 바닥의 연면적)가 대통령령으로 정하는 기준에 미달하는 공연장은 등록하지 아니한다.

② 공연장 운영자는 문화체육관광부령으로 정하는 등록 변경사유가 있을 때에는 특별자치도지사·시장·군수·구청장에게 변경등록을 하여야 한다.

2. 제12조 제1항부터 제5항까지의 규정을 위반한 자

ㄴ. 제12조(무대시설의 안전진단 등) ① 대통령령으로 정하는 규모 이상의 공연장을 설치하여 운영하려는 자는 제12조의2 제1항에 따라 지정받은 무대시설 안전진단 전문기관(이하 "무대시설 안전진단 전문기관"이라 한다)으로부터 다음 각 호의 검토 및 검사를 받아야 한다.

　　1. 공연장 설치공사 시작 전 무대시설에 대한 설계검토

　　2. 공연장 등록 전 무대시설에 대한 안전검사(이하 "등록 전 안전검사"라 한다)

② 대통령령으로 정하는 규모 이상의 공연장 운영자는 무대시설 안전진단 전문기관으로부터 무대시설에 대한 정기안전검사 또는 정밀안전진단을 받아야 한다.

③ 공연장운영자는 매년 무대시설에 대한 검사계획을 수립하여 자체 안전검사를 실시하여야 한다. 이 경우 공연장운영자는 무대시설 안전진단 전문기관에 검사를 의뢰할 수 있다.

④ 공연장운영자가 제1항 제2호 및 제2항에 따라 등록 전 안전검사 등을 받은 경우에는 그 결과를 특별자치도지사·시장·군수·구청장에게 제출하여야 한다.

⑤ 제4항에 따라 등록 전 안전검사 등의 결과를 제출받은 특별자치도지사·시장·군수·구청장은 공연장운영자에게 무대시설에 대한 보완이나 개수 또는 보수를 요구할 수 있다. 이 경우 공연장운영자는 정당한 사유가 없는 한 이에 따라야 한다.

3. 제12조의4에 따른 자료제출을 거부하거나 거짓 자료를 제출한 자 또는 관계 공무원의 현장 확인을 거부·방해 또는 기피한 자

4. 제32조에 따른 수거·폐기 명령에 따르지 아니한 자

제19장 공유수면 관리 및 매립에 관한 법률

제1절 법률의 이해

이 법은 공유수면(公有水面)을 지속적으로 이용할 수 있도록 보전·관리하고, 친환경적으로 매립함으로써 매립지를 효율적으로 이용하게 하는 것을 목적으로 한다. 이 법의 주관부처는 해양수산부(연안계획과)이다. 법에서 말하는 "공유수면"은 다음 각 호와 같다.

1. 바다 : 「측량·수로조사 및 지적에 관한 법률」 제6조 제1항 제4호에 따른 해안선으로부터 「배타적경제수역법」에 따른 배타적 경제수역 외측 한계까지의 사이

2. 바닷가 : 「측량·수로조사 및 지적에 관한 법률」 제6조 제1항 제4호에 따른 해안선으로부터 지적공부(地籍公簿)에 등록한 지역까지의 사이

3. 하천, 호소(湖沼)[42], 구거(溝渠)[43], 그 밖에 공공용으로 사용되는 수면 또는 수류(水流)로서 국유(國有)인 것

제2절 이 법의 적용 배제 및 준용(법 제3조)

① 다음 각 호의 어느 하나에 해당하는 경우에는 공유수면의 점용·사용에 관한 이 법의 규정을 적용하지 아니한다.

---

42) ★ 호소 : 호수와 늪

43) ★ 구거 : 도랑

1. 「하천법」이 적용되거나 준용되는 공유수면

2. 「소하천정비법」이 적용되거나 준용되는 공유수면

3. 「농어촌정비법」 제2조 제6호에 따른 농업생산기반시설 안의 공유수면

4. 「항만법」 제2조 제5호에 따른 항만시설에 해당하는 공유수면

5. 「어촌·어항법」 제2조 제5호에 따른 어항시설(漁港施設)에 해당하는 공유수면

② 다음 각 호의 어느 하나에 해당하는 경우에는 공유수면매립에 관한 이 법의 규정을 적용하지 아니한다.

1. 다른 법령에 따라 구거 또는 저수지를 변경하기 위한 매립

2. 제8조 제1항 제4호에 따른 공유수면의 매립

ㄴ. 대통령령으로 정하는 포락지[44] 또는 개인의 소유권이 인정되는 간석지[45]를 토지로 조성하는 행위

ㄴ. "대통령령으로 정하는 포락지"는 다음 각 호의 요건을 모두 갖춘 곳을 말한다 (시행령 제5조).

1. 지적공부[46]에 등록된 소유자와 등기부상의 소유자가 서로 일치하는 곳

2. 토지조성이 물리적으로 가능한 곳

3. 토지의 조성에 드는 비용을 고려할 때 경제적 가치가 있거나 인접 토지의 활용도 등을 고려할 때 토지조성이 필요하다고 인정되는 곳

③ 다음 각 호의 어느 하나에 해당하는 경우에는 공유수면매립에 관한 이 법의 규정을 준용한다.

---

44) ★ 포락지(浦落地) : 지적공부에 등록된 토지가 물에 침식되어 수면 밑으로 잠긴 토지

45) ★ 간석지(干潟地) : 만조수위선(滿潮水位線)과 간조수위선(干潮水位線) 사이(밀물과 썰물이 드나드는 개펄)

46) ★ 지적공부 : 토지대장, 임야대장 및 지적도

1. 수산물양식장의 축조
2. 조선시설(造船施設)의 설치
3. 조력(潮力)을 이용하는 시설물의 축조
4. 공유수면의 일부를 구획한 영구적인 설비의 축조

제3절 법령의 규정

제62조(벌칙) 다음 각 호의 어느 하나에 해당하는 자는 3년 이하의 징역 또는 3천만 원 이하의 벌금에 처한다.

1. 제5조를 위반하여 금지된 행위를 한 자

  ㄴ 제5조(금지행위) 누구든지 공유수면에서 정당한 사유 없이 다음 각 호의 어느 하나에 해당하는 행위를 하여서는 아니 된다.

  1. 폐기물, 폐유, 폐수, 오수, 분뇨, 가축분뇨, 오염토양, 유독물, 동물의 사체, 그 밖에 해양수산부령으로 정하는 오염물질을 버리거나 흘러가게 하는 행위
    ㄴ "해양수산부령으로 정하는 오염물질"은 폐타이어 및 폐스티로폼을 말한다(시행규칙 제2조).
  2. 수문(水門) 또는 그 밖에 공유수면의 관리를 위한 시설물을 개폐(開閉)하거나 훼손하는 행위
  3. 선박을 버리거나 방치하는 행위

2. 제8조 제1항에 따른 점용·사용허가를 받지 아니하고 공유수면을 점용·사용한 자
3. 제8조 제1항에 따른 점용·사용허가를 거짓이나 그 밖의 부정한 방법으로 받은 자
4. 제28조에 따른 매립면허를 받지 아니하고 공유수면을 매립하거나 매립공사를 한 자
5. 제28조에 따른 매립면허를 거짓이나 그 밖의 부정한 방법으로

받은 자

6. 제48조 제1항 본문을 위반하여 매립목적을 변경하여 사용한 자

    └, 제48조(매립목적 변경의 제한) ① 매립면허취득자, 매립지의 소유권을 취득한 자와 그
      승계인은 면허를 받은 매립예정지와 매립지 또는 준공검사를 받은 매립지에 대하여
      준공검사 전에나 준공검사일부터 10년 이내에는 매립목적을 변경하여 사용할 수 없다.
      다만, 대통령령으로 정하는 매립목적의 경미한 변경인 경우에는 그러하지 아니하다.

제63조(벌칙) 다음 각 호의 어느 하나에 해당하는 자는 2년 이하의 징역 또는 2천만 원 이하의 벌금에 처한다.

1. 제38조에 따른 매립실시계획의 승인(변경승인을 포함한다)을 받지 아니하고 매립공사를 착수한 자

2. 제44조 제1항 단서에 따른 준공검사 전 사용허가를 받지 아니하고 매립지에 건축물·시설물, 그 밖의 인공구조물을 설치하는 등 매립지를 사용한 자

3. 제45조에 따른 준공검사를 받지 아니하고 매립지를 사용하거나 보완공사 등 필요한 조치를 따르지 아니하고 매립지를 사용한 자

4. 제49조에 따른 매립목적 변경승인을 받지 아니하고 매립목적을 변경하여 매립지나 매립예정지를 사용한 자

5. 제54조 제2항에 따른 원상회복 명령을 따르지 아니한 자

    └, 제54조(원상회복) ① 다음 각 호의 어느 하나에 해당하는 자(이하 이 조에서 "원상회복
      의무자"라 한다)는 해당 공유수면을 원상회복하여야 한다.

        1. 매립면허를 받지 아니하고 공유수면을 매립한 자

        2. 자기의 귀책사유로 매립면허가 실효(失效)·소멸되거나 취소된 자

        3. 매립면허 면적을 초과하여 공유수면을 매립한 자

      ② 매립면허관청은 원상회복의무자가 제1항에 따른 원상회복에 필요한 조치 등을 하
      지 아니하는 경우에는 기간을 정하여 원상회복을 명할 수 있다.

제64조(벌칙) 다음 각 호의 어느 하나에 해당하는 경우에는 1년 이하

의 징역 또는 1천만 원 이하의 벌금에 처한다.

1. 제6조 제1항, 제19조 제1항 및 제29조에 따른 공유수면관리청의 명령을 따르지 아니한 자

2. 제8조 제8항 본문을 위반하여 허가받은 공유수면을 다른 사람에게 점용 · 사용하게 한 자

3. 제21조 제2항에 따른 원상회복 명령을 따르지 아니한 자

4. 제52조 제1항에 따른 매립면허관청의 명령을 따르지 아니한 자

제65조(양벌규정) 제62조부터 제64조 해당

제66조(과태료) ① 다음 각 호의 어느 하나에 해당하는 자에게는 500만 원 이하의 과태료를 부과한다.

1. 제9조(같은 조 제3호는 제외한다)를 위반하여 공유수면 점용 · 사용허가 사항의 변경신고를 하지 아니한 자

   ㄴ, 제9조(점용 · 사용허가 사항의 변경신고) 점용 · 사용허가를 받은 자는 점용 · 사용허가 내용 중 다음 각 호의 어느 하나에 해당하는 사항이 변경된 경우에는 즉시 그 사실을 해양수산부령으로 정하는 바에 따라 공유수면관리청에 신고하여야 한다.

   1. 법인의 명칭
   2. 법인의 대표자
   3. 주소(법인인 경우에는 주된 사무소의 소재지를 말한다)

2. 제16조 제2항을 위반하여 권리 · 의무의 이전 등을 신고하지 아니한 자

   ㄴ, 제16조(권리 · 의무의 이전 등) ① 점용 · 사용허가로 발생한 권리 · 의무는 대통령령으로 정하는 바에 따라 이전하거나 상속할 수 있다.

   ② 제1항에 따라 권리 · 의무를 이전받거나 상속받은 자는 해양수산부령으로 정하는 바에 따라 권리 · 의무의 이전 또는 상속 내용을 공유수면관리청에 신고하여야 한다.

3. 제18조 제1항을 위반하여 준공검사를 받지 아니한 자

4. 제18조 제2항을 위반하여 공사완료신고를 하지 아니한 자

5. 제19조 제3항을 위반하여 표지의 설치를 거부 또는 방해하거나 설치된 표지를 훼손한 자

└, 제19조(점용ㆍ사용허가 등의 취소 등) ② 공유수면관리청은 점용ㆍ사용허가나 점용ㆍ 사용협의 또는 승인을 취소하는 경우와 점용ㆍ사용의 정지 또는 인공구조물, 시설물, 흙ㆍ돌, 그 밖의 물건의 개축ㆍ이전 등 필요한 조치를 명한 경우에는 그 사실을 고시 하고, 해양수산부령으로 정하는 표지를 해당 공유수면 또는 인공구조물 등이 잘 보이 는 곳에 설치하여야 한다.
③ 누구든지 제2항에 따른 표지의 설치를 거부 또는 방해하거나 설치된 표지를 훼손 하여서는 아니 된다.

6. 제43조 제2항을 위반하여 권리ㆍ의무의 이전 등을 신고하지 아 니한 자

7. 제48조 제2항에 따른 매립목적 변경의 확인을 받지 아니하고 매 립지 또는 매립예정지를 사용한 자

8. 제52조 제3항을 위반하여 표지의 설치를 거부 또는 방해하거나 설치된 표지를 훼손한 자

9. 제55조 제1항에 따른 보고를 하지 아니하거나 거짓으로 보고한 자 또는 출입ㆍ조사를 거부ㆍ방해 또는 기피한 자

10. 제55조 제2항에 따른 출입ㆍ일시사용 또는 장애물의 변경ㆍ제 거를 거부ㆍ방해 또는 기피한 자

└, 공유수면관리청은 공유수면의 재해예방 및 침식방지 등을 위한 공사와 공유수면의 조 사ㆍ측량을 위하여 필요한 경우에는 다음 각 호의 어느 하나에 해당하는 행위를 할 수 있다(제55조 제2항).
1. 타인이 점유하는 토지 또는 공유수면(이하 이 조에서 "토지등"이라 한다)에 출입 하는 행위
2. 토지등에 재료적치장, 임시통로 또는 임시도로로 일시 사용하는 행위

3. 그 밖에 특히 필요한 경우 토지등에 있는 나무·흙·돌, 그 밖의 장애물을 변경
하거나 제거하는 행위

11. 제56조 제1항에 따른 자료의 제출 또는 보고를 하지 아니하거
나 거짓으로 자료 제출 또는 보고를 한 자 또는 출입·검사를
거부·방해하거나 기피한 자

제15조(변상금의 징수) ① 공유수면관리청은 점용·사용허가를 받지
아니하고 점용·사용허가나 제8조 제4항에 따라 점용·사용 기간의 변
경허가를 받지 아니하고 그 허가받은 기간을 초과하여 점용·사용하는
자에게는 대통령령으로 정하는 바에 따라 점용료·사용료에 해당하는
금액의 100분의120에 해당하는 변상금을 징수하여야 한다. 이 경우 변
상금을 내야 하는 자가 변상금을 기한까지 내지 아니하면 체납된 변상
금의 100분의3 이내에서 대통령령으로 정하는 바에 따라 가산금을 징
수할 수 있다.

제20장 공인중개사법

제1절 법률의 이해

이 법은 공인중개사의 시험, 등록 및 업무 등에 관한 사항을 규율한
다. 이 법에서 말하는 "중개"라 함은 제3조의 규정에 의한 중개대상물
에 대하여 거래당사자 사이의 매매·교환·임대차, 그 밖의 권리의 득
실변경에 관한 행위를 알선하는 것을 말한다. 제3조에서 규정하는 "중

개대상물"은 토지, 건축물 및 토지의 정착물, 입목, 공장재단, 광업재단을 말한다(법 제3조 및 시행령 제2조). 이 법의 주관부처는 국토교통부(부동산산업과)이다.

제2절 법령의 규정

제48조(벌칙) 다음 각 호의 어느 하나에 해당하는 자는 3년 이하의 징역 또는 2천만 원 이하의 벌금에 처한다.

1. 제9조의 규정에 의한 중개사무소의 개설등록을 하지 아니하고 중개업을 한 자

2. 거짓 그 밖의 부정한 방법으로 중개사무소의 개설등록을 한 자

3. 제33조 제5호 내지 제7호의 규정을 위반한 자

    └ 제33조(금지행위) 개업공인중개사 등은 다음 각 호의 행위를 하여서는 아니 된다.

        5. 관계 법령에서 양도·알선 등이 금지된 부동산의 분양·임대 등과 관련 있는 증서 등의 매매·교환 등을 중개하거나 그 매매를 업으로 하는 행위

        6. 중개의뢰인과 직접 거래를 하거나 거래당사자 쌍방을 대리하는 행위

        7. 탈세 등 관계 법령을 위반할 목적으로 소유권보존등기 또는 이전등기를 하지 아니한 부동산이나 관계 법령의 규정에 의하여 전매(轉賣) 등 권리의 변동이 제한된 부동산의 매매를 중개하는 등 부동산투기를 조장하는 행위

제49조(벌칙) ① 다음 각 호의 어느 하나에 해당하는 자는 1년 이하의 징역 또는 1천만 원 이하의 벌금에 처한다.

1. 제7조의 규정을 위반하여 다른 사람에게 자기의 성명을 사용하여 중개업무를 하게 하거나 공인중개사자격증을 양도·대여한 자 또는 다른 사람의 공인중개사자격증을 양수·대여받은 자

2. 제8조의 규정을 위반하여 공인중개사가 아닌 자로서 공인중개사

또는 이와 유사한 명칭을 사용한 자

3. 제12조의 규정을 위반하여 이중으로 중개사무소의 개설등록을 하거나 2 이상의 중개사무소에 소속된 자

4. 제13조 제1항의 규정을 위반하여 2 이상의 중개사무소를 둔 자

5. 제13조 제2항의 규정을 위반하여 임시중개시설을 설치한 자

6. 제18조 제2항의 규정을 위반하여 개업공인중개사가 아닌 자로서 "공인중개사사무소", "부동산중개" 또는 이와 유사한 명칭을 사용한 자

6의2. 제18조의2 제2항을 위반하여 개업공인중개사가 아닌 자로서 중개업을 하기 위하여 중개대상물에 대한 표시 · 광고를 한 자

7. 제19조의 규정을 위반하여 다른 사람에게 자기의 성명 또는 상호를 사용하여 중개업무를 하게 하거나 중개사무소등록증을 다른 사람에게 양도 · 대여한 자 또는 다른 사람의 성명 · 상호를 사용하여 중개업무를 하거나 중개사무소등록증을 양수 · 대여받은 자

8. 제24조 제4항의 규정을 위반하여 정보를 공개한 자

  ∟ 거래정보사업자[47]는 개업공인중개사로부터 중개를 의뢰받은 중개대상물의 정보에 한하여 이를 부동산거래정보망에 공개하여야 하며, 의뢰받은 내용과 다르게 정보를 공개하거나 어떠한 방법으로든지 개업공인중개사에 따라 정보가 차별적으로 공개되도록 하여서는 아니 된다.

9. 제29조 제2항의 규정을 위반하여 업무상 비밀을 누설한 자

10. 제33조 제1호 내지 제4호의 규정을 위반한 자

---

47) ★ 거래정보사업자 : 개업공인중개사 상호간에 부동산매매 등에 관한 정보의 공개와 유통을 촉진하고 공정한 부동산거래질서의 확립을 위하여 부동산거래정보망을 설치 · 운영할 자로 국토교통부장관이 지정한 자를 말한다.

ㄴ. 제33조(금지행위) 개업공인중개사 등은 다음 각 호의 행위를 하여서는 아니 된다.

    1. 제3조의 규정에 의한 중개대상물의 매매를 업으로 하는 행위

    2. 제9조의 규정에 의한 중개사무소의 개설등록을 하지 아니하고 중개업을 영위하는 자인 사실을 알면서 그를 통하여 중개를 의뢰받아 그에게 자기의 명의를 이용하게 하는 행위

    3. 사례·증여 그 밖에 어떠한 명목으로도 제32조에 따른 보수 또는 실비를 초과하여 금품을 받는 행위

    4. 당해 중개대상물의 거래상의 중요사항에 관하여 거짓된 언행 그 밖의 방법으로 중개의뢰인의 판단을 그르치게 하는 행위

② 제29조 제2항의 규정에 위반한 자는 피해자의 명시한 의사에 반하여 벌하지 아니한다.

제50조(양벌규정) 제48조 및 제49조 해당

제51조(과태료) ① 삭제

② 다음 각 호의 어느 하나에 해당하는 자에게는 500만 원 이하의 과태료를 부과한다.

    1. 제24조 제3항을 위반하여 운영규정의 승인 또는 변경승인을 얻지 아니하거나 운영규정의 내용을 위반하여 부동산거래정보망을 운영한 자

      ㄴ. 부동산거래정보망을 설치·운영할 수 있는 자로 지정을 받은 거래정보사업자는 지정받은 날부터 3월 이내에 부동산거래정보망의 이용 및 거래정보 제공방법 등에 관한 운영규정을 정하여 국토교통부장관의 승인을 얻어야 한다. 이를 변경하고자 하는 때에도 같다.

    1의2. 제25조 제1항을 위반하여 성실·정확하게 중개대상물의 확인·설명을 하지 아니하거나 설명의 근거자료를 제시하지 아니

한 자

2 내지 5호 삭제

5의2. 제34조 제4항에 따른 연수교육을 정당한 사유 없이 받지 아니한 자

> ㄴ 실무교육을 받은 개업공인중개사 및 소속 공인중개사는 실무교육을 받은 후 2년마다 시·도지사가 실시하는 연수교육을 받아야 한다.

6. 제37조 제1항에 따른 보고, 자료의 제출, 조사 또는 검사를 거부·방해 또는 기피하거나 그 밖의 명령을 이행하지 아니하거나 거짓으로 보고 또는 자료제출을 한 거래정보사업자

7. 제42조 제5항을 위반하여 공제사업 운용실적을 공시하지 아니한 자

> ㄴ 공인중개사협회는 대통령령으로 정하는 바에 따라 매년도의 공제사업 운용실적을 일간 신문·협회보 등을 통하여 공제계약자에게 공시하여야 한다.

8. 제42조의4에 따른 공제업무의 개선명령을 이행하지 아니한 자

> ㄴ 국토교통부장관은 협회의 공제사업 운영이 적정하지 아니하거나 자산상황이 불량하여 중개사고 피해자 및 공제가입자 등의 권익을 해칠 우려가 있다고 인정하면 업무집행 방법의 변경 등 조치를 명할 수 있다.

8의2. 제42조의5에 따른 임원에 대한 징계·해임의 요구를 이행하지 아니하거나 시정명령을 이행하지 아니한 자

> ㄴ 국토교통부장관이 협회의 임원에 대한 징계·해임 등 시정명령을 한 경우를 말한다.

9. 제42조의3 또는 제44조 제1항에 따른 보고, 자료의 제출, 조사 또는 검사를 거부·방해 또는 기피하거나 그 밖의 명령을 이행하지 아니하거나 거짓으로 보고 또는 자료제출을 한 자

제46조(포상금) ① 등록관청은 다음 각 호의 어느 하나에 해당하는 자를 등록관청이나 수사기관에 신고 또는 고발한 자에 대하여 대통령령이 정하는 바에 따라 포상금을 지급할 수 있다.

1. 제9조의 규정에 의한 중개사무소의 개설등록을 하지 아니하고 중개업을 한 자

2. 거짓 그 밖의 부정한 방법으로 중개사무소의 개설등록을 한 자

3. 중개사무소등록증 또는 공인중개사자격증을 다른 사람에게 양도·대여하거나 다른 사람으로부터 양수·대여받은 자

ㄴ. 이 규정에 의한 포상금과 「공익신고자보호법」에 의한 보상금의 신청대상행위가 경합(중복)하는 경우에는 선택적으로 신고 등을 할 수 있다. 신고포상금에 관하여는 편저자가 출간한 〈신고포상금〉에서 자세히 다루었다.

제21장 관광진흥법

제1절 법률의 이해

「관광진흥법」은 관광여건을 조성하고 관광자원을 개발하여 관광사업을 육성·진흥하는 것 등을 목적으로 한다. "관광사업"이란 관광객을 위하여 운송·숙박·음식·운동·오락·휴양 또는 용역을 제공하거나 그 밖에 관광에 딸린 시설을 갖추어 이를 이용하게 하는 업(業)을 말한다. 이 법의 주관부처는 문화체육관광부(관광정책과)이다.

제2절 법령의 규정

제81조(벌칙) 다음 각 호의 어느 하나에 해당하는 자는 5년 이하의 징역 또는 5천만 원 이하의 벌금에 처한다. 이 경우 징역과 벌금형은 병과(倂科)할 수 있다.

1. 제5조 제1항에 따른 카지노업의 허가를 받지 아니하고 카지노업을 경영한 자

2. 제28조 제1항 제1호 또는 제2호를 위반한 자

   ∟ 제28조(카지노업자 등의 준수사항) ① 카지노사업자(대통령령으로 정하는 종사자를 포함한다)는 다음 각 호의 어느 하나에 해당하는 행위를 하여서는 아니 된다.

      1. 법령에 위반되는 카지노기구를 설치하거나 사용하는 행위
      2. 법령을 위반하여 카지노기구 또는 시설을 변조하거나 변조된 카지노기구 또는 시설을 사용하는 행위

제82조(벌칙) 다음 각 호의 어느 하나에 해당하는 자는 3년 이하의 징역 또는 3천만 원 이하의 벌금에 처한다. 이 경우 징역과 벌금형은 병과할 수 있다.

1. 제4조 제1항에 따른 등록을 하지 아니하고 여행업·관광숙박업(제15조 제1항에 따라 사업계획의 승인을 받은 관광숙박업만 해당한다)·국제회의업 및 제3조 제1항 제3호 나목의 관광객 이용시설업을 경영한 자

   ∟ "여행업"이란 여행자 또는 운송시설·숙박시설, 그 밖에 여행에 딸리는 시설의 경영자 등을 위하여 그 시설이용 알선이나 계약 체결의 대리, 여행에 관한 안내, 그 밖의 여행 편의를 제공하는 업을, "관광숙박업"은 호텔업 및 휴양콘도미니엄업을, "관광객 이용시설업"은 전문휴양업·종합휴양업·자동차야영장업·관광유람선업·관광공연장업·외국인전용 관광기념품판매업을 각각 말한다.

2. 제5조 제2항에 따른 허가를 받지 아니하고 유원시설업을 경영한 자

ㄴ, "유원시설업"은 유기시설이나 유기기구를 갖추어 이를 관광객에게 이용하게 하는 업(다른 영업을 경영하면서 관광객의 유치 또는 광고 등을 목적으로 유기시설이나 유기기구를 설치하여 이를 이용하게 하는 경우를 포함한다)을 말한다.

3. 제20조 제1항 및 제2항을 위반하여 시설을 분양하거나 회원을 모집한 자

ㄴ, 제20조(분양 및 회원 모집) ① 관광숙박업이나 관광객 이용시설업으로서 대통령령으로 정하는 종류의 관광사업을 등록한 자 또는 그 사업계획의 승인을 받은 자가 아니면 그 관광사업의 시설에 대하여 분양(휴양콘도미니엄만 해당한다. 이하 같다) 또는 회원 모집을 하여서는 아니 된다.

ㄴ, "대통령령으로 정하는 관광사업"이란 휴양콘도미니엄업 및 호텔업과 관광객 이용시설업 중 제2종종합휴양업을 말한다. 종합휴양업의 종류는 시행령 제2조 제3호 관광객 이용시설업의 종류 참조.

② 누구든지 다음 각 호의 어느 하나에 해당하는 행위를 하여서는 아니 된다.

1. 제1항에 따른 분양 또는 회원모집을 할 수 없는 자가 관광숙박업이나 관광객 이용시설업으로서 대통령령으로 정하는 종류의 관광사업 또는 이와 유사한 명칭을 사용하여 분양 또는 회원모집을 하는 행위

2. 관광숙박시설과 관광숙박시설이 아닌 시설을 혼합 또는 연계하여 이를 분양하거나 회원을 분양하는 행위. 다만, 대통령령으로 정하는 종류의 관광숙박업의 등록을 받은 자 또는 그 사업계획의 승인을 얻은 자가 「체육시설의 설치·이용에 관한 법률」 제12조에 따라 골프장의 사업계획의 승인받은 경우에는 관광숙박시설과 해당 골프장을 연계하여 분양하거나 회원을 모집할 수 있다.

3. 공유자 또는 회원으로부터 제1항에 따른 관광사업의 시설에 관한 이용권리를 양도받아 이를 이용할 수 있는 회원을 모집하는 행위

제83조(벌칙) 다음 각 호의 어느 하나에 해당하는 카지노사업자(제28조 제1항 본문에 따른 종사원을 포함한다)는 2년 이하의 징역 또는 2천만 원 이하의 벌금에 처한다. 이 경우 징역과 벌금형은 병과할 수 있다.

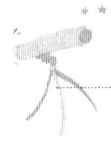

1. 제5조 제3항에 따른 변경허가를 받지 아니하거나 변경신고를 하지 아니하고 영업을 한 자

   ㄴ, 카지노업을 허가받은 사항 중 문화체육관광부령으로 정하는 중요사항을 변경하려면 변경허가를 받아야 한다. 다만, 경미한 사항을 변경하려면 변경신고를 하여야 한다.

2. 제8조 제4항을 위반하여 지위승계신고를 하지 아니하고 영업을 한 자

   ㄴ, 관광사업자의 지위를 승계한 자는 승계한 날부터 1개월 이내에 관할 등록기관의 장에게 신고하여야 한다.

3. 제11조 제1항을 위반하여 관광사업의 시설 중 부대시설 외의 시설을 타인에게 경영하게 한 자

4. 제23조 제2항에 따른 검사를 받아야 하는 시설을 검사를 받지 아니하고 이를 이용하여 영업을 한 자

   ㄴ, 카지노사업자에게 해당한다.

5. 제25조 제3항에 따른 검사를 받지 아니하거나 검사결과 공인기준 등에 맞지 아니한 카지노기구를 이용하여 영업을 한 자

6. 제25조 제4항에 따른 검사합격증명서를 훼손하거나 증명한 자

   ㄴ, 검사에 합격한 카지노기구에는 문화체육관광부령으로 정하는 바에 따라 검사에 합격하였음을 증명하는 증명서를 붙이거나 표시하여야 한다.

7. 제28조 제1항 제3호부터 제8호까의 규정을 위반한 자

   ㄴ, 제28조(카지노사업자 등의 준수사항) ① 카지노사업자(대통령령으로 정하는 종사원을 포함한다)는 다음 각 호의 어느 하나에 해당하는 행위를 하여서는 아니 된다.

   　3. 허가받은 전용 영업장 외에서 영업을 하는 행위

   　4. 내국인(「해외이주법」 제2조에 따른 해외이주자는 제외한다)을 입장하게 하는 행위

   　5. 지나친 사행심을 유발하는 등 선량한 풍속을 해할 우려가 있는 광고나 선전을

하는 행위

6. 제26조 제1항에 따른 영업 종류에 해당하지 아니하는 영업을 하거나 영업방법 및 배당금 등에 관한 신고를 하지 아니하고 영업하는 행위

7. 총매출액을 누락시켜 제30조 제1항에 따른 관광진흥개발기금 납부금액을 감소시키는 행위

8. 19세 미만의 자를 입장시키는 행위

8. 제35조 제1항 본문에 따른 사업정지처분을 위반하여 사업정지기 간에 영업을 한 자

    ㄴ, 모든 관광사업자에게 해당한다.

9. 제35조 제1항 본문에 따른 개선명령을 위반한 자

10. 제35조 제1항 제19호를 위반한 자

    ㄴ, 관광사업의 경영 또는 사업계획을 추진함에 있어서 뇌물을 주고받는 경우를 말한다.

11. 제78조 제2항에 따른 보고 또는 서류의 제출을 하지 아니하거 나 거짓으로 보고를 한 자나 같은 조 제3항에 따른 관계 공무원 의 출입·검사를 거부·방해하거나 기피한 자

제84조(벌칙) 다음 각 호의 어느 하나에 해당하는 자는 1년 이하의 징역 또는 1천만 원 이하의 벌금에 처한다.

1. 제5조 제3항에 따른 유원시설업의 변경허가를 받지 아니하거나 변경신고를 하지 아니하고 영업을 한 자

2. 제5조 제4항 전단에 따른 유원시설업의 신고를 하지 아니하고 영업을 한 자

3. 제33조를 위반하여 안전성검사를 받지 아니하고 유기시설 또는 유기기구를 설치한 자

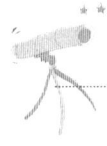

4. 제34조 제2항을 위반하여 유기시설·유기기구 또는 유기기구의 부분품을 설치하거나 사용한 자

> ㄴ, 유원시설업자는 법령을 위반하여 제조한 유기시설·유기기구 또는 유기기구의 부분품을 설치하거나 사용하여서는 아니 된다.

4의2. 제35조 제1항 제20호에 해당되어 관할 등록기관 등의 장이 발한 명령을 위반한 자

> ㄴ, 제35조(등록취소 등) ① 관할 등록기관의 장은 관광사업의 등록 등을 받거나 신고를 한 자 또는 사업계획의 승인을 받은 자가 다음 각 호의 어느 하나에 해당하면 그 등록 등 또는 사업계획의 승인을 취소하거나 6개월 이내의 기간을 정하여 그 사업의 전부 또는 일부의 정지를 명하거나 시설·운영 등의 개선을 명할 수 있다.
>
> 20. 고의로 여행계약을 위반한 경우(여행업자만 해당한다)

5. 제35조 제1항 제20호에 해당되어 관할 등록기관 등의 장이 발한 개선명령을 위반한 자
6. 제55조 제3항을 위반하여 조성사업을 한 자

> ㄴ, 조성계획을 시행하기 위한 사업자가 아닌 자로서 조성사업을 하려는 자는 대통령령으로 정하는 기준과 절차에 따라 사업시행자가 특별자치도지사·시장·군수·구청장의 경우에는 특별자치도지사·시장·군수·구청장의 허가를 받아서 조성사업을 할 수 있고, 사업시행자가 관광단지개발자인 경우에는 관광단지개발자와 협의하여 조성사업을 할 수 있다.

제85조(양벌규정) 제81조부터 제84조 해당

제37조(과징금의 부과) ① 관할 등록기관 등의 장은 관광사업자가 제35조 제1항 각 호 또는 제2항 각 호의 어느 하나에 해당되어 사업정지를 명하여야 하는 경우로서 그 사업의 정지가 그 이용자 등에게 심한 불편을 주거나 그 밖에 공익을 해칠 우려가 있으면 사업정지처분을 갈

음하여 2천만 원 이하의 과징금을 부과할 수 있다.

제22장 광산보안법

「광산보안법」은 광산근로자에 대한 위해(危害)를 방지함과 아울러 광해(鑛害 : 광산에서 생기는 공해)를 방지하는 것을 주된 목적으로 제정된 법률이다. 요즘 우리나라에서는 광산을 찾아보기 어렵다. 따라서 이 법률은 공익신고의 대상으로 하기에는 적합하지 아니할 것으로 생각된다. 그리고 몇 개뿐인 벌칙과 과태료 규정마저도 그 법정형(法定刑)과 과태료의 부과기준이 가벼워 신고의 대상으로는 적합하지 않다.

(**법령 개정의견 제출 관련 조언** : 국민권익위원회는 고충민원 및 부패행위 신고를 접수하여 조사 및 처리를 하는 과정에서 법률, 시행령, 시행규칙, 각종 행정규칙(훈령 · 예규 · 지침 · 지시 · 고시 · 공고)의 제정이나 개정이 필요하다고 판단하면 관계기관에 권고 또는 의견을 제시합니다. 이 권고나 의견을 제시받은 관계 기관에서는 대부분 이에 따릅니다. 이러한 경우에 국민권익위원회는 신고자 등에게 최고 1억 원까지의 포상(보상)금을 지급합니다. 법령 등의 제 · 개정은 이 책에서 소개하는 공익신고의 대상인 법률만을 그 대상으로 하는 것이 아닙니다. 즉 모든 법령 또는 존재하지 아니지만 제정이 필요할 것으로 예상되는 법령까지를 그 대상으로 합니다.

지금까지 위원회에서 신청(신고)한 사람의 의견을 받아들인 사례들을 검토해본 결과 다음과 같은 결론을 얻을 수 있었습니다. 물론 사회의 이목을 끌만한 - Issue가 되거나 공동체에 미치는 영향이 큰 - 내용인 법령의 제 · 개정에 관한 사항은 그 상금이 다액이겠지만, 그렇지 아니한 경우에도 무시할 수 없는 금액이라는 점을 알 수 있었습니다.

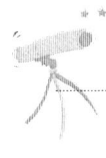

일상생활에서 발견되는 불편한 사항 또는 법령을 검토하는 과정에서 발견되는 모순 등을 그 대상으로 삼으면 될 것입니다. 권익위원회가 인용한 내용들을 종합해보면 다음과 같은 것을 주로 인용하였습니다.

① 유사한 권리와 비교하여 불합리한 차별, ② 마땅히 있어야 할 제도나 규정의 불비, ③ 법령 상호간의 모순, ④ 부조리(不條理)를 유발할 개연성의 존재, ⑤ 앞으로 국가기관 등의 지출감소 및 수익증대 등입니다.

이러한 문제들에 관하여 개선의견을 제출함에는 특별한 양식(서식)을 요구하지는 않습니다. 따라서 가능하면 관련 법령의 규정을 지적하는 것이 좋겠지만, 자신이 없으면 사실관계만 6하 원칙으로 작성하면 될 것입니다. 6하 원칙이라는 것도 반드시 지켜야 하는 것은 아니므로, 불편사항이 전달될 수 있는 내용이면 충분할 것입니다.

위원회가 채택하여 한국도로공사 등에 시정(개선)을 권고한 것 중에는 이런 것도 있었습니다. 논이나 밭에 비닐하우스를 설치한 뒤에 그 옆으로 고가도로가 생긴 경우입니다. 이 고가도로로 인하여 농작물에 일조권(日照權 : 햇볕을 쪼일 권리)이 침해됨으로 인하여 농작물이 입게되는 피해에 대한 보상대책을 마련해달라는 고충민원입니다. 권리의 구제도 받고, 상금도 받는 이러한 제도를 잘 활용해보시길 권합니다. 참고자료로 이 사람이 실제로 국민권익위원회에 신청한 내용을 참고로 소개합니다)

고 충 민 원 신 청

1. 제목 : 압류가 금지되는 물건에 "주거 안에 있는 가전제품"의 특
   정 등 요구

2. 관계기관의 명칭 : 법무부 또는 법원행정처

3. 신청인 : 최 종 배 (000000-0000000)
   　　　　　　　○○시 ○○구 ○○로 ○○○
   　　　　　　　cjb4128@naver.com
   　　　　　　　010-○○○○-○○○○

4. 신청취지

「민사집행법」 제195조(압류가 금지되는 물건)에 "주거 안에 있는 냉
장고, 김치냉장고, 텔레비전(TV), 세탁기"를 규정하도록 조치하여 주실
것을 신청합니다.

5. 신청이유

가. 주거 안에서의 유체동산 압류(가압류) 실태

집행관이 주거 안에 있는 물건을 압류 또는 가압류(이하 "압류"라 합

니다)를 할 때에는 채권자와 함께 집 안으로 들어옵니다. 집행관은 집 안에서 눈에 띄는 큰 물건만을 압류하므로, 현금이나 귀금속을 압류할 가능성은 거의 없습니다. 눈에 띄는 물건이라면 일반적으로 냉장고·김치냉장고·TV 및 세탁기(이하 "주거 안에 있는 일상용 가전제품"이라고 합니다)가 있습니다.

집행관은 이들 주거 안에 있는 일상용 가전제품의 적당한 곳에 가로 6㎝×세로 4.3㎝ 크기로 된 종이의 붉은 바탕 위에 검정글씨로 압류물표시라는 이른바 '빨간딱지'를 붙입니다. 위 "압류물표시"에는 "이 압류물을 처분하거나 이 표시를 파손하는 자는 형법 제140조에 의거 5년 이하의 형벌을 받게 됩니다."라는 경고문구가 적혀 있습니다. 운반이 곤란할 때에 해당하므로, 봉인(封印)하여 채무자에게 보관시키는 절차일 것입니다.

나. 주거 안에 있는 유체동산 매각(현금화) 실태

집행관이 위와 같이 주거 안에 있는 일상용 가전제품을 압류한 뒤에 일반적으로 채권자는 고가(高價)의 다른 물건을 압류한 경우가 아니면 - 주거 안에 있는 일상용 가전제품 외의 고가물이 없으면 - 매각절차(현금화)를 포기합니다. 혹시 매각을 실시하더라도 채권자에게는 이익이 되지 않는 것이 보통이며, 다만 오로지 채무자에게 고통을 주기 위한 목적일 경우가 대부분입니다.

위와 같이 주거 안에 있는 일상용 가전제품만을 압류한 집행관은 더 이상 현금화절차를 진행하지 않습니다. 압류물을 매각하더라도 집행비용을 제외하고 남을 것이 없기 때문일 것입니다. 혹시 집행관이 매각을 실시한다 하더라도 실제로 호가경매(呼價競賣)에 응찰하는 사람은 찾아보기 어렵습니다. 혹시 입찰에 참가한 사람이 있다면 그는 십중팔구 채무자 또는 그 배우자의 사실상 대리인입니다. 집행관사무실에만 하는 공고, 채무자의 집 안에서 실시하는 경매 등 그 절차가 전근대적(前近代的)이어서 문제점이 많기 때문일 것입니다.

다. 문제점

압류가 금지되는 물건을 규정하고 있는 「민사집행법」 제195조 제1항은 "채무자 및 그와 같이 사는 친족(사실상 관계에 따른 친족을 포함한다)의 생활에 필요한 의복·침구·가구·부엌가구, 그 밖의 생활필수품"이라고 압류금지물의 종류를 규정하였습니다. 그런데 집행관은 신청인이 말하는 "주거 안에 있는 가전제품"에 대하여는 위 규정에 포함되지 않는 것으로 해석하고 있는 것이 분명합니다.

그러나 "생활필수품"에 대한 국어사전적 의미는 "일상생활에 꼭 필요한 물품"이라고 합니다. 대법원의 견해는 보이지 않습니다. 신청인이 문제로 삼는 "주거 안에 있는 일상용 가전제품"은 현대인에게 있어서는 가정을 꾸리고 사는 사람이라면 빈부를 따질 것도 없이 그의 일상생활에 꼭 필요한 물품이라고 생각됩니다. 따라서 주거 안에 있는 일상용 가전제품은 강제집행의 대상에서 제외시켜야 옳다고 봅니다.

6. 개선방안

신청인의 생각은 위와 같은 문제점을 해결하기 위해서는 「민사집행

법」 제195조 제1호에 냉장고 · 김치냉장고 · 텔레비젼 · 세탁기 등을 규정
하거나 현행법의 위 규정 중 "생활필수품"에는 이러한 물건들이 포함된
다는 점을 대법원규칙 등으로 규정하여 집행관에게 지침을 주어야 옳
다는 것입니다.

7. 개선 뒤의 효과

위와 같은 방법으로 개선이 되면 채권자에게는 불필요한 압류에 따
른 집행비용을 아낄 수 있어 시간적 · 경제적으로 도움이 될 것입니다.
그리고 채무자의 생활안정에 도움이 됨은 더 말할 나위가 없으며, 이
에 부수하여 집행관에게도 불필요한 절차를 상당히 덜어주어 업무 부
담을 경감해주는 효과를 거둘 수 있을 것입니다.

8. 소송 등 다른 법령에 의한 불복구제절차의 신청 유무 : 해당사실
없습니다. 감사합니다.

2014. . .

위 신청인   최 종 배(인)

국민권익위원회 위원장 귀하

제23장 광산피해의 방지 및 복구에 관한 법률

이 법은 광산피해를 적정하게 관리함으로써 자연환경을 보전하는 것을 주된 목적으로 한다. 이 법에서 말하는 "광산피해"란 「광산보안법」 제2조 제5호의 규정에 따른 광해(鑛害)를 말한다. 즉 광해에 관하여는 「광산보안법」의 특별법인 것이다. 이 법률에 관한 법령의 규정은 생략한다.

제24장 교통안전법

제1절 법률의 이해

「교통안전법」은 교통안전에 관한 국가 또는 지방자치단체의 의무·추진체계 및 시책 등을 규정하고, 이를 종합적·계획적으로 추진하는 것 등을 목적으로 한다. 이 법에서 사용하는 "교통안전진단"이란 육상교통·해상교통 또는 항공교통의 안전과 관련된 조사·측정·평가업무를 전문적으로 수행하는 교토안전진단기관이 교통수단·교통시설 또는 교통체계에 대하여 교통안전에 관한 위험요인을 조사·측정 및 평가하는 모든 활동을 말한다. 이 법의 주관부처는 국토교통부(교통안전복지과)이다.

제2절 법령의 규정

제63조(벌칙) 다음 각 호의 어느 하나에 해당하는 자는 2년 이하의 징역 또는 2천만 원 이하의 벌금에 처한다.

1. 제39조 제1항의 규정을 위반하여 등록을 하지 아니하고 교통안전진단업무를 수행한 자

   ㄴ. 제39조(교통안전진단기관의 등록 등) ① 교통안전진단을 실시하는 재(특별교통안전진단기관을 제외한다)는 시·도지사에게 등록하여야 한다. 이 경우 시·도지사는 국토교통부령으로 정하는 바에 따라 교통안전진단등록증을 발급하여야 한다.

   ② 제1항의 규정에 따른 등록의 기준 및 절차 등에 관하여 필요한 사항은 대통령령으로 정한다.

2. 거짓 그 밖의 부정한 방법으로 제39조 제1항의 규정에 따른 등록을 한 자

3. 제42조의 규정을 위반하여 타인에게 자기의 명칭 또는 상호를 사용하게 하거나 교통안전등록증을 대여한 자 및 교통안전진단기관의 명칭 또는 상호를 사용하거나 교통안전진단기관등록증을 대여받은 자

4. 제43조의 규정에 따라 영업정지처분을 받고 그 영업정지기간 중에 새로이 교통안전진단업무를 수행한 자

5. 제58조의 규정을 위반하여 직무상 알게 된 비밀을 타인에게 누설하거나 직무상 목적 외에 이를 사용한 자

제64조(양벌규정) 제83조 해당

제65조(과태료) ① 다음 각 호의 어느 하나에 해당하는 자는 1천만원 이하의 과태료에 처한다.

1. 삭제

2. 제36조에 따른 교통안전진단을 받지 아니하거나 교통안전진단보고서를 거짓으로 제출한 자

> ㄴ, 제36조(특별교통안전진단) ① 교통행정기관은 교통사업자[48]가 제1호에 해당하는 때에는 교통사업자로 하여금 특별교통안전진단기관에 의뢰하여 교통안전진단을 받을 것을 명할 수 있으며, 교통사업자가 제2호에 해당하는 때에는 교통사업자로 하여금 일반교통안전진단기관 또는 특별교통안전지단기관에 의뢰하여 교통안전진단을 받을 것을 명할 수 있다.
>
> > 1. 대통령령이 정하는 기준 이상의 교통사고가 발생한 경우 당해 교통사고 발생 원인과 관련된 교통수단·교통시설 또는 교통체계에 대하여 교통안전진단이 필요하다고 인정되는 때
> > 2. 제33조의 규정에 따른 교통안전점검 결과 당해 교통수단·교통시설·교통체계로 인하여 교통사고를 초래할 중대한 위험요인이 있다고 인정되는 때
> > ② 제1항의 규정에 따라 교통안전진단을 받은 교통사업자는 일반교통안전진단기관 또는 특별교통안전진단기관이 작성·교부한 교통안전진단결과보고서를 관할 교통행정기관에 재출하여야 한다.

3. 제55조 제1항에 따른 운행기록장치를 장착하지 아니한 자

> ㄴ, 제55조(운행기록장치의 장착 및 운행기록의 활용 등) ① 다음 각 호의 어느 하나에 해

---

48) ★ 교통사업자 : 교통수단·교통시설 또는 교통체계를 운행·운항·설치·관리 또는 운영 등을 하는 자로서 다음 각 목의 어느 하나에 해당하는 자를 말한다.

　가. 여객자동차운수사업자, 화물자동차운수사업자, 철도사업자, 항공운송사업자, 해운업자 등 교통수단을 이용하여 운송 관련 사업을 영위하는 자(이하 "교통수단운영자"라 한다)

　나. 교통시설을 설치·관리 또는 운영하는 자(이하 "교통시설설치·관리자"라 한다)

　다. 교통수단운영자 및 교통시설설치·관리자 외에 교통수단제조사업자, 교통관련 교육·연구·조사기관 등 교통수단·교통시설 또는 교통체계와 관련된 영리적·비영리적 활동을 수행하는 자

당하는 자는 그 운행하는 차량에 국토교통부령으로 정하는 기준에 적합한 운행기록장치를 장착하여야 한다. 다만, 소형화물차량 등 국토교통부령으로 정하는 경우에는 그러하지 아니하다.

1. 「여객자동차운수사업법」에 따른 여객자동차운송사업자
2. 「화물자동차운수사업법」에 따른 화물자동차운수사업자 및 화물자동차운송가맹사업자

② 다음 각 호의 어느 하나에 해당하는 자는 500만 원 이하의 과태료에 처한다.

1. 제21조 제1항 내지 제3항의 규정을 위반하여 교통안전관리규정을 제출하지 아니하거나 이를 준수하지 아니한 자 또는 변경명령에 따르지 아니한 자

2. 제33조 제1항의 규정에 따른 교통안전점검을 거부 · 방해 또는 기피한 자

3. 제33조 제4항의 규정을 위반하여 보고를 하지 아니하거나 거짓으로 보고한 자 또는 자료제출요구를 거부 · 기피 · 방해하거나 관계공무원의 질문에 대하여 거짓으로 진술한 자

ㄴ, 교통행정기관은 교통안전점검을 효율적으로 실시하기 위하여 관련 교통사업자로 하여금 필요한 보고를 하게 하거나 관련 자료를 제출하게 할 수 있으며, 필요한 경우 소속 공무원으로 하여금 교통사업자의 사업장에 출입하여 장부 · 서류 그 밖의 물건을 검사하게 하거나 관계인에게 질문하게 할 수 있다.

4. 제40조 제1항의 규정에 따른 신고를 하지 아니하거나 거짓으로 신고한 자

ㄴ, 일반교통안전진단기관은 등록사항 중 대통령령으로 정하는 사항이 변경된 때에는 국토교통부령으로 정하는 바에 따라 그 사실을 시 · 도지사에게 신고하여야 한다.

5. 제40조 제2항의 규정에 따른 신고를 하지 아니하고 교통안전진

단업무를 휴업 · 재개업 또는 폐업하거나 거짓으로 신고한 자

6. 제47조 제1항의 규정을 위반하여 보고를 하지 아니하거나 거짓으로 보고를 한 자 또는 자료제출요청을 거부 · 기피 · 방해한 자

  ∟ 특별교통안진진단기관 및 일반교통안전진단기관이 해당한다.

7. 제47조 제1항의 규정에 따른 점검 · 검사를 거부 · 방해 · 기피하거나 질문에 대하여 거짓으로 진술한 자

8. 제51조 제2항의 규정을 위반하여 교통사고관련자료 등을 보관 · 관리하지 아니한 자

  ∟ 「여객자동차운수사업법」 제19조 · 제55조 · 제64조 및 「보험업법」 제167조 등 관련 법령에 따라 교통사고와 관련된 자료 또는 정보를 조사 · 취득 · 분석하는 자 중 대통령령이 정하는 자는 그가 조사 · 분석 · 취득한 교통사고 관련 자료 등을 대통령령이 정하는 바에 따라 보관 · 관리하여야 한다.

    ∟ "대통령령이 정하는 자"는 교통안전공단, 도로교통공단, 한국도로공사, 손해보험회사, 여객자동차운송사업의 면허를 받거나 등록한 자, 여객자동차운수사업 공제조합 및 화물자동차운수사업자로 구성된 협회가 설립한 연합회를 말한다. 보관 · 관리방법에 관하여는 시행령에서 규정하지 않았다.

9. 제51조 제3항의 규정을 위반하여 교통사고관련자료 등을 제공하지 아니한 자

  ∟ 교통사고 관련 자료 등을 보관 · 관리하는 자는 관계 교통행정기관이 당해 교통사고 관련 자료 등의 제출을 요구하는 때에는 특별한 사유가 없는 한 이에 응하여야 한다.

10. 제55조 제2항을 위반하여 운행기록을 보관하지 아니하거나 교통행정기관에 제출하지 아니한 자

  ∟ 운행기록장치를 장착하여야 하는 자는 운행기록장치에 기록된 운행기록을 대통령령으로 정하는 기간 동안 보관하여야 하며, 교통행정기관이 제출을 요청하는 경우 이에 따라야 한다.

    ∟ "대통령령으로 정하는 기간"은 6개월이다(시행령 제45조 제2항).

제25장 교통약자의 이동편의 증진법

제1절 법률의 이해

이 법은 교통약자가 안전하고 편리하게 이동할 수 있도록 교통수단, 여객시설 및 도로에 이동편의시설을 확충하고, 보행환경을 개선하는 것 등을 목적으로 한다. "교통약자"란 장애인, 고령자, 임산부, 영유아를 동반한 사람, 어린이 등 일상생활에서 이동에 불편을 느끼는 사람을 말한다. 이 법의 주관부처는 국토교통부(교통안전복지과)이다.

제2절 이동편의시설을 설치하여야 하는 대상시설 (시행령 제11조 별표1)

1. 교통수단
   가. 「도시철도법」 제2조 제2호에 따른 도시철도의 운행에 사용되는 차량
   나. 「여객자동차운수사업법」 제3조 제1항 제1호 및 같은 법 시행령 제3조 제1호에 따른 시내버스운송사업 · 농어촌버스운송사업 및 시외버스운송사업에 사용되는 승합자동차
   다. 「철도산업발전기본법」 제3조 제4호에 따른 철도차량 중 여객을 운송하기 위하여 사용되는 철도차량
   라. 「항공법」 제2조 제1호에 따른 항공기 중 민간항공에 사용되는 비행기

마. 「해운법」 제2조 제2호에 따른 해상여객운송사업에 사용되는 선박

바. 광역전철 중 여객을 운송하기 위하여 사용되는 차량

2. 여객시설

가. 「도시교통정비 촉진법」 제2조 제3호에 따른 환승시설

나. 「도시철도법」 제2조 제3호에 따른 도시철도시설 중 역사(驛舍)

다. 「여객자동차운수사업법」 제2조 제5호에 따른 여객자동차터미널

라. 「여객자동차운수사업법」 제3조 제1항 제1호에 따른 노선 여객
자동차운송사업에 사용되는 정류장

마. 「철도산업발전기본법」 제3조 제2호에 따른 철도시설 중 역사

바. 「항공법」 제2조 제8호에 따른 항공시설(여객이 직접 이용하는
시설에 한정한다)

사. 「항만법」 제2조 제2호에 따른 무역항에 설치되어 있는 항만시
설 중 같은 조 제5호 나목에 따른 기능시설 중 여객이용시설
및 같은 호 라목에 따른 항만친수시설

아. 광역전철의 역사

3. 도로

가. 「도로법」 제2조 제1호에 따른 도로(같은 조 제2호에 따른 도로
의 부속물을 포함한다)

나. 「도로법」 제108조에 따라 도로법이 준용되는 도로

제3절 법령의 규정

제31조(벌칙) 제11조를 위반한 자로서 제29조에 따른 시정명령을 받고 그 시정기간 이내에 이행하지 아니한 자는 1천만 원 이하의 벌금에 처한다.

ㄴ, 제11조(이동편의시설의 설치 등) 교통사업자49) 또는 도로관리청 등 대상 시설을 설치·관리하는 자는 대상시설을 설치하거나 대통령령으로 정하는 주요 부분을 변경할 때에는 제10조에 따른 설치기준에 맞게 이동편의시설을 설치하고 이를 유지·관리하여야 한다.

ㄴ, 제29조(시정명령) 교통행정기관은 제11조를 위반하여 대상시설에 이동편의시설을 설치하지 아니하거나 이동편의시설을 제10조에 따른 설치기준에 맞지 아니하게 유지·관리한 교통사업자에 대하여 대통령령으로 정하는 바에 따라 1년 이내의 기간을 정하여 이동편의시설을 설치하도록 명하거나 제10조에 따른 설치기준에 맞게 이동편의시설을 개선할 것을 명할 수 있다.

제32조(양벌규정) 제31조 해당

제33조(과태료) ① 다음 각 호의 어느 하나에 해당하는 자에게는 200만 원 이하의 과태료를 부과한다.

1. 제17조의3 제2항을 위반하여 인증표시 또는 이와 유사한 표시를 한 자

    ㄴ, 인증시설물의 소유자 또는 관리자와 인증지역의 지방자치단체의 장이 아닌 자는 인증표시 또는 이와 유사한 표시를 하여서는 아니 된다.

2. 제28조 제1항에 따른 보고 또는 자료제출의 요구에 따르지 아니

---

49) ★ 교통사업자 : 「여객자동차운수사업법」, 「도시철도법」, 「철도사업법」, 「항공법」, 「항만법」, 「해운법」 등의 관계 법령에 따라 교통행정기관으로부터 면허·허가·인가·위탁 등을 받거나 교통행정기관에 등록·신고 등을 하고 교통수단을 운행·운항하거나 여객시설을 설치·운영하는 자를 말한다.

하거나 거짓으로 보고 또는 자료제출을 한 자

　　ㄴ. 교통행정기관은 필요하다고 인정할 때에는 교통사업자에 대하여 이동편의시설의 설치
　　　또는 유지 · 관리와 관련되는 사항에 관하여 보고하게 하거나 관련 자료를 제출하게
　　　할 수 있다.

3. 제28조 제3항에 따른 검사를 거부 · 방해 또는 기피한 자

　　ㄴ. 교통행정기관은 필요하다고 인정할 때에는 소속 공무원으로 하여금 이동편의시설이 제
　　　10조에 따른 설치기준에 맞게 설치되거나 유지 · 관리되는지에 관하여 검사하게 하거
　　　나 관계인에게 질문하게 할 수 있다.

② 제16조 제4항을 위반하여 장애인전용주차구역에 주차한 사람에게
는 20만 원 이하의 과태료를 부과한다.

제29조의2(이행강제금) ① 교통행정기관은 제29조에 따라 시정명령을
받은 후 시정기간 이내에 이행하지 아니한 자에게는 이동편의시설의
설치비용을 고려하여 3천만 원 이하의 이행강제금을 부과한다.

제26장 국가기술자격법

제1절 법률의 이해

「국가기술자격법」은 국가기술자격제도를 효율적으로 운영하여 산업현
장의 수요에 적합한 자격제도를 확립함으로써 기술인력의 직업능력을
개발하는 것 등을 목적으로 한다. 이 법에서 말하는 "국가기술자격"이
란 「자격기본법」에 따른 국가자격 중 산업과 관련이 있는 기술 · 기능

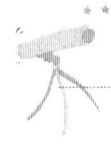
및 서비스 분야의 자격을 말한다. 이 법의 주관부처는 고용노동부(직업능력평가과)이다.

제2절 법령의 규정

제26조(벌칙) ① 제19조 제1항을 위반하여 검정을 한 자는 2년 이하의 징역 또는 2천만 원 이하의 벌금에 처한다.

└, 국가가 아닌 자는 제8조의2 제1항 제1호 또는 제2호의 분야에 해당하는 자격 및 이와 유사한 자격의 검정을 하여서는 아니 된다(법 제18조 제1항).

　　└, 제8조의2(국가기술자격의 운영분야) ① 국가는 다음 각 호의 어느 하나에 해당하는 분야에 대하여 국가기술자격을 운영할 수 있다.

　　　1. 국민의 생명 · 건강 및 안전에 직결되는 분야

　　　2. 사회질서 또는 선량한 풍속의 유지를 위하여 국가적인 관리가 필요하거나 고도의 윤리성이 요구되는 분야

② 제25조의2를 위반하여 직무상 알게 된 비밀을 누설한 자는 2년 이하의 징역 또는 2천만 원 이하의 벌금에 처한다.

③ 다음 각 호의 어느 하나에 해당하는 자는 1년 이하의 징역 또는 1천만 원 이하의 벌금에 처한다.

　1. 제16조 제2항을 위반하여 국가기술자격증을 빌려주거나 빌린 사람 또는 대여를 알선한 사람

　2. 제18조를 위반하여 국기술자격의 등급 및 종목에 따르는 명칭을 사용한 자

　　└, 누구든지 국가기술자격을 취득하지 아니하고는 국가기술자격의 등급 및 종목에 따르는 명칭을 사용하지 못한다.

제27조(양벌규정) 제26조 제3항 제1호 해당

제26조의2(과태료) ① 다음 각 호의 어느 하나에 해당하는 자에게는 300만 원 이하의 과태료를 부과한다.

1. 제15조의3 및 제24조의4에 따른 조사를 정당한 사유 없이 거부·방해·기피하거나 거짓의 진술서 또는 자료를 제출한 자
2. 제25조의4에 따른 교육·훈련 과정의 지정 및 운영 등과 관련한 서류를 보존하지 아니한 자

제27장 국민건강증진법

제1절 법률의 이해

「국민건강증진법」은 국민에게 건강에 대한 가치와 책임의식을 함양하도록 건강에 관한 바른 지식을 보급하고, 스스로 건강생활을 실천할 수 있는 여건을 조성함으로써 국민의 건강을 증진함을 목적으로 한다. 이 법의 주관부처는 보건복지부(건강정책과)이다.

제2절 법령의 규정

제31조(벌칙) 제21조를 위반하여 정당한 사유 없이 건강검진의 결과를 공개한 자는 3년 이하의 징역 또는 3천만 원 이하의 벌금에 처한다.

  ㄴ. 제21조(검진결과의 공개금지) 제20조의 규정에 의하여 건강검진을 한 자 또는 검진기관에 근무하는 자는 국민의 건강증진사업의 수행을 위하여 불가피한 경우를 제외하고는 정당한 사유 없이 검진결과를 공개하여서는 아니 된다.

제31조의2(벌칙) 다음 각 호의 1에 해당하는 자는 1년 이하의 징역 또는 1천만 원 이하의 벌금에 처한다.

1. 제8조 제4항을 위반하여 경고문구를 표시하지 아니하거나 이와 다른 경고문구를 표기한 자

   ㄴ, 「주세법」에 의하여 주류제조의 면허를 받은 자 또는 주류를 수입하여 판매하는 자는 대통령령이 정하는 주류의 판매용 용기에 과다한 음주는 건강에 해롭다는 경고문구를 표기하여야 한다.

2. 제9조의2를 위반하여 경고문구 · 발암성물질 · 금연상담전화번호를 표기하지 아니하거나 이와 다른 경고문구 · 발암성물질 · 금연상담전화번호를 표기한 자

   ㄴ, 제9조의2(담배에 관한 경고문구 등 표시) ① 「담배사업법」에 따른 담배의 제조자 또는 수입판매업자는 담배갑 포장지 앞면 · 뒷면 · 옆면 및 대통령령으로 정하는 광고(판매촉진 활동을 포함한다)에 다음 각 호의 내용을 인쇄하여 표기하여야 한다. (이하 생략)

3. 제9조의4를 위반하여 담배에 관한 광고를 한 자

   ㄴ, 제9조의4(담배에 관한 광고의 금지 또는 제한) (이하 생략)

제32조(벌칙) 제7조 제1항의 규정에 위반하여 정당한 사유 없이 광고의 내용변경 또는 금지의 명령을 이행하지 아니한 자는 100만 원 이하의 벌금에 처한다.

제33조(양벌규정) 제31조 내지 제32조 해당

제34조(과태료) ① 다음 각 호의 1에 해당하는 자는 500만 원 이하의 과태료에 처한다.

1. 제9조 제2항의 규정에 위반하여 담배자동판매기를 설치하여 담

배를 판매한 자

ㄴ 제9조(금연을 위한 조치) ② 「담배사업법」에 의한 지정소매인 기타 담배를 판매하는 자
는 대통령령으로 정하는 장소에서 담배자동판매기를 설치하여 담배를 판매하여서는 아
니 된다.

2. 제9조 제4항을 위반하여 그 시설의 전체를 금연구역으로 지정하
   지 아니한 자

3. 제9조의3을 위반하여 가향물질(佳香物質)을 표시하는 문구나 그
   림·사진을 제품의 포장이나 광고에 사용한 자

4. 제23조 제2항의 규정에 위반하여 자료를 제출하지 아니하거나
   허위의 자료를 제출한 자

ㄴ 제조자 등은 매월 1일부터 말일까지 제조장 또는 보세구역에서 반출된 담배의 수량과
산출된 부담금의 내역에 관한 자료를 다음 달 15일까지 보건복지부장관에게 제출하여
야 한다.

② 다음 각 호의 1에 해당하는 자는 300만 원 이하의 과태료에 처한다.

1. 제9조 제3항의 규정에 위반하여 성인인증장치가 부착되지 아니
   한 담배자동판매기를 설치하여 담배를 판매한 자

2. 삭제

3. 제28조의 규정에 의한 보고를 하지 아니하거나 허위로 보고한
   자와 관계공무원의 검사를 거부·방해 또는 기피한 자

③ 제9조 제6항을 위반하여 금연구역에서 흡연을 한 자에게는 10만
원 이하의 과태료를 부과한다.

제28장 국유림의 경영 및 관리에 관한 법률

제1절 법률의 이해

이 법은 국유림(國有林)의 경영 및 관리에 관한 사항을 정하여 국유림의 기능을 효율적으로 증진하는 것 등을 목적으로 한다. 이 법의 주관부서는 산림청 국유림관리과이다.

제2절 법령의 규정

제33조(벌칙) 다음 각 호의 어느 하나에 해당하는 자는 3년 이하의 징역 또는 1천 500만 원 이하의 벌금에 처한다.

1. 제22조 제1항의 규정을 위반하여 건물 그 밖에 영구시설물을 설치한 자

   ㄴ 제22조(영구시설물의 설치금지) ① 국유림의 대부 등을 받은 자는 해당 국유림에 건물 그 밖에 영구시설물을 설치하지 못한다. 다만, 기부·철거 또는 원상회복을 조건으로 설치하는 경우로서 대통령령이 정하는 경우에는 그러하지 아니하다.

   ㄴ "대통령령이 정하는 경우"란 다음 각 호의 경우를 말한다(시행령 제20조 제1항).

   1. 국유림의 대부를 받은 자가 대부 목적사업의 수행을 위하여 설치하는 경우
   2. 법 제21조 제1항 제1호 내지 제4호·제6호에 해당하는 용도로 국유림의 사용허가를 받은 경우

2. 제24조 제1항의 규정을 위반하여 대부계약서 또는 허가조건에 명시된 산물(産物) 외의 산물을 취득한 자

   ㄴ 국유림의 대부 등을 받은 자는 대부계약서 또는 허가조건에 명시된 산물 외에는 취득하지 못한다.

제29장 국제상거래에 있어서 외국공무원에 대한 뇌물방지법

제1절 법률의 이해

이 법은 국제상거래와 관련하여 외국공무원에게 뇌물을 제공하는 사람을 처벌함과 아울러 경제협력개발기구의 「국제상거래에 있어서 외국공무원에 대한 뇌물제공행위 방지를 위한 협약」의 이행에 필요한 사항을 규정함을 목적으로 한다. 이 법의 주관부처는 법무부(국제형사과)이다.

제2절 외국공무원의 범위(제2조)

1. 임명직 또는 선출직에 상관없이 외국정부(중앙으로부터 지방에 이르는 모든 단계의 정부를 포함한다)의 입법, 행정 또는 사법업무에 종사하는 사람

2. 다음 각 목의 어느 하나에 해당하는 사람으로서 외국의 공공기능 수행자

   가. 외국정부로부터 공적(公的) 업무를 위임받아 수행하는 사람

   나. 특정한 공적 업무를 수행하기 위하여 법령에 따라 설립된 공공단체 또는 공공기관의 업무에 종사하는 사람

   다. 외국정부가 납입자본금의 50퍼센트를 초과하여 출자하였거나 중요 사업의 결정 및 임원의 임면(任免) 등 운영 전반에 관하여 실질적인 지배력을 행사하고 있는 기업체의 임직원. 다만,

차별적 보조금이나 그 밖에 특혜를 받지 아니하고 일반 사경제 주체와 동등한 경쟁관계에서 사업을 하는 기업체의 경우는 제외한다.

3. 공적 국제기구의 업무를 수행하는 사람

제3절 법률의 규정

제3조(뇌물공여자 등의 형사책임) ① 국제상거래와 관련하여 부정한 이익을 얻을 목적으로 외국공무원 등에게 그 업무와 관련하여 뇌물을 약속 또는 공여하거나 공여의 의사를 표시한 자는 5년 이하의 징역 또는 5천만 원 이하의 벌금에 처한다. 이 경우 범죄행위로 얻은 이익이 1천만 원을 초과할 때에는 5년 이하의 징역 또는 그 이익의 2배에 해당하는 금액 이하의 벌금에 처한다.

② 제1항의 경우 다음 각 호의 어느 하나에 해당하는 경우는 예외로 한다.

1. 외국공무원 등이 속한 국가의 법령에 따라 그 지급이 허용되거나 요구되는 경우

2. 일상적·반복적 업무에 종사하는 외국공무원 등에게 그의 정당한 업무수행을 촉진할 목적으로 소액의 금전이나 그 밖의 이익을 약속 또는 공여하거나 공여의 의사를 표시하는 경우

③ 제1항의 죄를 범하여 징역에 처하는 경우에는 제1항에서 정한 벌금형을 병과(倂科)한다.

제30장 궤도운송법

제1절 법률의 이해

「궤도운송법」은 궤도시설(軌道施設)의 안전을 확보하고, 궤도운송과 궤도사업에 관한 사항을 규정한다. 이 법에서 말하는 "궤도"란 사람이나 물건을 운송하는 데에 필요한 궤도시설과 궤도차량 및 이와 관련된 운영·지원체계가 유기적으로 구성된 운송체계를 말하며, 삭도(索道)를 포함한다. "삭도"란 공중에 설치한 와이어로프에 궤도차량을 매달아 운행하는 것을 말한다. 이 법의 주관부처는 국토교통부(광역도시철도과)이다.

제2절 이 법의 적용 배제(제3조)

다음 각 호의 어느 하나에 해당하는 궤도 및 궤도사업에 관하여는 이 법을 적용하지 아니 한다.
1. 「도시철도법」을 적용받는 도시철도 및 도시철도사업
2. 「철도사업법」을 적용받는 철도 및 철도사업
3. 「광산진흥법」을 적용받는 유기시설(遊技施設)·유기기구 및 유기시설업
4. 「광산보안법」을 적용받는 운반시설
5. 「승강기시설 안전관리법」을 적용받는 승강기
6. 군사목적이나 연구개발 등의 목적으로 설치·운영하는 궤도

7. 개인 또는 법인의 사유지에서 적재량 500킬로그램 미만(삭도의 경우에는 200킬로그램 미만)의 화물만을 운송하는 궤도

제3절 법령의 규정

제32조(벌칙) ① 다음 각 호의 어느 하나에 해당하는 자는 1년 이하의 징역 또는 1천만 원 이하의 벌금에 처한다.

1. 제4조 제1항 및 제2항에 따른 궤도사업의 허가를 받지 아니하고 궤도사업을 경영한 자
2. 거짓이나 그 밖의 부정한 방법으로 제4조에 따른 허가 또는 변경허가를 받은 자
3. 제8조 제1항에 따른 준공검사를 받지 아니하고 궤도사업을 경영하거나 전용궤도를 운영한 자
4. 거짓이나 그 밖의 부정한 방법으로 제8조에 따른 준공검사나 제19조에 따른 안전검사를 수행한 자(검사업무를 위탁받은 자 또는 그 종사자를 포함한다)

 ㄴ 제8조(준공검사) ① 궤도사업자 또는 전용궤도운송자는 궤도시설의 공사를 마치면 시장·군수·구청장 또는 특별시장·광역시장이 실시하는 준공검사를 받아야 한다.
 ② 시장·군수·구청장 또는 특별시장·광역시장은 제1항에 따른 준공검사를 제20조에 따른 안전점검전문기관에 의뢰할 수 있다.
 ③ 제1항에 따른 준공검사의 시행에 필요한 사항은 대통령령으로 정한다.
 ㄴ 제19조에 의한 안전검사에는 정기검사와 수시검사가 있다.

5. 거짓이나 그 밖의 부정한 방법으로 제8조에 따른 준공검사나 제19조에 따른 안전검사를 받은 자
② 다음 각 호의 어느 하나에 해당하는 자는 500만 원 이하의 벌금

에 처한다.

1. 제4조 제4항에 따른 변경허가를 받지 아니하고 허가받은 사항을 변경한 자

2. 제5조 제1항에 따른 승인을 받지 아니하거나 신고를 하지 아니하고 전용궤도를 운영한 자

3. 거짓이나 그 밖의 부정한 방법으로 제5조 제1항에 따른 승인을 받거나 신고를 한 자 또는 같은 조 제2항에 따라 변경승인을 받은 자

4. 제12조 제1항에 따른 정지처분기간 중에 궤도사업을 경영하거나 전용궤도를 운영한 자

5. 제19조 제1항 제2호에 따른 임시검사를 거부·방해·기피한 자

6. 제19조 제4항에 따른 통시를 받고도 같은 조 제1항 제1호에 따른 정기검사를 받지 아니하고 궤도사업을 경영하거나 전용궤도를 운영한 자

7. 제22조 제1항에 따른 긴급안전점검을 거부·방해·기피한 자

8. 제23조 제1항에 따른 시설개선명령 또는 같은 조 제2항에 따른 사용정지명령을 위반한 자

9. 제30조 제1항에 따른 보고를 거짓으로 한 자 또는 검사를 거부·방해·기피한 자

제33조(양벌규정) 제32조 해당

제13조(과징금) ① 시장·군수·구청장 또는 특별시장·광역시장은 궤도사업자 또는 전용궤도운전자가 제12조 제1항 각 호의 어느 하나에

해당하여 궤도사업 경영 또는 전용궤도 운영의 정지를 명하여야 하는 경우로서 그 정지가 해당 이용객 등에게 심한 불편을 주거나 공익을 해칠 우려가 있는 경우에는 정지처분에 갈음하여 1천만 원 이하의 과징금을 부과할 수 있다.

제31장 금강수계 물관리 및 주민지원 등에 관한 법률

제1절 법률의 이해

이 법은 금강수계(錦江水系) 상수원(上水源) 상류지역의 수직개선과 주민지원사업 등을 규정한다. "상수원"이란 「수도법」 제3조 제2호에 따른 상수원을 말한다. 이 법의 주관부처는 환경부(유역총괄과)이다.

제2절 적용범위

이 법은 금강·만경강 및 동진강수계(이하 "금강수계"라 한다)와 금강수계에서 취수(取水)한 수돗물을 사용하는 금강수계 밖의 모든 지역(이하 "수계바깥지역"이라 한다)에 대하여 적용한다. 다만, 수계바깥지역에 대하여는 제2장부터 제4장까지(제4조부터 제20조까지)의 규정을 적용하지 않는다.

제3절 법령의 규정

제41조(벌칙) ① 다음 각 호의 어느 하나에 해당하는 자는 5년 이하의 징역 또는 5천만 원 이하의 벌금에 처한다.

1. 제5조 제1항에 따른 행위제한을 위반한 자

> ㄴ 제5조(수변구역에서의 행위제한) ① 누구든지 수변구역50)에서 다음 각 호의 어느 하나에 해당하는 시설을 새로 설치(용도변경을 포함한다. 이하 이 조에서 같다)하여서는 아니 된다.
>
> > 1. 「수질 및 수생태계보전에 관한 법률」 제2조 제10호에 따른 폐수배출시설
> > 2. 「가축분뇨의 관리 및 이용에 관한 법률」 제2조 제3호에 따른 배출시설
> > 3. 다음 각 목의 어느 하나에 해당하는 업(業)을 영위하기 위한 시설
> > > 가. 「식품위생법」 제36조 제1항 제3호에 따른 식품접객업
> > > 나. 「공중위생관리법」 제2조 제1항 제2호 및 제3호에 따른 숙박업 및 목욕장업
> > > 다. 「관광진흥법」 제3조 제1항 제2호에 따른 관광숙박업
> > 4. 「주택법」 제2조 제2호에 따른 공동주택

2. 제5조 제2항에 따른 허가를 받지 아니하고 시설을 설치한 자

> ㄴ 제5조(수변구역에서의 행위제한) ② 환경부장관은 제1항에도 불구하고 수변구역에서 다음 각 호의 어느 하나에 해당하는 시설로서 상수원의 수질보전에 지장이 없다고 인정되는 경우에는 대통령령으로 정하는 바에 따라 설치허가를 할 수 있다. 다만, 제2호 및 제3호의 시설은 수변구역 중 제4조 제1항 제2호 또는 제3호의 지역에만 설치허가를 할 수 있다.
>
> > 1. 도로·철도의 건설을 위한 터널공사의 시행에 따라 임시로 설치하는 폐수배출시설
> > 2. 가축분뇨를 「가축분뇨의 관리 및 이용에 관한 법률」 제2조 제9호에 따른 공공처리시설에서 모두 처리하는 배출시설
> > 3. 오수(汚水)를 생물화학적 산소요구량과 부유물질량이 각각 1리터당 10밀리그램

---

50) ★ 수변구역(水邊區域) : 환경부장관이 수질을 보전하기 위하여 상수원으로 이용되는 댐 및 상류지역 중 지정·고시한 지역을 말한다.

이하가 되도록 처리하는 제1항 제3호 각 목 또는 같은 항 제4호부터 제7호까지

의 어느 하나에 해당하는 시설

4. 「수도법」 제3조 제6호에 따른 일반수도

3. 제12조 제8항에 따른 조업정지·폐쇄명령을 위반한 자

② 다음 각 호의 어느 하나에 해당하는 자는 1년 이하의 징역 또는 1천만 원 이하의 벌금에 처한다.

1. 제18조 제4항에 따른 시정명령 등을 이행하지 아니한 자

2. 제19조 제3항에 따른 시설의 개선명령 등을 이행하지 아니한 자

제42조(양별규정) 제41조 해당

제43조(과태료) ① 다음 각 호의 어느 하나에 해당하는 자에게는 1천만 원 이하의 과태료를 부과한다.

1. 제6조 제1항을 위반하여 농약이나 비료를 사용한 자

   ㄴ 제6조(하천구역 등에서의 수질오염원 관리) ① 누구든지 「하천법」 제2조 제2호에 따른 하천구역에서 「농약관리법」에 따른 농약 및 「비료관리법」에 따른 비료를 사용하는 경우에는 환경부령으로 정하는 기준에 따라야 한다.

   ㄴ "환경부령으로 정하는 기준"이란 다음 각 호를 말한다(시행규칙 제6조 제1항).

   1. 「농림축산식품부 소관 친환경 농어업 육성 및 유기식품 등의 관리·지원에 관한 법률 시행규칙」 별표11 제2호 다목 1) 및 2)의 구비요건을 준수할 것

   2. 유기합성제초제를 사용하지 아니할 것

2. 제12조 제4항에 따른 측정기기를 부착하지 아니하거나 측정기기를 가동하지 아니한 자

   ㄴ 최종방류구별·단위기간별로 오염부하량을 할당받거나 배출량을 지정받은 자는 환경부령으로 정하는 바에 따라 오염부하량과 배출량을 측정할 수 있는 기기(器機)를 해당 사업장에 부착·가동하여야 하며, 측정결과를 사실대로 기록하여 보존하여야 한다.

3. 제12조 제4항에 따른 측정결과를 기록 · 보존하지 아니하거나 거짓으로 기록 · 보존한 자

② 다음 각 호의 어느 하나에 해당하는 자에게는 500만 원 이하의 과태료를 부과한다.

1. 제12조 제7항에 따른 자료를 제출 · 보고하지 아니하거나 거짓자료를 제출 · 보고한 자

 ㄴ, 제12조(사업장별 오염부하량의 할당 등) ⑥ 환경부장관 또는 광역시장 · 특별자치시장 · 시장 · 군수는 제1항에 따라 할당된 오염부하량 또는 지정된 배출량을 초과하여 배출하는 사업자에게 오염방지시설의 개선 등 필요한 조치를 명할 수 있다.

 ⑦ 제6항에 따라 조치명령을 받은 자는 환경부령으로 정하는 바에 따라 개선계획서를 환경부장관 또는 광역시장 · 특별자치시장 · 시장 · 군수에게 제출하여야 하고, 그 명령을 이행하면 지체 없이 환경부장관 또는 광역시장 · 특별자치시장 · 시장 · 군수에게 보고하여야 한다.

2. 제18조 제1항에 따른 자료를 제출하지 아니하거나 거짓으로 작성한 자

 ㄴ, 제18조(특정수질유해물질의 관리 등) ① 「수질 및 수생태계보전에 관한 법률」 제2조 제8호에 따른 특정수질유해물질의 배출시설을 설치하거나 운영하는 자는 환경부령으로 정하는 바에 따라 특정수질유해물질의 종류, 취급량 · 배출량, 배출량줄이기계획을 환경부장관에게 제출하여야 한다.

3. 제18조 제5항에 따른 관계 공무원의 출입 · 조사를 거부 · 방해 또는 기피한 자

4. 제19조 제1항에 따른 조치를 하지 아니한 자 또는 기록을 보존하지 아니하거나 거짓으로 기록한 자

5. 제19조 제2항에 따른 자료를 제출하지 아니하거나 거짓으로 제출한 자

 ㄴ, 제19조(관거의 관리 등) ① 「하수도법」 제2조 제6호에 따른 하수관로(下水管路) 또는

「수질 및 수생태계보전에 관한 법률」 제51조에 따른 배수관거(排水管渠)를 설치·운영하는 자는 환경부령으로 정하는 바에 따라 그 관거를 정기적으로 검사하여야 한다. 이 경우 이상이 있으면 관거가 정상기능을 유지하도록 보수하거나 바꾸는 등 필요한 조치를 하여야 하며, 그 내용을 기록하여 최종 기록한 날부터 10년간 보존하여야 한다.

② 사업자는 환경부장관이 제1항에 따른 검사와 조치의 결과를 제출하도록 요구하면 지체 없이 제출하여야 한다.

6. 제21조의2 제2항에 따른 부기등기를 하지 아니하거나 거짓 또는 부정한 방법으로 부기등기를 한 자

ㄴ. 제21조의2(주민지원사업으로 취득한 부동산에 대한 관리) ① 대통령령으로 정하는 마을회 등 주민공동체는 주민지원사업으로 취득한 토지 등 부동산에 대하여 시장·군수(광역시의 군수를 포함한다)·구청장의 동의 없이는 해당 부동산을 양도하거나 제한물권을 설정해서는 아니 된다.

② 제1항에 따른 주민공동체는 주민지원사업으로 취득한 토지 등 부동산에 관하 소유권등기에 시장·군수·구청장의 동의 없이는 양도하거나 제한물권을 설정하거나 압류·가압류·가처분 등의 목적물이 될 수 없는 재산임을 대통령령으로 정하는 바에 따라 부기등기(附記登記)하여야 한다.

ㄴ. "대통령령으로 정하는 마을회 등 주민공동체"란 동·리 등 행정구역의 주민 전부 또는 일부를 구성원으로 하는 법인 아닌 사단인 마을회 등의 주민공동체를 말한다(시행규칙 제23조의2).

제14조(과징금) ① 환경부장관 또는 광역시장·특별자치시장·시장·군수는 제12조 제8항에 따라 조업정지를 명하려는 경우로서 그 조업을 정지하면 다음 각 호의 어느 하나에 해당하게 되는 경우에는 조업정지를 갈음하여 3억 원 이하의 과징금을 부과할 수 있다. 다만, 환경부령으로 정하는 경우에는 조업정지를 갈음하여 과징금을 부과할 수 없다.

1. 해당 지역주민의 생활에 지장을 가져올 우려가 크다고 환경부장관이 인정하는 경우

2. 고용·물가 등 국민경제에 미치는 영향이 매우 크다고 환경부장

관이 인정하는 경우

3. 그 밖에 공익을 위하여 환경부장관이 필요하다고 인정하는 경우

ㄴ. 제1항 단서의 "환경부령으로 정하는 경우"란 시행규칙 제27조 별표5 제2호 나목에 따른 조업정지명령을 말한다. 여기에 해당하는 경우는 법 제12조 제8항에 따라 조업정지처분을 받은 자가 조업정지기간 중에 조업을 한 경우를 말한다.

제32장 급경사지 재해예방에 관한 법률

제1절 법률의 이해

이 법은 급경사지(急傾斜地) 붕괴위험지역의 지정 · 관리, 정비계획의 수립 · 시행, 응급대책 등에 관한 사항을 규정한다. 이 법의 수관부서는 소방방재청 재해경감과이다.

제2절 급경사지의 범위

"급경사지"란 택지 · 도로 · 철도 및 공원시설 등에 부속된 비탈면, 인공 비탈면(옹벽 및 축대 등을 포함한다) 또는 이와 접한 산지(山地)로서 다음 각 호의 어느 하나에 해당하는 것을 말한다.

1. 지면으로부터 높이가 5미터 이상이고, 경사도가 34도 이상이며, 길이가 20미터 이상인 인공 비탈면

2. 지면으로부터 높이가 50미터 이상이고, 경사도가 34도 이상인 자연 비탈면

3. 그 밖에 관리기관이나 「재난 및 안전관리 기본법」 제16조 제1항에

따라 설치한 특별자치도 · 시 · 군 · 구 재난안전대책본부의 본부장이 재해예방을 위하여 관리가 필요하다고 인정하는 인공 비탈면, 자연 비탈면 또는 산지

「도로법」 제11조의 고속국도 및 같은 법 제12조의 일반국도, 「시설물의 안전관리에 관한 특별법」 제2조 제2호 및 제3호의 시설물에 관하여는 이 법을 적용하지 않는다.

제3절 법령의 규정

제34조(벌칙) 다음 각 호의 어느 하나에 해당하는 자는 2년 이하의 징역 또는 2천만 원 이하의 벌금에 처한다.

1. 제22조에 따른 등록을 하지 아니하거나 제25조에 따라 등록이 취소된 자가 상시계측관리업을 한 때
2. 제27조에 따른 등록을 하지 아니하거나 제29조에 따라 등록이 취소된 자가 성능검사대행업을 한 때
3. 거짓 또는 부정한 방법으로 제22조 또는 제27조에 따른 등록을 한 때

제35조(벌칙) 다음 각 호의 어느 하나에 해당하는 자는 1년 이하의 징역 또는 1천만 원 이하의 벌금에 처한다.

1. 제25조에 따른 영업정지기간 중에 계속하여 업무를 한 때
   ㄴ. 계측업자에 대한 규정이다.

2. 제26조 제4항에 따른 성능검사대행자가 성능검사를 부정하게 한 때
3. 제29조에 따른 업무정지기간 중에 계속하여 업무를 한 때

ㄴ. 성능검사대행자에 대한 규정이다.

제36조(양벌규정) 제34조 및 제35조 해당

제33장 낙동강수계 물관리 및 주민지원 등에 관한 법률

"낙동강수계의 범위"는 시행규칙 제2조 별표1과 같다. 나머지는 제31장 금강수계 물관리 및 주민지원에 관한 법률과 같다.

제34장 낚시 관리 및 육성법

제1절 법률의 이해

이 법은 낚시의 관리 및 육성에 관한 사항을 규정함으로써 건전한 낚시문화를 조성함과 아울러 수산자원을 보호하는 것 등을 목적으로 한다. 이 법의 주관부처는 해양수산부(자원관리과)이다.

제2절 법령의 규정

제53조(벌칙) ① 다음 각 호의 어느 하나에 해당하는 자는 1년 이하의 징역 또는 1천만 원 이하의 벌금에 처한다.

1. 제8조 제1항 본문을 위반하여 유해 낚시도구를 판매할 목적으로

제조하거나 수입한 자

└. 제8조(유해 낚시도구의 제조 등 금지) ① 누구든지 수생태계와 수산자원의 보호에 지장을 주거나 수산물의 안전성을 해칠 수 있는 중금속 등 유해물질이 허용기준 이상으로 함유되거나 잔류된 낚시도구(이하 "유해낚시도구"라 한다)를 사용 또는 판매(불특정 다수인에게 제공하는 행위를 포함한다)하거나 판매할 목적으로 제조·수입·저장·운반 또는 진열하여서는 아니 된다. 다만, 학술연구나 관람 또는 전시 등 해양수산부령으로 정하는 경우에는 그러하지 아니하다.

② 제1항에 따른 유해물질의 허용기준 등은 대통령령으로 정한다.

└. "해양수산부령으로 정하는 경우"란 다음과 같다.

1. 다음 각 목의 어느 하나에 해당하는 자가 법 제8조 제1항 본문에 따른 유해 낚시도구를 학술연구나 관람 또는 전시를 목적으로 제조·수입·운반·저장·진열 또는 사용하는 경우

   가. 「고등교육법」 제2조 제1호·제2호·제4호 또는 제6호에 따른 대학·산업대학·전문대학 또는 기술대학과 그 부설연구시설

   나. 국공립연구기관

   다. 「특정연구기관 육성법」에 따른 특정연구기관

   라. 「산업기술연구기관 육성법」에 따른 산업기술연구조합

   마. 「박물관 및 미술관 진흥법」에 따른 박물관

   사. 그 밖에 해양수산부장관이 정하여 고시하는 자

2. 법 제8조 제1항 본문에 따른 유해 낚시도구를 수출하거나 수출할 목적으로 제조·수입·저장·운반 또는 진열하는 경우

└. 유해물질의 허용기준(시행령 제5조 별표1)

낚싯대와 낚싯줄·낚싯바늘·낚싯봉 등 도구별 유해물질의 허용기준은 다음과 같다.

물 질 명	용출허용기준(mg/kg)
납(Pb)	90 이하
비소(As)	25 이하
크로뮴(Cr)	60 이하
카드뮴(Cd)	75 이하

2. 제10조 제1항에 따른 낚시터업의 허가 또는 변경허가를 받지 아니하고 낚시터업을 한 자

3. 거짓이나 그 밖의 부정한 방법으로 낚시터업의 허가 또는 변경 허가를 받은 자

4. 제23조 제2항 제2호 및 제3호에 따라 관계 공무원이 부착한 게시문 등이나 봉인을 제거하거나 손상한 자

5. 제41조를 위반하여 미끼기준에 적합하지 아니한 미끼를 판매할 목적으로 제조하거나 수입한 자

└, 제41조(미끼의 제조 등의 금지) 누구든지 미끼기준에 적합하지 아니한 미끼를 판매하거나 판매할 목적으로 제조·수입·사용·저장·운반 또는 진열하여서는 아니 된다.

└, 제40조(미끼기준의 설정) ① 해양수산부장관은 미끼의 안전성 확보를 위하여 필요한 경우에는 미끼의 종류별로 특정물질의 함량기준(이하 "미끼기준"이라 한다)을 설정할 수 있다.

② 미끼기준의 구체적인 내용은 대통령령으로 정한다.

└, 미끼의 종류별 특정물질의 함량기준(시행령 제20조 관련)

1. 가공미끼(어분 감자전분 등 동물성·식물성 물질을 주원료로 하여 열저리·혼합 등의 제조과정을 거쳐 생산된 것)

가. 다음 물질을 가공미끼의 원료 등으로 사용해서는 안 된다.

1) 인체 또는 수산동물 등의 질병의 원인이 되는 병원체에 오염되었거나 현저히 부패 또는 변질된 물질

2) 생배설물, 소변, 장 내용물, 수술 후 적출물(반추위 추출물은 제외한다)

3) 목재보호제(약품) 처리를 한 나무 또는 톱밥

4) 하수종말처리장에서 배출된 하수 슬러지

5) 비닐 등 농어업용의 포장재

나. 다음의 물질은 허용기준의 범위 내에서만 가공미끼의 원료 등으로 사용할 수 있다.

비소(As) : 10mg/kg 이하

크로뮴(Cr) : 100mg/kg 이하

카드뮴(Cd) : 2.5mg/kg 이하

인(P) : 2.7% 이하

2. 인조미끼(납·철·세라믹 등 금속성·비금속성 물질을 주원료로 하여 제조된 것)

다음의 물질을 용출 허용기준의 범위 내에서만 인조미끼의 원료 등으로 사

용할 수 있다.

납(Pb) : 90mg/kr 이하

비소(As) : 25mg/kg 이하

크로뮴(Cr) : 60mg/kr 이하

카드뮴(Cd) : 75mg/kr 이하

비고 : 용출 허용기준에 대한 검사는 「품질경영 및 공산품품질 안전관
리법」 제14조 제3항에 따라 고시하는 제품검사의 안전기준 중 물
놀이기구에 대한 중금속 용출 시험방법에 따른다.

② 다음 각 호의 어느 하나에 해당하는 자는 6개월 이하의 징역 또는 500만 원 이하의 벌금에 처한다.

1. 거짓이나 그 밖의 부정한 방법으로 낚시터업의 등록 또는 변경 등록을 받은 자

2. 제16조 제1항에 따른 낚시터업의 등록 또는 변경등록을 하지 아니하고 낚시터업을 한 자

3. 제20조 제1항 제1호를 위반하여 방류금지 어종을 낚시터업자가 경영하는 낚시터에 방류한 자

   ㄴ. 제20조(낚시터업자 등의 준수사항) ① 낚시터업자와 그 종사자는 다음 각 호의 사항을
   지켜야 한다.

      1. 수생태계의 균형에 교란을 가져오거나 가져올 우려가 있는 어종(이하 "방류금지
      어종"이라 한다)를 낚시터업자가 경영하는 낚시터에 방류하지 말 것

4. 제25조 제1항 전단에 따른 낚시어선업의 신고를 하지 아니하고 낚시어선업을 한 자

5. 해양항행선박이 항행을 계속할 수 없는 하천·**호소(湖沼)**[51] 등 「해사안전법」의 적용대상이 아닌 장소에서 제30조 제1항을 위반하여 술에 취한 상태에서 낚시어선을 조종하거나 술에 취한 상

---

51) ★ 호소 : 호수와 늪

태에 있는 자에게 낚시어선을 조종하게 한 자

6. 해상항행선박이 항행을 계속할 수 없는 하천·호소 등 「해사안
전법」의 적용대상이 아닌 장소에서 술에 취한 상태라고 인정할
만한 상당한 이유가 있는데도 제30조 제2항에 따른 관계 공무원
의 측정에 따르지 아니한 자

7. 제34조 제1항에 따른 출항제한 조치를 위반하고 출항한 자

ㄴ 제34조(출항의 제한) ① 출입항신고기관의 장은 기상과 해상상황에 관한 정보 등을 고
려하여 낚시어선업자·선원·승객의 안전을 위하여 필요하다고 인정할 때에는 낚시어
선의 출항을 제한할 수 있다.

8. 제35조 제1항 제1호·제2호에 따른 명령을 거부하거나 기피한 자

ㄴ 제35조(안전운항 등을 위한 조치) ① 시장·군수·구청장은 낚시어선의 안전운항과 사
고방지 및 그 밖에 낚시어선업의 질서유지를 위하여 특히 필요하다고 인정할 때에는
관할 경찰서장 또는 해양경찰서장의 의견을 들어 낚시어선업자에게 다음 각 호의 지
시나 조치를 명할 수 있다.
　1. 영업시간이나 운항횟수의 제한
　2. 영업구역의 제한 또는 영업의 일시정지
　3. 그 밖에 낚시어선의 안전운항과 사고방지 및 낚시어선업의 질서유지를 위하여
　　필요하다고 인정하는 사항
② 시장·군수·구청장은 낚시어선의 안전운항, 승객의 안전사고 예방, 수질오염의 방
지 및 수산자원의 보호 등을 위하여 낚시어선의 승객이 준수하여야 하는 사항을 정하
여 고시하여야 한다.

9. 제38조 제1항에 따라 영업이 폐쇄된 낚시어선업을 계속한 자

제54조(양벌규정) 제53조 해당

제54조(과태료) ① 다음 각 호의 어느 하나에 해당하는 자에게는 300

만 원 이하의 과태료를 부과한다.

1. 제6조 제1항에 따라 지정·고시한 낚시통제구역에서 낚시를 한 자
2. 제7조 제1호를 위반하여 낚시도구나 미끼를 낚시 용도로 사용하지 아니하고 버린 자
3. 제7조 제2호에 따른 낚시제한기준을 위반하여 수산동물을 잡은 자
4. 제8조 제1항 본문을 위반하여 유해 낚시도구를 사용·판매(불특정 다수인에게 제공하는 행위를 포함한다)하거나 판매할 목적으로 저장·운반 또는 진열한 자
5. 제20조 제1항 제2호부터 제4호까지의 규정에 따른 낚시터업자와 그 종사자의 준수사항을 위반한 자
6. 제21조 제3항을 위반하여 낚시터업의 승계사실을 정하여진 기한까지 신고하지 아니한 자
7. 제29조 제2항·제3항에 따른 낚시어선업자 등의 안전운항의무를 위반한 자
8. 해상항행선박이 항행을 계속할 수 없는 하천·호소 등 「해사안전법」의 적용대상이 아닌 장소에서 제30조 제5항에 따른 조종·승선 제한조치 등을 위반한 자
9. 제35조 제1항 제3호에 따른 명령을 거부하거나 기피한 자
10. 제37조 제1항에 따른 사고발생 보고를 하지 아니하거나 사고수습을 위한 조치를 하지 아니한 자
11. 제41조를 위반하여 미끼기준에 적합하지 아니한 미끼를 판매하거나 판매할 목적으로 사용·저장·운반 또는 진열한 자
12. 제42조에 따른 압류·폐기를 거부·방해·기피하거나 미끼기준에 적합하지 아니한 미끼에 대한 회수·폐기 또는 안전상의 위

해제거 조치명령을 거부·방해·기피한 자

13. 제47조 제1항에 따른 낚시터업자 등에 대한 전문교육을 이수하지 아니한 자

    ㄴ, 제47조(교육홍보) ① 낚시터업자와 낚시어선업자는 낚시인의 안전과 수산자원의 보호 등을 위하여 해양수산부장관이 실시하는 전문교육을 받아야 한다.

14. 제50조 제1항에 따른 보고나 자료제출을 거부하거나 거짓으로 보고 또는 자료제출을 한 자

15. 제50조 제3항에 따른 검사를 할 때 정당한 사유 없이 관계 공무원의 출입 등을 거부·방해 또는 기피한 자

제35장 내수면어업법

제1절 법률의 이해

「내수면어업법」은 내수면어업에 관한 기본적인 사항을 정하여 내수면(內水面)을 종합적으로 이용·관리하고, 수산자원을 보호·육성하는 것 등을 목적으로 한다. "내수면"이란 하천, 댐, 호수, 늪, 저수지와 그 밖에 인공적으로 조성된 담수(潭水)나 기수(바닷물과 민물이 섞인 물)의 물흐름 또는 수면을 말한다.

이 법은 공공용 수면(국가·지방자치단체 및 공공단체가 소유나 관리하는 수면)에도 적용한다. 이 법에 규정한 것을 제외하고는 「수산업법」 및 「수산자원관리법」의 관련 규정을 적용한다(제22조). 이 법의 주관부처는 해양수산부(양식산업과)이다.

제2절 법령의 규정

제25조(벌칙) ① 제19조를 위반하여 폭발물, 유독물 또는 전류를 사용하여 내수면에서 수산동식물을 포획·채취한 자는 2년 이하의 징역 또는 2천만 원 이하의 벌금에 처한다.

② 다음 각 호의 어느 하나에 해당하는 자는 1년 이하의 징역 또는 500만 원 이하의 벌금에 처한다.

1. 제6조 제1항 또는 제9조 제1항에 따른 면허 또는 허가를 받지 아니하고 어업을 한 자

   ㄴ 내수면에서 양식어업, 정치망어업(定置網漁業) 및 공동어업(지역주민의 공동이익을 위하여 일정한 수면을 전용하여 수산자원을 조성·관리하여 수산동식물을 포획·채취하는 어업)을 하려는 자는 특별자치도지사·시장·군수·구청장의 면허를 받아야 한다(법 제6조 제1항).

   ㄴ 내수면에서 자망어업(刺網漁業)·종묘채포어업(種苗採捕漁業)·연승어업(延繩漁業 : 주낙을 사용하여 수산동물을 포획하는 어업)·패류채취어업·낭장망어업(囊長網漁業 : 낭장망을 이용하여 수산동물을 포획하는 어업)·각망어업(角網漁業 : 각망을 설치하여 수산동물을 포획하는 어업)을 하려는 자는 특별자치도지사·시장·군수·구청장의 허가를 받아야 한다(법 제9조 제1항).

2. 거짓이나 그 밖의 부정한 방법으로 제6조 제1항 또는 제9조 제1항에 따른 면허 또는 허가를 받은 자

3. 제16조 제1항에 따른 어업의 제한·정지 처분을 위반한 자

   ㄴ 특별자치도지사·시장·군수·구청장이 일정한 사유로 인하여 면허·허가 또는 신고한 어업을 제한 또는 정지한 경우를 말한다.

4. 삭제

5. 제19조의2 제1항을 위반하여 하천의 일부를 어류(魚類)의 이동통

로로 개방하지 아니한 자

6. 제19조의2 제2항에 따른 시 · 도지사 또는 시장 · 군수 · 구청장의 어업 제한조치를 위반한 자

7. 제19조의2 제3항을 위반하여 하천의 일부를 개방하지 아니하거나 어도(魚道)를 설치하지 아니한 자

8. 제21조의2에 따른 포획 · 채취 금지를 위반하여 내수면 수산자원을 포획 · 채취한 자

    ㄴ, 제21조의2(포획 · 채취 금지) ① 해양수산부장관은 내수면 수산자원의 번식 · 보호를 위하여 필요하다고 인정하면 내수면 수산자원의 포획 · 채취금지 기간 · 구역 · 체장(體長) · 체중 등을 정할 수 있다.

    ② 제1항에 따른 내수면 수산자원의 포획 · 채취금지 기간 · 구역 · 체장 · 체중 등 포획 · 채취금지의 세부 내용은 대통령령으로 정한다.

        ㄴ, "내수면 수산자원의 포획 · 채취가 금지되는 기간 · 구역 및 체장은 시행령 제17소 별표1에서 규정한다.

9. 제22조에 따라 준용되는 「수산자원관리법」 제17조를 위반하여 포획 · 채취한 수산자원이나 그 제품을 소지 · 유통 · 가공 · 보관 또는 판매한 자

    ㄴ, 「수산자원관리법」 제17조(불법어획물의 판매 등의 금지) 누구든지 이 법 또는 「수산업법」에 따른 명령을 위반하여 포획 · 채취한 수산자원이나 그 제품을 소지 · 유통 · 가공 · 보관 또는 판매하여서는 아니 된다.

10. 제22조에 따라 준용되는 「수산자원관리법」 제47조 제2항을 위반하여 보호수면에서 공사를 하거나 같은 조 제3항을 위반하여 보호수면에서 수산자원을 포획 · 채취한 자

    ㄴ, 「수산자원관리법」 제47조(보호수면의 관리) ② 보호수면52)(항만구역은 제외한다)에서

---

52) ★ 보호수면 : 수산자원의 산란(産卵), 종묘발생이나 치어(稚魚 : 새끼물고기)의

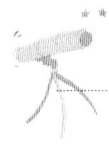

매립·준설하거나 유량(流量) 또는 수위(水位)의 변경을 가져올 우려가 있는 공사를 하려는 자는 해양수산부장관, 관할 시·도지사 또는 관할 시장·군수·구청장의 승인을 받아야 한다.

11. 제22조에 따라 준용되는 「수산자원관리법」 제52조 제2항을 위반하여 허가대상행위에 대하여 허가를 받지 아니하고 행위를 하거나 허가내용과 다르게 행위를 한 자

ㄴ, 「수산자원관리법」 제52조(수산자원보호구역에서의 행위제한 등) ② 수산자원보호구역에서는 「국토의 계획 및 이용에 관한 법률」 제57조 및 같은 법 제76조에도 불구하고 제1항에 따른 도시·군계획사업에 따른 경우를 제외하고는 다음 각 호의 어느 하나에 해당하는 행위에 한하여 그 구역을 관할하는 관리관청의 허가를 받아 할 수 있다.

1. 수산자원의 보호 또는 조성 등을 위하여 필요한 건축물, 그 밖의 시설 중 대통령령으로 정하는 종류와 규모의 건축물 그 밖의 시설을 건축하는 행위
2. 주민의 생활을 영위하는 데 필요한 건축물, 그 밖의 시설을 설치하는 행위로서 대통령령으로 정하는 행위
3. 「산림자원의 조성 및 관리에 관한 법률」 또는 「산지관리법」에 따른 조림, 육림, 임도의 설치, 그 밖에 대통령령으로 정하는 행위

제26조(몰수 등) ① 제25조의 경우에 법인이 소유하거나 소지한 어획물·어선·어구·폭발물 또는 유독물은 몰수할 수 있다.

② 제1항에 따른 법인이 소유하거나 소지한 물건의 전부 또는 일부를 몰수할 수 없을 때에는 그 가액을 추징할 수 있다.

제27조(과태료) ① 다음 각 호의 어느 하나에 해당하는 자에게는 500만 원 이하의 과태료를 부과한다.

1. 제11조 제1항 또는 제2항에 따른 신고를 하지 아니하고 어업을

성장에 필요하다고 인정되는 수면에 대하여 해양수산부장관 또는 시·도지사가 지정한 수면을 말한다.

250

한 자

2. 제19조의7 제1항 또는 제2항에 따른 시정 또는 조치명령이나 추가설치명령을 이행하지 아니한 자

② 다음 각 호의 어느 하나에 해당하는 자에게는 300만 원 이하의 과태료를 부과한다.

1. 제18조에 따른 유어질서를 위반한 자

ㄴ. 제18조(유어질서) 특별자치도지사·시장·군수·구청장은 내수면 수산자원의 증식·보호 및 내수면 생태계의 보호와 유어질서(遊漁秩序) 확립 등을 위하여 대통령령으로 정하는 바에 따라 낚시 등 유어행위에 대하여 어구, 시기, 대상, 지역 등을 제한할 수 있다.

1의2. 제19조의6 제3항을 위반하여 정당한 사유 없이 조사 또는 열람을 거부·방해 또는 기피한 자

2. 제22조에 따라 준용되는 「수사자원관리법」 제16조를 위반하여 명령을 이행하지 아니한 자

제36장 농수산물 품질관리법

제1절 법률의 이해

이 법은 농수산물의 적절한 품질관리를 통하여 농수산물의 안정성 확보, 상품성 향상 및 공정·투명한 거래 유도 등을 목적으로 한다. 이 법의 주관부처는 농림축산식품부(소비정책과), 식품의약품안전처(농축수산물정책과) 및 해양수산부(어촌양식정책과)이다.

제2절 법령의 규정

제117조(벌칙) 다음 각 호의 어느 하나에 해당하는 자는 7년 이하의 징역 또는 1억 원 이하의 벌금에 처한다. 이 경우 징역과 벌금은 병과할 수 있다.

1. 제57조 제1호를 위반하여 <u>유전자변형농수산물[53]</u>의 표시를 거짓으로 하거나 이를 혼동하게 할 우려가 있는 표시를 한 유전자변형농수산물 표시의무자

   ∟. 제56조(유전자변형농수산물의 표시) ① 유전자변형농수산물을 생산하여 출하하는 자, 판매하는 자 또는 판매할 목적으로 보관·진열하는 자는 대통령령으로 정하는 바에 따라 농수산물에 유전자변형농수산물임을 표시하여야 한다.

2. 제57조 제2호를 위반하여 유전자변형농수산물의 표시를 혼동하게 할 목적으로 그 표시를 손상·변경한 유전자변형농수산물표시 표시의무자

3. 제57조 제3호를 위반하여 유전자변형농수산물의 표시를 한 농수산물에 다른 농수산물을 혼합하여 판매하거나 혼합하여 판매할 목적으로 보관 또는 진열한 유전자변형농수산물 표시의무자

제118조(벌칙) 제73조 제1항 제1호 또는 제2호를 위반하여 「해양환경관리법」 제2조 제5호에 따른 <u>기름[54]</u>을 배출한 자는 5년 이하의 징역

---

53) ★ 유전자변형농수산물 : 인공적으로 유전자를 분리하거나 재조합하여 의도한 특성을 갖도록 한 농수산물을 말한다.

54) ★ 기름 : 「해양환경관리법」 제2조 제5호에서는 "기름"이란 「석유 및 석유대체연료사업법」에 따른 원유 및 석유제품(석유가스를 제외한다)과 이들을 함유하고 있

또는 5천만 원 이하의 벌금에 처한다.

  ㄴ, 제73조(지정해역 및 주변해역에서의 제한 또는 금지) ① 누구든지 지정해역55) 및 지정해역으
  로부터 1킬로미터 이내에 있는 해역(이하 "주변해역"이라 한다)에서 다음 각 호의 어느 하나
  에 해당하는 행위를 하여서는 아니 된다.
    1. 「해양환경관리법」 제22조 제1항 제1호부터 제3호까지 및 같은 조 제2항에도 불구하고
       같은 법 제2조 제11호에 따른 오염물질을 배출하는 행위
    2. 「수산업법」 제8조 제1항 제4호에 따른 어류등양식어업(이하 "양식어업"이라 한다)을 하
       기 위하여 설치한 양식어장의 시설(이하 "양식시설"이라 한다)에서 「해양환경관리법」
       제2조 제11호에 따른 오염물질을 배출하는 행위
         ㄴ, 「해양환경관리법」 제2조 제11호의 규정에 의한 "오염물질"이란 해양에 유입 또
         는 해양에 배출되어 해양환경에 해로운 결과를 미치거나 미칠 우려가 있는 폐기
         물·기름·유해액체물질 및 포장유해물질을 말한다.

제119조(벌칙) 다음 각 호의 어느 하나에 해당하는 자는 3년 이하의
징역 또는 3천만 원 이하의 벌금에 처한다.

  1. 제29조 제1항 제1호를 위반하여 우수표시품56)이 아닌 농수산물
     (우수관리인증농산물이 아닌 농산물의 경우에는 제7조 제4항에
     따른 인증을 받지 아니한 농산물을 포함한다) 또는 농수산가공
     품에 우수표시품의 표시를 하거나 이와 비슷한 표시를 한 자
  1의2. 제29조 제1항 제2호를 위반하여 우수표시품이 아닌 농수산물
     (우수관리인증농산물이 아닌 농산물의 경우에는 제7조 제4항에
     따른 인증을 받지 아니한 농산물을 포함한다) 또는 농수산가공
     품을 우수표시품으로 광고하거나 우수표시품으로 잘못 인식할

는 액체상태의 유성혼합물 및 폐유를 말한다고 규정하였다.

55) ★ 지정해역 : 해양수산부장관이 위생관리기준에 맞는 해역을 지정하여 고시한
해역을 말한다.

56) ★ 우수표시품 : 표준규격품, 우수관리인증농산물, 품질인증품 및 이력추적관리
농수산물을 말한다.

수 있도록 표시한 자

2. 제29조 제2항을 위반하여 다음 각 목의 어느 하나에 해당하는 행위를 한 자

　가. 제5조 제2항에 따라 표준규격품의 표시를 한 농수산물에 표준규격품이 아닌 농수산물 또는 농수산가공품을 혼합하여 판매하거나 혼합하여 판매할 목적으로 보관하거나 진열하는 행위

　나. 제6조 제6항에 따라 우수관리인증의 표시를 한 농산물에 우수관리인증농산물이 아닌 농산물(제7조 제4항에 따른 승인을 받지 아니한 농산물을 포함한다) 또는 농산가공품을 혼합하여 판매하거나 혼합하여 판매할 목적으로 보관하거나 진열하는 행위

　다. 제14조 제3항에 따라 품질인증품의 표시를 한 수산물 또는 수산특산물에 품질인증품이 아닌 수산물 또는 수산가공품을 혼합하여 판매하거나 혼합하여 판매할 목적으로 보관 또는 진열하는 행위

　라. 삭제

　마. 제24조 제4항에 따라 <u>이력추적관리[57]</u>의 표시를 한 농수산물에 이력추적관리의 등록을 하지 아니한 농수산물 또는 농수산가공품을 혼합하여 판매하거나 혼합하여 판매할 목적으로 보관하거나 진열하는 행위

3. 제38조 제1항을 위반하여 <u>지리적표시품[58]</u>이 아닌 농수산물 또는

---

57) ★ 이력추적관리 : 농수산물(축산물은 제외한다)의 안전성 등에 문제가 발생할 경우 해당 농수산물을 추적하여 원인을 규명하고 필요한 조치를 할 수 있도록 농수산물의 생산단계부터 판매단계까지 각 단계별로 정보를 기록·관리하는 것을 말한다.

농수산가공품의 포장·용기·선전물 및 관련서류에 지리적표시나 이와 비슷한 표시를 한 자

4. 제38조 제2항을 위반하여 지리적표시품에 지리적표시품이 아닌 농수산물 또는 농수산가공품을 혼합하여 판매하거나 혼합하여 판매할 목적으로 보관 또는 진열한 자

5. 제72조 제1항 제1호 또는 제2호를 위반하여 「해양환경관리법」 제2조 제4호에 따른 폐기물, 같은 조 제7호에 따른 유해액체물질 또는 같은 조 제8호에 따른 포장유해물질을 배출한 자

6. 제101조 제1호를 위반하여 거짓이나 그 밖의 부정한 방법으로 제79조에 따른 농산물의 검사, 제85조에 따른 농산물의 재검사, 제88조에 따른 농산물 및 수산가공품의 검사, 제96조에 따른 수산물 및 수산가공품의 재검사 및 제98조에 따른 검정을 받은 자

7. 제101조 제2호를 위반하여 검사를 받아야 하는 수산물 및 수산가공품에 대하여 검사를 받지 아니한 자

8. 제101조 제3호를 위반하여 검사 및 검정결과의 표시, 검사증명서 및 검정증명서를 위조하거나 변조한 자

9. 제101조 제5호를 위반하여 검정결과에 대하여 거짓광고나 과대광고를 한 자

제120조(벌칙) 다음 각 호의 어느 하나에 해당하는 자는 1년 이하의 징역 또는 1천만 원 이하의 벌금에 처한다.

---

58) ★ 지리적표시품 : 농수산물 또는 농수산가공품의 명성·품질, 그 밖의 특징이 본질적으로 특정 지역의 지리적 특성에 기인하는 경우 해당 농수산물 또는 농수산가공품이 그 특정 지역에서 생산·제조 및 가공되었음을 나타내는 표시를 말한다.

1. 제24조 제2항을 위반하여 이력추적관리의 등록을 하지 아니한 자

   ㄴ, 제24조(이력추적관리) ① 다음 각 호의 어느 하나에 해당하는 자 중 이력추적관리를 하려는 자는 농림축산식품부장관 또는 해양수산부장관에게 등록하여야 한다.

      1. 농수산물(축산물은 제외한다)을 생산하는 자

      2. 농수산물을 유통 또는 판매하는 자(표시 · 포장을 변경하지 아니한 유통 · 판매자는 제외한다)

   ② 제1항에도 불구하고 대통령령으로 정하는 농수산물을 생산하거나 유통 또는 판매하는 자는 농림축산식품부장관 또는 해양수산부장관에게 이력추적관리의 등록을 하여야 한다.

      ㄴ, 시행령은 "대통령령으로 정하는 농수산물"에 관한 규정을 두지 않았다.

2. 제31조 제1항 또는 제40조에 따른 시정명령(제31조 제1항 제3호 또는 제40조 제2호에 따른 표시방법에 대한 시정명령은 제외한다), 판매금지 또는 표시정지처분에 따르지 아니한 경우

3. 제31조 제2항에 따른 시정명령(제31조 제1항 제3호에 따른 표시방법에 대한 시정명령은 제외한다)이나 판매금지조치에 따르지 아니한 자

4. 제59조 제1항에 따른 처분을 이행하지 아니한 자

   ㄴ, 제59조(유전자변형농수산물의 표시위반에 대한 처분) ① 식품의약품안전처장은 제56조 또는 제57조를 위반한 자에 대하여 다음 각 호의 어느 하나에 해당하는 처분을 할 수 있다.

      1. 유전자변형농수산물 표시의 이행 · 변경 · 삭제 등 시정명령

      2. 유전자변형 표시를 위반한 농수산물판매 등 거래행위의 금지

5. 제59조 제2항에 따른 공표명령을 이행하지 아니한 자

   ㄴ, 제59조 ② 식품의약품안전처장은 제57조를 위반한 자에게 제1항에 따른 처분을 한 경우에는 처분을 받은 자에게 해당 처분을 받았다는 사실을 공표할 것을 명할 수 있다.

6. 제63조 제1항에 따른 조치를 이행하지 아니한 자

   ㄴ, 제63조(안전성검사 결과에 따른 조치) ① 식품의약품안전처장이나 시 · 도지사는 생산과

정에 있는 농수산물 또는 농수산물의 생산을 위하여 이용·사용하는 농지·어장·용수·자재 등에 대하여 안전성 조사를 한 결과 생산단계 안전기준을 위반한 경우에는 해당 농수산물을 생산한 자 또는 소유한 자에게 다음 각 호의 조치를 하게 할 수 있다.

    1. 해당 농수산물의 폐기, 용도 전환, 출하 연기 등의 처리

    2. 해당 농수산물의 생산에 이용·사용한 농지·어장·용수(用水)·자재 등의 개량 또는 이용·사용의 금지

    3. 그 밖에 총리령으로 정하는 조치

        ㄴ. 총리령으로 정하는 조치에 관하여는 규정하지 않았다.

7. 제73조 제2항에 따른 동물용 의약품을 사용하는 행위를 제한하거나 금지하는 조치에 따르지 아니한 자

  ㄴ. 해양수산부장관은 지정해역에서 생산되는 수산물의 오염을 방지하기 위하여 양식어업의 어업권자(「수산업법」 제19조에 따라 인가를 받아 어업권의 이전·분할 또는 변경을 받은 자와 양식시설의 관리를 책임지고 있는 자를 포함한다)가 지정해역 및 주변해역 안의 해당 양식시설에서 「약사법」 제85조에 따른 동물용 의약품을 사용하는 행위를 제한하거나 금지할 수 있다. 다만, 지정해역 및 주변해역에서 수산물의 질병 또는 전염병이 발생한 경우로서 「수산생물질병 관리법」 제2조 제13호에 따른 수산질병관리사나 「수의사법」 제2조 제1호에 따른 수의사의 진료에 따라 동물용 의약품을 사용하는 경우에는 예외로 한다.

8. 제77조에 따른 정지해역에서 수산물의 생산제한조치에 따르지 아니한 자

9. 제78조에 따른 생산·가공·출하 및 운반의 시정·제한·중지 명령을 위반하거나 생산·가공시설 등의 개선·보수명령을 이행하지 아니한 자

9의2. 제98조의2 제1항에 따른 조치를 이행하지 아니한 자

  ㄴ. 제98조의2(검정결과에 따른 조치) ① 농림축산식품부장관 또는 해양수산부장관은 제98조 제1항 제1호 및 제2호에 따른 검정을 실시한 결과 유해물질이 검출되어 인체에 해를 끼칠 수 있다고 인정되는 농수산물 및 농산가공품에 대하여 생산자 또는 소유자에게 폐기하거나 판매금지 등을 하게 하여야 한다.

② 농림축산식품부장관 또는 해양수산부장관은 생산자 또는 소유자가 제1항의 명령을 이행하지 아니하거나 농수산물 및 농산가공품의 위생에 위해가 발생한 경우 농림수산식품부령 또는 해양수산부령으로 정하는 바에 따라 검정결과를 공개하여야 한다.

10. 제101조 제2호를 위반하여 검사를 받아야 하는 농산물에 대하여 검사를 받지 아니한 자

11. 제101조 제4호를 위반하여 검사를 받지 아니하고 해당 농수산물이나 수산가공품을 판매·수출하거나 판매·수출을 목적으로 보관 또는 진열한 자

12. 제108조 제2항을 위반하여 다른 사람에게 농산물품질관리사 또는 수산물품질관리사의 명의를 사용하게 하거나 그 자격증을 빌려준 자

제121조(과실범) 과실로 제118조의 죄를 범한 자는 3년 이하의 징역 또는 3천만 원 이하의 벌금에 처한다.

제122조(양벌규정) 제117부터 제121조까지 해당

제123조(과태료) ① 다음 각 호의 어느 하나에 해당하는 자에게는 1천만 원 이하의 과태료를 부과한다.

1. 제13조 제1항, 제19조 제1항, 제30조 제1항, 제39조 제1항, 제58조 제1항, 제62조 제1항, 제76조 제3항 및 제102조 제1항에 따른 수거·조사·열람 등을 거부·방해 또는 기피한 자

2. 제24조 제2항에 따라 등록한 자로서 같은 조 제3항을 위반하여 변경신고를 아니한 자

   ┗ 이력추적관리 등록자를 말한다.

3. 제24조 제2항에 따라 등록한 자로서 같은 조 제4항을 위반하여 이력추적관리의 표시를 하지 아니한 자

4. 제24조 제2항에 따라 등록한 자로서 같은 조 제5항을 위반하여 이력추적관리기준을 지키지 아니한 자

5. 제31조 제1항 제3호·제2항(제31조 제1항 제3호의 경우에 한정한다) 또는 제40조 제2항에 따른 표시방법에 대한 시정명령에 따르지 아니한 자

6. 제56조 제1항을 위반하여 유전자변형농수산물의 표시를 하지 아니한 자

7. 제56조 제2항에 따른 유전자변형농수산물 표시방법을 위반한 자

제112조(포상금) 식품의약품안전처장은 제56조 또는 제57조를 위반한 자를 주무관청 또는 수사기관에 신고하거나 고발한 자 등에게는 대통령령으로 정하는 바에 따라 예산의 범위에서 포상금을 지급할 수 있다.

└ 제56조와 제57조는 유전자변형농수산물의 표시에 관한 규정이다. 포상금의 금액, 지급절차 등에 관하여는 졸고 〈신고포상금〉에서 자세히 설명하였다.

제37장 농수산물유통 및 가격안정에 관한 법률

제1절 법률의 이해

이 법은 농수산물의 유통을 원활히 하고, 농수산물의 적정한 가격을 유지하게 하는 것 등을 목적으로 한다. 이 법의 주관부처는 농림축산식품부(유통정책과) 및 해양수산부(유통가공과)이다.

제2절 법령의 규정

제86조(벌칙) 다음 각 호의 어느 하나에 해당하는 자는 2년 이하의 징역 또는 2천만 원 이하의 벌금에 처한다.

1. 도매시장의 개설구역이나 공판장 또는 민영도매시장이 개설된 특별시 · 광역시 · 특별자치시 · 특별자치도 또는 시의 관할구역에서 제17조 또는 제47조에 따른 허가를 받지 아니하고 농수산물의 도매를 목적으로 지방도매시장 또는 민영도매시장을 개설한 자

   ㄴ "지방도매시장"이란 중앙도매시장 외의 농수산물도매시장을 말한다. "중앙도매시장"이란 특별시 · 광역시 · 특별자치시 또는 특별자치도가 개설한 농수산물도매시장 중 해당 관할구역 및 그 인접지역에서 도매의 중심이 되는 농수산물도매시장으로서 농림축산부령 또는 해양수산부령으로 정하는 것을 말한다.

   ㄴ "민영도매시장"이란 국가, 지방자치단체 및 농수산물공판장을 개설할 수 있는 자 외의 자가 농수산물을 도매하기 위하여 제47조에 따라 시 · 도지사의 허가를 받아 특별시 · 광역시 · 특별자치시 · 특별자치도 또는 시 지역에 개설하는 시장을 말한다.

2. 제23조 제1항에 따른 지정을 받지 아니하거나 지정유효기간이 지난 후 도매시장법인의 업무를 한 자

   ㄴ "도매시장법인"이란 제23조에 따라 농수산물도매시장의 개설자로부터 지정을 받고 농수산물을 위탁받아 상장(上場)하여 도매하거나 이를 매수하여 도매하는 법인(제24조에 따라 도매시장법인의 지정을 받은 것으로 보는 공공출자법인을 포함한다)을 말한다.

3. 제25조 제1항(제46조 제2항에 따라 준용되는 경우를 포함한다)에 따른 허가를 받지 아니하고 중도매인의 업무를 한 자

   ㄴ "중도매인(仲都賣人)"이란 제25조, 제44조, 제46조 또는 제48조에 따라 농수산물도매시장 · 농수산물공판장 또는 민영농수산물도매시장의 개설자의 허가 또는 지정을 받아 다음 각 목의 업무를 하는 자를 말한다.

가. 농수산물도매시장·농수산물공판장 또는 민영농수산물도매시장에 상장된 농수산
물을 매수하여 도매하거나 매매를 중개하는 영업

나. 농수산물도매시장·농수산물공판장 또는 민영농수산물도매시장의 개설자로부터
허가를 받은 비상장(非上場) 농수산물을 매수 또는 위탁받아 도매하거나 매매를
중개하는 영업

4. 제29조 제1항(제46조 제3항에 따라 준용되는 경우를 포함한다)에
따른 등록을 하지 아니하고 산지유통인의 업무를 한 자

ㄴ, "산지유통인(産地流通人)"이란 제29조, 제44조, 제46조 또는 제48조에 따라 농수산물
도매시장·농수산물공판장 또는 민영농수산물도매시장의 개설자에게 등록하고, 농수산
물을 수집하여 농수산물도매시장·농수산물공판장 또는 민영농수산물도매시장에 출하
(出荷)하는 영업을 하는 자(법인을 포함한다)를 말한다.

5. 제35조 제1항을 위반하여 도매시장 외의 장소에서 농수산물의
판매업무를 하거나 같은 조 제4항을 위반하여 농수산물 판매업
무 외의 사업을 겸영한 자

ㄴ, 도매시장법인은 도매시장 외의 장소에서 농수산물의 판매업무를 하지 못한다(법 제35
조 제1항).

6. 제36조 제1항에 따른 지정을 받지 아니하거나 지정유효기간이
지난 후 도매시장 안에서 시장도매인의 업무를 한 자

ㄴ, "시장도매인"이란 제36조 또는 제48조에 따라 농수산물도매시장 또는 민영농수산물도
매시장의 개설자로부터 지정을 받고 농수산물을 매수 또는 위탁받아 도매하거나 매매
를 중개하는 영업을 하는 법인을 말한다.

7. 제43조 제1항에 따른 승인을 받지 아니하고 공판장을 개설한 자

ㄴ, "농수산물공판장"이란 지역농업협동조합, 지역축산업협동조합, 품목별·업종별협동조합,
조합공동사업법인, 품목조합연합회, 산림조합 및 수산업협동조합과 그 중앙회(농협경제
지주회사를 포함한다. 이하 "농림수협등"이라 한다), 그 밖에 대통령령으로 정하는 생
산자관련단체와 공익상 필요하다고 인정되는 법인으로서 대통령령으로 정하는 법인(이

하 "공익법인"이라 한다)이 농수산물을 도매하기 위하여 제43조에 따라 특별시장·광
역시장·특별자치시장·도지사 또는 특별자치도지사(이하 "시·도지사"라 한다)의 승인
을 받아 개설·운영하는 사업장을 말한다.
　"대통령령으로 정하는 생산자 관련 단체"란 농업회사법인·어업회사법인, 농협경제지주
　회사의 자회사를 말한다(시행령 제3조 제1항).

8. 제82조 제2항 또는 제5항에 따른 업무정지처분을 받고도 그 업
(業)을 계속한 자

　ㄴ. 지방도매시장 및 민영도매시장의 개설자가 여기에 해당할 수 있다.

제87조(벌칙) 제15조 제3항에 따라 수입추천신청을 할 때에 정한 용
도 외의 용도로 수입농산물을 사용한 자는 2년 이하의 징역 또는 1천
만 원 이하의 벌금에 처한다.

　ㄴ. 「세계무역기구 설립을 위한 마라케쉬협정」에 따른 대한민국 양허표(讓許表)상의 시장접근물량
　에 적용되는 양허세율로 수입하는 농산물 중 다른 법률에서 달리 정하지 아니한 농산물을 수
　입하려는 자는 농림축산식품부장관의 추천을 받아야 한다(법 제15조 제1항).

제88조(벌칙) 다음 각 호의 어느 하나에 해당하는 자는 1년 이하의
징역 또는 1천만 원 이하의 벌금에 처한다.

1. 삭제
2. 제23조의2 제1항(제25조의2, 제36조의2에 따라 준용되는 경우를
포함한다)을 위반하여 인수·합병을 한 자

　ㄴ. 도매시장법인이 다른 도매시장법인을 인수하거나 합병하는 경우에는 해당 도매시장 개
　설자의 승인을 얻어야 한다. 법인인 중도매인 및 시장도매인이 이를 준용한다.

3. 제25조 제5항(제46조 제2항의 규정에 따라 준용되는 경우를 포함
한다)을 위반하여 다른 중도매인 또는 매매참가인의 거래참가를
방해하거나 정당한 사유 없이 집단적으로 경매 또는 입찰에 불

참한 자

ㄴ, 중도매인 및 도매시장공판장의 중도매인이 여기에 해당한다.

4. 제27조 제2항 및 제3항을 위반하여 경매사를 임면(任免)한 자

ㄴ, 제27조는 경매사의 자격에 관한 규정이다.

5. 제29조 제2항(제46조 제3항에 따라 준용되는 경우를 포함한다)을 위반하여 산지유통인의 업무를 한 자

ㄴ, 도매시장법인, 중도매인 및 이들의 주주 또는 임직원은 해당 도매시장에서 산지유통인의 업무를 하여서는 아니 된다.

6. 제29조 제4항(제46조 제3항에 따라 준용되는 경우를 포함한다)을 위반하여 출하업무 외의 판매 · 매수 또는 중개업무를 한 자

ㄴ, 산지유통인은 등록된 도매시장에서 농수산물의 출하업무 외의 판매 · 매수 또는 중개업무를 하여서는 아니 된다.

7. 제31조 제1항을 위반하여 매수하거나 거짓으로 위탁받은 자 또는 제31조 제2항을 위반하여 상장된 농수산물 외의 농수산물을 거래한 자(제46조 제1항 또는 제2항에 따라 준용되는 경우를 포함한다)

8. 제37조 제1항 단서에 따른 제한 또는 금지를 위반하여 농수산물을 위탁받아 거래한 자

ㄴ, 제37조(시장도매인의 영업) ① 시장도매인은 도매시장에서 농수산물을 매수 또는 위탁받아 매도하거나 매매를 중개할 수 있다. 다만, 도매시장개설자는 거래질서의 유지를 위하여 필요하다고 인정하는 경우 등 농림축산식품부령 또는 해양수산부령으로 정하는 경우에는 품목과 기간을 정하여 시장도매인이 농수산물을 위탁받아 도매하는 것을 제한 또는 금지할 수 있다.

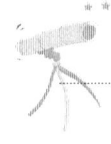

9. 제37조 제2항을 위반하여 해당 도매시장의 도매시장법인 또는 중도매인에게 농수산물을 판매한 자

ㄴ. 시장도매인은 해당 도매시장의 도매시장법인·중도매인에게 농수산물을 판매하지 못한다.

10. 제42조 제1항(제31조 제3항, 제45조 본문, 제46조 제1항·제2항, 제48조 제5항 또는 같은 조 제6항 본문에 따라 준용되는 경우를 포함한다)을 위반하여 수수료 등 비용을 징수한 자

11. 제69조 제4항에 따른 조치명령을 위반한 자

ㄴ. 농림축산식품부장관, 해양수산부장관 또는 지방자치단체의 장은 국가·지방자치단체의 위탁을 받아 종합유통센터를 운영하는 자 및 국가·지방자치단체의 지원을 받아 종합유통센터를 운영하는 자 또는 이를 이용하는 자에게 운영방법 및 출하농어가에 대한 서비스의 개선 또는 이용방법의 준수 등 필요한 권고를 할 수 있다. 이 권고를 이행하지 아니하는 경우에는 일정한 기간을 정하여 필요한 조치를 할 것을 명할 수 있다.

제89조(양벌규정) 제86조부터 제88조까지 해당

제90조(과태료) ① 다음 각 호의 어느 하나에 해당하는 자에게는 1천만 원 이하의 과태료를 부과한다.

1. 제10조 제2항에 따른 유통명령을 위반한 자

ㄴ. 농림축산식품부장관 또는 해양수산부장관은 부패하거나 변질되기 쉬운 농수산물로서 농림축산식품부령 또는 해양수산부령으로 정하는 농수산물에 대하여 현저한 수급불안정을 해소하기 위하여 특히 필요하다고 인정되고, 농림축산식품부령 또는 해양수산부령으로 정하는 생산자등 또는 생산자단체가 요청할 때에는 공정거래위원회와 협의를 거쳐 일정 기간 동안 일정 지역의 해당 농수산물의 생산자등에게 생산조정 또는 출하조절을 하도록 하는 유통조절명령을 할 수 있다.

2. 제53조 제3항의 표준계약서와 다른 계약서를 사용하면서 표준계약서로 거짓 표시하거나 농림축산식품부 또는 그 표식(表式)을

사용한 매수인

> ㄴ. 제53조(포전매매의 계약) ① 농림축산식품부장관이 정하는 채소류 등 저장성이 없는
> 농산물의 포전매매(생산자가 수확하기 이전의 경작상태에서 면적단위 또는 수량단위로
> 매매하는 것을 말한다)의 계약은 서면에 의한 방식으로 하여야 한다. ③ 농림축산식품
> 부장관은 제1항에 따른 포전매매의 계약에 필요한 표준계약서를 정하여 보급하고 그
> 사용을 권장할 수 있으며, 계약 당사자는 표준계약서에 준하여 작성하여야 한다.

② 다음 각 호의 어느 하나에 해당하는 자에게는 500만 원 이하의 과태료를 부과한다.

1. 제53조 제1항을 위반하여 포전매매의 계약을 서면에 의한 방식으로 하지 아니한 매수인

2. 제74조 제2항에 따른 단속을 기피한 자

> ㄴ. 농림축산식품부장관, 해양수산부장관, 도지사 또는 도매시장개설자는 대통령령으로 정
> 하는 바에 따라 소속 공무원으로 하여금 이 법을 위반하는 자를 단속하게 할 수 있다.

3. 제79조 제1항에 따른 보고를 하지 아니하거나 거짓된 보고를 한 자

> ㄴ. 농림축산식품부장관, 해양수산부장관 또는 시·도지사는 도매시장·공판장 및 민영도매
> 시장 개설자로 하여금 그 재산 및 업무집행 상황을 보고하게 할 수 있으며, 농수산물의
> 가격 및 수급안정을 위하여 특히 필요하다고 인정할 때에는 도매시장법인으로 하여금
> 그 재산 및 업무집행 상황을 보고하게 할 수 있다.

제83조(과징금) ① 농림축산식품부장관, 해양수산부장관, 시·도지사 또는 도매시장 개설자는 도매시장법인등이 제82조 제2항에 해당하거나 중도매인이 제82조 제5항에 해당하여 업무정지를 명하려는 경우, 그 업무의 정지가 해당 업무의 이용자 등에게 심한 불편을 주거나 공익을 해칠 우려가 있을 때에는 업무의 정지를 갈음하여 도매시장법인등에게 는 1억 원 이하, 중도매인에게는 1천만 원 이하의 과징금을 부과할 수 있다.

제38장 농수산물의 원산지표시에 관한 법률

제1절 법률의 이해

이 법은 농산물 및 수산물과 그 가공품 등에 대하여 적정하고 합리적인 원산지표시를 하도록 하여 소비자의 알권리를 보장함과 아울러 공정한 거래를 유도하는 것 등을 목적으로 한다. 이 법의 주관부처는 농림축산식품부(소비정책과) 및 해양수산부(유통가공과)이다.

제2절 법령의 규정

제14조(벌칙) 제6조 제1항을 위반한 자는 7년 이하의 징역이나 1억원 이하의 벌금에 처하거나 이를 병과할 수 있다.

┗ 제6조(거짓표시 등의 금지) ① 누구든지 다음 각 호의 행위를 하여서는 아니 된다.

  1. 원산지표시를 거짓으로 하거나 이를 혼동하게 할 우려가 있는 표시를 하는 행위
  2. 원산지표시를 혼동하게 할 목적으로 그 표시를 손상 · 변경하는 행위
  3. 원산지를 위장하여 판매하거나, 원산지표시를 한 농수산물이나 그 가공품에 다른 농수산물이나 가공품을 혼합하여 판매하거나 판매할 목적으로 보관 또는 진열하는 행위

제15조(벌칙) 제6조 제2항을 위반한 자는 7년 이하의 징역이나 1억원 이하의 벌금에 처하거나 이를 병과할 수 있다.

┗ 제6조 ② 농수산물이나 그 가공품을 조리하여 판매 · 제공하는 자는 다음 각 호의 행위를 하여서는 아니 된다.

  1. 원산지표시를 거짓으로 하거나 이를 혼동하게 할 우려가 있는 표시를 하는 행위

    ┗ 제6조 제2항 제1호는 같은 조 제1항 제1호와 동일한 금지행위를 규정하였다. 그런데, 벌칙에서는 이들을 제14조와 제15조에서 각각 규정하였다. 법정의 형량

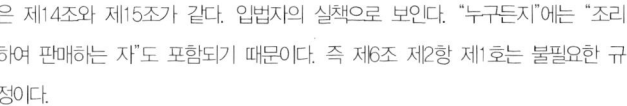

은 제14조와 제15조가 같다. 입법자의 실책으로 보인다. "누구든지"에는 "조리하여 판매하는 자"도 포함되기 때문이다. 즉 제6조 제2항 제1호는 불필요한 규정이다.

2. 원산지를 위장하여 조리·판매·제공하거나, 조리·판매·제공할 목적으로 농수산물이나 그 가공품의 원산지표시를 손상·변경하여 보관·진열하는 행위

3. 원산지표시를 한 농수산물이나 그 가공품에 원산지가 다른 동일 농수산물이나 그 가공품을 혼합하여 조리·판매·제공하는 행위

제16조(벌칙) 제9조 제1항에 따른 처분을 이행하지 아니한 자는 1년 이하의 징역이나 1천만 원 이하의 벌금에 처한다.

ㄴ, 제9조(원산지표시 등의 위반에 대한 처분 등) ① 농림축산식품부장관, 해양수산부장관 또는 시·도지사는 제5조와 제6조를 위반한 자에 대하여 다음 각 호의 어느 하나의 처분을 할 수 있다. 다만, 제5조 제3항을 위반한 자에 대한 처분은 제1호에 의한다.

1. 표시의 이행·변경·삭제 등 시정명령

2. 위반 농수산물이나 그 가공품의 판매 등 거래행위 금지

제16조의2(상습범) 상습으로 제14조 또는 제15조의 죄를 범한 자는 10년 이하의 징역 또는 1억 5천만 원 이하의 벌금에 처하거나 이를 병과할 수 있다.

제17조(양벌규정) 제14조부터 제16조까지 해당

제18조(과태료) ① 다음 각 호의 어느 하나에 해당하는 자에게는 1천만 원 이하의 과태료를 부과한다.

1. 제5조 제1항·제3항을 위반하여 원산지표시를 하지 아니한 자

2. 제5조 제4항에 따른 원산지의 표시방법을 위반한 자

ㄴ, 제5조(원산지표시) ④ 제1항이나 제3항에 따른 표시대상, 표시하여야 할 자, 표시기준은 대통령령으로 정하고, 표시방법과 그 밖에 필요한 사항은 농림축산식품부와 해양수

산부의 공동부령으로 정한다.

ㄴ. 원산지의 표시기준(시행령 제5조 제1항 관련)

1. 농수산물

가. 국산 농수산물

1) 국산 농산물 : "국산"이나 "국내산" 또는 그 농산물을 생산·채취·사육한 지역의 시·도명이나 시·군·구명을 표시한다.

2) 국산 수산물 : "국산"이나 "국내산" 또는 "연근해산"으로 표시한다. 다만, 양식수산물이나 연안정착성 수산물 또는 내수면 수산물의 경우에는 해당 수산물을 생산·채취·양식·포획한 지역의 시·도명이나 시·군·구명을 표시할 수 있다.

나. 원양산 수산물

1) 「원양산업발전법」 제6조 제1항에 따라 원양어업의 허가를 받은 어선이 해외수역에서 어획하여 국내에 반입한 수산물은 "원양산"으로 표시하거나 "원양산" 표시와 함께 "태평양", "인도양", "남빙양", "북빙양"의 해역명을 표시한다.

2) 1)에 따른 표시 외에 연안국 법령에 따라 별도로 표시하여야 하는 사항이 있는 경우에는 1)에 따른 표시와 함께 표시할 수 있다.

다. 원산지가 다른 동일 품목을 혼합한 농수산물

1) 국산 농수산물로서 그 생산 등을 한 지역이 각각 다른 동일 품목의 농수산물을 혼합한 경우에는 혼합비율이 높은 순서로 3개 지역까지의 시·도명 또는 시·군·구명과 그 혼합비율을 표시하거나 "국산", "국내산" 또는 "연근해산"으로 표시한다.

2) 동일 품목의 국산 농수산물과 국산 외의 농수산물을 혼합한 경우에는 혼합비율이 높은 순서로 3개 국가(지역, 해역 등)까지의 원산지와 그 혼합비율을 표시한다.

라. 2개 이상의 품목을 포장한 수산물 : 서로 다른 2개 이상의 품목을 용기에 담아 포장한 경우에는 혼합비율이 높은 2개까지의 품목을 대상으로 가목 2), 나목 및 제2호의 기준에 따라 표시한다.

2. 수입 농수산물과 그 가공품 및 반입 농수산물과 그 가공품

가. 수입농수산물과 그 가공품(이하 "수입농수산물등"이라 한다)은 「대외무역법」에 따른 통관 시의 원산지를 표시한다.

나. 「남북교류협력에 관한 법률」에 따라 반입한 농수산물과 그 가공품(이하

"반입농수산물등"이라 한다)은 같은 법에 따른 반입 시의 원산지를 표시한다.

3. 농수산물 가공품(수입농수산물등 또는 반입농수산물등을 국내에서 가공한 것을 포함한다)

가. 사용된 원료의 원산지를 제1호 및 제2호의 기준에 따라 표시한다.

나. 원산지가 다른 동일 원료를 혼합하여 사용한 경우에는 혼합비율이 높은 순서로 2개 국가(지역, 해역 등)까지의 원료 원산지와 그 혼합비율을 각각 표시한다.

다. 원산지가 다른 동일 원료의 원산지별 혼합비율이 변경된 경우로서 그 어느 하나의 변경의 폭이 최대 15퍼센트 이하이면 종전의 원산지별 혼합비율이 표시된 포장재를 혼합비율이 변경된 날부터 1년의 범위에서 사용할 수 있다.

라. 사용된 원료(물, 식품첨가물 및 당류는 제외한다)의 원산지가 모두 국산일 경우에는 원산지를 일괄하여 "국산"이나 "국내산" 또는 "연근해산"으로 표시할 수 있다.

마. 원료의 수급사정으로 인하여 원료의 원산지 또는 혼합비율이 자주 변경되는 경우로서 다음의 어느 하나에 해당하는 경우에는 농림축산식품부장관과 해양수산부장관이 공동으로 정하여 고시하는 바에 따라 원료의 원산지와 혼합비율을 표시할 수 있다.

1) 특정 원료의 원산지나 혼합비율이 최근 3년 이내에 연평균 3개국(회) 이상 변경되거나 최근 1년 동안에 3개국(회) 이상 변경된 경우와 최초 생산일부터 1년 이내에 3개국 이상 원산지 변경이 예상되는 신제품인 경우

2) 원산지가 다른 동일 원료를 사용하는 경우

3) 정부가 농수산물 가공품의 원료로 공급하는 수입쌀을 사용하는 경우

4) 그 밖에 농림축산식품부장관과 해양수산부장관이 공동으로 필요하다고 인정하여 고시하는 경우

3. 제6조 제4항을 위반하여 임대점포의 임차인 등 운영자가 같은 조 제1항 각 호 또는 제2항 각 호의 어느 하나에 해당하는 행위를 하는 것을 알았거나 알 수 있었음에도 방치한 자

ㄴ「유통산업발전법」 제2조 제3호에 따른 대규모점포를 개설한 자는 임대의 형태로 운영
되는 점포의 임차인 등 운영자가 제1항 각 호 또는 제2항 각 호의 어느 하나에 해당
하는 행위를 하도록 방치하여서는 아니 된다.

　　ㄴ "대규모점포"란 다음 각 목의 요건을 모두 갖춘 매장을 보유한 점포의 집단으로
서 별표에 규정된 것을 말한다(「유통산업발전법」 제2조 제3호). 별표에서는 대형
마트, 전문점, 백화점, 쇼핑센터, 복합쇼핑몰 및 그 밖의 대규모점포의 요건 · 규
모 등을 규정하였다.

　　가. 하나 또는 대통령령으로 정하는 둘 이상의 연접되어 있는 건물 안에 하나
또는 여러 개로 나누어 설치되는 매장일 것

　　나. 상시 운영되는 매장일 것

　　다. 매장면적의 합계가 3천 제곱미터 이상일 것

4. 제7조 제3항을 위반하여 수거 · 조사 · 열람을 거부 · 방해하거나
기피한 자

5. 제8조를 위반하여 영수증이나 거래명세서 등을 비치 · 보관하지
아니한 자

　　ㄴ 제8조(영수증 등의 비치) 제5조 제3항에 따라 원산지를 표시하여야 하는 자는 「축산물
가공처리법」 제31조나 「소 및 쇠고기 이력추적에 관한 법률」 제11조 등 다른 법률에
따라 발급받은 원산지 등이 기재된 영수증이나 거래명세서 등을 매입일부터 6개월간
비치 · 보관하여야 한다.

제12조(포상금) 농림축산식품부장관, 해양수산부장관 또는 시 · 도지사
는 제5조 및 제6조를 위반한 자를 주무관청이나 수사기관에 신고하거
나 고발한 자에 대하여 대통령령으로 정하는 바에 따라 예산의 범위에
서 포상금을 지급할 수 있다.

　　ㄴ 포상금에 관한 구체적인 내용은 편저자의 졸저 〈신고포상금〉에서 소개하였다.

제39장 농약관리법

제1절 법률의 이해

「농약관리법」은 농약의 제조 · 수입 · 판매 및 사용에 관한 사항 등을 규정한다. 제조업자 또는 원제업자가 농약등이나 원제를 제조하여 수출하는 경우 그 농약이나 원제에 대하여는 이 법을 적용하지 아니 한다(법 제30조 제1항). 이 법의 주관부처는 농림축산식품부(농기자재산업팀)이다.

제2절 법령의 규정

제31조의3(벌칙) ① 다음 각 호의 어느 하나에 해당하는 자는 3년 이하의 징역 또는 2천만 원 이하의 벌금에 처한다.

1. 제3조 제1항 전단 또는 제2항 전단을 위반하여 등록을 하지 아니하고 농약 등을 제조 · 수입 · 판매하여 사람에게 위해를 가한 자

2. 제7조 제1항 제2호 · 제5호부터 제8호까지 및 제11호, 같은 조 제2항 제2호 · 제3호 또는 같은 조 제3항 제2호 · 제3호의 행위를 하여 사람에게 위해를 가한 자

   ㄴ. 제7조(등록의 취소 등) ① 농촌진흥청장은 제3조 제1항에 따라 제조업 · 원제업[59] 또는 수입업을 등록한 자가 다음 각 호의 어느 하나에 대당하면 그 영업을 취소하거나 1년 이내의 기간을 정하여 영업의 전부 또는 일부의 정지를 명할 수 있다. 다만, 제1호의2 · 제13호 또는 제14호에 해당하는 때에는 그 등록을 취소하여야 한다.

---

59) ★ 원제업 : 농약의 유효성분이 농축되어 있는 원료를 제조하는 업을 말한다.

2. 제8조 제1항, 제16조 제1항, 제17조 제1항 또는 제17조의2 제1항을 위반하여 등록을 하지 아니한 농약등 또는 원제를 제조·수입하거나 판매한 경우

5. 제20조에 따른 농약등 또는 원제의 표시를 하지 아니하거나 거짓으로 표시한 경우

6. 제21조 제1항 또는 제2항을 위반하여 농약등 또는 원제를 제조·생산·수입·보관·진열 또는 판매한 경우

7. 제22조를 위반하여 허위광고 또는 과대광고를 하거나 같은 조에 따른 광고방법에 따르지 아니하고 광고를 한 경우

8. 제23조 제1항에 따른 농약등의 취급제한기준을 위반하여 농약등을 취급한 경우

10. 제24조 제1항에 따른 검사나 시료(試料) 또는 시험용 제품의 수거를 거부·방해 또는 기피한 경우

11. 제24조 제5항에 따른 농약등 또는 원제의 수거 또는 폐기의 명령을 위반한 경우

12. 제25조에 따른 시설 등의 보완명령을 위반하거나 농약등 관리에 관한 사항에 대한 보고를 하지 아니하거나 거짓으로 보고한 경우

② 시장·군수·구청장은 제3조 제2항 전단에 따라 판매업의 등록을 한 자가 다음 각 호의 어느 하나에 해당하면 그 영업의 등록을 취소하거나 1년 이내의 기간을 정하여 영업의 전부 또는 일부의 정지를 명할 수 있다. 다만, 제1호의2 제4호 또는 제5호에 해당할 때에는 그 등록을 취소하여야 한다.

2. 제1항 제6호·제7호 또는 제10호부터 제12호까지의 규정에 해당하게 된 경우

3. 제23조 제1항에 따른 농약등의 취급제한규정을 위반하여 농약등을 취급한 경우

③ 국립식물검역기관의 장은 수출입식물방제업자가 다음 각 호의 어느 하나에 해당하면 영업소폐쇄를 명하거나 2년 이내의 기간을 정하여 영업의 전부 또는 일부의 정지를 명할 수 있다. 다만, 제6호 또는 제7호에 해당하는 경우에는 영업소폐쇄를 명하여야 한다.

2. 제23조 제1항에 따른 농약등의 안전사용기준 또는 취급제한기준을 위반하여 농약등을 사용하거나 취급한 경우

3. 이 법을 위반하여 사망사고가 발생한 경우

② 제1항의 행위로 인하여 사람을 사상(死傷)에 이르게 한 자는 10년 이하의 징역 또는 5천만 원 이하의 벌금에 처한다.

제32조(벌칙) 다음 각 호의 어느 하나에 해당하는 자는 3년 이하의 징역 또는 1천 500만 원 이하의 벌금에 처한다.

1. 제3조 제1항 전단 또는 제2항 전단을 위반하여 제조업 등의 등록을 하지 아니하고 농약등 또는 원제의 제조·수입·판매를 업으로 한 자

2. 제7조 제1항부터 제3항까지의 규정에 의한 영업정지명령을 받고도 영업을 계속한 자

3. 삭제

4. 거짓이나 그 밖의 부정한 방법으로 제3조 제1항 전단, 제2항 전단, 제8조 제1항, 제16조 제1항, 제17조 제1항 또는 제17조의2 제1항에 따른 등록을 하거나 제3조의2 제1항 전단에 따른 신고를 한 자

5. 제14조 제2항(제17조 제3항 또는 제17조의2 제4항에 따라 준용되는 경우를 포함한다)에 따른 처분을 위반하여 품목을 제조·수출입 또는 공급하거나 회수·폐기명령을 이행하지 아니한 자

   └, 제14조(직권에 의한 품목등록의 취소 등) ② 농촌진흥청장은 품목등록을 한 농약을 그 등록신청서에 적힌 내용에 따라 사용하는 경우 다음 각 호의 어느 하나에 사용된다고 판단되면 대통령령으로 정하는 바에 따른 심의절차를 거쳐 그 품목의 등록사항을 변경 또는 등록취소를 하거나 그 제조·수출입 또는 공급을 제한하는 처분(이하 "제한처분"이라 한다)를 할 수 있다. 이 경우 농촌진흥청장은 제조업자·수입업자 또는 판매업자에게 해당 품목의 농약(이미 판매된 농약을 포함한다)을 회수하여 폐기할 것을 명할 수 있다.

6. 제15조 제1항 제1호·제2호에 따른 금지·제한 또는 준수사항을 위반하여 농약이나 원제를 수입한 자

7. 제20조에 따른 농약등 또는 원제의 표시를 하지 아니하거나 거

273

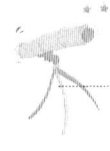

짓으로 표시한 자

ㄴ. 제20조(농약등 및 원제의 표시) ① 제조업자나 수입업자는 자신이 제조하거나 수입한 농
약등을 판매하려면 그 용기나 포장에 농약등의 명칭, 유효성분별 함유량, 적용대상, 병해
충명, 약효, 보증기간, 그 밖에 농림축산식품부령으로 정하는 사항을 표시하여야 한다.

ㄴ. 표시사항에 관한 시행규칙의 규정은 시행규칙 제23조에서 규정한다.

② 원제업자나 수입업자는 자신이 생산하거나 수입한 원제를 판매하려면 그 용기나 포
장에 원제의 명칭, 유해성, 취급 시 주의사항, 그 밖에 농림축산식품부령으로 정하는
사항을 표시하여야 한다.

8. 제21조 제1항 또는 제2항을 위반하여 농약등 또는 원제를 제
조 · 생산 · 수입 · 보관 · 진열 또는 판매한 자

ㄴ. 제21조(제조 · 수입 · 보관 · 진열 또는 판매의 금지 등) ① 제조업자 · 원제업자 · 수입업
자 또는 판매업자는 다음 각 호의 어느 하나에 해당하는 농약등 또는 원제를 보관 ·
진열 또는 판매하여서는 아니 된다.

1. 제20조에 따른 표시를 하지 아니하거나 표시사항을 위조 또는 변조하거나 거짓
으로 표시한 농약 또는 원제

2. 제20조에 따른 농약등 또는 원제의 용기나 포장의 표시사항이 훼손되어 알아보
기가 곤란한 농약등 또는 원제

3. 제20조 제1항에 따른 약효보증기간이 지난 농약등

4. 다시 포장하거나 나누어 포장한 농약. 다만, 수입업자가 수입하여 다시 포장하거
나 나누어 포장한 농약은 보관 · 진열 또는 판매할 수 있다.

5. 제24조 제2항에 따른 자체검사증명서가 첨부되니 아니한 농약등

② 누구든지 제8조 제1항 · 제16조 제1항 · 제17조 제1항 또는 제17조의2 제1항에 따
라 등록하지 아니하거나 제17조 제4항에 따라 허가를 받지 아니한 농약등 또는 원제
를 제조 · 생산 · 수입 · 보관 · 진열 또는 판매하여서는 아니 된다.

9. 제24조 제5항에 따른 농약등 또는 원제등의 수거 또는 폐기의
명령을 위반한 자

10. 제27조 제2항을 위반하여 제출 자료를 외부에 공개한 사람

제33조(벌칙) 다음 각 호의 어느 하나에 해당하는 자는 1년 이하의 징역 또는 500만 원 이하의 벌금에 처한다.

1. 제3조 제1항 후단 또는 제2항을 위반하여 제조업 등의 변경등록을 하지 아니하고 등록한 사항을 변경한 자

1의2. 고의 또는 중대한 과실로 제17조의5 제1항 제2호 각 목의 서류를 사실과 다르게 발급한 자

1의3. 제21조 제3항을 위반하여 통신판매 또는 전화권유판매의 방법으로 농약등 또는 원제를 판매한 자

1의4. 제21조 제4항을 위반하여 청소년에게 농약등 또는 원제를 판매한 자

1의5. 제22조를 위반하여 허위광고나 과대광고를 한 자

2. 제24조 제1항에 따른 검사나 시료 또는 시험용 제품의 수거를 거부·방해 또는 기피한 자

3. 제24조 제2항을 위반하여 농약등을 출하한 제조업자·수입업자와 거짓으로 자체검사성적서를 작성한 검사책임자

제38조(양벌규정) 제31조의3부터 제33조 해당

제40조(과태료) ① 다음 각 호의 어느 하나에 해당하는 자에게는 500만 원 이하의 과태료를 부과한다.

1. 제3조의2 제1항 전단을 위반하여 신고를 하지 아니하고 수출입식물방제업을 한 자

2. 제3조의2 제1항 후단을 위반하여 수출입식물방제업의 변경신고를 하지 아니하고 신고한 사항을 변경한 자

3. 제23조 제4항을 위반하여 안전사용기준과 다르게 농약등을 사용
하도록 추천하거나 추천하여 판매한 자

4. 제23조 제5항을 위반하여 등록되지 아니한 농약등을 사용한 자

제27조의2(신고포상금) ① 농촌진흥청장은 제21조 제1항 또는 제2항을
위반한 자를 신고한 자에 대하여 예산의 범위에서 포상금을 지급할 수
있다.

② 제1항에 따른 신고포상금 지급의 기준·방법과 절차, 구체적인
지급액 등에 필요한 사항은 대통령령으로 정한다.

ㄴ, 농촌진흥청장의 고시에 의하면 실제로 지급되는 포상금의 상한액은 100만 원이다. 편저자의
졸저 〈신고포상금〉에서 다루었다.

제40장 농어촌도로 정비법

제1절 법률의 이해

이 법은 농어촌도로의 개설, 확장과 포장에 관한 사항 및 보전에 관
한 사항을 규정함으로써 농어촌지역 주민의 교통편익과 농수산물의 생
산·유통을 향상시키는 것 등을 목적으로 한다.

이 법에서 말하는 "농어촌도로"란 「도로법」에 규정되지 아니한 도로(읍
또는 면지역의 도로만 해당한다)로서 농어촌지역 주민의 교통편익과 생
산·유통활동 등에 공용(公用)되는 공로(公路) 중 제4조 및 제6조에 따라
고시된 도로를 말한다. 제4조는 면도(面道), 이도(里道) 및 농도(農道)로
구분하고 있다. 이 법의 주관부처는 안전행정부(지역발전과)이다.

제2절 법령의 규정

제30조(벌칙) 다음 각 호의 어느 하나에 해당하는 자는 1년 이하의 징역 또는 500만 원 이하의 벌금에 처한다.

1. 정당한 사유 없이 도로를 파손하여 그 효용을 떨어뜨림으로써 교통의 위험을 발생하게 한 자
2. 부정한 수단으로 이 법 또는 이 법에 따른 명령에 의한 허가를 받은 자
3. 제5조 제2항을 위반하여 허가 없이 도로의 정비공사를 시행한 자
4. 제18조를 위반하여 허가 없이 도로를 점용한 자(물건 등을 도로에 일시 쌓아둔 자는 제외한다)

제31조(벌칙) 다음 각 호의 어느 하나에 해당하는 자는 6개월 이하의 징역 또는 100만 원 이하의 벌금에 처한다.

1. 제16조에 따른 금지 또는 제한을 위반하여 도로를 통행한 자

    ㄴ 제16조(통행의 금지 또는 제한) ① 군수는 도로의 정비공사로 인하여 부득이한 경우 또는 도로가 파손되거나 그 밖의 사유로 통행이 위험하다고 인정될 때에는 구간을 최소한으로 정하여 도로의 통행을 금지하거나 제한할 수 있다.

    ② 군수는 제1항에 따라 통행을 금지하거나 제한하려면 그 대상, 구간, 기간 및 이유를 구체적으로 밝힌 표지를 설치하고 해당 군의 조례로 정하는 바에 따라 공고하여야 한다.

2. 정당한 사유 없이 도로의 부속물을 옮기거나 파손한 자

제33조(양벌규정) 제31조 해당

제41장 농어촌정비법

제1절 법률의 이해

「농어촌정비법」은 농업생산기반, 농어촌 생활환경, 농어촌관광휴양자원 및 한계농지 등을 종합적 · 체계적으로 정비 · 개발하는 것 등을 목적으로 한다. 이 법의 주관부처는 농림축산식품부(농촌정책과) 및 해양수산부(어촌어항과)이다.

제2절 법령의 규정

제130조(벌칙) ① 다음 각 호의 어느 하나에 해당하는 자는 5년 이하의 징역 또는 1천만 원 이하의 벌금에 처한다.

1. 제18조 제3항 제1호를 위반하여 농업생산기반시설의 구조상 주요 부분을 손괴하여 그 본래의 목적 또는 사용에 지장을 준 자

   ㄴ "농업생산기반시설"이란 농업생산기반 정비사업으로 설치되거나 그 밖에 농지 보전이나 농업 생산에 이용되는 저수지, 양수장, 관정(管井 : 우물을 말함) 등 지하수 이용시설, 배수장, 취입보(取入洑 : 하천의 일부나 전부를 가로막아 수량을 확보하기 위한 보), 용수로, 배수로, 유지(流地: 웅덩이를 말함), 도로(「농어촌도로 정비법」 제4조에 따른 농도 등 농로를 포함한다), 방조제, 제방(둑을 말함) 등의 시설물 및 그 부대시설과 농수산물의 생산 · 가공 · 저장 · 유통시설 등 영농시설을 말한다.

2. 제18조 제3항 제2호를 위반하여 농업생산기반시설관리자의 허락 없이 수문을 조작하거나 용수(用水)를 인수(引水)함으로써 농어촌 용수의 이용 · 관리에 지장을 준 자

② 제70조를 위반하여 조성용지를 전매한 자는 3년 이하의 징역 또는 1억 원 이하의 벌금에 처한다.

> ∟, 제70조(조성용지의 전매행위 제한 등) ① 조성용지를 공급받은 자는 그 용지를 공급받은 용도대로 농어촌 주택이나 그 밖의 시설물을 건축하여 소유권이전등기를 완료하기 전까지는 이를 전매(명의변경, 매매 또는 그 밖에 권리의 변동을 수반하는 일체의 행위를 포함하되, 상속의 경우는 제외한다. 이하 같다)할 수 없다. 다만, 조성용지를 공급받은 자의 생업상의 사정 등 대통령령으로 정하는 경우에는 그러하지 아니하다.
> ② 제1항을 위반하여 조성용지를 전매하는 경우 해당 법률행위는 무효로 하며, 사업시행자는 조성용지의 공급 당시의 가액과 「은행법」에 따른 은행의 1년 만기 정기예금 평균이자율을 합산한 금액을 지급하고 그 조성용지를 환매할 수 있다.

③ 제18조 제3항 제3호를 위반하여 농업생산기반시설을 불법으로 점용하거나 사용한 자는 2년 이하의 징역 또는 700만 원 이하의 벌금에 처한다.

④ 다음 각 호의 어느 하나에 해당하는 자는 1년 이하의 징역 또는 1천만 원 이하의 벌금에 처한다.

1. 제85조 제2항 전단에 따른 신고를 하지 아니하고 농어촌관광휴양지사업을 한 자

> ∟, "농어촌관광휴양지사업"이란 농어촌관광단지사업, 관광농원사업, 주말농원사업 및 농어촌민박사업을 말한다.

2. 거짓이나 그 밖의 부정한 방법으로 제85조 제2항 전단에 따른 신고를 하고 농어촌관광휴양지사업을 한 자

3. 제87조에 따른 농어촌관광휴양지사업을 양도·양수 후 신고를 하지 아니한 자

4. 제89조 제1항에 따른 사업정지명령을 받고도 그 기간 중에 사업을 하거나 사업장폐쇄명령을 받고도 계속하여 사업을 한 자

ㄴ. 농어촌관광휴양지사업자 및 농어촌민박사업자의 경우이다.

5. 제89조 제4항에 따라 관계 공무원이 부착한 게시물·봉인 등을 정당한 사유 없이 제거하거나 손상한 자

6. 허가나 변경허가를 받지 아니하고 제111조 제1항에 해당하는 행위를 한 자

ㄴ. 제111조(마을정비구역 등에서의 행위 등의 제한) ① 지역·지구60) 등에서 건축물의 건축, 공작물의 설치, 토지의 형질변경, 토석의 채취, 토지분할, 물건을 쌓아놓는 행위 등 대통령령으로 정하는 행위를 하려는 자는 시장·군수·구청장의 허가를 받아야 한다. 허가받은 사항을 변경하려는 때에도 또한 같다.

ㄴ. "시장·군수·구청장의 허가를 받아야 하는 행위"는 다음과 같다(시행령 제87조 제1항).

1. 건축물의 건축 등 : 「건축법」 제2조 제1항 제2호에 따른 건축물(가설건축물을 포함한다)의 건축, 대수선 또는 용도변경

2. 공작물의 설치 : 인공을 가하여 제작한 시설물(「건축법」 제2조 제1항 제2호에 따른 건축물은 제외한다)의 설치

3. 토지의 형질변경 : 절토(切土)·성토(盛土)·정지(整地)·포장 등의 방법으로 토지의 형상을 변경하는 행위, 토지의 굴착(掘鑿) 또는 공유수면의 매립

4. 토석의 채취 : 흙·모래·자갈·바위 등의 토석을 채취하는 행위. 다만, 토지의 형질변경 등을 목적으로 하는 경우에는 제3호에 따른다.

5. 토지분할

6. 물건을 쌓아놓는 행위 : 옮기기 어려운 물건을 1개월 이상 쌓아놓는 행위

7. 죽목(竹木)의 벌채(伐採) 및 식재(植栽)

제131조(양벌규정) 제130조 해당

---

60) ★ 지역·지구 : 마을정비구역을 지정하는 경우에 있어서 그 지역·구역·단지·지구를 말한다.

제42장 농지법

제1절 법률의 이해

「농지법」은 농지의 소유·이용·보전 등에 필요한 사항을 정함으로써 농지를 효율적으로 이용·관리하는 것 등을 목적으로 한다. 이 법의 주관부처는 농림축산식품부(농지과)이다.

"농지"란 다음 중 어느 하나에 해당하는 토지를 말한다.

1. 전·답, 과수원, 그 밖에 법적 지목을 불문하고 실제로 농작물 경작지 또는 다년생식물 재배지로 이용되는 토지. 다만, 「초지법」에 따라 조성된 초지(草地) 등 대통령령으로 정하는 토지는 제외한다.

└, "다년생식물 재배지"는 다음을 말한다.
   가. 목초·종묘·인삼·약초·잔디 및 조림용 묘목
   나. 과수·뽕나무·유실수, 그 밖의 생육기간이 2년 이상인 식물
   다. 조경 또는 관상용 수목과 그 묘목(조경 목적으로 식재한 것을 제외한다)

2. 위 제1호의 토지의 개량시설과 제1호의 토지에 설치하는 농축산물 생산시설로서 대통령령으로 정하는 시설의 부지

제2절 법령의 규정

제57조(벌칙) ① 농업진흥지역의 농지를 제34조 제1항에 따른 농지전용허가를 받지 아니하고 전용하거나 거짓이나 그 밖의 부정한 방법으로 농지전용허가를 받은 자는 5년 이하의 징역 또는 해당 토지의 개별

공시지가에 따른 토지가액에 해당하는 금액 이하의 벌금에 처한다.

② 농업진흥지역 밖의 농지를 제34조 제1항에 따른 농지전용허가를 받지 아니하고 전용하거나 거짓이나 그 밖의 부정한 방법으로 농지전용허가를 받은 자는 3년 이하의 징역 또는 해당 토지가액의 100분의50에 해당하는 금액 이하의 벌금에 처한다.

③ 제1항 및 제2항의 징역형과 벌금형은 병과할 수 있다.

제58조(벌칙) 다음 각 호의 어느 하나에 해당하는 자는 5년 이하의 징역 또는 2천만 원 이하의 벌금에 처한다.

1. 제32조 제1항 또는 제2항을 위반한 자

  ㄴ. 제32조(용도구역에서의 행위제한) ① 농업진흥구역에서는 농업생산 또는 농지개량과 직접적으로 관련되지 아니한 토지이용행위를 할 수 없다. 다만, 다음 각 호의 토지이용행위는 그러하지 아니하다.

  1. 대통령령으로 정하는 농수산물(농산물·임산물·축산물·수산물을 말한다. 이하 같다)의 가공·처리시설의 설치 및 농수산업(농업·임업·축산업·수산업을 말한다. 이하 같다) 관련 시험·연구시설의 설치

  2. 어린이놀이터, 마을회관, 그 밖에 대통령령으로 정하는 농업인의 공동생활에 필요한 편의시설 및 이용시설의 설치

  3. 농업인 주택, 어업인 주택이나 그 밖에 대통령령으로 정하는 농업용 시설, 축산업용 시설 또는 어업용 시설의 설치

  4. 국방·군사시설의 설치

  5. 하천, 제방, 그 밖에 이에 준하는 국토보존시설의 설치

  6. 문화재의 보수·복원·이전, 매장문화재의 발굴, 비석이나 기념탑, 그 밖에 이와 비슷한 공작물의 설치

  7. 도로, 철도, 그 밖에 대통령령으로 정하는 공공시설의 설치

  8. 지하자원 개발을 위한 탐사 또는 지하광물 채광(採鑛)과 광석의 선별 및 적치(積置)를 위한 장소로 사용하는 행위

  9. 농어촌 소득원 개발 등 농어촌 발전에 필요한 시설로서 대통령령으로 정하는 시설의 설치

② 농업보호구역에서는 다음 각 호의 토지이용행위를 할 수 없다.

1. 제1항 각 호에 따른 토지이용행위

2. 농업인 소득증대에 필요한 시설로서 대통령령으로 정하는 건축물·공작물, 그 밖의 시설의 설치

3. 농업인의 생활여건을 개선하기 위하여 필요한 시설로서 대통령령으로 정하는 건축물·공작물, 그 밖의 시설의 설치

2. 제36조 제1항에 따른 농지의 타용도 일시사용허가를 받지 아니하고 농지를 다른 용도로 사용한 자

ㄴ. 제36조(농지의 타용도 일시사용허가 등) ① 농지를 다음 각 호의 어느 하나에 해당하는 용도로 일시사용하려는 자는 대통령령으로 정하는 바에 따라 일정한 기간 사용한 후 농지로 복구한다는 조건으로 시장·군수 또는 자치구구청장의 허가를 받아야 한다. 허가받은 사항을 변경하려는 경우에도 또한 같다. 다만, 국가나 지방자치단체의 경우에는 시장·군수 또는 자치구구청장과 협의하여야 한다.

1. 「건축법」에 따른 건축허가 또는 건축신고대상 시설이 아닌 농수축산업용 시설(제2조 제1호 나목에 따른 개량시설과 농축산물 생산시설은 제외한다)과 농수산물 간이처리시설을 설치하는 경우

2. 주(主) 목적사업(해당 농지에서 허용되는 사업만 해당한다)을 위하여 현장사무소나 부대시설, 그 밖에 이에 준하는 시설을 설치하거나 물건을 적치(積置)하거나 매설(埋設)하는 경우

3. 대통령령으로 정하는 토석과 광물을 채굴(採掘)하는 경우

    ㄴ. "대통령령으로 정하는 토석과 광물"은 다음 각 호를 말한다(시행령 제38조 제3항).

    1. 「골재채취법」 제2조 제1호에 따른 골재

    2. 「광업법」 제3조 제1호에 따른 광물

    3. 적조방제·농지개량 또는 토목공사용으로 사용하거나 공업용 원료로 사용하기 위한 토석

3. 제40조 제1항을 위반하여 전용된 토지를 승인 없이 다른 목적으로 사용한 자

ㄴ. 제40조(용도변경의 승인) ① 다음 각 호의 어느 하나에 해당하는 절차를 거쳐 농지전용

목적사업에 사용되고 있거나 사용된 토지를 대통령령으로 정하는 기간 이내에 다른 목적으로 사용하려는 경우에는 시장·군수 또는 자치구구청장의 승인을 받아야 한다.

1. 제34조 제1항에 따른 농지전용허가
2. 제34조 제2항 제2호에 따른 농지전용협의
3. 제35조 또는 제43조에 따른 농지전용신고

└ "대통령령으로 정하는 기간"이란 5년을 말한다(시행령 제59조 제1항).

제59조(벌칙) 다음 각 호의 어느 하나에 해당하는 자는 3년 이하의 징역 또는 1천만 원 이하의 벌금에 처한다.

1. 제6조에 따른 농지소유제한이나 제7조에 따른 농지소유상한을 위반하여 농지를 소유할 목적으로 거짓이나 그 밖의 부정한 방법으로 제8조 제1항에 따른 농지취득자격증명을 발급받은 자

2. 제35조 또는 제43조에 따른 신고를 하지 아니하고 농지를 전용 (轉用)한 자

└ 농지전용신고를 말한다.

제60조(벌칙) 다음 각 호의 어느 하나에 해당하는 자는 1천만 원 이하의 벌금에 처한다.

1. 제9조를 위반하여 소유농지를 위탁경영한 자

└ 제9조(농지의 위탁경영) 농지소유자는 다음 각 호의 어느 하나에 해당하는 경우 외에는 소유농지를 위탁경영할 수 없다.

1. 「병역법」에 따라 징집 또는 소집된 경우
2. 3개월 이상 국외 여행 중인 경우
3. 농업법인이 청산 중인 경우
4. 질병, 취학, 선거에 따른 공직 취임, 그 밖에 대통령령으로 정하는 사유로 자경할 수 없는 경우

└ "그 밖에 대통령령으로 정하는 사유"란 다음 각 호를 말한다(시행령 제8조 제1항).

1. 부상으로 3월 이상의 치료가 필요한 경우

　　2. 교도소 · 구치소 또는 보호감호시설에 수용 중인 경우

　　5. 제17조에 따른 농지이용증진사업 시행계획에 따라 위탁경영하는 경우

　　6. 농업인이 자기 노동력이 부족하여 농작업의 일부를 위탁하는 경우

2. 제23조를 위반하여 소유농지를 임대하거나 사용대(使用貸)한 자

∟, 제23조(농지의 임대차 또는 사용대차) 다음 각 호의 어느 하나에 해당하는 경우 외에는 농지를 임대하거나 사용대할 수 없다.

　　1. 제6조 제2항 제1호 · 제4호부터 제9호까지 · 제9조의2 및 제10조의 규정에 해당하는 농지를 임대하거나 사용대하는 경우

　　2. 제17조에 따른 농지이용증진사업 시행계획에 따라 농지를 임대하거나 사용대하는 경우

　　3. 질병, 징집, 취학, 선거에 따른 공직 취임, 그 밖에 대통령령으로 정하는 부득이한 사유로 인하여 일시적으로 농업경영에 종사하지 아니하게 된 자가 소유하고 있는 농지를 임대하거나 사용대하는 경우

　　4. 60세 이상이 되어 더 이상 농업경영에 종사하지 아니하게 된 자로서 대통령령으로 정하는 자가 소유하고 있는 농지 중에서 자기의 농업경영에 이용한 기간이 5년이 넘은 농지를 임대하거나 사용대하는 경우

　　5. 제6조 제1항에 따라 소유하고 있는 농지를 주말 · 체험영농을 하려는 자에게 임대하거나 사용대하는 경우 또는 주말 · 체험영농을 하려는 자에게 임대하는 것을 업으로 하는 자에게 임대하거나 사용대하는 경우

　　6. 제6조 제1항에 따라 개인이 소유하고 있는 농지를 한국농어촌공사나 그 밖에 대통령령으로 정하는 자에게 위탁하여 임대하거나 사용대하는 경우

　　7. 다음 각 목의 어느 하나에 해당하는 농지를 한국농어촌공사나 그 밖에 대통령령으로 정하는 자에게 위탁하여 임대하거나 사용대하는 경우

　　　가. 상속으로 농지를 취득한 자로서 농업경영을 하지 아니하는 자가 제7조 제1항에서 규정한 소유상한을 초과하여 소유하고 있는 농지

　　　나. 대통령령으로 정하는 기간 이상 농업경영을 한 후 이농(離農)한 자가 제7조 제2항에서 규정한 소유상한을 초과하여 소유하고 있는 농지

제61조(양벌규정) 제57조부터 제60조까지 해당

제43장 다중이용시설 등의 실내공기질관리법

이 법은 다중이용시설(多衆利用施設), 신축되는 공동주택 및 대중교통차량의 실내공기질을 알맞게 유지·관리하는 것 등을 목적으로 한다. 이 법의 적용을 받는 다중이용시설, 공동주택 및 대중교통차량의 범위는 법 제3조 및 시행령 제2조에서 규정하고 있다. 이 법의 주관부처는 환경부(생활환경과)이다.

제44장 다중이용업소의 안전관리에 관한 특별법

이 법은 화재 등 재난이나 그 밖의 위급한 상황으로부터 국민의 생명·신체 및 재산을 보호하기 위하여 다중이용업소의 소방시설 및 안전시설 등의 설치·유지·안전관리, 화재위험평가, 다중이용업주의 화재배상책임보험 등에 관한 사항을 규정한다. "다중이용업소"의 범위는 시행령 제2조에서 규정한다. 이 법의 주관부서는 보방방재청 소방제도과이다.

제45장 대기환경보전법

제1절 법률의 이해

「대기환경보전법」은 대기환경을 적정하고 지속가능하게 관리·보전하여 대기환경으로 인한 국민건강과 환경에 관한 위해를 예방하는 것 등을 목적으로 한다. 이 법의 주관부처는 환경부(기후대기정책과)이다. 이 법령을 소개함에 있어서는 개인이 공익신고의 대상으로 삼기에는 다소 어려움이 있어 부적합하다고 생각되는 내용은 생략한다. 따라서 전문적 식견 내지 지식을 필요로 하는 경우에는 시행령과 시행규칙을 별도로 검토하여야 할 것이다.

제2절 법령의 규정

제89조(벌칙) 다음 각 호의 어느 하나에 해당하는 자는 7년 이하의 징역 또는 1억 원 이하의 벌금에 처한다.

1. 제23조 제1항이나 제2항에 따른 허가나 변경허가를 받지 아니하거나 거짓으로 허가나 변경허가를 받아 배출시설을 설치 또는 변경하거나 그 배출시설을 이용하여 조업한 자

  ∟ "대기오염물질 배출시설"은 시행규칙 제5조 별표3에서 자세히 규정하고 있다.

2. 제26조 제1항 본문이나 제2항에 따른 방지시설을 설치하지 아니하고 배출시설을 설치·운영한 자

  ∟ 제26조(방지시설의 설치 등) ① 제23조 제1항부터 제3항까지의 규정에 따라 허가·변경허가를 받은 자 또는 신고·변경신고를 한 자(이하 "사업자"라 한다)가 해당 배출시설을 설치하거나 변경할 때에는 그 배출시설로부터 나오는 오염물질이 제16조의 배출허용기준 이하로 나오게 하기 위하여 대기오염방지시설(이하 "방지시설"이라 한다)을 설치하여야 한다. 다만, 대통령령으로 정하는 기준에 해당하는 경우에는 설치하지 아니할 수 있다. ② 제1항 단서에 따라 방지시설을 설치하지 아니하고 배출시설을 설치·운영하는 자는 다음 각 호의 어느 하나에 해당하는 경우에는 방지시설을 설치하여야 한다.

    1. 배출시설의 공정을 변경하거나 사용하는 원료나 연료 등을 변경하여 배출허용기

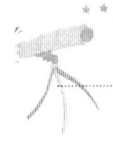

준을 초과할 우려가 있는 경우

2. 그 밖에 배출허용기준의 준수 가능성을 고려하여 환경부령으로 정하는 경우

ㄴ, "대기오염방지시설"은 시행규칙 제6조 별표4에서 규정한다.

3. 제31조 제1항 제1호나 제5호에 해당하는 행위를 한 자

ㄴ, 제31조(배출시설이나 방지시설의 운영) ① 사업자(제29조 제2항에 따른 공동방지시설61)의 대표자를 포함한다)는 배출시설과 방지시설을 운영할 때에는 다음 각 호의 행위를 하여서는 아니 된다.

1. 배출시설을 가동할 때에 방지시설을 가동하지 아니하거나 오염도를 낮추기 위하여 배출시설에서 나오는 오염물질에 공기를 섞어 배출하는 행위. 다만, 화재나 폭발 등의 사고를 예방할 필요가 있어 환경부장관이 인정하는 경우에는 그러하지 아니하다.

5. 그 밖에 배출시설이나 방지시설을 정당한 사유 없이 정상적으로 가동하지 아니하여 배출허용기준을 초과한 오염물질을 배출하는 행위

4. 제34조 제1항에 따른 조업정지명령을 위반하거나 같은 조 제2항에 따른 조치명령을 이행하지 아니한 자

ㄴ, 제34조(조업정지명령 등) ① 시·도지사는 제33조에 따라 개선명령을 받은 자가 개선명령을 이행하지 아니하거나 기간 내에 이행은 하였으나 검사결과 제16조 또는 제29조 제3항에 따른 배출허용기준을 계속 초과하면 해당 배출시설의 전부 또는 일부에 대하여 조업정지를 명할 수 있다.

② 시·도지사는 대기오염으로 주민의 건강상·환경상의 피해가 급박하다고 인정하면 환경부령으로 정하는 바에 따라 즉시 그 배출시설에 대하여 조업시간의 제한이나 조업정지, 그 밖에 필요한 조치를 명할 수 있다.

5. 제36조에 따른 배출시설의 폐쇄나 조업정지에 관한 명령을 위반한 자

6. 제46조를 위반하여 제작차배출허용기준에 맞지 아니하게 자동차를 제작한 자

---

61) ★ 공동방지시설 : 산업단지나 그 밖에 사업장이 밀집된 지역의 사업자는 공동으로 방지시설을 설치할 수 있다.

7. 제48조 제1항을 위반하여 인증을 받지 아니하고 자동차를 제작한 자

7의2. 제50조의3에 따른 상환명령을 이행하지 아니하고 자동차를 제작한 자

8. 제60조를 위반하여 인증이나 변경인증을 받지 아니하고 배출가스저감장치, 저공해엔진 또는 공회전제한장치를 제조하거나 공급·판매한 자

9. 제74조 제1항을 위반하여 자동차연료·첨가제 또는 촉매제를 제조기준에 맞지 아니하게 제조한 자

    ㄴ, 자동차연료, 첨가제 및 촉매제의 "제조기준"은 시행규칙 제115조 별표33에서 규정한다.

10. 제74조 제2항을 위반하여 자동차연료·첨가제 또는 촉매제의 검사를 받지 아니한 자

11. 제74조 제3항에 따른 자동차연료·첨가제 또는 촉매제의 검사를 거부·방해 또는 기피한 자

12. 제74조 제4항 본문을 위반하여 자동차연료를 공급하거나 판매한 자

    ㄴ, 제74조(자동차연료·첨가제 또는 촉매제의 검사 등) ④ 누구든지 다음 각 호의 어느 하나에 해당하는 것을 자동차연료·첨가제 또는 촉매제로 공급·판매하거나 사용하여서는 아니 된다. 다만, 학교나 연구기관 등 환경부령으로 정하는 자가 시험·연구 목적으로 제조·공급하거나 사용하는 경우에는 그러하지 아니하다.

      1. 제2항에 따른 검사결과 제1항을 위반하여 제조기준에 맞지 아니한 것으로 판정된 자동차연료·첨가제 또는 촉매제

      2. 제2항을 위반하여 검사를 받지 아니하거나 검사받은 내용과 다르게 제조된 자동차연료·첨가제 또는 촉매제

        ㄴ, 제74조 제3항 단서[62]의 "환경부령으로 정하는 자"는 다음 각 호의 자를 말

---

62) ★ 시행규칙은 제74조 "제3항" 단서라고 표기하였으나 이는 "제4항"에 대한 표

한다(시행규칙 제116조).

1. 「고등교육법」에 따른 대학 · 산업대학 · 전문대학 및 기술대학과 그 부설 연구
   기관

2. 국공립연구기관

3. 「특정연구기관 육성법」에 따른 연구기관

4. 「기술개발촉진법」 제7조에 따른 기업부설연구소

5. 「산업기술연구조합 육성법」에 따른 산업기술연구조합

6. 「환경기술개발 및 지원에 관한 법률」 제10조에 따른 환경기술개발센터

13. 제75조에 따른 제조의 중지, 제품의 회수 또는 공급 · 판매의
    중지명령을 위반한 자

    ㄴ, 자동차연료, 첨가제 및 촉매제에 관한 사항이다.

제90조(벌칙) 다음 각 호의 어느 하나에 해당하는 자는 5년 이하의
징역 또는 3천만 원 이하의 벌금에 처한다.

1. 제23조 제1항에 따른 신고를 하지 아니하거나 거짓으로 신고를
   하고 배출시설을 설치 또는 변경하거나 그 배출시설을 이용하여
   조업한 자

2. 제31조 제1항 제2호에 해당하는 행위를 한 자

   ㄴ, 제31조(배출시설과 방지시설의 운영) ① 사업자(제29조 제2항에 따른 공동방지시설의
   대표자를 포함한다)는 배출시설과 방지시설을 운영할 때에는 다음 각 호의 행위를 하
   여서는 아니 된다.

      2. 방지시설을 거치지 아니하고 오염물질을 배출할 수 있는 공기 조절장치나 가지
      배출관 등을 설치하는 행위. 다만, 화재나 폭발 등의 사고를 예방할 필요가 있
      어 환경부장관이 인정하는 경우에는 그러하지 아니하다.

3. 제32조 제1항 본문에 따른 측정기기의 부착 등의 조치를 하지
   아니한 자

시상의 잘못이다.

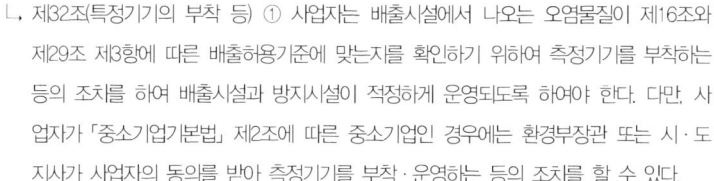

└, 제32조(특정기기의 부착 등) ① 사업자는 배출시설에서 나오는 오염물질이 제16조와 제29조 제3항에 따른 배출허용기준에 맞는지를 확인하기 위하여 측정기기를 부착하는 등의 조치를 하여 배출시설과 방지시설이 적정하게 운영되도록 하여야 한다. 다만, 사업자가 「중소기업기본법」 제2조에 따른 중소기업인 경우에는 환경부장관 또는 시·도지사가 사업자의 동의를 받아 측정기기를 부착·운영하는 등의 조치를 할 수 있다.

4. 제32조 제3항 제1호·제3호 또는 제4호에 해당하는 행위를 한 자

└, 제32조 ③ 사업자는 제1항에 따라 부착된 측정기기에 대하여 다음 각 호의 행위를 하여서는 아니 된다.

  1. 배출시설이 가동될 때에 측정기기를 고의로 작동하지 아니하거나 정상적인 측정이 이루어지지 아니하도록 하는 행위
  3. 측정기기를 고의로 훼손하는 행위
  4. 측정기기를 조작하여 측정결과를 빠뜨리거나 거짓으로 측정결과를 작성하는 행위

5. 제41조 제4항에 따른 연료사용제한조치 등의 명령을 위반한 자

└, 시·도지사는 공급지역이나 사용시설에 황함유기준을 초과하는 연료를 공급·판매하거나 사용하는 자(제3항 단서에 해당하는 경우는 제외한다)에 대하여 대통령령으로 정하는 바에 따라 그 연료의 공급·판매 또는 사용을 금지 또는 제한하거나 필요한 조치를 명할 수 있다.

6. 제44조 제7항(제45조 제5항에 따라 준용되는 경우를 포함한다)에 따른 시설개선 등의 조치명령을 이행하지 아니한 자

└, 제44조(휘발성유기화합물의 규제) ① 특별대책지역이나 제18조 제1항에 따른 대기환경규제지역(제19조 제2항에 따라 실천계획이 고시된 경우만 해당한다. 이하 "대기환경규제지역"이라 한다)에서 휘발성유기화합물을 배출하는 시설로서 대통령령으로 정하는 시설을 설치하려는 자는 환경부령으로 정하는 바에 따라 시·도지사 또는 대도시 시장에게 신고하여야 한다.

③ 제1항에 따른 시설을 설치하려는 자는 휘발성유기화합물의 배출을 억제하거나 방지하는 시설을 설치하는 등 휘발성유기화합물의 배출로 인한 대기환경상의 피해가 없도록 조치하여야 한다.

⑦ 시·도지사 또는 대도시 시장은 제3항을 위반하는 자에게 휘발성유기화합물을 배

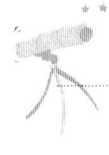

출하는 시설 또는 그 배출의 억제·방지를 위한 시설의 개선 등 필요한 조치를 명할 수 있다.

7. 제51조 제4항 본문·제6항 또는 제53조 제3항에 따른 결함시정 명령을 위반한 자

8. 제53조 제2항 본문에 따른 결함시정 명령을 위반한 자

9. 삭제

10. 제68조 제1항을 위반하여 전문정비사업자로 등록하지 아니하고 정비·점검 또는 확인검사 업무를 한 자

11. 제74조 제4항 본문을 위반하여 첨가제 또는 촉매제를 공급하거나 판매한 자

    └ 제74조(자동차연료·첨가제 또는 촉매제의 검사 등) ④ 누구든지 다음 각 호의 어느 하나에 해당하는 것을 자동차연료·첨가제 또는 촉매제로 공급·판매하거나 사용하여서는 아니 된다.

        1. 제2항에 따른 검사결과 제1항을 위반하여 제조기준에 맞지 아니한 것으로 판정된 자동차연료·첨가제 또는 촉매제

        2. 제2항을 위반하여 검사를 받지 아니하거나 검사받은 내용과 다르게 제조된 자동차연료·첨가제 또는 촉매제

제90조의2(벌칙) 다음 각 호의 어느 하나에 해당하는 자는 1년 이하의 징역 또는 1천만 원 이하의 벌금에 처한다.

1. 제38조의2를 위반하여 시설관리기준을 지키지 아니한 자

    └ 제38조의2(비산배출의 저감) 대통령령으로 정하는 업종의 배출시설을 운영하는 사업자는 공정 및 설비 등에서 굴뚝 등 환경부령으로 정하는 배출구 없이 대기 중에 직접 배출(이하 "배출시설"이라 한다)되는 대기오염물질을 줄이기 위하여 배출시설의 정기적인 점검 및 배출시설에 대한 조사 등에 관하여 환경부령으로 정하는 시설관리기준을 지켜야 한다.

        └ "대통령령으로 정하는 업종"이란 「통계법」 제22조에 따라 통계청장이 고시하는 한구표준산업분류에 따른 다음 각 호의 업종을 말한다(시행령 제38조의2).

1. 코크스 · 연탄 및 석유정제품제조업 중 원유정제 · 처리업
2. 화학물질 및 화학제품제조업 중 석유화학계 기초화학물질 제조업, 합성고무 제조업, 합성수지 및 기타 플라스틱 제조업
3. 제1차금속 제조업 중 제철업 및 제강업

2. 제44조의2 제2항을 위반하여 도료를 공급하거나 판매한 자

　└, 제44조의2(환경친화형 도료의 기준 등) ② 도료(塗料)를 공급하거나 판매하는 자는 휘발성유기화합물함유기준을 초과하는 도료를 공급하거나 판매하여서는 아니 된다.

　　└, 도료에 대한 휘발성유기화합물질의 함유기준은 시행규칙 제61조의2 별표16의2에서 규정한다.

제91조(벌칙) 다음 각 호의 어느 하나에 해당하는 자는 1년 이하의 징역 또는 500만 원 이하의 벌금에 처한다.

1. 제30조를 위반하여 신고를 하지 아니하고 조업한 자

　└, 배출시설능의 가동개시신고를 말한다.

2. 제32조 제6항에 따른 조업정지명령을 위반한 자

　└, 측정기기의 운영 · 관리기준을 지키지 아니한 자에 대한 조업정지명령을 말한다.

3. 제43조 제3항에 따른 사용제한 등의 명령을 위반한 자

　└, 비산먼지의 발생억제를 위한 조치를 지키지 아니한 자에 대한 명령을 말한다.

4. 제48조 제2항에 따른 변경승인을 받지 아니하고 자동차를 제작한 자

4의2. 제48조의2 제1호 또는 제2호에 따른 금지행위를 한 자

　└, 인증시험업무의 대행자 및 그 업무에 종사하는 자의 금지행위를 말한다.

5. 제68조 제1항에 따른 변경등록을 하지 아니하고 등록사항을 변경한 자

└, 제68조(배출가스 전문정비사업의 등록 등) ① 자동차의 배출가스 관련 부품 등의 정비·점검 및 확인검사업무를 하려는 자는 「자동차관리법」 제53조에 따라 자동차관리사업의 등록을 한 후 대통령령으로 정하는 기준에 맞는 시설·장비 및 기술인력을 갖추어 특별자치시장·특별자치도지사·시장·군수·구청장에게 배출가스전문정비사업의 등록을 하여야 한다. 등록한 사항 중 대통령령으로 정하는 중요한 사항을 변경하려는 경우에도 또한 같다.

> └, "대통령령으로 정하는 중요사항"은 대표자명, 기술인력, 상호, 사업장 소재지, 정비점검 및 확인검사 항목을 말한다.

6. 삭제

7. 제68조 제4항 제1호 또는 제2호에 따른 금지행위를 한 자

└, 제68조 ④ 전문정비사업자와 정비업무에 종사하는 기술인력은 다음 각 호의 어느 하나에 해당하는 행위를 하여서는 아니 된다.

1. 거짓이나 그 밖의 부정한 방법으로 정비·점검 및 확인검사 결과표를 발급하거나 전산입력을 하는 행위
2. 다른 자에게 등록증을 대여하거나 다른 자에게 자신의 명의로 정비·점검 및 확인검사 업무를 하게 하는 행위

8. 제69조에 따른 업무정지명령을 위반한 자

└, 전문정비사업자에 대한 업무정지명령을 말한다.

9. 제74조 제4항 본문을 위반하여 자동차연료를 사용한 자

└, 제조기준에 맞지 아니하다는 판정을 받은 연료, 검사를 받지 않았거나 검사받은 내용과 다르게 제조된 자동차연료를 말한다.

10. 제74조 제5항에 따른 규제를 위반하여 자동차연료·첨가제 또는 촉매제를 제조하거나 판매한 자

└, 환경부장관은 자동차연료·첨가제 또는 촉매제로 환경상의 위해가 발생하거나 인체에 매우 유해한 물질이 배출된다고 인정하면 환경부령으로 정하는 바에 따라 그 제조·판매 또는 사용을 규제할 수 있다.

11. 제74조 제6항을 위반하여 검사를 받은 제품임을 표시하지 아니 하거나 거짓으로 표시한 자

12. 제74조의2 제2항 제1호 또는 제2호에 따른 금지행위를 한 자

> ㄴ. 제74조의2(검사업무의 대행) ① 환경부장관은 제74조에 따른 검사업무를 효율적으로 수행하기 위하여 필요한 경우에는 전문기관을 지정하여 검사업무를 대행하게 할 수 있다. ② 제1항에 따라 지정된 기관(이하 "검사대행기관"이라 한다) 및 검사업무에 종사하는 자는 다음 각 호의 행위를 하여서는 아니 된다.
>
> > 1. 다른 사람에게 자신의 명의로 검사업무를 하게 하는 행위
> > 2. 거짓이나 그 밖의 부정한 방법으로 검사업무를 하는 행위
> > 3. 검사업무와 관련하여 환경부령으로 정하는 준수사항을 위반하는 행위
> > 4. 제74조 제8항에 따른 검사의 방법 및 절차를 위반하여 검사업무를 하는 행위

13. 제82조에 따른 관계 공무원의 출입 · 검사를 거부 · 방해 또는 기피한 자

제94조(과태료) ① 제41조 제3항을 위반하여 황함유기준을 초과하는 연료를 공급 · 판매하거나 사용한 자에게는 1천만 원 이하의 과태료를 부과한다.

② 제76조의4 제1항을 위반하여 자동차에 온실가스 배출량을 표시하지 아니하거나 거짓으로 표시한 자에게는 500만 원 이하의 과태료를 부과한다.

제37조(과징금의 처분) ① 시 · 도지사는 다음 각 호의 어느 하나에 해당하는 배출시설을 설치 · 운영하는 사업자에 대하여 제36조에 따라 조업정지를 명하여야 하는 경우로서 그 조업정지가 주민의 생활, 대외적인 신용 · 고용 · 물가 등 국민경제, 그 밖에 공익에 현저한 지장을 줄 우려가 있다고 인정되는 경우 등 그 밖에 대통령령으로 정하는 경우에

는 조업정지처분을 갈음하여 2억 원 이하의 과징금을 부과할 수 있다.

1. 「의료법」에 따른 의료기관의 배출시설

2. 사회복지시설 및 공동주택의 냉난방시설

3. 발전소의 발전설비

4. 「집단에너지사업법」에 따른 집단에너지시설

5. 「초·중등교육법」 및 「고등교육법」에 따른 학교의 배출시설

6. 제조업의 배출시설

7. 그 밖에 대통령령으로 정하는 배출시설

┗ "대통령령으로 정하는 경우"란 다음 각 호의 경우를 말한다(시행령 제38조).

   1. 외국에 수출할 목적으로 신용장을 개설하고 제품을 생산하는 경우

   2. 조업의 중지에 따라 배출시설에 투입된 원료·부원료 또는 제품 등이 화학반응을 일으키는 등의 사유로 폭발이나 화재사고가 발생될 우려가 있는 경우

   3. 원료를 용융(鎔融)하거나 용해하여 제품을 생산하는 경우

제48조의4(과징금의 처분) ① 환경부장관은 제48조의3에 따라 업무의 정지를 명하려는 경우로서 그 업무의 정지로 인하여 이용자 등에게 심한 불편을 주거나 그 밖에 공익에 현저한 지장을 줄 우려가 있다고 인정하는 경우에는 그 업무의 정지를 갈음하여 5천만 원 이하의 과징금을 부과할 수 있다.

┗ 인정시험대행기관에 대한 업무정지를 말한다.

제46장 대부업 등의 등록 및 금융이용자 보호에 관한 법률

제1절 법률의 이해

이 법은 대부업·대부중개업의 등록 및 감독에 필요한 사항을 정하고 대부업자와 여신금융기관의 불법적 채권추심행위[63] 및 이자율 등을 규정하여 금융이용자를 보호하는 것 등을 목적으로 한다. 이 법의 주관기관은 금융위원회(서민금융과)이다.

이 법에서 말하는 "대부업"이란 금전의 대부(어음할인·양도담보[64]), 그 밖에 이와 비슷한 방법을 통한 금전의 교부를 포함한다. 이하 "대부"라 한다)를 업으로 하거나 대부계약에 따른 채권을 양도받아 이를 추심하는 것을 업으로 하는 것을 말한다. 다만, 대부의 성격 등을 고려하여 대통령령으로 정하는 경우는 제외한다.

제2절 법령의 규정

제19조(벌칙) ① 다음 각 호의 어느 하나에 해당하는 자는 5년 이하의 징역 또는 5천만 원 이하의 벌금에 처한다.

  1. 제3조 또는 제3조의2를 위반하여 등록 또는 등록갱신을 하지 아

---

63) ★ 채권추심행위(債權推尋行爲) : 받을 돈 등을 찾아내어 받아내는 행위

64) ★ 양도담보(讓渡擔保) : 채무자가 담보의 목적물인 재산권을 채권자에게 양도했다가 채무를 이행하면 소유권을 다시 찾아오는 방법의 담보

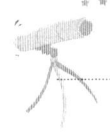

니하고 대부업 등을 한 자

2. 속임수나 그 밖의 부정한 방법으로 제3조 또는 제3조의2에 따른 등록 또는 등록갱신을 한 자

3. 제9조의2 제1항 또는 제2항을 위반하여 대부업 또는 대부중개업 광고를 한 자

> └ 제9조의2(대부업 등에 관한 광고 금지) ① 대부업자 또는 여신금융기관이 아니면 대부 업에 관한 광고를 하여서는 아니 된다.
>
> ② 대부중개업자 또는 대출모집인이 아니면 대부중개업에 관한 광고를 하여서는 아니 된다.

② 다음 각 호의 어느 하나에 해당하는 자는 3년 이하의 징역 또는 3천만 원 이하의 벌금에 처한다.

1. 제5조의2 제4항을 위반하여 타인에게 자기의 명의로 대부업 등을 하게 하거나 등록증을 대여한 자

2. 제7조 제3항을 위반하여 서류를 해당 용도 외의 목적으로 사용한 자

> └ 대부업자는 거래상대방으로부터 제출받은 서류를 거래상대방의 소득·재산 및 부채상 황을 파악하기 위한 용도 외의 목적으로 사용하여서는 아니 된다.

3. 제8조 또는 제11조 제1항에 따른 이자율을 초과하여 이자를 받은 자

> └ 제8조(대부업자의 이자율의 제한) ① 대부업자가 개인이나 대통령령으로 정하는 소규 모 법인에 대부를 하는 경우 그 이자율은 연 100분의40의 범위에서 대통령령으로 정 하는 율을 초과할 수 없다.
>
> > └ "대통령령으로 정하는 소규모 법인"이란 「중소기업기본법」 제2조 제2항에 따른 소기업에 해당하는 법인을 말한다(시행령 제5조 제1항).
> >
> > └ "대통령령으로 정하는 율"이란 100분의34.9를 말한다(시행령 제5조 제2항). 이 율을 월 또는 일 기준으로 적용하는 경우에는 연 100분의 34.9를 단리로 환산

한다(시행령 제5조 제3항).

② 제1항에 따른 이자율을 산정할 때 사례금, 할인금, 수수료, 공제금, 연체이자, 체당금(替當金) 등 그 명칭이 무엇이든 대부와 관련하여 대부업자가 받은 것은 모두 이자로 본다. 다만, 해당 거래의 체결과 변제에 관한 부대비용으로서 대통령령으로 정한 사항은 그러하지 아니하다.

    └, "대통령령으로 정한 사항"이란 다음 각 호의 비용을 말한다(제5조 제4항).

        1. 담보권 설정비용

        2. 신용조회비용(「신용정보의 이용 및 보호에 관한 법률」 제4조 제1항 제1호의 업무를 허가받은 자에게 거래상대방의 신용을 조회하는 경우만 해당한다).

└, 제11조(미등록대부업자의 이자율 제한) ① 미등록대부업자가 대부를 하는 경우의 이자율에 관하여는 「이자제한법」 제2조 제1항 및 이 법 제8조 제2항부터 제5항까지의 규정을 준용한다.

    └, 「이자제한법」 제2조(이자의 최고한도) ① 금전대차에 관한 계약상의 최고이자율은 연 25퍼센트를 초과하지 아니하는 범위 안에서 대통령령으로 정한다.

        └, 「이자제한법 제2조 제1항의 최고이자율에 관한 규정」은 연 25퍼센트로 규정하였다.

4. 제9조의4 제1항 또는 제2항을 위반하여 미등록대부업자로부터 대부계약에 따른 채권을 양도받아 이를 추심하는 행위를 한 자 또는 미등록대부중개업자로부터 대부중개를 받은 거래상대방에게 대부행위를 한 자

5. 삭제

6. 제11조의2 제1항 또는 제2항을 위반하여 대부중개를 하거나 중개수수료를 받은 자

    └, 제11조의2(중개의 제한 등) ① 대부중개업자는 미등록대부업자에게 대부중개를 하여서는 아니 된다.

    ② 대부중개업자 및 대출모집인(이하 "대부중개업자등"이라 한다)과 미등록대부중개업자는 수수료, 사례금, 착수금 등 그 명칭이 무엇이든 대부중개와 관련하여 받는 대가(이하 "중개수수료"라 한다)를 대부를 받는 거래상대방으로부터 받아서는 아니 된다.

7. 제11조의2 제3항에 따른 중개수수료를 초과하여 지급한 자

  ∟ 대부업자가 개인이나 대통령령으로 정하는 소규모 법인에 대부하는 경우 대부중개업자등에게 지급하는 중개수수료는 해당 대부금액의 100분의5의 범위에서 대통령령으로 정하는 율에 해당하는 금액을 초과할 수 없다(법 제11조의2 제3항).

    ∟ 대통령령 제6조의4(중개수수료의 제한) ① 법 제11조의2 제3항에서 "대통령령으로 정하는 소규모 법인"이란 「중소기업기본법」 제2조 제2항에 따른 소기업에 해당하는 법인을 말한다. ② 법 제11조의2 제3항에서 "대통령령으로 정하는 율에 해당하는 금액"이란 다음 표의 구분에 따른 금액을 말한다.

대부금액	중개수수료금액
5백만 원 이하	100분의5
5백만 원 초과 1천만 원 이하	25만 원 + 500만 원을 초과하는 금액의 100분의4
1천만 원 초과	45만 원 + 1천만 원을 초과하는 금액의 100분의3

8. 제11조의2 제5항에 따른 시정명령을 이행하지 아니한 자

  ∟ 중개수수료의 초과지급에 대한 금융위원회의 시정명령을 말한다.

9. 제11조의2 제6항을 위반하여 중개수수료를 지급받은 자

  ∟ 중개수수료를 초과하여 지급받은 대부중개업자의 경우를 말한다.

10. 제15조 제4항에 따른 시정명령을 이행하지 아니한 자

  ∟ 금융위원회는 이자 및 연체이자를 초과하여 받은 여신금융기관에 대하여 시정을 명할 수 있다.

제20조(양벌규정) 제19조 해당

제47장 대·중소기업 상생협력 촉진에 관한 법률

제1절 법률의 이해

이 법은 대기업과 중소기업 사이의 상생협력(相生協力) 관계를 공고히 하여 대기업과 중소기업의 경쟁력을 높이고, 이들 사이의 양극화를 해소하여 동반성장을 달성함을 목적으로 한다. 이른바 "대기업이 소상공인들의 골목상권을 침해하는 행위"를 규제하는 것을 주된 목적으로 제정된 법률이라고 이해하면 될 것이다. 그러나 직업의 자유를 침해할 우려 등으로 인하여 대기업의 행위를 규제함에 한계가 있어 강력히 규제할 수 있는 근거는 마련하시는 못한 것으로 해석된다.

이 법에서 "중소기업"이라 함은 「중소기업기본법」 제2조에 따른 중소기업을 말한다. 이 법의 주관부처는 산업통상자원부(기업협력과)이다.

제2절 법령의 규정

제41조(벌칙) ① 타인의 기술자료를 <u>절취(竊取)</u>65) 등의 부정한 방법으로 입수하여 제24조의3에 따른 등록을 행한 자는 5년 이하의 징역 또는 그 재산상 이득액의 2배 이상 10배 이하에 상당하는 벌금에 처한다.

   ㄴ. 제24조의3(기술자료 임치의 등록) ① <u>임치기업</u>66)은 다음 각 호의 사항을 등록할 수 있다.

---

65) ★ 절취 : 훔치는 것

66) ★ 임치기업 : 제조·공사·수리·가공·판매·용역을 업으로 하는 자가 물품·부품·반제품 및 원료의 제조·공사·가공·수리·용역 또는 기술개발을 다른 중소기업에 위탁하는 기업을 위탁기업이라 하고, 그 상대방을 수탁기업이라 한

1. 기술자료의 제호 · 종류 · 제작연월일

2. 기술자료의 개요

3. 임치기업의 명칭 및 주소

4. 그 밖에 대통령령으로 정하는 사항

② 제33조 제3항에 따른 명령을 이행하지 아니한 자는 2년 이하의 징역 또는 1억 5천만 원 이하의 벌금에 처한다.

└ 제34조(일시정지 및 조정명령의 철회) ① 중소기업청장은 제32조에 따른 <u>사업조정신청67)</u>을 받은 경우 그 대기업 등에 조정심의회 심의결과를 통지할 때까지 해당 사업의 인수 · 개시 또는 확장을 일시 정지하도록 명할 수 있다.

② 중소기업청장은 제1항에 따른 권고를 하는 경우 해당 대기업 등이 그 권고에 따르지 아니하는 경우에는 그 권고대상이나 내용 등을 공표할 수 있다.

③ 중소기업청장은 제2항에 따른 공표 후에도 정당한 사유 없이 권고사항을 이행하지 아니하는 경우에는 사업조정심의회의 심의를 거쳐 해당 대기업 등에 그 이행을 명할 수 있다.

③ 다음 각 호의 어느 하나에 해당하는 자는 1년 이하의 징역 또는 5천만 원 이하의 벌금에 처한다.

1. 제24조의4에 따른 비밀유지의무를 위반한 자

└ 제24조의4(비밀유지의무) 제24조의2에 따른 기술자료를 관리하는 업무에 종사하는 사람 및 그 직에 있었던 사람은 직무상 알게 된 비밀을 다른 사람에게 누설하여서는 아니 된다.

다. 위탁 · 수탁기업은 전문인력과 설비 등을 갖춘 기관으로서 대통령령으로 정하는 기관과 서로 합의하여 기술자료를 임치하고자 하는 기업의 기술자료를 임치할 수 있다.

67) ★ 사업조정신청 : 대기업 등이 기업의 사업을 인수 · 개시 또는 확장함으로써 중소기업들의 경영에 상당한 악영향을 주거나 그러할 염려가 있는 경우에 중소기업자단체가 중소기업청장에게 하는 조정신청을 말한다.

2. 제28조 제3항 본문에 따른 공표 후 1개월이 지날 때까지 같은 조 제2항에 따른 시정명령을 이행하지 아니한 자

   ㄴ. 위탁기업, 수탁기업 또는 중소기업협동조합 사이에 분쟁이 발생하여 중소기업청장에게 분쟁조정을 요청한 경우에 중소기업청장은 해당 기업에 대하여 시정을 권고하거나 시정을 명할 수 있다.

제42조(양벌규정) 제41조 해당

제43조(과태료) ① 다음 각 호의 어느 하나에 해당하는 자에게는 500만 원 이하의 과태료를 부과한다.

1. 제28조의2에 따른 교육명령 등의 조치를 이행하지 아니한 자

   ㄴ. 제28조의2(교육명령 등) ① 중소기업청장은 제27조 제5항에 따라 벌점을 받은 위탁기업에 대하여 산업통상자원부령으로 정하는 벌점기준에 따라 제27조 제1항 및 제2항에 따른 개선요구 및 제28조 제2항에 따른 시정권고 또는 시정명령과 함께 소속 임직원에 대한 교육명령 등의 조치를 할 수 있다.

2. 제39조 제1항에 따른 서류를 갖추어 두지 아니하거나 그 서류에 거짓 사항을 적은 자

   ㄴ. 위탁기업, 수탁기업 또는 중소기업협동조합은 수탁·위탁거래에 관한 서류를 갖추어 두어야 한다.

3. 제40조에 따른 자료를 제출하지 아니하거나 거짓 자료를 제출한 자 또는 조사를 거부·방해 또는 기피한 자

   ㄴ. 중소기업청장의 자료제출요구 등을 말한다.

② 제34조 제3항에 따른 명령을 이행하지 아니한 자에게는 5천만 원 이하의 과태료를 부과한다.

   ㄴ. 사업조정신청을 받은 중소기업청장이 대기업에 대하여 사업의 인수·개시 또는 확장을 정지

하도록 권고하였으나, 정당한 사유 없이 이에 따르지 아니하는 경우에 그 권고사항의 이행을 명하는 경우를 말한다.

제48장 댐건설 및 주변지역지원 등에 관한 법률

제1절 법률의 이해

이 법은 댐의 건설·관리, 댐의 건설에 따른 환경대책 및 지역주민에 대한 지원 등을 규정함으로써 수자원을 합리적으로 개발·이용하는 것 등을 목적으로 한다.

이 법에서 규정하지 아니한 사항 중 댐의 건설과 관리에 필요한 사항은 「하천법」을 적용한다(제46조). 이 법의 주관부처는 국토교통부(수자원개발과)이다.

제2절 법령의 규정

제49조(벌칙) 제18조를 위반하여 공공의 피해를 발생시키거나 치수(治水)에 장해를 일으킨 댐수탁관리자의 임직원은 5년 이하의 징역 또는 3천만 원 이하의 벌금에 처한다.

> ㄴ 제18조(위해방지를 위한 조치) 댐관리청이나 댐수탁관리자는 댐의 저수(貯水)를 방류함으로써 하류에 현저한 변화를 가져올 것이라고 인정되는 경우에는 이로 인한 위해(危害)를 방지하기 위하여 대통령령으로 정하는 바에 따라 미리 관계 시·도지사에게 통지하여야 하며, 일반에게 알리기 위하여 필요한 조치를 하여야 한다.

제51조(벌칙) 행정청이 아닌 자로서 제10조 제3항부터 제5항까지의

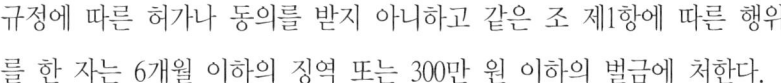

규정에 따른 허가나 동의를 받지 아니하고 같은 조 제1항에 따른 행위를 한 자는 6개월 이하의 징역 또는 300만 원 이하의 벌금에 처한다.

┗, 제10조(토지의 출입 등) ① 댐건설사업시행자는 댐건설에 관한 조사·측량이나 댐건설을 위하여 필요한 때에는 타인의 토지에 출입하거나 타인의 토지를 일시 사용할 수 있으며, 특히 필요한 때에는 나무, 토석(土石) 또는 그 밖의 장애물을 변경하거나 제거할 수 있다.

③ 행정청이 아닌 댐건설사업시행자는 제1항에 따라 타인의 토지에 출입하려는 경우에는 미리 시장·군수·구청장의 허가를 받아야 한다.

④ 댐건설사업시행자는 제1항에 따라 나무, 토석과 그 밖의 장애물을 제거하거나 변경하려는 경우에는 미리 해당 장애물의 소유자·점유자 또는 관리인의 동의를 받아야 한다.

⑤ 댐건설사업시행자는 장애물의 소유자·점유자 또는 관리인의 주소나 거소가 분명하지 아니하여 제4항에 따른 동의를 받을 수 없을 때에는 그 내용을 시장·군수 또는 구청장에게 통지하고 장애물을 변경하거나 제거할 수 있다.

제52조(양벌규정) 제49조 또는 제51조 해당

제53조(과태료) ① 정당한 사유 없이 제10조 제1항에 따른 행위를 방해하거나 거부한 자에게는 300만 원 이하의 과태료를 부과한다.

┗, 댐건설사업시행자는 댐건설에 관한 조사·측량이나 댐건설을 위하여 필요한 때에는 타인의 토지에 출입하거나 타인의 토지를 일시 사용할 수 있으며, 특히 필요한 때에는 나무, 토석 또는 그 밖의 장애물을 제거 또는 변경할 수 있다.

제49장 도로교통법

제1절 법률의 이해

「도로교통법」은 과거 한때 포상금을 노리는 이른바 파파라치들의 먹잇감이 되기도 하였다. 그 결과 여론이 좋지 않게 되자 포상제도를 폐

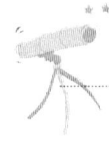

지하게 된 대표적인 법률이다. 그러나 2011년 「공익신고자보호법」이 제
정되면서 다시 공익신고의 대상으로 되었다. 우리나라 성인의 대부분이
자동차운전면허를 받았으므로 다른 설명이 필요 없는 법률이다. 따라서
공익신고의 대상이 되는 벌칙과 과태료 관련 규정을 간추려 소개한다.
이 법의 주관부서는 경찰청 교통기획과이다.

제2절 법령의 규정

제148조(벌칙) 제54조 제1항에 따른 교통사고 발생 시의 조치를 하지 아
니한 사람은 5년 이하의 징역이나 1천 500만 원 이하의 벌금에 처한다.

> ㄴ. 제54조(사고발생 시의 조치) ① 차의 운전 등 교통으로 인하여 사람을 사상(死傷)하거나 물건
> 을 손괴(이하 "교통사고"라 한다)한 경우에는 그 차의 운전자나 그 밖의 승무원(이하 "운전자
> 등"이라 한다)은 즉시 정차하여 사상자를 구호하는 등 필요한 조치를 하여야 한다.

제148조의2(벌칙) ① 다음 각 호의 어느 하나에 해당하는 사람은 1년
이상 3년 이하의 징역이나 500만 원 이상 1천만 원 이하의 벌금에 처
한다.

1. 제44조 제1항을 2회 이상 위반한 사람으로서 다시 같은 조 제1
   항을 위반하여 술에 취한 상태에서 자동차를 운전한 사람
2. 술에 취한 상태에 있다고 인정할 만한 이유가 있는 사람으로서
   제44조 제2항에 따른 경찰공무원의 측정에 응하지 아니한 사람

② 제44조 제1항을 위반하여 술에 취한 상태에서 자동차를 운전한
사람은 다음 각 호의 구분에 따라 처벌한다.

1. 혈중알콜농도가 0.2퍼센트 이상인 사람은 1년 이상 3년 이하의
   징역이나 500만 원 이상 1천만 원 이하의 벌금

2. 혈중알콜농도가 0.1퍼센트 이상 0.2퍼센트 미만인 사람은 6개월 이상 1년 이하의 징역이나 300만 원 이상 500만 원 이하의 벌금

3. 혈중알콜농도가 0.05퍼센트 이상 0.1퍼센트 미만인 사람은 6개월 이하의 징역이나 300만 원 이하의 벌금

③ 제45조를 위반하여 약물로 인하여 정상적으로 운전하지 못할 우려가 있는 상태에서 자동차등을 운전한 사람은 3년 이하의 징역이나 1천만 원 이하의 벌금에 처한다.

제149조(벌칙) ① 제68조 제1항을 위반하여 함부로 신호기를 조작하거나 교통안전시설을 철거·이전하거나 손괴한 사람은 3년 이하의 징역이나 700만 원 이하의 벌금에 처한다.

② 제1항에 따른 행위로 인하여 도로에서 **교통위험을** 일으키게 한 사람은 5년 이하의 징역이나 1천 500만 원 이하의 벌금에 처한다.

제150조(벌칙) 다음 각 호의 어느 하나에 해당하는 사람은 2년 이하의 징역이나 500만 원 이하의 벌금에 처한다.

1. 제46조 제1항 또는 제2항을 위반하여 공동위험행위를 하거나 주도한 사람

   ㄴ, 제46조(공동위험행위의 금지) ① 자동차등의 운전자는 도로에서 2명 이상이 공동으로 자동차등을 정당한 사유 없이 앞뒤로 또는 좌우로 줄지어 통행하면서 다른 사람에게 위해(危害)를 끼치거나 교통상의 위험을 발생하게 하여서는 아니 된다.
   ② 자동차등의 동승자는 제1항에 따른 공동위험행위를 주도하여서는 아니 된다.

2. 제77조 제1항에 따른 수강결과를 거짓으로 보고한 교통안전교육 강사

3. 제77조 제2항을 위반하여 교통안전교육을 받지 아니하거나 기준

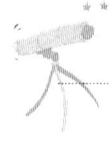

에 미치지 못하는 사람에게 교육확인증을 발급한 교통안전교육 기관의 장

4. 거짓이나 그 밖의 부정한 방법으로 제99조에 따른 학원의 등록을 하거나 제104조 제1항에 따른 전문학원의 지정을 받은 사람

5. 제104조 제1항에 따른 전문학원의 지정을 받지 아니하고 제108조 제5항에 따른 수료증 또는 졸업증을 발급한 사람

6. 제116조를 위반하여 대가를 받고 자동차등의 운전교육을 한 사람

　└, 제116조(무등록 유상 운전교육의 금지) ① 제99조에 따른 학원의 등록을 하지 아니한 사람은 대가를 받고 다음 각 호의 어느 하나에 해당하는 행위를 하여서는 아니 된다.

　　1. 학원등의 밖에서 하거나 학원등의 명의를 빌려서 학원등의 안에서 하는 자동차 등의 운전교육

　　2. 자동차등의 운전연습을 할 수 있는 시설을 갖추고 그 시설을 이용하는 행위

7. 제129조의3을 위반하여 비밀을 누설하거나 도용한 사람

　└, 도로교통공단의 임직원이나 임직원이었던 사람은 그 직무상 알게 된 비밀을 누설하거나 도용(盜用)하여서는 아니 된다.

제152조(벌칙) 다음 각 호의 어느 하나에 해당하는 자는 1년 이하의 징역이나 300만 원 이하의 벌금에 처한다.

1. 제43조를 위반하여 제80조에 따른 운전면허(원동기장치자전거면허는 제외한다. 이하 이 조에서 같다)를 받지 아니하거나(운전면허의 효력이 정지된 경우를 포함한다) 또는 제96조에 따른 국제운전면허증을 받지 아니하고(운전이 금지된 경우와 유효기간이 지난 경우를 포함한다) 자동차를 운전한 사람

2. 제56조 제2항을 위반하여 운전면허를 받지 아니한 사람(운전면허의 효력이 정지된 사람을 포함한다)에게 자동차를 운전하도록 시킨 고용주등

3. 거짓이나 그 밖의 부정한 수단으로 운전면허를 받거나 운전면허 증 또는 운전면허증을 갈음하는 증명서를 발급받은 사람

4. 제68조 제2항을 위반하여 교통에 방해가 될 만한 물건을 함부로 도로에 내버려둔 사람

5. 제76조 제4항을 위반하여 교통안전교육강사가 아닌 사람으로 하 여금 교통안전교육을 하게 한 교통안전교육기관의 장

6. 제117조를 위반하여 유사명칭을 사용한 사람

 ㄴ. 제117조(유사명칭 등의 사용금지) ① 제99조에 따른 학원의 등록을 하지 아니한 자는 학원등과 유사한 명칭을 사용하여 상호를 게시하거나 광고를 하여서는 아니 된다.
 ② 제99조에 따른 학원의 등록을 하지 아니한 자는 그가 소유하거나 임차한 자동차에 학원등의 도로주행교육용 자동차와 비슷한 표시를 하지 못한다.
 ③ 이 법에 따른 전문학원이 아닌 학원은 그 명칭 중에 전문학원 또는 이와 비슷한 용어를 사용하지 못한다.

제159조(양벌규정) 제148조, 제148조의2, 제149조부터 제157조까지 해당

제160조(과태료) ① 다음 각 호의 어느 하나에 해당하는 사람에게는 500만 원 이하의 과태료를 부과한다.

1. 제78조를 위반하여 교통안전교육기관 운영의 정지 또는 폐지신 고를 하지 아니한 사람

2. 제109조 제2항을 위반하여 강사의 인적사항과 교육과목을 게시 하지 아니한 사람

3. 제110조 제2항을 위반하여 수강료 등을 게시하지 아니하거나 같 은 조 제3항을 위반하여 게시된 수강료 등을 초과한 금액을 받 은 사람

4. 제111조를 위반하여 수강료 등의 반환 등 교육생 보호를 위하여

필요한 조치를 하지 아니한 사람

5. 제112조를 위반하여 학원이나 전문학원의 휴원 또는 폐원신고를 하지 아니한 사람

6. 제115조 제1항에 따른 간판이나 그 밖의 표지물 제거, 시설물의 설치 또는 게시문의 부착을 거부 · 방해 또는 기피하거나 게시문이나 설치한 시설물을 임의로 제거하거나 못쓰게 만든 사람

제50장 도시가스사업법

제1절 법률의 이해

「도시가스사업법」은 도시가스사업을 합리적으로 조정 · 육성함으로써 사용자의 이익을 보호하기 위하여 가스공급시설과 가스사용시설의 설치 · 유지 및 안전관리에 관한 사항을 규정한다. "도시가스"란 천연가스(액화한 것을 포함한다), 배관을 통하여 공급되는 석유가스, 나프타부생(副生)가스, 바이오가스 또는 합성천연가스로서 그 구체적인 해당기준은 시행령 제1조의2에서 규정한다. 이 법의 주관부처는 산업통상자원부(가스산업과)이다.

제2절 법령의 규정

제48조(벌칙) ① 도시가스사업자의 가스공급시설 중 가스제조시설과 가스배관시설을 손괴하거나 그 기능에 장애를 입혀 도시가스 공급을

방해한 자는 1년 이상 10년 이하의 징역 또는 1억 5천만 원 이하의 벌금에 처한다.

ㄴ. "도시가스사업자"란 제3조에 따라 도시가스사업의 허가를 받은 가스도매사업자, 일반도시가스사업자, 도시가스충전사업자, 나프타부생가스·바이오가스제조사업자 및 합성천연가스제조사업자를 말한다.

② 도시가스사업자의 가스공급시설 중 가스충전시설, 나프타부생가스·바이오가스제조시설 또는 합성천연가스제조시설을 손괴하거나 그 기능에 장애를 입혀 도시가스 공급을 방해한 자는 5년 이하의 징역 또는 5천만 원 이하의 벌금에 처한다.

③ 도시가스사업자 외의 가스공급시설설치자의 가스공급시설을 손괴하거나 그 기능에 장애를 입혀 도시가스공급을 방해한 자는 10년 이하의 징역 또는 1억 원 이하의 벌금에 처한다.

④ 업무상 과실이나 중대한 과실로 인하여 제1항의 죄를 범한 자는 7년 이하의 금고(禁錮)[68] 또는 2천만 원 이하의 벌금에 처한다.

⑤ 업무상 과실이나 중대한 과실로 인하여 제2항의 죄를 범한 자는 2년 이하의 금고 또는 2천만 원 이하의 벌금에 처한다.

⑥ 업무상 과실이나 중대한 과실로 인하여 제3항의 죄를 범한 자는 3년 이하의 금고 또는 1천만 원 이하의 벌금에 처한다.

⑦ 제4항부터 제6항까지의 죄를 범하여 가스를 누출시키거나 폭발하게 함으로써 사람을 상해에 이르게 한 경우에는 10년 이하의 금고 또는 1억 원 이하의 벌금에, 사망에 이르게 한 경우에는 1년 이상 10년 이하의 금고 또는 1억 5천만 원 이하의 벌금에 처한다.

---

68) ★ 금고 : 금고는 징역 및 구류(拘留)와 더불어 자유형(自由刑)의 하나이다. 금고가 징역과 다른 점은 노역(勞役 : 강제노동)을 시키지 않는 것이다. 이는 주로 과실범(過失犯)에게 적용하고 있다.

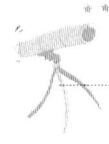

⑧ 도시가스사업자 또는 도시가스사업자 외의 가스공급시설설치자의 승낙 없이 가스공급시설을 조작하여 도시가스공급을 방해한 자는 1년 이하의 징역 또는 1천만 원 이하의 벌금에 처한다.

⑨ 도시가스사업 또는 도시가스사업 외의 가스공급시설에 종사하는 자가 정당한 사유 없이 도시가스공급에 장애를 발생하게 한 경우에는 제8항의 형(刑)과 같다.

⑩ 도시가스사업자 또는 도시가스사업자 외의 가스공급시설설치자의 승낙 없이 가스공급시설을 변경한 자는 500만 원 이하의 벌금에 처한다.

⑪ 제1항부터 제3항까지 및 제8항의 미수범은 처벌한다.

제49조(벌칙) 다음 각 호의 어느 하나에 해당하는 자는 3년 이하의 징역 또는 3천만 원 이하의 벌금에 처하거나 이를 <u>병과(倂科)69)</u>할 수 있다.

1. 제3조 제1항 전단 또는 제2항 전단에 따른 허가를 받지 아니하고 가스도매사업 또는 일반도시가스사업을 영위한 자

   ㄴ, "일반도시가스사업"이란 가스도매사업자 등으로부터 공급받은 도시가스 또는 스스로 제조한 석유가스, 나프타부생가스, 바이오가스를 일반의 수요에 따라 배관을 통하여 수요자에게 공급하는 사업을 말한다.

2. 제10조 제1항에 따른 등록 또는 변경등록을 하지 아니하고 천연가스수출입업을 영위한 자

제50조(벌칙) 다음 각 호의 어느 하나에 해당하는 자는 2년 이하의

---

69) ★ 병과 : 병과할 수 있다는 것은 징역형과 벌금형을 선택적으로 과하는 것이 아니라 둘을 함께 선고할 수 있다는 뜻이다.

징역 또는 2천만 원 이하의 벌금에 처한다.

1. 제3조 제1항 후단 또는 제2항 후단을 위반하여 변경허가를 받지 아니하고 허가받은 사항을 변경한 자

   ㄴ, 제3조(사업의 허가) ① 가스도매사업을 하려는 자는 산업통상자원부장관의 허가를 받아야 한다. 허가받은 사항 중 산업통상자원부령으로 정하는 중요사항을 변경하려는 경우에도 또한 같다.

   ② 일반도시가스사업을 하려는 자는 특별시장·광역시장·도지사 또는 특별자치도지사(이하 "시·도지사"라 한다)의 허가를 받아야 한다. 허가받은 사항 중 산업통상자원부령으로 정하는 중요사항을 변경하려는 경우에도 또한 같다.

   　　ㄴ, "변경허가를 받아야 하는 사항"은 다음과 같다(시행규칙 제4조 제1항).

   　　　1. 도시가스의 종류 및 열량의 변경

   　　　2. 공급권역 또는 공급능력의 변경

   　　　3. 가스공급시설 중 가스발생설비, 액화가스 저장탱크, 가스홀더의 종류·설치장소 또는 그 수의 변경

   　　　4. 상호의 변경

   　　　5. 대표자(국가, 지방자치단체 및 「공공기관의 운영에 관한 법률」 제4조 제1항에 따른 공공기관을 제외한 법인인 경우만 해당한다)의 변경

1의2. 제3조 제3항 전단에 따른 허가를 받지 아니하고 도시가스충전사업을 영위한 자

   ㄴ, "도시가스충전사업"이란 가스도매사업자 등으로부터 공급받은 도시가스 또는 스스로 제조한 나프타부생가스, 바이오가스를 용기, 저장탱크 또는 자동차에 고정된 탱크에 충전하여 공급하는 사업을 말한다.

1의3. 제3조 제4항 전단 또는 같은 조 제5항 전단에 따른 허가를 받지 아니하고 나프타부생가스·바이오가스제조사업 또는 합성천연가스제조사업을 영위한 자

2. 제10조의5 제1항에 따른 승인 또는 변경승인을 받지 아니하고 천연가스의 수입계약·수출계약 또는 수송계약을 체결한 자

3. 제11조 제1항 또는 제39조의2 제1항에 따른 승인 또는 변경승인을 받지 아니하고 가스공급시설의 설치공사 또는 변경공사를 한 도시가스사업자 또는 도시가스사업자 외의 가스공급시설설치자

4. 제15조 제2항(제39조의5에서 준용하는 경우를 포함한다)에 따른 적합판정(제16조 제1항에 따른 임시사용을 포함한다)을 받지 아니하고 가스공급시설을 사용한 도시가스사업자 또는 도시가스사업자 외의 가스공급시설설치자

5. 제15조 제6항을 위반하여 완성검사를 받지 아니하거나 불합격하고 가스충전시설을 사용한 도시가스충전사업자나 특정가스사용시설을 사용한 자

  ㄴ 제15조(시공·감리 등) ⑥ 도시가스충전사업자 및 특정가스사용시설의 사용자는 가스충전시설 및 특정가스사용시설의 설치공사나 변경공사를 완공하면 시장·군수·구청장의 완성검사를 받아 이에 합격한 경우에만 사용할 수 있다.

5의2. 제25조 제3항을 위반하여 품질기준에 맞지 아니한 도시가스를 공급·소비하거나 공급·소비할 목적으로 저장·운송 또는 보관한 자

5의3. 제25조의2 제1항에 따른 품질검사를 받지 아니하거나 같은 조 제2항에 따른 품질검사를 거부·방해·기피한 자

6. 제27조 제1항(제39조의5에서 준용하는 경우를 포함한다)에 따른 명령을 이행하지 아니한 도시가스사업자, 가스사용자 또는 도시가스사업자 외의 가스공급시설설치자

  ㄴ 제27조(가스시설의 개선명령 등) ① 산업통상자원부장관 또는 시장·군수·구청장은 가스공급시설이나 가스사용시설이 제12조 제2항에 따른 시설별 시설기준과 기술기준에 적합하지 아니하다고 인정하면 대통령령으로 정하는 바에 따라 도시가스사업자나 가스사용자에게 그 기준에 적합하도록 가스공급시설이나 가스사용시설의 수리·개선·

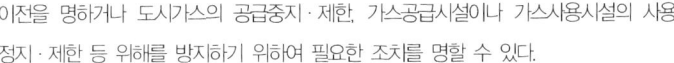

이전을 명하거나 도시가스의 공급중지·제한, 가스공급시설이나 가스사용시설의 사용 정지·제한 등 위해를 방지하기 위하여 필요한 조치를 명할 수 있다.

ㄴ. 제39조의5에서는 도시가스사업자 외의 가스공급시설설치자가 준용하는 규정들을 열거 하였다.

7. 제27조 제2항 전단(제39조의5에서 준용하는 경우를 포함한다)에 따른 명령을 이행하지 아니한 도시가스사업자 또는 도시가스사 업자 외의 가스공급시설설치자

ㄴ. 제27조(가스시설의 개선명령 등) ② 산업통상자원부장관 또는 시장·군수·구청장은 공공의 안전을 유지하기 위하여 긴급·부득이하다고 인정하면 도시가스사업자에게 그 가스공급시설의 이전 사용의 정지 또는 제한을 명하거나 가스공급시설 안에 있는 도 시가스의 폐기를 명할 수 있다. 이 경우 도시가스사업자에게 발생한 손실에 대하여는 천재지변·전쟁 그 밖의 불가항력의 사유로 인한 경우 외에는 대통령령으로 정하는 바에 따라 정당한 보상을 하여야 한다.

8. 제30조의3 제1항(제39조의5에서 준용하는 경우를 포함한다)에 따 른 도시가스배관 매설상황의 확인요청을 하지 아니하고 굴착공 사를 한 자 또는 도시가스사업자 외의 가스공급시설설치자

9. 제30조의4 제1항 전단에 따른 평가서를 제출하지 아니하고 굴착 공사를 한 자

10. 제30조의5 제1항 본문(제39조의5에서 준용하는 경우를 포함한 다)에 따른 협의를 하지 아니하고 굴착공사를 하거나 정당한 사 유 없이 제30조의5 제1항 본문에 따른 협의요청에 응하지 아니 한 자

ㄴ. 제30조의5(협의·순회점검) ① 도시가스사업이 허가된 지역에서 도시가스배관 파손사 고의 위험성이 높은 굴착공사로서 산업통상자원부령이 정하는 굴착공사를 하려는 자는 도시가스배관을 보호하기 위하여 산업통상자원부령으로 정하는 바에 따라 도시가스사 업자와 협의를 하여야 하며, 협의를 요청받은 도시가스사업자는 정당한 사유가 없으면

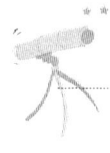

이에 응하여야 한다. 다만, 제30조의4 제1항 전단에 따라 시장·군수 또는 구청장에게 평가서를 제출한 자는 그러하지 아니하다.

> ㄴ. "협의를 하여야 하는 굴착공사"는 다음과 같다(시행규칙 제55조 제1항).
>> 1. 굴착공사 예정지역 범위에 묻혀 있는 도시가스배관의 길이가 100미터 이상인 굴착공사
>> 2. 해당 굴착공사로 인하여 최고사용압력이 중압 이상인 배관이 10미터 이상 노출될 것으로 예상되는 굴착공사

11. 제30조의5 제2항(제39조의5에서 준용하는 경우를 포함한다)을 위반하여 도시가스사업자와 굴착공사의 시행자 간에 협의된 내용을 지키지 아니한 도시가스사업자, 굴착공사의 시행자 또는 도시가스사업자 외의 가스공급시설설치자

12. 제30조의5 제3항(제39조의5에서 준용하는 경우를 포함한다)을 위반하여 합동감시체제를 구축하지 아니하거나 정기적으로 순회점검을 하지 아니한 도시가스사업자, 굴착공사의 시행자 또는 도시가스사업자 외의 가스공급시설설치자

> ㄴ. 도시가스배관이 지하에서 철도(도시철도를 포함한다)나 도로를 건설하는 공사, 그 밖에 산업통상자원부령으로 정하는 공사의 공사장을 통과하는 경우 그 도시가스배관을 관리하는 도시가스사업자와 그 공사의 시행자는 산업통상자원부령으로 정하는 바에 따라 합동감시체제를 구축하고 정기적으로 순회점검을 하여야 한다.

13. 제30조의6에 따른 기준에 따르지 아니하고 굴착작업을 한 자

> ㄴ. 제30조의6(도시가스배관 손상방지기준의 준수) 도시가스사업이 허가된 지역에서 굴착공사를 하는 자는 산업통상자원부령으로 정하는 도시가스배관 손상방지기준에 따라 굴착작업을 하여야 한다.
>> ㄴ. "도시가스배관의 안전조치 및 손상방지기준"은 시행규칙 별표16에서 규정하고 있다.

14. 제30조의7 제2항(제39조의5에서 준용하는 경우를 포함한다)에

따른 도시가스배관에 관한 도면을 작성·보관하지 아니하거나 거짓으로 작성·보존한 도시가스사업자 또는 도시가스사업자 외의 가스공급시설설치자

15. 제40조(제39조의5에서 준용하는 경우를 포함한다)에 따른 조정 및 사업 통폐합명령을 이행하지 아니한 자

ㄴ. 제40조(조정명령 등) ① 산업통상자원부장관은 도시가스의 수급상 필요하다고 인정하면 대통령령으로 정하는 바에 따라 도시가스사업자 또는 자기소비용직수입자에게 필요한 조정을 명할 수 있다.

② 산업통상자원부장관 또는 시·도지사는 원활한 도시가스 수급과 공익상 필요하다고 인정하는 경우 및 일반도시가스사업자가 제19조를 위반하여 도시가스의 공급을 거절하거나 공급이 중단되게 하였을 경우에는 가스공급권역의 조정 및 사업의 통폐합을 명할 수 있다.

③ 시·도지사는 일반도시가스사업자의 공급권역 안 일부 지역이 다음 각 호의 어느 하나에 해당되어 그 지역의 특성이 사업허가 시점과 비교하여 현저히 변화되었다고 판단되면 산업통상자원부장관과 협의하여 가스공급권역의 조정 및 사업의 통폐합을 명할 수 있다.

 1. 일반도시가스사업 허가 후 일정 기간이 지난 시점에 가스공급권역 안 일부 지역이 「택지개발촉진법」 제3조에 따라 택지개발지구로 지정된 경우

 2. 일반도시가스사업 허가 후 일정 기간이 지난 시점에 가스공급권역 안 일부 지역이 「지역균형개발 및 지방 중소기업 육성에 관한 법률」 제4조에 따른 광역개발권역, 같은 법 제9조에 따른 개발촉진지구, 같은 법 제26조의3에 따른 특정지역으로 지정된 경우

 3. 일반도시가스사업 허가 후 일정 기간이 지난 시점에 가스공급권역 안 일부 지역에서 「국토의 계획 및 이용에 관한 법률」 제36조 제1항에 따라 용도지역이 변경된 경우

④ 제3항에 따른 세부적인 면적 및 기간의 기준은 대통령령으로 정한다.

제51조(벌칙) 다음 각 호의 어느 하나에 해당하는 자는 1년 이하의 징역 또는 1천만 원 이하의 벌금에 처한다. 다만, 제1호의3에 해당하는 자 중 도시가스사업자, 나프타부생가스·바이오가스제조업자 또는 합성

천연가스제조업자는 300만 원 이하의 벌금에 처한다.

1. 제3조 제3항 후단을 위반하여 변경허가를 받지 아니하고 허가받은 사항을 변경한 자

   ∟ 도시가스충전사업자를 말한다.

1의2. 제3조 제1항 후단 또는 같은 조 제5항 후단을 위반하여 변경허가를 받지 아니하고 허가받은 사항을 변경한 자

   ∟ 가스도매사업자 및 합성천연가스제조사업자를 말한다.

1의3. 제8조에 따른 신고를 하지 아니하고 사업을 개시, 휴업하거나 폐업한 자

   ∟ 도시가스사업자를 말한다.

1의4. 제10조의2 제3항에 따른 신고 또는 변경신고를 하지 아니하고 천연가스반출입업을 영위한 자

2. 제10조의6을 위반하여 천연가스를 처분한 자

   ∟ 자기소비용직수입업자는 수입한 천연가스를 국내의 제3자에게 처분할 수 없다.

3. 제12조 제2항에 따른 시설별 시설기준과 시설기준에 적합하지 아니하게 시공·관리를 한 시공자

3의2. 제15조 제5항에 따른 중간검사를 받지 아니한 도시가스충전사업자

   ∟ 도시가스충전사업자는 가스충전시설의 설치공사나 변경공사를 할 때에는 산업통상자원부령으로 정하는 바에 따라 그 공사의 공정별로 시장·군수·구청장의 중간검사를 받아야 한다.

4. 제17조 제1항(제39조의5에서 준용하는 경우를 포함한다)에 따른

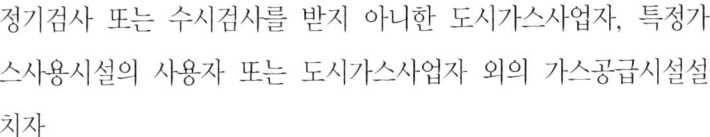

정기검사 또는 수시검사를 받지 아니한 도시가스사업자, 특정가
스사용시설의 사용자 또는 도시가스사업자 외의 가스공급시설설
치자

5. 제17조의2 제1항에 따른 정밀안전진단 또는 안전성평가를 받지
   아니한 자

   ㄴ, 도시가스사업자는 산업통상자원부령으로 정하는 가스공급시설에 대하여 한국가스안전
   공사가 실시하는 정밀안전진단 및 안전성평가를 정기적으로 받아야 한다.

6. 제19조를 위반하여 도시가스의 공급을 거절하거나 공급이 중단
   되게 한 자

   ㄴ, 가스도매업자와 일반도시가스사업자에 대한 규정이다.

6의2. 제19조의4 제1항에 따른 안전점검을 실시하지 아니한 도시가
   스충전사업자

7. 제20조 제1항 또는 제2항에 따른 공급규정의 승인을 받지 아니
   한 도시가스사업자

8. 제26조의2(제39조의5에서 준용하는 경우를 포함한다)를 위반하여
   가스공급시설을 시설별 시설기준과 기술기준에 적합하도록 유지
   하지 아니한 도시가스사업자 또는 도시가스사업자 외의 가스공
   급시설설치자

9. 제30조의3 제3항(제39조의5에서 준용하는 경우를 포함한다)에 따
   른 도시가스배관 매설상황 확인을 하여주지 아니한 도시가스사
   업자 또는 도시가스사업자 외의 가스공급시설설치자

10. 제30조의3 제4항(제39조의5에서 준용하는 경우를 포함한다) 각
    호의 조치를 하지 아니한 굴착공사자, 도시가스사업자 또는 도
    시가스사업자 외의 가스공급시설설치자

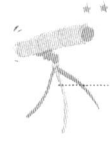

ㄴ. 제30조의3(도시가스배관 매설상황 확인) ① 도시가스사업이 허가된 지역에서 굴착공사를 하려는 자는 굴착공사를 하기 전에 해당 지역을 공급권역으로 하는 도시가스사업자가 해당 토지의 지하에 도시가스배관이 묻혀 있는지에 관하여 확인하여줄 것을 산업통상자원부령으로 정하는 바에 따라 정보지원센터에 요청하여야 한다. 다만, 도시가스배관에 위험을 발생시킬 우려가 없다고 인정되는 굴착공사로서 대통령령으로 정하는 공사의 경우에는 그러하지 아니하다.

② 제1항에 따른 요청을 받은 정보지원센터는 산업통상자원부령으로 정하는 바에 따라 관련 도시가스사업자에게 해당사실을 알려주어야 한다.

③ 제2항에 따른 통지를 받은 도시가스사업자는 산업통상자원부령으로 정하는 바에 따라 해당 토지의 지하에 도시가스배관이 묻혀있는지를 확인하여 주어야 한다.

④ 제3항에 따른 확인 결과, 도시가스배관이 묻혀있는 것으로 확인되면 굴착공사자와 도시가스사업자는 해당 굴착공사가 시작되기 전에 산업통상자원부령으로 정하는 바에 따라 다음 각 호의 조치를 하여야 한다.

　　1. 굴착공사의 현장위치 및 도시가스배관의 매설위치의 표시

　　2. 정보지원센터에 대한 제1호에 따른 표시사실의 통지

　　3. 도시가스배관의 보호를 위하여 필요한 시설의 설치, 도시가스배관의 매설위치 등이 표시된 도면의 제공 등 굴착공사로 인한 사고를 예방하기 위하여 산업통상자원부령으로 정하는 조치

⑤ 굴착공사자는 정보지원센터로부터 굴착공사 개시통보를 받기 전에 굴착공사를 하여서는 아니 된다.

11. 제30조의3 제5항을 위반하여 굴착공사 개시통보를 받기 전에 굴착공사를 한 굴착공사자

12. 제30조의4 제4항에 따른 평가서의 내용을 지키지 아니하고 굴착공사를 시행한 자

ㄴ. 제30조의4(가스안전 영향평가) ① 도시가스사업이 허가된 지역에서 굴착공사를 하려는 자 중 대통령령으로 정하는 자는 가스안전 영향평가에 관한 서류(이하 "평가서"라 한다)를 작성하여 시장·군수 또는 구청장에게 제출하여야 한다. 이 경우 평가서에는 한국가스안전공사의 의견서를 첨부하여야 한다.

④ 제1항에 따라 평가서를 제출한 자(제3항에 따라 평가서를 보완한 자를 포함한다)는 그 평가서의 내용에 따라 굴착공사를 하여야 한다.

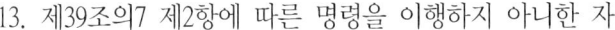

13. 제39조의7 제2항에 따른 명령을 이행하지 아니한 자

   ㄴ. 제39조의7(금지행위) ① 가스배관시설을 보유한 가스도매업자는 제39조의6 제2항에 따라 가스배관시설의 이용을 제공함에 있어서 나프타부생가스·바이오가스제조업자, 합성천연가스제조업자 또는 자가소비용직수입자가 제39조의8 제1항에 따른 배관시설 이용규정으로 정하는 이용조건을 위반하는 경우를 제외하고는 그 배관시설의 이용제공을 거부하거나 지연하여서는 아니 된다. ② 산업통상자원부장관은 가스도매사업자가 제1항을 위반하는 것으로 인정되면 그 행위의 중지를 명할 수 있다.

14. 제39조의8 제1항에 따른 승인 또는 변경승인을 받지 아니한 자

   ㄴ. 제39조의8(배관시설이용규정 등) ① 가스배관시설을 보유한 가스도매사업자는 산업통상자원부령으로 정하는 바에 따라 배관시설이용료나 그 밖의 이용조건에 관한 배관시설이용규정을 정하여 산업통상자원부장관의 승인을 받아야 한다. 승인받은 사항을 변경하려는 경우에도 또한 같다.

15. 제40조의2에 따라 회계처리를 하지 아니한 자

   ㄴ. 제40조의2(회계처리) ① 도시가스사업자는 산업통상자원부장관이 금융위원회와 협의하여 정하는 회계기준에 따라 회계를 처리하여야 한다.
   ② 도시가스사업과 함께 도시가스사업 외의 사업을 영위하는 도시가스사업자는 도시가스사업의 회계와 도시가스사업 외의 사업의 회계를 구분하여 처리하여야 한다.
   ③ 도시가스사업에 관한 회계는 가스공급시설에 관한 회계와 그 밖의 도시가스사업에 관한 회계로 구분하여 처리하여야 한다.

제53조(벌칙) 다음 각 호의 어느 하나에 해당하는 자는 1천만 원 이하의 벌금에 처한다. 다만, 제5호 또는 제6호에 해당하는 자 중 도시가스충전사업자, 나프타부생가스·바이오가스제조사업자 또는 합성천연가스제조사업자는 500만 원 이하의 벌금에 처한다.

1. 제18조 제5항에 따른 가스공급계획의 변경명령을 이행하지 아니한 자

2. 제18조의3 제2항 본문에 따른 가스공급시설의 공사계획에 따라

가스공급시설을 설치하지 아니한 일반도시가스사업자

3. 제20조 제7항에 따른 공급규정의 병경승인 신청명령을 이행하지
   아니한 자

4. 제28조 제2항을 위반한 가스사용시설 안전관리업무 대행자

   ㄴ 제28조(가스사용시설 안전관리업무 대행) ① 일반도시가스사업자는 제26조의 안전관리
   규정에 따른 가스사용시설의 안전관리업무를 효율적으로 수행하기 위하여 그 업무의
   일부를 대행하게 할 경우에는 산업통상자원부령으로 정하는 자격을 갖춘 재(이하 "가
   스사용시설 안전관리업무 대행자"라 한다)로 하여금 그 업무를 대행하게 하여야 한다.
   ② 가스사용시설의 안전관리업무 대행자는 가스사용시설 중 도시가스를 연료로 사용하
   는 보일러를 시공하여서는 아니 된다.

5. 제29조 제1항(제39조의5에서 준용하는 경우를 포함한다)에 따른
   안전관리자를 선임하지 아니한 도시가스사업자, 특정가스사용시
   설의 사용자 또는 도시가스사업자 외의 가스공급시설설치자

6. 제29조 제2항(제39조의5에서 준용하는 경우를 포함한다)을 위반
   한 도시가스사업자, 특정가스사용시설의 사용자 또는 도시가스
   사업자 외의 가스공급시설설치자

   ㄴ 안전관리자를 선임한 자는 안전관리자를 선임 또는 해임하거나 안전관리자가 퇴직한
   경우에는 산업통상자원부령으로 정하는 바에 따라 지체 없이 산업통상자원부장관,
   시·도지사 또는 시장·군수·구청장에게 신고하고, 안전관리자가 해임되거나 퇴직한
   날부터 30일 이내에 다른 안전관리자를 선임하여야 한다. 다만, 그 기간 내에 선임할
   수 없으면 산업통상자원부장관, 시·도지사 또는 시장·군수·구청장의 승인을 받아
   그 기간을 연장할 수 있다.

7. 제39조의8 제2항에 따른 변경명령을 이행하지 아니한 자

   ㄴ 산업통상자원부장관은 배관시설이용규정이 사회적·경제적 사정의 변동으로 적정하지
   못하게 되어 공공의 이익증진에 지장을 가져올 우려가 있다고 인정되면 가스도매사업
   자에게 산업통상자원부령으로 정하는 기간 이내에 그 배관시설이용규정을 변경할 것을
   명할 수 있다.

8. 제39조의8 제3항에 따른 신고 또는 변경신고를 하지 아니하거나 거짓으로 신고한 자

└, 일반도시가스사업자는 산업통상자원부령으로 정하는 바에 따라 배관시설이용료나 그 밖의 이용조건에 관한 배관시설이용요령을 정하여 시·도지사에게 신고하여야 한다. 신고한 사항을 변경하려는 경우에도 또한 같다.

9. 제39조의8 제4항에 따른 신고 또는 변경신고를 하지 아니하거나 거짓으로 신고한 자

└, 가스제조시설을 보유한 가스도매사업자는 산업통상자원부령으로 정하는 바에 따라 제조시설이용료나 그 밖의 이용조건에 관한 제조시설이용요령을 정하여 산업통상자원부장관에게 신고하여야 한다. 신고한 사항을 변경하려는 경우에도 또한 같다.

제53조의2(벌칙) 제26조의2를 위반하여 특정가스사용시설을 시설별 시설기준과 기술기준에 적합하도록 유지하시 아니힌 특정가스사용시설의 사용자는 500만 원 이하의 벌금에 처한다.

제53조의3(양벌규정) 제48조부터 제51조까지, 제53조 및 제53조의2 해당

제54조(과태료) ① 다음 각 호의 어느 하나에 해당하는 자에게는 3천만 원 이하의 과태료를 부과한다.

1. 제10조의5 제2항 또는 제4항에 따른 신고 또는 변경신고를 하지 아니하거나 거짓으로 신고한 자

└, 제10조의5(천연가스의 수출입승인 등) ② 자가소비용직수입자인 천연가스수출입업자는 천연가스의 수입계약·수출계약 또는 수송계약을 체결한 때에는 산업통상자원부령으로 정하는 바에 따라 산업통상자원부장관에게 신고하여야 한다. 신고한 계약의 내용을 변경한 경우에도 또한 같다.
④ 천연가스반출입업자는 천연가스를 반입·반출하기 위한 계약 또는 수송계약을 체결한 때에는 산업통상자원부령으로 정하는 바에 따라 산업통상자원부장관에게 신고하여

야 한다. 신고한 내용을 변경한 경우에도 또한 같다.

2. 제10조의5 제3항에 따른 사전통보를 하지 아니하거나 거짓으로
   통보한 자

   ㄴ, 자가소비용직수입업자는 천연가스의 수입계약·수출계약을 체결하려면 그 계약을 체결
   하기 전에 수입·수출의 물량 규모 및 시기 등을 산업통상자원부령으로 정하는 바에
   따라 산업통상자원부장관에게 미리 통보하여야 한다.

3. 제11조 제2항 또는 제39조의2 제2항에 따른 신고 또는 변경신고
   를 하지 아니하고 가스공급시설의 설치공사 또는 변경공사를 한
   도시가스사업자 또는 도시가스사업자 외의 가스공급시설설치자

4. 제11조 제2항 또는 제39조의2 제2항을 위반하여 거짓으로 신고
   또는 변경신고를 하고 가스공급시설의 설치공사·변경공사를 한
   도시가스사업자 또는 도시가스사업자 외의 가스공급시설설치자

5. 제11조의2에 따른 비상공급시설을 설치한 후 이를 신고하지 아
   니하거나 거짓으로 신고한 도시가스사업자

   ㄴ, 도시가스사업자는 가스공급시설이 멸실·손괴되거나 재해 그 밖의 긴급한 사유로 제11
   조 제1항에 따른 공사계획의 승인을 받을 수 없거나 같은 조 제2항에 따른 공사계획의
   신고를 할 수 없으면 비상공급시설을 설치한 후 산업통상자원부령으로 정하는 바에 따
   라 산업통상자원부장관 또는 시장·군수·구청장에게 그 사실을 신고하여야 한다.

5의2. 제17조의2 제4항에 따른 가스공급시설 개선 등의 명령을 이
   행하지 아니한 자

6. 제18조 제1항을 위반한 일반도시가스사업자

   ㄴ, 일반도시가스사업자는 산업통상자원부령으로 정하는 바에 따라 다음 연도 이후 5년 간
   의 가스공급계획을 작성하여 매년 11월 말일까지 시·도지사에게 제출하여야 한다. 이
   경우 가스도매사업자와 협의하여야 한다.

7. 제18조 제2항 및 제39조의4에 따른 가스의 공급계획이나 수급계획을 작성하지 아니하거나 제출하지 아니한 도시가스사업자 또는 자가소비용직수입자

7의2. 제18조 제3항을 위반하여 가스의 공급계획을 작성하지 아니하거나 제출하지 아니한 나프타부생가스·바이오가스제조사업자

8. 제18조 제4항에 따른 보고를 하지 아니하거나 거짓으로 보고한 도시가스사업자

9. 제20조 제6항에 따른 시·도지사의 조치명령을 이행하지 아니한 일반도시가스사업자

10. 제21조를 위반하여 가스공급량 측정의 적정성 확보의무를 이행하지 아니한 일반도시가스사업자

11. 제26조 제1항(제39조의5에서 순용하는 경우를 포함한다)에 따른 안전관리규정을 제출하지 아니한 도시가스사업자 또는 도시가스사업자 외의 가스공급시설설치자

12. 제26조 제3항(제39조의5에서 준용하는 경우를 포함한다)에 따른 안전관리규정을 지키지 아니하거나 변경명령을 이행하지 아니한 도시가스사업자 또는 도시가스사업자 외의 가스공급시설설치자

13. 제26조 제4항(제39조의5에서 준용하는 경우를 포함한다)에 따른 안전관리규정을 지키지 아니하거나 그 실시기록을 작성 또는 보존하지 아니하거나 거짓으로 작성한 도시가스사업자 및 가스사용시설 안전관리업무 대행자와 그 각각의 종사자 또는 도시가스사업자 외의 가스공급시설설치자 및 그 종사자

14. 제29조 제3항(제39조의5에서 준용하는 경우를 포함한다)을 위반

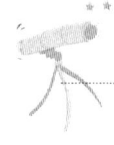

한 자

ㄴ. 안전관리자를 선임한 자는 안전관리자가 여행·질병, 그 밖의 사유로 일시적으로 그 직무를 수행할 수 없으면 대리자를 지정하여 그 직무를 대행하게 하여야 한다.

15. 삭제

16. 제30조 제2항(제39조의5에서 준용하는 경우를 포함한다)에 따른 안전교육을 받게 하지 아니한 도시가스사업자, 시공자, 특정가스사용시설의 사용자 또는 도시가스사업자 외의 가스공급시설설치자

17. 제43조 제1항(제39조의5에서 준용하는 경우를 포함한다)을 위반하여 보험에 가입하지 아니한 도시가스사업자, 특정가스사용시설의 사용자, 시공자 또는 도시가스사업자 외의 가스공급시설설치자

② 다음 각 호의 어느 하나에 해당하는 자에게는 2천만 원 이하의 과태료를 부과한다.

1. 제7조 제3항에 따른 신고를 하지 아니하거나 거짓으로 신고한 승계자

ㄴ. 도시가스사업자의 지위를 승계한 자는 산업통상자원부령으로 정하는 바에 따라 산업통상자원부장관, 시·도지사 또는 시장·군수·구청장에게 신고하여야 한다.

2. 제12조 제1항을 위반하여 도시가스사업자에게 공사의 시공내용을 알려주지 아니한 시공자

3. 제12조 제1항을 위반하여 시공자 및 도시가스를 사용하고자 하는 자에게 시공할 내용에 대한 검토결과를 알려주지 아니한 도시가스사업자

4. 제14조 제1항을 위반하여 시공기록 등을 작성 또는 보존하지 아니하거나 거짓으로 작성한 시공자

5. 제14조 제2항(제39조의5에서 준용하는 경우를 포함한다)을 위반

하여 시공기록 등의 사본을 도시가스사업자, 특정가스사용시설의 사용자 또는 도시가스사업자 외의 가스공급시설설치자에게 내어주지 아니한 시공자

6. 제14조 제3항(제39조의5에서 준용하는 경우를 포함한다)을 위반하여 완공도면의 사본을 산업통상자원부장관 또는 시장·군수·구청장게게 제출하지 아니한 도시가스사업자 또는 도시가스사업자 외의 가스공급시설설치자

7. 제15조 제3항(제39조의5에서 준용하는 경우를 포함한다)을 위반하여 책임감리에 관한 사항을 통보하지 아니하거나 거짓으로 통보한 도시가스사업자 또는 도시가스사업자 외의 가스공급시설설치자

　└ 제15조(시공감리 등) ① 도시가스사업자(세ㅣㅣ조 제3항 전단의 경우에는 해당 가스공급시설을 시공하는 자를 말한다)는 산업통상자원부령으로 정하는 가스공급시설의 설치공사나 변경공사를 하는 경우에는 산업통상자원부장관 또는 시장·군수·구청장의 감리를 받아야 한다. 다만, 「건설기술진흥법」 제39조 제2항에 따른 건설사업관리를 받는 경우에는 산업통상자원부령으로 정하는 바에 따라 그 감리를 받지 아니할 수 있다. ③ 도시가스사업자는 제1항 단서에 따른 건설사업관리를 받으려면 공사 착공 전과 완공 후에 그 건설사업관리에 관한 사항을 산업통상자원부장관 또는 시장·군수·구청장과 한국가스안전공사에 통보하여야 한다.

8. 제16조 제2항을 위반하여 가스공급시설을 사용한 도시가스사업자

　└ 임시로 사용하는 가스공급시설은 정하여진 기간에만 그 사용방법에 따라 사용하여야 한다.

9. 제41조 제3항(제39조의5에서 준용하는 경우를 포함한다)을 위반하여 사고발생사실을 한국가스안전공사에 통보하지 아니하거나 거짓으로 통보한 도시가스사업자 또는 도시가스사업자 외의 가

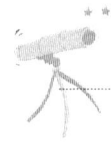

ㄴ공급시설설치자

ㄴ. 제41조(보고 등) ③ 도시가스사업자는 가스공급시설 및 그가 공급하는 가스의 사용시설과 관련하여 다음 각 호의 어느 하나에 해당하는 사고가 발생하면 산업통상자원부령으로 정하는 바에 따라 즉시 한국가스안전공사에 통보하여야 하며, 통보를 받은 한국가스안전공사는 이를 산업통상자원부장관, 시·도지사 또는 시장·군수·구청장에게 보고하여야 한다.

1. 사람이 사망한 사고

2. 사람이 부상당하거나 중독된 사고

3. 가스누출에 의한 폭발 또는 화재사고

4. 가스시설이 손괴되거나 가스누출로 인하여 인명대피나 공급중단이 발생한 사고

5. 그 밖에 가스시설이 손괴되거나 가스가 누출된 사고로 산업통상자원부령으로 정하는 사고

ㄴ. "산업통상자원부령으로 정하는 사고"는 시행규칙 제63조 제2항 별표17에서 규정한다.

③ 다음 각 호의 어느 하나에 해당하는 자에게는 1천만 원 이하의 과태료를 부과한다.

1. 제10조의4 제2항에 따른 신고를 하지 아니하거나 거짓으로 신고한 자

ㄴ. 천연가스수출입업자 또는 천연가스반출입업자는 그 사업을 개시·휴업 또는 폐업한 때에는 산업통상부령으로 정하는 바에 따라 산업통상부장관에게 이를 신고하여야 한다.

2. 제11조 제3항 후단에 따른 통지를 하지 아니한 시공자

ㄴ. 「주택법」이나 그 밖의 법률에 따라 도시가스를 사용하는 자의 부담으로 가스공급시설을 설치하거나 변경하는 경우에는 그 가스공급시설 공사를 하는 자가 도시가스사업자를 대신하여 공사계획의 승인 또는 변경승인을 신청하거나 공사계획의 신고 또는 변경신고를 할 수 있다. 이 경우 그 가스공급시설 공사를 하는 자는 그 사실을 도시가스사업자에게 알려야 한다.

2의2. 제20조 제8항에 따른 자료를 제출하지 아니하거나 거짓으로 제출한 일반도시가스사업자

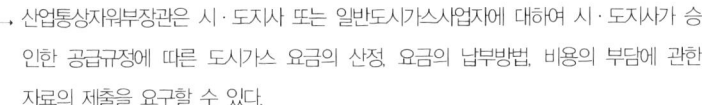

ㄴ. 산업통상자원부장관은 시·도지사 또는 일반도시가스사업자에 대하여 시·도지사가 승인한 공급규정에 따른 도시가스 요금의 산정, 요금의 납부방법, 비용의 부담에 관한 자료의 제출을 요구할 수 있다.

2의3. 제20조의2를 위반하여 공급규정을 비치하지 아니하거나 가스 사용자의 요구가 있음에도 공급규정의 사본을 교부하여 열람할 수 있게 하지 아니한 자

3. 제21조 제3항에 따른 보고를 하지 아니하거나 거짓으로 보고를 한 자 또는 검사를 거부·방해·기피한 자

ㄴ. 시·도지사는 가스공급량 측정의 적정성을 확보하기 위하여 필요하다고 인정하면 일반 도시가스사업자에게 가스공급량 측정의 적정성 확보를 위한 조치사항을 보고하게 하거 나 그 소속 공무원으로 하여금 해당 사무소에 출입하여 장부·서류 및 시설과 그 밖 의 물건을 검사하게 할 수 있다.

4. 제21조 제5항에 따른 시정명령에 응하지 아니한 일반도시가스사 업자

ㄴ. 시·도지사는 제21조 제3항에 따라 보고를 받거나 검사를 한 결과 개선할 필요가 있 다고 인정되면 해당 일반도시가스사업자에게 시정하도록 명할 수 있다.

4의2. 제28조 제3항에 따른 자료를 제출하지 아니하거나 거짓으로 제출한 가스사용시설 안전관리업무 대행자

5. 제30조의5 제2항(제39조의5에서 준용하는 경우를 포함한다)에 따 른 협의서를 작성하지 아니하거나 거짓으로 작성한 자

ㄴ. 도시가스사업자와 굴착공사를 하려는 자는 협의를 한 경우에는 산업통상자원부령으로 정하는 바에 따라 협의서를 작성하고 그 협의된 내용을 지켜야 한다.

④ 제19조의4 제3항에 따른 안전점검기록을 작성·보존하지 아니한 도시가스충전사업자에게는 500만 원 이하의 과태료를 부과한다.

⑤ 다음 각 호의 어느 하나에 해당하는 자에게는 300만 원 이하의 과태료를 부과한다.

1. 제19조의4 제2항을 위반하여 시설을 개선하도록 권고하지 아니한 도시가스충전사업자

   ㄴ. 도시가스충전사업자는 안전점검을 한 결과 수요자의 시설이 제12조 제2항에 따른 시설기준과 기술기준에 맞지 아니하다고 판단되면 그 수요자에게 해당 시설을 개선하도록 권고하여야 한다.

2. 제30조 제1항(제39조의5에서 준용하는 경우를 포함한다)을 위반하여 안전교육을 받지 아니한 자

제51장 도시철도법

제1절 법률의 이해

「도시철도법」은 도시교통권역의 원활한 교통소통을 위하여 도시철도의 건설을 촉진하고, 도시철도차량 등의 효율적인 관리 등을 목적으로 한다. 이 법에서 말하는 "도시철도"란 도시교통권역에서 건설·운영하는 철도·모노레일·노면전차(路面電車)·선형유도전동기(線型誘導電動機)·자기부상열차 등 궤도(軌道)에 의한 교통시설 및 교통수단을 말한다. 이 법의 주관부처는 국토교통부(광역도시철도과)이다.

제2절 법령의 규정

제47조(벌칙) ① 다음 각 호의 어느 하나에 해당하는 자는 2년 이하의 징역 또는 2천만 원 이하의 벌금에 철한다.

1. 제26조에 따른 면허를 받지 아니하고 도시철도운송사업을 경영한 자

2. 거짓이나 그 밖의 부정한 방법으로 제26조에 따른 도시철도운송사업의 면허를 받은 자

3. 제37조에 따른 사업정지기간에 도시철도운송사업을 경영한 자

4. 제40조를 위반하여 타인에게 자신의 상호를 대여한 자

5. 제43조에 따라 준용되는「철노사업밥」제31조를 위반하여 도시철도운영자의 공동활용에 관한 요청을 정당한 사유 없이 거부한 자

   ↳ 공공교통을 목적으로 하는 선로 및 공동사용시설을 관리하는 자는 철도사업자가 그 시설의 공동활용에 관한 요청을 하는 경우 협정을 체결하여 이용할 수 있게 하여야 한다(「철도사업법」 제31조).

② 다음 각 호의 어느 하나에 해당하는 자는 1년 이하의 징역 또는 1천만 원 이하의 벌금에 처한다.

1. 제41조 제3항을 위반하여 설치 목적과 다른 목적으로 폐쇄회로텔레비전을 임의로 조작하거나 다른 곳을 비춘 자 또는 녹음기능을 사용한 자

2. 제41조 제4항을 위반하여 영상기록을 목적 외의 용도로 이용하거나 다른 사람에게 제공한 자

③ 다음 각 호의 어느 하나에 해당하는 자는 1천만 원 이하의 벌금

에 처한다.

1. 제39조에 따른 사업개선명령을 위반한 자

   ㄴ. 제39조(사업개선명령) 시 · 도지사는 도시교통의 원활화와 도시철도 이용자의 안전 및
      편의증진을 위하여 필요하다고 인정하면 도시철도운송사업자에게 다음 각 호의 사항을
      명할 수 있다.

      1. 도시철도운송사업계획 및 도시철도운송약관의 변경
      2. 운임의 조정
      3. 도시철도차량이나 그 밖의 시설의 개선
      4. 도시철도노선의 연락운송
      5. 도시철도차량 및 도시철도 사고에 관한 손해배상을 위한 보험에의 가입
      6. 안전운송의 확보 및 서비스의 향상을 위하여 필요한 조치
      7. 도시철도종사자의 양성 및 자질 향상을 위한 교육

2. 제43조에 따라 준용되는 「철도사업법」 제28조 제3항을 위반하여
   우수서비스마크 또는 이와 유사한 표지를 도시철도차량 등에 붙
   이거나 인증사실을 홍보한 자

3. 제44조 제2항에 따른 감독상 필요한 명령을 위반한 자

   ㄴ. 국토교통부장관은 필요하다고 인정하면 도시철도건설자 및 도시철도운영자에게 업무에
      관하여 감독상 필요한 명령을 할 수 있다.

제48조(양벌규정) 제47조 해당

제49조(과태료) ① 제43조에 따라 준용되는 「철도사업법」 제32조를 위
반하여 도시철도사업에 관한 회계와 도시철도사업 외의 사업에 관한
회계를 구분하여 경리하지 아니한 자에게는 500만 원 이하의 과태료를
부과한다.

제52장 독도 등 도서지역의 생태계보전에 관한 특별법

제1절 법률의 이해

이 법은 특정도서(特定島嶼)의 다양한 자연생태계, 지형, 지질 등을 비롯한 자연환경의 보전 등을 목적으로 한다. "특정도서"란 사람이 거주하지 아니하거나 극히 제한된 지역에만 거주하는 섬(이하 "무인도서(無人島嶼)등"라 한다)으로서 자연생태계·지형·지질·자연환경(이하 "자연생태계등"이라 한다)이 우수한 독도 등 환경부장관이 지정하여 고시하는 도서를 말한다. 이 법의 주관부처는 환경부(자연정책과)이다.

제2절 법령의 규정

제14조(벌칙) 제8조 제1항 제1호부터 제11호까지 및 제13호의 어느 하나에 해당하는 행위(제8조 제2항에 해당하는 행위는 제외한다)를 한 자는 5년 이하의 징역 또는 5천만 원 이하의 벌금에 처한다.

　ㄴ. 제8조(행위제한) ① 누구든지 특정도서에서 다음 각 호의 어느 하나에 해당하는 행위를 하거나 이를 허가하여서는 아니 된다.
　　1. 건축물 또는 공작물의 신축·증축
　　2. 개간(開墾)·매립(埋立)·준설(浚渫) 또는 간척(干拓)[70]

---

70) ★ 개간은 땅을 개척하여 경작지로 만드는 것을, 매립은 낮은 땅이나 하천 따위를 돌·흙 따위로 메워 돋우는 것을, 준설은 하천이나 해안의 바닥에 싸인 흙·모래 등을 파내어 고르는 것을, 간척은 호수나 바닷가에 제방을 쌓아 그 안에 육지를 만드는 것을 각각 말한다.

3. 택지의 조성, 토지의 형질변경, 토지의 분할

4. 공유수면(公有水面)의 매립

5. 입목(立木) · 대나무의 벌채(伐採) 또는 훼손

6. 흙 · 모래 · 자갈 · 돌의 채취, 광물의 채굴(採掘) 또는 지하수의 개발

7. 가축의 방목, 야생동물의 포획 · 살생 또는 그 알의 채취 또는 야생식물의 채취

8. 도로의 신설

9. 특정도서에 서식하거나 도래하는 야생동식물 또는 특정도서에 존재하는 자연적 생성물을 그 섬 밖으로 반출(搬出)하는 행위

10. 특정도서로 「생물다양성 보전 및 이용에 관한 법률」 제2조 제8호에 따른 생태계교란 생물을 반입하는 행위

11. 폐기물을 매립하거나 버리는 행위

13. 지질, 지형 또는 자연적 생성물의 형상을 훼손하는 행위 또는 그 밖에 이와 유사한 행위

제15조(양벌규정) 제14조 해당

제16조(과태료) ① 다음 각 호의 어느 하나에 해당하는 자에게는 300만 원 이하의 과태료를 부과한다.

1. 제7조 제4항을 위반하여 조사행위를 거부, 방해 또는 기피한 자

   ㄴ, 관계 공무원이 타인의 토지에 출입하여 조사 등을 하는 경우에 해당한다.

2. 제8조 제1항 제12호를 위반하여 특정도서에서 인화물질(引火物質)을 이용하여 음식물을 조리하거나 야영을 한 자

3. 제8조 제3항을 위반하여 신고하거나 통보하지 아니한 자

   ㄴ, 제8조(행위제한) ② 제1항에도 불구하고 다음 각 호의 어느 하나에 해당하는 경우에는 제1항을 적용하지 아니한다.

      1. 군사 · 항해 · 조난구조(遭難救助) 행위

      2. 천재지변 등 재해의 발생방지 및 대응을 위하여 필요한 행위

      3. 국가가 시행하는 해양자원 개발행위

      4. 「도서개발촉진법」 제6조 제3항의 사업계획에 따른 개발행위

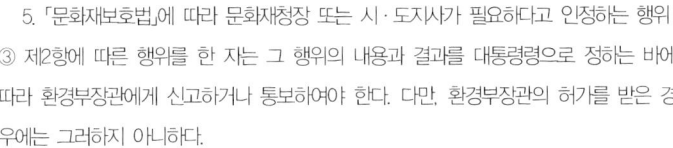

5. 「문화재보호법」에 따라 문화재청장 또는 시·도지사가 필요하다고 인정하는 행위

③ 제2항에 따른 행위를 한 자는 그 행위의 내용과 결과를 대통령령으로 정하는 바에 따라 환경부장관에게 신고하거나 통보하여야 한다. 다만, 환경부장관의 허가를 받은 경우에는 그러하지 아니하다.

4. 제10조에 따른 출입제한 또는 금지를 위반하여 특정도서에 출입한 자

5. 제11조에 따른 명령을 따르지 아니한 자

  ㄴ. 환경부장관은 특정도서에서 제8조 제1항을 위반하는 행위(제8조 제2항에 해당하는 행위는 제외한다)를 한 자에 대하여 상당한 기간을 정하여 원상회복을 명할 수 있으며, 원상회복이 곤란한 경우에는 그에 상응하는 조치를 할 것을 명할 수 있다.

제53장 독점규제 및 공정거래에 관한 법률

제1절 법률의 이해

이 법은 사업자의 시장지배적 지위의 남용과 과도한 경제력의 집중을 방지하고, 부당한 공동행위 및 불공정거래행위를 규제하여 소비자를 보호하는 것 등을 목적으로 한다. 이 법의 주관부서는 공정거래위원회 경쟁정책과이다.

이 법을 위반하는 행위는 「공익신고자 보호법」에 의하여 국민권익위원회가 신고자에게 "보상금"을 지급하기도 하지만, 이 법 자체에 의하여 공정거래위원회에서는 신고자에게 "포상금"을 지급한다. 국민권익위원회에 신고를 하는 경우 대부분은 공정거래위원회에 이첩이 될 것이다. 공정거래위원회는 강제수사권에 버금가는 강력한 조사권을 가지고 있기 때

문이다. 그리고 일정한 범죄행위는 공정거래위원회가 검찰청에 고발을 하여야만 검사가 공소를 제기할 수 있도록 규정하였다(소추요건).

포상금과 보상금의 지급기준을 비교하여 어느 기관에 신고할 것인가를 선택하여야 할 것이다. 그리고 이 법을 검토할 때에는 과징금과 이행강제금도 눈여겨봐야 할 대상이다. 상금의 액수를 정하는 기준이 되는 경우가 많기 때문이다. "포상금"에 관하여는 편저자가 이미 출간한 〈신고포상금〉에서 자세히 소개하였다.

> (이 책에서는 지면의 제약으로 인하여 금지행위를 모두 소개하기는 어렵습니다. 벌칙에 해당하는 행위 중 공익신고자로서 접근이 가능한 사항이 있는 분은 해당 규정, 시행령 및 「상법」의 관련 규정까지도 꼼꼼히 검토하시기를 권합니다. 이 법을 위반한 행위를 신고한 분은 포상금이든 보상금이든 다른 법률의 그것보다는 월등히 많은 상금을 받을 수 있습니다. 시쳇말로 콩이 수백 번 구르는 것보다는 호박이 한번 구를 때 이동거리가 긴 것과 같은 이치이지요.
> 특히 담합행위(談合行爲)에 관하여는 평소에 주의깊이 관찰할 필요가 있을 것입니다. 담합행위라고 함은 두 개의 유형이 대표적입니다. 하나는 가격에 관한 것입니다. 가령 같은 유형의 상품을 생산하는 회사가 소수인 경우에는 생산자들끼리 미리 협상을 통하여 가격의 인상시기 및 인상폭 등을 결정하는 경우입니다. 다른 하나는 입찰담합입니다. 공공기관이 발주하는 건설공사에서 가장 빈번히 – 당연히(?) – 있는 일인데, 입찰에 참가하는 자들의 수가 많지 않은 공사 등에서는 쉽게 찾아볼 수 있습니다. 입찰에 참가하는 자들 중에서 낙찰되게 할 응찰자를 미리 정해놓고 나머지 응찰자들이 이른바 들러리로 참여한 다음 낙찰자로부터 떡값(?)을 받는 방법입니다. 이들은 낙찰자가 되는 순번을 미리 정해놓는 것이 일반적입니다.
> 그리고 「가맹사업거래의 공정화에 관한 법률」에서도 이 법의 규정들을 준용한다는 점에 관하여는 앞에서 짧게 검토하였습니다. 프랜차이

즈를 말합니다. 이 책에서 이들을 자세히 다루지 못하는 점 아쉽게 생각하며, 독자들에게는 미안한 마음을 갖지 않을 수 없습니다. 얼마 전 우리나라를 찾아주신 교황님의 말씀입니다. "막강한 부의 그늘에서 비참한 가난이 자란다." 이러한 문제점을 조금이나마 시정할 수 있는 법률이 이 장에서 검토하는 법률이기도 합니다. 뜻있는 분들의 건승을 기원합니다)

제2절 법령의 규정

제1관 벌칙

제66조(벌칙) ① 다음 각 호의 어느 하나에 해당하는 자는 3년 이하의 징역 또는 2억 원 이하의 벌금에 처한다.

1. 제3조의2(시장지배적지위의 남용금지)의 규정에 위반하여 남용행위를 한 자

   ㄴ. 제3조의2(시장지배적지위의 남용금지) ① 시장지배적 사업자[71]는 다음 각 호의 1에 해당하는 행위(이하 "남용행위"라 한다)를 하여서는 아니 된다.

   1. 상품의 가격이나 용역의 대가(이하 "가격"이라 한다)를 부당하게 결정·유지 또는 변경하는 행위
   2. 상품의 판매 또는 용역의 제공을 부당하게 조절하는 행위
   3. 다른 사업자의 사업활동을 부당하게 방해하는 행위
   4. 새로운 경쟁사업자의 참가를 부당하게 방해하는 행위

---

71) ★ 시장지배적 사업자 : 일정한 거래분야의 공급자나 수요자로서 단독으로 또는 다른 사업자와 함께 상품이나 용역의 가격·수량·품질 기타의 거래조건을 결정·유지 또는 변경할 수 있는 시장지위를 가진 사업자를 말한다. 시장지배적 사업자를 판단함에 있어서는 시장점유율, 진입장벽의 존재 및 정도, 경쟁사업자의 상대적 규모 등을 종합적으로 고려한다.

5. 부당하게 경쟁사업자를 배제하기 위하여 거래하거나 소비자의 이익을 현저히 저해할 우려가 있는 행위

② 남용행위의 유형 또는 기준은 대통령령으로 정할 수 있다.

└. 대통령령으로 정한 유형이나 기준은 없다.

2. 제7조(기업결합의 제한) 제1항 본문을 위반하여 기업결합을 한 자

└. 제7조(기업결합의 제한) ① 누구든지 직접 또는 대통령령으로 정하는 특수한 관계에 있는 자(이하 "특수관계인"이라 한다)를 통하여 다음 각 호의 1에 해당하는 행위(이하 "기업결합"이라 한다)로서 일정한 거래분야에서 경쟁을 실질적으로 제한하는 행위를 하여서는 아니된다.

1. 다른 회사의 주식의 취득 또는 소유
2. 임원 또는 종업원(계속하여 회사의 업무에 종사하는 자로서 임원 외의 자를 말한다. 이하 같다)에 의한 다른 회사의 임원지위의 겸임(이하 "임원겸임"이라 한다)
3. 다른 회사와의 합병
4. 다른 회사의 영업의 전부 또는 주요부분의 양수·임차 또는 경영의 수임이나 다른 회사의 영업용고정자산의 전부 또는 주요부분의 양수(이하 "영업양수"라 한다)
5. 새로운 회사설립에의 참여. 다만, 다음 각 목에 해당하는 경우는 제외한다.
   가. 특수관계인(대통령령이 정하는 자는 제외한다) 외의 자는 참여하지 아니하는 경우
      └. 특수관계인에서 제외되는 자의 범위는 시행령 제11조에서 규정하였다.
   나. 「상법」 제530조의2(회사의 분할·분할합병) 제1항의 규정에 의하여 분할에 의한 회사설립에 참여하는 경우

3. 제8조의2(지주회사 등의 행위제한 등) 제2항 내지 제5항을 위반한 자

└. (이하 생략)

4. 제8조의3(채무보증제한기업집단의 지주회사 설립제한)의 규정에 위반하여 지주회사를 설립하거나 지주회사로 전환한 자

└. 제8조의3(채무보증제한기업집단의 지주회사설립제한) 제14조(상호출자제한집단 등의 지정 등) 제1항의 규정에 따라 지정된 채무보증제한기업집단에 속하는 회사를 지배하는

동일인 또는 당해 동일인의 특수관계인이 지주회사를 설립하고자 하거나 지주회사로 전환하고자 하는 경우에는 제10조의2(계열회사에 대한 채무보증의 금지)의 규정에 의한 채무보증으로서 다음 각 호의 1에 해당하는 채무보증을 해소하여야 한다.

1. 지주회사와 자회사간의 채무보증
2. 지주회사와 다른 국내계열회사(당해 지주회사가 지배하는 자회사를 제외한다)간의 채무보증
3. 자회사 상호간의 채무보증
4. 자회사와 다른 국내계열회사(당해 자회사를 지배하는 지주회사 및 당해 지주회사가 지배하는 다른 자회사를 제외한다)간의 채무보증

5. 제9조(상호출자의 금지 등), 제9조의2(순환출자의 금지)를 위반하여 주식을 취득하거나 소유하고 있는 자

  ∟ (생략)

6. 제10소의2(계열회사에 대한 채무보증의 금지) 제1항의 규정을 위반하여 채무보증을 하고 있는 자

  ∟ (생략)

7. 제11조(금융회사 또는 보험회사의 의결권 제한) 또는 제18조(시정조치의 이행확보)의 규정을 위반하여 의결권을 행사한 자

  ∟ (생략)

8. 제15조(탈법행위의 금지)의 규정에 위반하여 탈법행위를 한 자

  ∟ 제15조(탈법행위의 금지) ① 누구든지 제7조(기업결합의 제한) 제1항, 제8조의2(지주회사 등의 행위제한 등) 제2항부터 제5항까지, 제8조의3(채무보증제한기업집단의 지주회사설립제한), 제9조(상호출자의 금지 등), 제10조의2(계열회사에 대한 채무보증의 금지) 제1항 또는 제11조(금융회사 또는 보험회사의 의결권제한)의 규정의 적용을 면탈하려는 행위를 하여서는 아니 된다.

  ② 제1항의 규정에 의한 탈법행위의 유형 및 기준은 대통령령으로 정한다.

    ∟ "탈법행위의 유형"은 시행령 제21조의4에서 규정하였다.

9. 제19조(부당한 공동행위의 금지) 제1항의 규정에 위반하여 부당한 공동행위를 한 자 또는 이를 행하도록 한 자

ㄴ. 제19조(부당한 공동행위의 금지) ① 사업자는 계약·협정·결의 기타 어떠한 방법으로도 다른 사업자와 공동으로 부당하게 경쟁을 제한하는 다음 각 호의 어느 하나에 해당하는 행위를 할 것을 합의(이하 "부당한 공동행위"라 한다)하거나 다른 사업자로 하여금 이를 행하도록 하여서는 아니 된다.

    1. 가격을 결정·유지 또는 변경하는 행위

    2. 상품 또는 용역의 거래조건이나 그 대금 또는 대가의 지급조건 등을 정하는 행위

    3. 상품의 생산·출고·수송 또는 거래의 제한이나 용역의 거래를 제한하는 행위

    4. 거래지역 또는 거래상대방을 제한하는 행위

    5. 생산 또는 용역의 거래를 위한 설비의 신설 또는 증설이나 장비의 도입을 방해하거나 제한하는 행위

    6. 상품 또는 용역의 생산·거래 시에 그 상품 또는 용역의 종류·규격을 제한하는 행위

    7. 영업의 주요부분을 공동으로 수행·관리하거나 수행·관리하기 위한 회사 등을 설립하는 행위

    8. 입찰 또는 경매에 있어서 낙찰자, 경락자(競落者), 투찰(投札)가격, 낙찰가격 또는 경락가격, 그 밖에 대통령령으로 정하는 사항을 결정하는 행위

    9. 제1호부터 제8호까지 외의 행위로서 다른 사업자(그 행위를 한 사업자를 포함한다)의 사업활동 또는 사업내용을 방해하거나 제한함으로써 일정한 거래분야에서 경쟁을 실질적으로 제한하는 행위

② 제1항의 규정은 부당한 공동행위가 다음 각 호의 1에 해당하는 목적을 위하여 행하여지는 경우로서 대통령령이 정하는 요건에 해당하고 공정거래위원회의 인가를 받은 경우에는 이를 적용하지 아니한다.

    1. 산업합리화

    2. 연구·기술개발

    3. 불황의 극복

    4. 산업구조의 조정

    5. 거래조건의 합리화

    6. 중소기업의 경쟁력향상

9의2. 제23조(불공정거래행위의 금지) 제1항 제7호, 제23조의2(특수

관계인에 대한 부당한 이익제공 등 금지) 제1항 또는 제4항을
위반한 자

ㄴ 제23조(불공정거래행위의 금지) ① 사업자는 다음 각 호의 어느 하나에 해당하는 행위
로서 공정한 거래를 저해할 우려가 있는 행위(이하 "불공정거래행위"라 한다)를 하거나
계열회사 또는 다른 사업자로 하여금 이를 행하도록 하여서는 아니 된다.

> 7. 부당하게 다음 각 목의 어느 하나에 해당하는 행위를 통하여 특수관계인 또는
> 다른 회사를 지원하는 행위
>
>> 가. 특수관계인 또는 다른 회사에 대하여 가지급금 · 대여금 · 인력 · 부동산 · 유
>> 가증권 · 상품 · 용역 · 무체재산권 등을 제공하거나 상당히 유리한 조건으로
>> 거래하는 행위
>>
>> 나. 다른 사업자와 직접 상품 · 용역을 거래하면 상당히 유리함에도 불구하고 거
>> 래상 실질적인 역할이 없는 특수관계인이나 다른 회사를 매개로 거래하는
>> 행위

9의3. 제23조의3(보복조치의 금지)을 위반한 자

ㄴ 제23조의3(보복조치의 금지) 사업자는 제23조(불공정거래행위의 금지) 제1항의 불공정
거래행위와 관련하여 다음 각 호의 어느 하나에 해당하는 행위를 한 사업자에게 그
행위를 한 것을 이유로 거래의 정지 또는 물량의 축소, 그 밖의 불이익을 주는 행위를
하거나 계열회사 또는 다른 사업자로 하여금 이를 행하도록 하여서는 아니 된다.

> 1. 제48조의6 제1항에 따른 분쟁조정 신청
>
> ㄴ 제23조(불공정거래행위의 금지) 제1항을 위반한 혐의가 있는 행위로 인하여
> 피해를 입은 사업자는 대통령령으로 정하는 사항을 기재한 서면(이하 "분쟁
> 조정신청서"라 한다)을 공정거래위원회 또는 협의회에 제출함으로써 분쟁조
> 정을 신청할 수 있다.
>
> 2. 제49조 제2항에 따른 신고
>
> ㄴ 누구든지 이 법의 규정에 위반되는 사실이 있다고 인정할 때에는 그 사실을
> 공정거래위원회에 신고할 수 있다.
>
> 3. 제50조에 따른 공정거래위원회의 조사에 대한 협조

10. 제26조(사업자단체의 금지행위) 제1항 제1호의 규정에 위반하여
사업자단체의 금지행위를 한 자

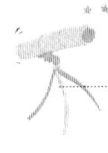

ㄴ. 제26조(사업자단체의 금지행위) ① 사업자단체[72]는 다음 각 호의 1에 해당하는 행위
를 하여서는 아니 된다.

1. 제19조(부당한 공동행위의 금지) 제1항 각 호의 행위에 의하여 부당하게 경쟁을
제한하는 행위

11. 제50조 제2항에 따른 조사 시 폭언·폭행, 고의적인 현장진입
저지·지연 등을 통하여 조사를 거부·방해 또는 기피한 자

ㄴ. 공정거래위원회는 이 법의 시행을 위하여 필요하다고 인정할 때에는 그 소속 공무원으
로 하여금 사업자 또는 사업자단체의 사무소 또는 사업장에 출입하여 업무 및 경영상
황, 장부·서류, 전산자료·음성녹음자료·화상자료 그 밖에 대통령령으로 정하는 자료
나 물건을 조사하게 할 수 있으며, 대통령령이 정하는 바에 의하여 지정된 장소에서
당사자, 이해관계인 또는 참고인의 진술을 듣게 할 수 있다.

② 제1항의 징역형과 벌금형은 이를 병과할 수 있다.

제67조(벌칙) 다음 각 호의 어느 하나에 해당하는 자는 2년 이하의
징역 또는 1억 5천만 원 이하의 벌금에 처한다.

1. 삭제

2. 제23조(불공정거래행위의 금지) 제1항(제7호는 제외한다)의 규정
에 위반하여 불공정거래행위를 한 자

ㄴ. 제23조(불공정거래행위의 금지) ① 사업자는 다음 각 호의 어느 하나에 해당하는 행위
로서 공정한 거래를 저해할 우려가 있는 행위를 하거나 계열회사 또는 다른 사업자로
하여금 이를 행하도록 하여서는 아니 된다.

1. 부당하게 거래를 거절하거나 거래의 상대방을 차별하여 취급하는 행위

2. 부당하게 경쟁자를 배제하는 행위

3. 부당하게 경쟁자의 고객을 자기와 거래하도록 유인하거나 강제하는 행위

4. 자기의 거래상의 지위를 부당하게 이용하여 상대방과 거래하는 행위

---

72) ★ 사업자단체 : 그 형태 여하를 불문하고 2 이상의 사업자가 공동의 이익을 증
진할 목적으로 조직한 결합체 또는 그 연합체를 말한다.

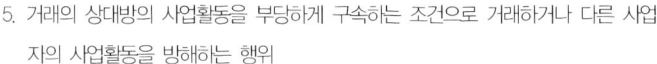

5. 거래의 상대방의 사업활동을 부당하게 구속하는 조건으로 거래하거나 다른 사업
   자의 사업활동을 방해하는 행위
6. 삭제
8. 제1호 내지 제7호 외의 행위로서 공정한 거래를 저해할 우려가 있는 행위

3. 제26조(사업자단체의 금지행위) 제1항 제2호 내지 제5호의 규정
   에 위반한 자

   ㄴ, 제26조(사업자단체의 금지행위) ① 사업자단체는 다음 각 호의 1에 해당하는 행위를
      하여서는 아니 된다.
      2. 일정한 거래분야에 있어서 현재 또는 장래의 사업자수를 제한하는 행위
      3. 구성사업자(사업자단체의 구성원인 사업자를 말한다. 이하 같다)의 사업내용 또
         는 활동을 부당하게 제한하는 행위
      4. 사업자에게 제23조(불공정거래행위의 금지) 제1항 각 호의 1의 규정에 의한 불
         공정거래행위 또는 제29조(재판매가격유지행위의 제한)의 규정에 의한 재판매가
         격유지행위를 하게 하거ㅏ 이를 방조(傍助)하는 행위
      5. 삭제

4. 제29조(재판매가격유지행위의 제한) 제1항의 규정에 위반하여 재
   판매가격유지행위를 한 자

   ㄴ, 제29조(재판매가격유지행위의 제한) ① 사업자는 <u>재판매가격유지행위[73]</u>를 하여서는 아
      니 된다. 다만, 상품이나 용역을 일정한 가격 이상으로 거래하지 못하도록 하는 최고
      가격유지행위로서 정당한 이유가 있는 경우에는 그러하지 아니하다.

5. 제32조(부당한 국제계약의 체결제한) 제1항의 규정에 위반하여
   국제계약을 체결한 자

   ㄴ, 제32조(부당한 국제계약의 체결제한) ① 사업자 또는 사업자단체는 부당한 공동행위,

---

73) ★ 재판매가격유지행위 : 사업자가 상품 또는 용역을 거래함에 있어서 거래상대
   방인 사업자 또는 그 다음 거래단계별 사업자에 대하여 거래가격을 정하여 그
   가격대로 판매 또는 제공할 것을 강제하거나 이를 위하여 규약 기타 구속조건을
   붙여 거래하는 행위를 말한다.

불공정거래행위 및 재판매가격유지행위에 해당하는 사항을 내용으로 하는 행위로서 대통령령으로 정하는 국제적 협정이나 계약(이하 "국제계약"이라 한다)을 체결하여서는 아니 된다. 다만, 당해 국제계약의 내용이 일정한 거래분야에 있어서 경쟁에 미치는 영향이 경미하거나 기타 부득이한 사유가 있다고 공정거래위원회가 인정하는 경우에는 그러하지 아니하다.

6. 제5조(시정조치), 제16조(시정조치 등), 제24조(시정조치), 제27조(시정조치), 제30조(재판매가격유지계약의 수정), 제31조(시정조치) 또는 제34조(시정조치)의 규정에 의한 시정조치 또는 금지명령에 응하지 아니한 자

7. 제14조(상호출자제한기업집단등의 지정 등) 제5항의 규정에 위반하여 공인회계사의 회계감사를 받지 아니한 자

　ㄴ. 제14조(상호출자제한기업집단등의 지정등) ① 공정거래위원회는 대통령령이 정하는 바에 의하여 상호출자제한기업집단 및 채무보증제한기업집단(이하 "상호출자제한기업집단등"이라 한다)을 지정하고 동 기업집단에 속하는 회사에 이를 통지하여야 한다.
⑤ 상호출자제한기업집단에 속하는 회사(직전 사업연도 말의 자산총액이 대통령령으로 정하는 금액 미만인 회사로서 청산 중에 있거나 1년 이상 휴업 중인 회사를 제외한다)는 공인회계사의 회계감사를 받아야 하며, 공정거래위원회는 공인회계사의 감사의견에 따라 수정한 대차대조표를 사용하여야 한다.
　　ㄴ. "대통령령이 정하는 금액"은 100억 원을 말한다(시행령 제21조 제4항).

제68조(벌칙) 다음 각 호의 어느 하나에 해당하는 자는 1억 원 이하의 벌금에 처한다.

1. 제8조(지주회사설립전환의 신고)의 규정에 위반하여 지주회사의 설립 또는 전환의 신고를 하지 아니하거나 허위의 신고를 한 자

2. 제8조의2(지주회사 등의 행위제한 등) 제7항의 규정을 위반하여 당해 지주회사 등의 사업내용에 관한 보고를 하지 아니하거나 허위의 보고를 한 자

3. 제13조(주식소유현황 등의 신고) 제1항 및 제2항의 규정에 위반하여 주식소유현황 또는 채무보증현황의 신고를 하지 아니하거나 허위의 신고를 한 자

4. 제14조(상호출자제한기업집단등의 지정등) 제4항의 자료요청에 대하여 정당한 이유 없이 자료제출을 거부하거나 허위의 자료를 제출한 자

5. 제50조(위반행위의 조사 등) 제1항 제2호의 규정에 위반하여 허위의 감정을 한 자

   └ 공정거래위원회는 이 법의 시행을 위하여 필요하다고 인정할 때에는 대통령령이 정하는 바에 의하여 다음 각 호의 처분을 할 수 있다.
      2. 감정인의 지정 및 감정의 위촉

제69조의2(과태료) ① 사업자 또는 사업자단체가 제1호 내지 세6호 및 제8호에 해당하는 경우에는 1억 원 이하, 제7호에 해당하는 경우에는 2억 원 이하, 회사 또는 사업자단체의 임원 또는 종업원 기타 이해관계인이 제1호 내지 제6호 및 제8호에 해당하는 경우에는 1천만 원 이하, 제7호에 해당하는 경우에는 5천만 원 이하의 과태료에 처한다.

1. 제11조의2(대규모내부거래의 이사회 의결 및 공시)부터 제11조의4(기업집단현황 등에 관한 공시)까지의 규정에 따른 공시를 하는 경우에 이사회의 의결을 거치지 아니하거나 공시를 하지 아니한 자 또는 주요내용을 누락하거나 허위로 공시한 자

2. 제12조(기업결합의 신고) 제1항 또는 제6항의 규정에 의한 기업결합의 신고를 하지 아니하거나 허위의 신고를 한 자 또는 같은 조 제8항을 위반한 자

3. 제14조의2(계열회사의 편입 및 제외 등) 제2항의 자료요청에 대

하여 정당한 이유 없이 자료를 제출하지 아니하거나 허위의 자료를 제출한 자

4. 삭제

5. 제50조(위반행위의 조사 등) 제1항 제1호의 규정에 위반하여 정당한 이유 없이 출석을 하지 아니한 자

6. 제50조(위반행위의 조사 등) 제1항 제3호 또는 제3항의 규정에 의한 보고 또는 필요한 자료나 물건의 제출을 하지 아니하거나, 허위의 보고 또는 자료나 물건을 제출한 자

7. 제50조 제2항에 따른 조사 시 자료의 은닉·폐기, 접근거부 또는 위조·변조 등을 통하여 조사를 거부·방해 또는 기피한 자

8. 제5조(위반행위의 조사 등) 제5항의 규정에 의한 금융거래정보의 제출을 거부한 자

제2관 과징금

제6조(과징금) 공정거래위원회는 시장지배적 사업자가 남용행위를 한 경우에는 해당 사업자에 대하여 대통령령이 정하는 매출액(대통령령이 정하는 사업자의 경우에는 영업수익을 말한다. 이하 같다)에 100분의3을 곱한 금액을 초과하지 아니하는 범위 안에서 과징금을 부과할 수 있다. 다만, 매출액이 없거나 매출액의 산정이 곤란한 경우에는 대통령령이 정하는 경우(이하 "매출액이 없는 경우등"이라 한다)에는 10억 원을 초과하지 아니하는 범위 안에서 과징금을 부과할 수 있다.

제17조(과징금) ① 공정거래위원회는 제9조(상호출자의 금지 등), 제9

조의2(순환출자의 금지)를 위반하여 주식을 취득 또는 소유한 회사에 대하여 위반행위로 취득 또는 소유한 주식의 취득가액에 100분의10을 곱한 금액을 초과하지 아니하는 범위에서 과징금을 부과할 수 있다.

② 공정거래위원회는 제10조의2(계열회사에 대한 채무보증의 금지) 제1항의 규정을 위반하여 채무보증을 한 회사에 대하여 당해 법위반 채무보증액의 100분의10을 곱한 금액을 초과하지 아니하는 범위 안에서 과징금을 부과할 수 있다.

③ 삭제

④ 공정거래위원회는 제8조의2(지주회사 등의 행위제한 등) 제2항 내지 제5항을 위반한 자에 대하여 다음 각 호의 금액에 100분의10을 곱한 금액을 초과하지 아니하는 범위 안에서 과징금을 부과할 수 있다. (각 호 생략)

제22조(과징금) 공정거래위원회는 제19조(부당한 공동행위의 금지) 제1항의 규정을 위반하는 행위가 있을 때에는 당해 사업자에 대하여 대통령령이 정하는 매출액에 100분의10을 곱한 금액을 초과하지 아니하는 범위 안에서 과징금을 부과할 수 있다. 다만, 매출액이 없는 경우에는 20억 원을 초과하지 아니하는 범위에서 과징금을 부과할 수 있다.

제24조의2(과징금) ① 공정거래위원회는 제23조(공정거래행위의 금지) 제1항(제7호는 제외한다) 또는 제23조의3(보복조치의 금지)을 위반하는 행위가 있을 때에는 당해 사업자에 대하여 대통령령이 정하는 매출액에 100분의2를 곱한 금액을 초과하지 아니하는 범위 안에서 과징금을 부과할 수 있다. 다만, 매출액이 없는 경우등에는 5억 원을 초과하지

아니하는 범위 안에서 과징금을 부과할 수 있다.

② 공정거래위원회는 제23조(불공정거래행위의 금지) 제1항 제7호 또는 같은 조 제2항, 제23조의 2(특수관계인에 대한 부당한 이익제공 등 금지) 제1항 또는 제3항을 위반하는 행위가 있을 때에는 해당 특수관계인 또는 회사에 대하여 대통령령으로 정하는 매출액에 100분의5를 곱한 금액을 초과하지 아니하는 범위에서 과징금을 부과할 수 있다. 다만, 매출액이 없는 경우등에는 20억 원을 초과하지 아니하는 범위에서 과징금을 부과할 수 있다.

제28조(과징금) ① 공정거래위원회는 제26조(사업자단체의 금지행위) 제1항 각 호의 1의 규정에 위반하는 행위가 있을 때에는 당해 사업자단체에 대하여 5억 원의 범위 안에서 과징금을 부과할 수 있다.

② 공정거래위원회는 제26조(사업자단체의 금지행위) 제1항 제1호를 위반하는 행위에 참가한 사업자에 대하여는 대통령령이 정하는 매출액에 100분의10을 곱한 금액을 초과하지 아니하는 범위 안에서 과징금을 부과할 수 있다. 다만, 매출액이 없는 경우등에는 20억 원을 초과하지 아니하는 범위에서 과징금을 부과할 수 있다.

③ 공정거래위원회는 제26조 제1항 제2호부터 제4호까지의 규정을 위반하는 행위에 참가한 사업자에 대하여는 대통령령으로 정하는 매출액에 100분의5를 곱한 금액을 초과하지 아니하는 범위에서 과징금을 부과할 수 있다. 다만, 매출액이 없는 경우등에는 5억 원을 초과하지 아니하는 범위애서 과징금을 부과할 수 있다.

제31조의2(과징금) 공정거래위원회는 제29조(재판매가격유지행위의 제

한)의 규정에 위반하는 재판매가격유지행위가 있는 경우에는 당해 사업자에 대하여 대통령령이 정하는 매출액에 100분의2를 곱한 금액을 초과하지 아니하는 범위에서 과징금을 부과할 수 있다. 다만, 매출액이 없는 경우에는 5억 원을 초과하지 아니하는 범위 안에서 과징금을 부과할 수 있다.

제34조의2(과징금) 공정거래위원회는 제32조(부당한 국제계약의 체결 제한) 제1항 본문의 규정에 위반하여 국제계약을 체결한 경우에는 당해 사업자단체에 대하여는 5억 원의 범위 안에서, 당해 사업자에 대하여는 대통령령으로 정하는 매출액에 100분의2를 곱한 금액을 초과하지 아니하는 범위 안에서 과징금을 부과할 수 있다. 다만, 사업자의 경우에 매출액이 없는 경우등에는 5억 원을 초과하지 아니하는 범위 안에서 과징금을 부과할 수 있다.

제3관 포상금 및 이행강제금

제64조의2(포상금의 지급) ① 공정거래위원회는 이 법의 위반행위를 신고 또는 제보하고 이를 입증할 수 있는 증거자료를 제출한 자에 대하여 예산의 범위 안에서 포상금을 지급할 수 있다.

② 제1항의 규정에 의한 포상금의 지급대상이 되는 이 법 위반행위 및 포상금 지급대상자의 범위, 포상금 지급의 기준·절차 등에 관하여 필요한 사항은 대통령령으로 정한다.

이행강제금에 관한 내용은 제17조의3 및 제51조의5에서 규정하였다.

제54장 마약류 관리에 관한 법률

제1절 법률의 이해

이 법은 마약 · 향정신성의약품(向精神性醫藥品) · 대마 및 원료물질의 취급 · 관리를 적정하게 함으로써 그 오용(誤用) · 남용으로 인한 보건상의 위해를 방지하는 것 등을 목적으로 한다. "마약류"란 마약 · 향정신성의약품 및 대마를 말하고, "마약"이란 양귀비 · 아편 · 코카의 잎과 이들로부터 추출되는 알카로이드를 말한다. 이 법의 주관부처는 식품의약품안전처 마약정책과이다.

제2절 법령의 규정

제58조(벌칙) ① 다음 각 호의 어느 하나에 해당하는 자는 5년 이하의 징역에 처한다.

1. 제3조(제5조의2 제5항에서 준용하는 경우를 포함한다. 이하 이 조부터 제61조까지의 규정에서 같다) 제2호 · 제3호, 제4조 제1항, 제5조의2 제4항(예고임시마약류의 경우 또는 제5조의2 제4항 제2호에 해당하는 자는 제외한다. 이하 이 장에서 같다), 제18조 제1항 또는 제21조 제1항을 위반하여 마약이나 임시마약74)을 수출입 · 제조 · 매매하거나 매매를 알선한 자 또는 그러할 목적으로 소지 · 소유한 자

---

74) ★ 임시마약 : 식품의약품안전처장이 지정하여 고시하는 마약류를 말한다.

ㄴ. 제3조(일반행위의 금지) 누구든지 다음 각 호의 어느 하나에 해당하는 행위를 하여서는 아니 된다.

  2. 마약의 원료가 되는 식물을 재배하거나 그 성분을 함유하는 원료 · 종자 · 종묘(種苗)를 소지, 소유, 관리, 수출입, 수수, 매매 또는 매매의 알선을 하거나 그 성분을 추출하는 행위. 다만, 대통령령으로 정하는 바에 따라 식품의약품안전처장의 승인을 받은 경우는 제외한다.

  3. 헤로인, 그 염류(鹽類) 또는 이를 함유하는 것을 소지, 소유, 관리, 수입, 제조, 매매, 매매의 알선, 수수, 운반, 사용, 투약하거나 투약하기 위하여 제공하는 행위. 다만, 대통령령으로 정하는 바에 따라 식품의약품안전처장의 승인을 받은 경우는 제외한다.

ㄴ. 제4조(마약류취급자가 아닌 자의 마약류취급금지) ① 마약류취급자가 아니면 다음 각 호의 어느 하나에 해당하는 행위를 하여서는 아니 된다.

  1. 마약 또는 향정신성의약품을 소지, 소유, 사용, 운반, 관리, 수입, 수출, 제조, 조제, 투약, 수수, 매매, 매매의 알선 또는 제공하는 행위

    ㄴ. "향정신성의약품"의 범위는 법 제2조 제3호에서 규정하였다.

  2. 대마를 재배 · 소지 · 소유 · 수수 · 운반 · 보관 또는 사용하는 행위

  3. 마약 또는 향정신성의약품을 기재한 처방전을 발급하는 행위

  4. 한외마약75)을 제조하는 행위

ㄴ. 제5조의2(임시마약류 지정 등) ④ 누구든지 예고임시마약류 또는 임시마약류를 재배 · 소지 · 소유 · 사용 · 운반 · 관리 · 수입 · 수출 · 제조 · 조제 · 투약 · 매매 · 매매의 알선 · 수수 · 보관 또는 제공하거나 이를 기재한 처방전을 발급하여서는 아니 된다. 다만, 다음 각 호의 어느 하나에 해당하는 경우에는 그러하지 아니하다.

  1. 공무상 예고임시마약류 또는 임시마약류를 압류 · 수거 또는 몰수하여 관리하는 경우

  2. 그 밖에 공무원이 공무수행상 부득이하게 예고임시마약류 또는 임시마약류를 취급할 필요가 있는 경우로서 식품의약품안전처장의 승인을 받은 경우

ㄴ. 제18조(마약류 수출입의 허가 등) ① 마약류수출입업자가 아니면 마약 또는 향정신성의약품을 수출입하지 못한다.

ㄴ. 제21조(마약류 제조의 허가 등) ① 마약류제조업자가 아니면 마약 및 향정신성의약품을 제조하지 못한다.

---

75) ★ 한외마약(限外痲藥) : 마약성분이 혼합되어 있지만 그 성분으로 마약을 다시 만드는 것은 불가능하고, 먹어도 습관성을 나타내지 않는 약품을 말한다.

2. 제3조 제4호를 위반하여 마약 또는 향정신성의약품을 제조할 목적으로 그 원료가 되는 물질을 제조 · 수출입하거나 그러할 목적으로 소지 · 소유한 자

3. 제3조 제5호를 위반하여 제2조 제3호 가목에 해당하는 향정신성의약품 또는 그 물질을 함유하는 향정신성의약품을 제조 · 수출입 · 매매 · 매매의 알선 또는 수수하거나 그러할 목적으로 소지 · 소유한 자

   ㄴ. "제2조 제3호 가목에 해당하는 향정신성의약품"은 오용하거나 남용할 우려가 심하고 의료용으로 쓰이지 아니하며 안전성이 결여되어 있는 것으로서 이를 오용하거나 남용할 경우 심한 신체적 또는 정신적 의존성을 일으키는 약물 또는 이를 함유하는 물질로서 대통령령 제2조 제3항에서 규정하는 것을 말한다.

4. 제3조 제6호를 위반하여 제2조 제3호 가목에 해당하는 향정신성의약품의 원료가 되는 식물에서 그 성분을 추출한 자 또는 그 식물을 수출입하거나 수출입할 목적으로 소지 · 소유한 자

5. 제3조 제7호를 위반하여 대마를 수입하거나 수출한 자 또는 그러할 목적으로 대마를 소지 · 소유한 자

6. 제4조 제1항을 위반하여 제2조 제3호 나목에 해당하는 향정신성의약품 또는 그 물질을 함유하는 향정신성의약품을 제조 또는 수출입하거나 그러할 목적으로 소지 · 소유한 자

7. 제4조 제1항 또는 제5조의2 제4항을 위반하여 미성년자에게 마약이나 임시마약을 수수 · 조제 · 투약 · 제공한 자 또는 향정신성의약품이나 임시향정신성의약품을 매매 · 수수 · 조제 · 투약 · 제공한 자

② 영리를 목적으로 하거나 상습적으로 제1항의 행위를 한 자는 사형 · 무기 또는 10년 이상의 징역에 처한다.

③ 제1항과 제2항에 규정된 죄의 미수범은 처벌한다.

④ 제1항(제7호는 제외한다) 및 제2항에 규정된 죄를 범할 목적으로 <u>예비 또는 음모</u>[76]한 자는 10년 이하의 징역에 처한다.

제59조(벌칙) ① 다음 각 호의 어느 하나에 해당하는 자는 1년 이상의 유기징역에 처한다.

1. 제3조 제2호를 위반하여 수출입·매매 또는 제조할 목적으로 마약의 원료가 되는 식물을 재배하거나 그 성분을 함유하는 원료·종자·종묘를 소지·소유한 자

2. 제3조 제2호를 위반하여 마약의 성분을 함유하는 원료·종자·종묘를 관리·수수하거나 그 성분을 추출하는 행위를 한 자

3. 제3조 제3호를 위반하여 헤로인이니 그 염류 또는 이를 함유하는 것을 소지·소유·관리·수수·운반·사용 또는 투약하거나 투약하기 위하여 제공하는 행위를 한 자

4. 제3조 제4호를 위반하여 마약 또는 향정신성의약품을 제조할 목적으로 그 원료가 되는 물질을 매매하거나 매매를 알선하거나 수수한 자 또는 그러할 목적으로 소지·소유 또는 사용한 자

5. 제3조 제5호를 위반하여 제2조 제3호 가목에 해당하는 향정신성의약품 또는 그 원료가 되는 물질을 함유하는 향정신성의약품을 소지·소유·관리·사용한 자

6. 제3조 제6호를 위반하여 제2조 제3호 가목에 해당하는 향정신성

---

76) ★ 예비·음모(陰謀) : 예비는 범죄행위를 준비만 하고 아직 실행에 나아가지 않은 것을 말하며, 음모는 두 사람 이상이 범죄를 몰래 모의하는 것을 말한다. 미수범은 예비의 단계를 넘어 범죄의 실행에는 착수하였으나 어떤 사정으로 인하여 그 범죄행위를 완성하지 못한 경우이다.

의약품의 원료가 되는 식물을 매매하거나 매매를 알선하거나 수수한 자 또는 그러할 목적으로 소지·소유한 자

7. 제3조 제8호 또는 제9호를 위반하여 대마를 재배하거나 매매·매매의 알선을 한 자 또는 그러할 목적으로 대마를 소지·소유한 자

8. 제3조 제10호 또는 제4조 제1항을 위반하여 미성년자에게 대마를 수수·제공하거나 대마초 또는 대마초 종자의 껍질을 흡연 또는 섭취하게 한 자

10. 제4조 제1항을 위반하여 제2조 제3호 다목에 해당하는 향정신성의약품 또는 그 물질을 함유하는 향정신성의약품을 제조 또는 수출입하거나 그러할 목적으로 소지·소유한 자

11. 제4조 제1항 또는 제5조의2 제4항을 위반하여 대마나 임시대마를 수수·매매 또는 제조할 목적으로 대마초나 임시대마초를 재배한 자

12. 제4조 제3항을 위반하여 마약류(대마는 제외한다)를 취급한 자
  └, 마약류취급자가 이 법을 위반하여 취급한 경우를 말한다.

13. 제18조 제1항·제21조 제1항 또는 제24조 제1항을 위반하여 향정신성의약품을 수출입 또는 제조하거나 의약품을 제조한 자
  └, 제18조(마약류 수출입의 허가 등) ① 마약류수출입업자가 아니면 마약 또는 향정신성의약품을 수출입하지 못한다.
  └, 제21조(마약류제조의 허가 등) ① 마약류제조업자가 아니면 마약 및 향정신성의약품을 제조하지 못한다.
  └, 제24조(마약류원료 사용의 허가 등) ① 마약류원료사용자가 아니면 마약 또는 향정신성약품을 원료로 사용한 한외마약 또는 의약품을 제조하지 못한다.

② 상습으로 제1항의 죄를 범한 자는 3년 이상의 유기징역에 처한다.

③ 제1항(제5호는 제외한다) 및 제2항에 규정된 죄의 미수범은 처벌한다.

④ 제1항 제7호의 죄를 범할 목적으로 예비 또는 음모한 자는 10년 이하의 징역에 처한다.

제60조(벌칙) ① 다음 각 호의 어느 하나에 해당하는 자는 10년 이하의 징역 또는 1억 원 이하의 벌금에 처한다.

1. 제3조 제1호를 위반하여 마약 또는 제2조 제3호 가목에 해당하는 향정신성의약품을 사용하거나 제3조 제11호를 위반하여 마약 또는 제2조 제3호 가목에 해당하는 향정신성의약품과 관련된 금지된 행위를 하기 위한 장소·시설·장비·자금 또는 운반수단을 타인에게 제공한 사

2. 제4조 제1항을 위반하여 제2조 제3호 나목 및 다목에 해당하는 향정신성의약품 또는 그 물질을 함유하는 향정신성의약품을 매매, 매매의 알선, 수수, 소지, 소유, 사용, 관리, 조제, 투약, 제공한 자 또는 향정신성의약품을 기재한 처방전을 발급한 자

3. 제4조 제1항을 위반하여 제2조 제3항 라목에 해당하는 향정신성의약품 또는 그 물질을 함유하는 향정신성의약품을 제조 또는 수출입하거나 그러할 목적으로 소지·소유한 자

4. 제5조 제1항·제2항(제5조의2 제5항에서 준용하는 경우를 포함한다), 제9조 제1항, 제28조 제1항, 제30조, 제35조 제1항 또는 제39조를 위반하여 마약을 취급하거나 그 처방전을 발급한 자

　└ 제5조(마약류취급의 제한) ① 마약류취급자는 그 업무 외의 목적을 위하여 제4조 제1항 각 호에 규정된 행위를 하여서는 아니 된다.

　　② 이 법에 따라 마약류를 소지·소유·운반 또는 관리하는 자는 다른 목적을 위하여

이를 사용하여서는 아니 된다.

└ 제19조(수수 등의 제한) ① 마약류취급자는 마약류취급자가 아닌 자로부터 마약류를 양
　수할 수 없다. 다만, 제13조에 따라 허가관청의 승인을 받은 경우에는 그러하지 아니
　하다.

└ 제28조(마약류의 소매) ① 마약류소매업자가 아니면 마약류취급의료업자가 발급한 마
　약 또는 향정신성의약품을 기재한 처방전에 따라 조제한 마약 또는 향정신성의약품을
　판매하지 못한다. 다만, 마약류취급업자가 「약사법」에 따라 자신이 직접 조제할 수 있
　는 경우는 제외한다.

└ 제30조(마약류 투약 등) 마약류취급업자가 아니면 의료나 동물 진료를 목적으로 마약
　또는 향정신성의약품을 투약하거나 투약하기 위하여 제공하거나 마약 또는 향정신성의
　약품을 기재한 처방전을 발급하여서는 아니 된다.

└ 제35조(마약류취급학술연구자) ① 마약류취급학술연구자가 아니면 마약류를 학술연구의
　목적에 사용하지 못한다.

└ 제39조(마약 사용의 금지) 마약류취급의료업자는 마약 중독자에게 그 중독 증상을 완
　화시키거나 치료하기 위하여 다음 각 호의 어느 하나에 해당하는 행위를 하여서는 아
　니 된다. 다만, 제40조에 따른 치료보호기관에서 보건복지부장관 또는 시 · 도지사의
　허가를 받은 경우에는 그러하지 아니하다.
　　1. 마약을 투약하는 행위
　　2. 마약을 투약하기 위하여 제공하는 행위
　　3. 마약을 기재한 처방전을 발급하는 행위

② 상습적으로 제1항의 죄를 범한 자는 그 죄에 대하여 정하는 형의 2분의1까지 가중한다.

③ 제1항과 제2항에 규정된 죄의 미수범은 처벌한다.

제61조(벌칙) ① 다음 각 호의 어느 하나에 해당하는 자는 5년 이하의 징역 또는 5천만 원 이하의 벌금에 처한다.

1. 제3조 제1호를 위반하여 향정신성의약품(제2조 제3호 가목에 해당하는 향정신성의약품은 제외한다) 또는 대마를 사용하거나 제3조 제11호를 위반하여 향정신성의약품(제2조 제3호 가목에 해

당하는 향정신성의약품은 제외한다) 및 대마와 관련된 금지된 행위를 하기 위한 장소·시설·장비·자금 또는 운반수단을 타인에게 제공한 자

2. 제3조 제2호를 위반하여 마약의 원료가 되는 식물을 재배하거나 그 성분을 함유하는 원료·종자·종묘를 소지·소유한 자

3. 제3조 제6호를 위반하여 제2조 제3호 가목에 해당하는 향정신성의약품의 원료가 되는 식물을 흡연·섭취하거나 그러할 목적으로 소지·소유한 자 또는 다른 사람에게 흡연·섭취하게 할 목적으로 소지·소유한 자

4. 제3조 제10호를 위반하여 다음 각 목의 어느 하나에 해당하는 행위를 한 자

   가. 대마 또는 대마조 종사의 껍질을 흡연하거나 섭취한 자

   나. 가목의 행위를 할 목적으로 대마, 대마초 종자 또는 대마초 종자의 껍질을 소지하고 있는 자

   다. 가목 또는 나목의 행위를 하려한다는 정을 알면서 대마초 종자나 대마초 종자의 껍질을 매매하거나 매매를 알선한 자

5. 제4조 제1항을 위반하여 제2조 제3호 라목에 해당하는 향정신성의약품 또는 그 물질을 함유하는 향정신성의약품을 매매, 매매의 알선, 수수, 소지, 소유, 사용, 관리, 조제, 투약, 제공한 자 또는 향정신성의약품을 기재한 처방전을 발급한 자

6. 제4조 제1항 또는 제5조의2 제4항을 위반하여 대마나 임시대마를 재배·소지·소유·수수·운반·보관하거나 이를 사용한 자

7. 제5조 제1항·제2항(제5조의2 제5항에서 준용하는 경우를 포함한다), 제9조 제1항 또는 제35조 제1항을 위반하여 향정신성의약품

이나 대마를 취급한 자

8. 제6조의2를 위반하여 원료물질을 수출입하거나 제조한 자

9. 제28조 제1항 또는 제30조를 위반하여 향정신성의약품을 취급하거나 그 처방전을 발급한 자

10. 제28조 제3항을 위반하여 마약 또는 향정신성의약품을 전자거래를 통하여 판매한 자

② 상습적으로 제1항의 죄를 범한 자는 그 죄에 대하여 정하는 형의 2분의1까지 가중한다.

③ 제1항(제2호·제3호 및 제8호는 제외한다) 및 제2항(제1항 제2호·제3호 및 제8호를 위반한 경우는 제외한다)에 규정된 죄의 미수범은 처벌한다.

제62조(벌칙) ① 다음 각 호의 어느 하나에 해당하는 자는 3년 이하의 징역 또는 3천만 원 이하의 벌금에 처한다.

1. 제8조 제1항을 위반하여 마약의 취급에 관한 허가증 또는 지정서를 타인에게 빌려주거나 양도한 자 또는 제9조 제2항·제3항, 제18조 제2항, 제20조, 제21조 제2항, 제22조 제1항, 제24조 제2항, 제26조 제1항을 위반하여 마약을 취급한 자

└, 제9조(수수 등의 제한) ② 마약류취급자는 이 법에서 정한 경우 외에는 마약류를 양도할 수 없다. 다만, 다음 각 호의 어느 하나에 해당하여 식품의약품안전처장의 승인을 받은 경우에는 그러하지 아니하다.

1. 품목허가가 취소되어 소지·소유 또는 관리하는 마약 및 향정신성의약품을 다른 마약류취급자에게 양도하려는 경우

2. 마약류취급학술연구자 또는 마약류취급 승인을 받은 자에게 마약류를 양도하려는 경우

3. 소유 또는 관리하던 마약 및 향정신성의약품을 사용중단 등의 사유로 원소유자

등인 마약류취급자에게 반품하려는 경우

③ 마약류제조업자, 마약류원료사용자 또는 마약류취급학술연구자가 다른 마약류제조
업자, 마약류원료사용자 또는 마약류취급학술연구자에게 마약류(제제는 제외한다)를 양
도하려면 총리령으로 정하는 바에 따라 식품의약품안전처장의 승인을 받아야 한다.

ㄴ, 제18조(마약류수출입의 허가 등) ② 마약류수출입업자가 마약 또는 향정신성의약품을
수출하려면 총리령으로 정하는 바에 따라 다음 각 호의 허가 또는 승인을 받아야 한
다.

　　1. 품목마다 식품의약품안전처장의 허가를 받을 것 허가받은 사항을 변경할 때에
　　　도 같다.

　　2. 수출입할 때마다 식품의약품안전처장의 승인을 받을 것 승인받은 사항을 변경
　　　할 때에도 같다.

ㄴ, 제20조(수입한 마약 등의 판매) 마약류수출입업자는 수입한 마약 또는 향정신성의약품
을 마약류제조업자, 마약류원료사용자 및 마약류도매업자 외의 자에게 판매하지 못한
다.

ㄴ, 제21조(마약류제조의 허가 등) ② 마약류제조업자가 마약 또는 향정신성의약품을 제조
하려면 총리령으로 정하는 바에 따라 품목마다 식품의약품안전처장의 허가를 받아야
한다. 허가받은 사항을 변경할 때에도 같다.

ㄴ, 제22조(제조한 마약 등의 판매) ① 마약류제조업자는 제조한 마약을 마약류도매업자
외의 자에게 판매하여서는 아니 된다.

ㄴ, 제24조(마약류원료 사용의 허가 등) ② 마약류원료사용자가 한외마약을 제조하려면 총
리령으로 정하는 바에 따라 품목마다 식품의약품안전처장의 허가를 받아야 한다. 허가
받은 사항을 변경할 때에도 또한 같다.

ㄴ, 제26조(마약류의 도매) ① 마약류도매업자는 그 영업소가 있는 특별시·광역시·도 또
는 특별자치도 내의 마약류소매업자, 마약류취급의료업자, 마약류관리자 또는 마약류취
급학술연구자 외의 자에게 마약을 판매하여서는 아니 된다. 다만, 허가관청의 승인을
받아 판매하는 경우에는 그러하지 아니하다.

2. 제9조 제2항, 제20조, 제22조 제1항, 제26조 제1항의 위반행위의
　상대방이 되어 마약을 취급한 자

② 상습적으로 제1항의 죄를 범한 자는 그 죄에 대하여 정하는 형의
2분의1까지 가중한다.

③ 제1항과 제2항에 규정된 죄의 미수범은 처벌한다.

제63조(벌칙) ① 다음 각 호의 어느 하나에 해당하는 자는 2년 이하의 징역 또는 2천만 원 이하의 벌금에 처한다.

  1. 제6조의2 제1항을 위반하여 허가를 받지 아니한 자 또는 제51조 제1항부터 제4항까지의 규정을 위반한 자

    └. 제6조 제1항은 원료물질수출입업자의 허가에 관한 사항을. 제51조는 원료물질의 관리에 관한 사항을 각각 규정하였다.

  2. 제8조 제1항을 위반하여 향정신성의약품 취급에 관한 허가증 또는 지정서를 타인에게 빌려주거나 양도한 자 또는 제9조 제2항·제3항, 제20조·제22조 제2항 또는 제28조 제2항을 위반하여 향정신성의약품을 취급한 자

  3. 제8조 제1항을 위반하여 대마의 취급에 관한 허가증을 타인에게 빌려주거나 양도한 자 또는 제9조 제2항·제3항을 위반하여 대마를 취급한 자

  4. 제9조 제2항, 제20조 및 제22조 제2항의 위반행위의 상대방이 되어 향정신성의약품을 취급한 자

  5. 제9조 제2항의 위반행위의 상대방이 되어 대마를 취급한 자

  6. 제10조 제1항, 제11조 제1항·제3항 및 제4항, 제16조, 제28조 제2항, 제31조, 제32조 제1항 및 제2항, 제33조 제1항, 제34조를 위반하여 마약을 취급한 자

  7. 제10조 제1항에 따른 마약구입서 또는 마약판매서, 제11조 제1항에 따른 장부, 제31조 제1항에 따른 기록 또는 제32조 제2항에 따른 처방전에 거짓으로 기재하여 마약을 취급한 자

8. 제12조 제1항, 제17조, 제19조, 제23조, 제25조, 제27조, 제29조, 제35조 제2항, 제43조에 따른 명령을 위반하거나 보고(제43조만 해당한다) 또는 기재를 하지 아니한 자 또는 명령을 위반하거나 거짓된 보고, 신고 또는 기재를 하여 마약을 취급한 자

9. 제12조 제2항을 위반하여 마약을 폐기한 자

    ㄴ, 제12조(사고마약류 등의 처리) ② 마약류취급자 또는 마약류취급의 승인을 받은 자가 소지하고 있는 마약류를 다음 각 호의 어느 하나에 해당하는 사유로 폐기하려는 경우에는 총리령으로 정하는 바에 따라 폐기하여야 한다.

        1. 변질·부패 또는 파손

        2. 유효기한 또는 사용기한의 경과

        3. 유효기한 또는 사용기한이 지나지 않았으나 재고관리 또는 보관을 하기에 곤란한 사유

    ㄴ, 총리령이 정하는 폐기의 방법 등은 시행규칙 제23조에서 규정한다.

10. 제13조, 제33조 제2항을 위반하여 마약을 취급한 자(제69조 제1항 제8호에 해당하는 자는 제외한다)

    ㄴ, 제13조는 자격상실자의 마약류 처분에 관한 사항을, 제33조 제2항은 마약류관리자의 지정취소정지에 관한 사항을 각각 규정한다.

11. 제18조 제2항 또는 제21조 제2항을 위반하여 향정신성의약품을 취급한 자

    ㄴ, 제18조(마약류수출입업의 허가 등) ② 마약류수출입업자가 마약 또는 향정신성의약품을 수출입하려면 총리령으로 정하는 바에 따라 다음 각 호의 허가 또는 승인을 받아야 한다.

        1. 품목마다 식품의약품안전처장의 허가를 받을 것. 허가받은 사항을 변경할 때에도 같다.

        2. 수출입할 때마다 식품의약품안전처장의 승인을 받을 것. 승인받은 사항을 변경할 때에도 같다.

    ㄴ, 제21조(마약류 제조의 허가 등) ② 마약류제조업자가 마약 또는 향정신성의약품을 제

조하려면 총리령으로 정하는 바에 따라 품목마다 식품의약품안전처장의 허가를 받아야
한다. 허가받은 사항을 변경할 때에도 또한 같다.

12. 제40조 제1항에 따른 치료보호기관을 정당한 이유 없이 이탈한
자 또는 이탈한 자를 은닉한 자

13. 제40조 제2항에 따른 중독판별검사 또는 치료보호를 정당한 이
유 없이 거부 · 방해 또는 기피한 자

14. 마약을 취급하는 자로서 정당한 이유 없이 제41조 제1항(제5조
의2 제5항에서 준용하는 경우를 포함한다)에 따른 출입, 검사,
수거 등을 거부 · 방해 또는 기피한 자 또는 제47조(제5조의2 제
5항에서 준용하는 경우를 포함한다)에 따른 처분을 거부 · 방해
또는 기피한 자

15. 제44조에 따른 업무정지기간에 그 업무를 하여 마약을 취급한 자

16. 제51조 제2항에 따른 기록작성의 의무를 회피할 목적으로 소량
으로 나누어 원료물질을 거래한 자

② 상습적으로 제1항 제2호부터 제5호까지, 제1조 제12호의 죄를 범
한 자는 그 죄에 대하여 정하는 형의 2분의1까지 가중한다.

③ 제1항 제2호부터 제5호까지, 제11호 · 제12호와 제2항에 규정된
죄의 미수범은 처벌한다.

제64조(벌칙) 다음 각 호의 어느 하나에 해당하는 자는 1년 이하의
징역 또는 1천만 원 이하의 벌금에 처한다.

1. 제8조 제2항 · 제3항에 따른 신고를 거짓으로 한 자

ㄴ, 마약류취급자와 원료물질의 수출입업자의 폐업 · 휴업 및 재개업에 관한 신고를 말한다.

2. 제11조 제2항, 제35조 제3항에 따른 장부 또는 수급대장을 작

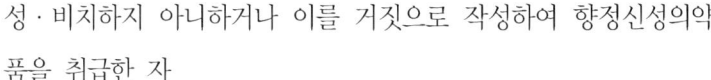

성·비치하지 아니하거나 이를 거짓으로 작성하여 향정신성의약품을 취급한 자

3. 제12조 제1항, 제17조, 제19조, 제23조, 제25조에 따른 기재를 하지 아니하거나 거짓된 보고·신고 또는 기재를 하여 향정신성의약품을 취급한 자

4. 제36조 또는 제43조에 따른 명령을 위반하거나 보고 또는 신고를 하지 아니한 자 또는 명령을 위반하거나 거짓된 보고 또는 신고를 하여 대마를 취급한 자

5. 제12조 제2항을 위반하여 향정신성의약품을 폐기한 자

6. 제12조 제2항을 위반하여 대마를 폐기한 자

7. 제13조를 위반하여 대마를 취급한 자

└ 자격상실자의 취급금지에 관한 규정이다.

8. 제13조, 제16조, 제26조 제2항, 제32조 제1항, 제33조 제2항, 제34조 또는 제35조 제3항을 위반하여 향정신성의약품을 취급한 자

└ 제13조는 자격상실자, 제16조는 용기나 포장에 하여야 하는 봉함(封緘)에 관한 의무, 제26조 제2항은 마약류도매업자가 판매할 수 있는 상대방의 제한에 관한 사항, 제32조 제1항은 마약류취급의료업자의 처방전기재의무를, 제33조 제2항은 마약류관리자가 지정의 취소나 업무정지처분을 받은 경우의 의무를, 제34조는 마약류관리자가 있는 의료기관이 사용할 수 있는 마약에 관한 사항, 제35조 제3항은 마약류취급학술연구자의 마약류의 사용과 연구에 관한 장부작성의무를 각각 규정하고 있다.

9. 제13조, 제33조 제3항을 위반하여 마약류취급자에게 향정신성의약품을 양도 또는 인계하지 아니한 자

10. 제14조를 위반한 자

└ 제14조(광고) ① 마약 및 향정신성의약품에 관하여는 의학 또는 약학에 관한 사항을 전문적으로 취급하는 신문이나 잡지에 싣는 광고 외의 방법으로 광고를 하여서는 아

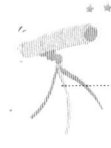
니 된다. ② 마약 및 향정신성의약품의 광고에 관한 기준은 총리령으로 정한다.
ㄴ "광고에 관한 기준"은 시행규칙 제25조에서 규정하였다.

11. 제15조를 위반하여 마약류(향정신성의약품은 제외한다)를 저장한 자

ㄴ 제15조(마약류의 저장) 마약류취급자와 제4조 제2항 제3호부터 제6호까지 및 제5조의
2 제4항 각 호에 따라 마약류나 임시마약류를 취급하는 자는 그 보관·소지 또는 관
리하는 마약류나 예고임시마약류 또는 임시마약류를 총리령이 정하는 바에 따라 다른
의약품과 구별하여 저장하여야 한다. 이 경우 마약이나 예고임시마약 또는 임시마약은
잠금장치가 되어 있는 견고한 장소에 저장하여야 한다.

12. 제26조 제2항의 위반행위의 상대방이 되어 향정신성의약품을 취급한 자

13. 제35조 제2항을 위반하여 장부를 작성하지 아니한 자

14. 제36조 제2항 또는 제42조 제2항을 위반하여 대마를 폐기하지 아니하거나 처분을 거부·방해 또는 기피한 자

15. 제38조 제2항을 위반하여 마약류를 판매하거나 사용한 자

ㄴ 마약류취급자는 변질·부패·오염 또는 파손되었거나 사용기간 또는 유효기간이 지난
마약류를 판매하거나 사용하여서는 아니 된다.

16. 향정신성의약품을 취급하는 자 또는 원료물질취급자로서 정당한 이유 없이 제41조 제1항(제5조의2 제5항에서 준용하는 경우를 포함한다), 제42조 또는 제43조에 따른 명령을 위반하거나 거짓된 보고를 하거나 검사·수거·압류 또는 처분을 거부·방해 또는 기피한 자

17. 대마를 취급하는 자로서 정당한 사유 없이 제41조 제1항(제5조의2 제5항에서 준용하는 경우를 포함한다)에 따른 출입·검사

또는 수거를 거부·방해 또는 기피한 자

18. 제44조에 따른 업무정지기간에 그 업무를 하여 향정신성의약품을 취급한 자

19. 제44조에 따른 업무정지기간에 그 업무를 하여 대마를 취급한 자

20. 제51조 제7항에 따른 보고를 거짓으로 한 자

> └, 원료물질수출입업자 등은 국제협력에 필요한 경우 등 총리령으로 정하는 사유가 있어 식품의약품안전처장이 요구하는 경우에는 제조·거래에 관한 사항을 지체 없이 보고하여야 한다.

제66조(자격정지 또는 벌금형의 병과) ① 제58조 및 제59조에서 정한 죄에 대하여는 10년 이하의 자격정지 또는 1억 원 이하의 벌금을 병과할 수 있다.

② 제60조부터 제64조까지의 규정에서 정한 죄를 범한 자에 대하여는 5년 이하의 자격정지 또는 각 해당 조문의 벌금(징역에 처하는 경우만 해당한다)을 병과할 수 있다.

제67조(몰수) 이 법에 규정된 죄에 제공한 마약류·임시마약류 및 시설·장비·자금 또는 운반수단과 그로 인한 수익금은 몰수한다. 다만, 이를 몰수할 수 없는 경우에는 그 가액(價額)을 추징한다.

제68조(양벌규정) 법인의 대표자나 법인 또는 개인의 대리인, 사용인, 그 밖의 종업원이 그 법인 또는 개인의 마약류 업무에 관하여 이 법에 규정된 죄를 범하면 그 행위자를 벌하는 외에 그 법인 또는 개인에게도 1억 원(대마의 경우는 5천만 원) 이하의 벌금형을 과하되, 제61조부터 제64조까지의 어느 하나에 해당하는 위반행위를 하면 해당 조문의

벌금을 과한다. 다만, 법인 또는 개인이 그 위반행위를 방지하기 위하여 해당 업무에 관하여 상당한 주의와 감독을 게을리하지 아니한 경우에는 그러하지 아니하다.

제69조(과태료) ① 다음 각 호의 어느 하나에 해당하는 자에게는 500만 원 이하의 과태료를 부과한다.

1. 제8조 제2항 및 제3항에 따른 신고를 하지 아니한 자

   ㄴ, 마약류취급자와 원료물질수출입업자의 휴업·폐업 및 재개업에 관한 신고를 말한다.

2. 제10조 제2항을 위반하여 마약구입서 및 마약판매서를 보존하지 아니한 자

3. 제11조 제2항을 위반하여 마약류취급의료업자, 마약류관리자, 마약류소매업자가 의료행위 또는 동물 진료나 조제를 목적으로 가지고 있는 향정신성의약품이 장부에 기재된 재고량과 차이가 있는 경우

4. 제11조 제3항 및 제4항을 위반하여 향정신성의약품의 장부를 기록·보존하지 아니한 자

5. 제12조 제1항, 제19조, 제23조, 제25조, 제27조, 제29조, 제35조 제2항 또는 제51조 제7항에 따른 보고를 하지 아니한 자

6. 제15조를 위반하여 향정신성의약품을 저장한 자

7. 제32조 제3항을 위반하여 기록을 보존하지 아니한 자

8. 제33조 제2항을 위반하여 마약류 인계 후 그 이유를 해당 관청에 신고를 하지 아니한 자

   ㄴ, 마약류관리자의 지정효력 취소 및 지정의 효력정지 시의 조치사항에 관한 규정이다.

9. 제35조 제4항을 위반하여 장부를 보존하지 아니한 자

제46조(과징금처분) ① 허가관청은 마약류취급자 또는 원료물질수출입업자 등에 대하여 제44조 제1항에 따른 업무정지처분을 하게 되는 경우에는 대통령령으로 정하는 바에 따라 업무정지처분에 갈음하여 1억원 이하의 과징금을 부과할 수 있다. 이 경우 과징금부과는 업무정지처분으로 인하여 국민보건에 큰 위해를 가져오거나 가져올 우려가 있는 경우로 한정하며, 3회를 초과하여 부과할 수 없다.

제54조(보상금) 이 법이나 그 밖의 법령에서 규정하는 마약류에 관한 범죄가 발각되기 전에 그 범죄를 수사기관에 신고 또는 고발하거나 검거한 사람에게는 대통령령으로 정하는 바에 따라 보상금을 지급할 수 있다.

> ┗ 법 제54조, 시행령 제26조 및 「마약류보상금 지급규칙」에서 규정하는 보상금은 다른 특별법에서 말하는 보상금과 같은 성질의 것이다. 즉 「공익신고자 보호법」에서 말하는 보상금과는 다른 것이다. 따라서 이 둘이 경합(중복)하는 경우에는 신고의 상대방을 선택할 수 있다. 그러나 어느 하나의 보상금을 받게 되면 다른 쪽의 보상금을 받을 수 없음은 물론이다.

제55장 말산업 육성법

제1절 법률의 이해

이 법은 말산업의 육성과 지원에 관한 사항을 정함으로써 말산업의 발전기반을 조성하고 농어촌의 경제활성화에 이바지하는 것 등을 목적

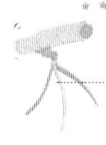

으로 한다. "말산업"이란 말의 생산·사육·조련·유통·이용 등에 관한 산업을 말한다. 이 법의 주관부처는 농림축산식품부(축산정책과)이다.

제2절 법령의 규정

제30조(벌칙) 다음 각 호의 어느 하나에 해당하는 자는 1년 이하의 징역이나 1천만 원 이하의 벌금에 처한다.
1. 제12조 제1항을 위반하여 거짓이나 그 밖의 부정한 방법으로 말조련사, 장제사[77] 또는 재활승마지도사[78]의 자격을 취득한 사람
2. 제12조 제2항을 위반하여 다른 사람에게 말조련사, 장제사 또는 재활승마지도사의 면허를 사용하게 하거나 그 자격증을 대여한 사람
3. 제12조 제3항을 위반하여 말조련사, 장제사 또는 재활승마지도사의 명의를 사용하거나 그 자격증을 대여받은 사람 또는 명의의 사용이나 자격증의 대여를 알선한 자

제31조(과태료) ① 다음 각 호의 어느 하나에 해당하는 자에게는 500만 원 이하의 과태료를 부과한다.
1. 제15조 제1항 전단에 따라 신고하지 아니하고 승마시설을 운영한 자
2. 제15조 제1항 후단에 따른 변경신고를 하지 아니한 자
3. 제15조 제2항에 따른 시설 및 안전기준을 위반한 자

---

77) ★ 장제사 : 말발굽깎기, 편자의 제작 등 장제(裝蹄) 업무를 수행하는 사람으로서 자격을 취득한 사람을 말한다.
78) ★ 재활승마지도사 : 승마를 통하여 신체적·정신적 장애를 치료하도록 지도하는 업무를 수행하는 사람으로서 자격을 취득한 사람을 말한다.

4. 제15조 제3항을 위반하여 보험에 가입하지 아니하고 승마시설을 운영한 자

5. 제15조 제4항에 따른 처분을 위반하여 계속 영업을 한 자

6. 제26조 제2항에 따른 보고 또는 자료제출을 하지 아니하거나 거짓으로 보고 또는 자료제출을 한 자

ㄴ. 제15조(승마시설의 신고 등) ① 승마시설을 운영하려는 자는 대통령령으로 정하는 바에 따라 특별자치도지사·시장·군수 또는 구청장(자치구의 구청장을 말한다. 이하 같다)에게 신고하여야 한다. 신고한 사항을 변경(대통령령으로 정하는 경미한 사항의 변경은 제외한다)하려는 때에도 같다.

② 승마시설의 운영자는 이용자의 쾌적한 이용과 안전의 확보를 위하여 농림축산식품부령으로 정하는 시설 및 안전기준을 지켜야 한다.

③ 승마시설의 운영자는 승마시설과 관련되거나 승마시설에서 발생한 피해를 보상하기 위하여 대통령령으로 정하는 바에 따라 보험에 가입하여야 한다.

④ 특별자치도지사·시장·군수 또는 구청장은 승마시설을 운영하는 자가 다음 각 호의 어느 하나에 해당하는 경우에는 영업을 취소하거나 6개월 이내의 기간을 정하여 그 영업의 전부 또는 일부의 정지를 명할 수 있다.

    1. 정당한 사유 없이 6개월 이상 영업을 하지 아니하는 경우

    2. 제2항에 따른 시설 및 안전기준을 위반한 경우

    3. 「가축전염병예방법」 제22조를 위반하여 죽거나 병든 말을 투기(投棄)하거나 매몰한 경우

제56장 먹는물관리법

제1절 법률의 이해

이 법은 먹는물의 수질과 위생을 합리적으로 관리하여 국민의 건강을 증진하는 것을 주된 목적으로 한다. "먹는물"이란 먹는 데에 통상

369

사용되는 자연상태의 물, 자연상태의 물을 먹기에 적합하도록 처리한 수돗물, 먹는샘물, 먹는염지하수(鹽地下水), 먹는해양심층수(海洋深層水) 등을 말한다. 이 법의 주관부처는 환경부(토양지하수과)이다.

제2절 법령의 규정

제57조(벌칙) 다음 각 호의 어느 하나에 해당하는 자는 5년 이하의 징역 또는 5천만 원 이하의 벌금에 처한다. 이 경우 징역과 벌금형을 병과할 수 있다.

  1. 제19조 제1호 또는 제2호를 위반한 자

> ㄴ. 제19조(판매 등의 금지) 누구든지 먹는 데 제공할 목적으로 다음 각 호의 어느 하나에 해당하는 것을 판매하거나 판매할 목적으로 채취, 제조, 수입, 저장, 운반 또는 진열하지 못한다.
>> 1. 먹는샘물[79]등 외의 물이나 그 물을 용기에 넣는 것
>> 2. 제21조 제1항에 따른 허가를 받지 아니한 먹는샘물등이나 그 물을 용기에 넣는 것
>> 3. 제26조 제1항에 따른 수입신고를 하지 아니한 먹는새물등이나 그 물을 용기에 넣는 것

  2. 제21조 제1항에 따른 허가 또는 변경허가를 받지 아니하고 먹는샘물등의 제조업을 하거나 거짓이나 그 밖의 부정한 방법으로 허가 또는 변경허가를 받은 자

제58조(벌칙) 다음 각 호의 어느 하나에 해당하는 자는 3년 이하의 징역이나 3천만 원 이하의 벌금에 처한다. 이 경우 징역과 벌금을 병

---

79) ★ 먹는샘물 : 샘물을 먹기에 적합하도록 물리적으로 처리하는 등의 방법으로 제조한 물을 말한다.

과할 수 있다.

1. 제8조 제2항을 위반한 자

ㄴ. 누구든지 먹는물 공동시설의 수질을 오염시키거나 시설을 훼손하는 행위를 하여서는 아니 된다.

1의2. 제8조의5를 위반한 자

ㄴ. 제8조의5(샘물보전구역에서의 금지행위) 누구든지 샘물보전구역[80]에서는 다음 각 호의 어느 하나에 해당하는 행위를 하여서는 아니 된다. 다만, 먹는샘물 제조시설 및 그 부속시설에 수반되는 시설로서 환경부령으로 정하는 시설을 환경부령으로 정하는 바에 따라 시·도지사의 허가를 받아 설치하는 경우에는 그러하지 아니하다.

    1. 「가축전염병예방법」 제22조 제2항 본문에 따른 가축의 사체 매몰

    2. 「폐기물관리법」 제2조 제8호에 따른 폐기물처리시설의 설치

    3. 「토양환경보전법」 제2조 제4호에 따른 특정토양오염관리시설의 설치

    4. 「수질 및 수생태계 보전에 관한 법률」 제2조 제10호에 따른 폐수배출시설의 설치

    5. 「하수도법」 제2조 제9호에 따른 공공하수처리시설 또는 같은 조 제10호에 따른 분뇨처리시설의 설치

    6. 「가축분뇨의 관리 및 이용에 관한 법률」 제2조 제3호에 따른 배출시설 또는 같은 조 제8호에 따른 처리시설의 설치

    7. 그 밖에 대통령령으로 정하는 오염유발시설의 설치

      ㄴ. 시행령에서는 규정한 오염유발시설이 없다.

2. 제19조 제3호를 위반한 자

ㄴ. 제19조(판매 등의 금지) 누구든지 먹는 데 제공할 목적으로 다음 각 호의 어느 하나에 해당하는 것을 판매하거나 판매할 목적으로 채취, 제조, 수입, 저장, 운반 또는 진열하지 못한다.

    3. 제26조 제1항에 따른 수입신고를 하지 아니한 먹는샘물등이나 그 물을 용기에 넣는 것

3. 제21조 제2항에 따라 등록을 하지 아니하고 수처리제[81] 제조업

---

80) ★ 샘물보전구역 : 시·도지사가 샘물의 수질보전을 위하여 지정한 구역을 말한다.

을 하거나 거짓이나 그 밖에 부정한 방법으로 등록을 한 자

4. 제21조 제3항에 따라 등록을 하지 아니하고 먹는샘물등의 수입판매업을 하거나 거짓이나 그 밖의 부정한 방법으로 등록을 한 자

4의2. 제21조 제4항에 따른 신고를 하지 아니하고 먹는샘물의 유통전문판매업을 하거나 거짓이나 그 밖에 부정한 방법으로 신고한 자

5. 제21조 제5항에 따른 신고를 하지 아니하고 정수기의 제조업이나 수입판매업을 하거나 거짓이나 그 밖의 부정한 방법으로 신고한 자

6. 제26조 제1항에 따른 신고를 하지 아니하거나 거짓된 신고를 하고 먹는샘물등 또는 그 용기를 수입한 자

7. 제36조 제3항을 위반하여 먹는샘물등 또는 그 용기를 판매하거나 판매할 목적으로 제조, 수입, 저장, 운반, 진열하거나 그 밖의 영업상으로 사용한 자

ㄴ, 제36조(기준과 규격) ① 환경부장관은 먹는샘물등, 수처리제, 정수기 또는 그 용기의 종류, 성능, 제조방법, 보존방법, 유통기한(그 기한의 연장에 관한 사항을 포함한다), 사후관리 등에 관한 기준과 성분에 관한 규격을 정하여 고시할 수 있다.
② 환경부장관은 제1항에 따른 기준과 규격이 정하여지지 아니한 먹는샘물등, 수처리제, 정수기 또는 그 용기는 제조업자에게 자가기준(自家基準)과 자기규격을 제출하게 하여, 제43조에 따라 지정된 검사기관의 검사를 거쳐 이를 그 제품의 기준과 규격으로 인정할 수 있다.
③ 제1항 및 제2항에 따른 기준과 규격에 맞지 아니한 먹는샘물등, 수처리제, 정수기 또는 그 용기를 판매하거나 판매할 목적으로 제조, 수입, 저장, 운반, 진열하거나 그 밖의 영업상으로 사용하지 못한다.

7의2. 거짓이나 그 밖의 부정한 방법으로 제43조 제1항에 따른 검

---

81) ★ 수처리제 : 자연상태의 물을 정수 또는 소독하거나 먹는물 공급시설의 산화 방지 등을 위하여 첨가하는 제제를 말한다.

사기관으로 지정을 받은 자

    └ 제43조(검사기관의 지정) ① 환경부장관은 제42조 제1항 제3호에 따라 거두어들인 원재료, 제품, 용기 등의 검사와 제5조 제2항에 따른 먹는물의 수질검사를 위한 기관을 지정할 수 있다. 지정받은 기관(이하 "검사기관"이라 한다)이 지정받은 사항 중 환경부령으로 정하는 중요사항을 변경하려는 경우에는 환경부장관에게 신고하여야 한다.

7의3. 제43조 제1항에 따라 지정받은 검사기관에서 이 법 또는 다른 법률에 따른 검사를 하면서 고의로 거짓의 검사성적서를 작성한 자

7의4. 제43조 제6항에 따른 업무정지처분 기간 중 검사업무를 한 자

8. 제45조 제1항, 제47조 제1항·제4항 또는 제47조의2 제1항에 따른 명령을 이행하지 아니한 자

    └ 제45조(지도와 개선명령) ① 환경부장관, 시·도지사 또는 시장·군수·구청장은 환경보전이나 국민보건에 중대한 위해를 끼치거나 끼칠 우려가 있다고 인정하면 먹는물관리영업자, 냉온수기설치관리자 또는 정수기설치관리자에게 필요한 지도와 명령을 할 수 있다.

    └ 제47조(폐기처분 등) ① 시·도지사는 관계공무원에게 제36조 제3항이나 제40조 제1항에 위반되는 먹는샘물등, 수처리제, 정수기 또는 그 용기와 포장 등을 압류 또는 폐기하게 하거나 영업자 등에게 처리방법 등을 정하여 필요한 조치를 하도록 명할 수 있다. ④ 환경부장관은 먹는샘물등, 수처리제, 정수기 또는 그 용기와 포장 등이 제36조 제3항이나 제40조 제1항을 위반한 사실을 알게 된 경우에는 시·도지사에게 압류 또는 폐기 등 조치를 하도록 명할 수 있다.

    └ 제47조의2(공표명령) ① 환경부장관 또는 시·도지사는 제5조 제3항 또는 제4항에 따른 먹는물(먹는샘물등으로 한정한다) 수질기준이나 제36조 제3항을 위반하여 국민건강에 위해가 발생하였다고 인정되는 때에는 해당 먹는물관련영업자에 대하여 제47조 제1항 또는 제5항에 따른 압류나 폐기 등의 명령을 받은 사실의 공표를 명하여야 한다.

9. 제48조 제1항에 따른 영업정지명령을 위반하여 먹는샘물등의 제조업이나 수입판매업을 한 자

제59조(벌칙) 다음 각 호의 어느 하나에 해당하는 자는 1년 이하의 징역이나 1천만 원 이하의 벌금에 처한다.

1. 제9조에 따른 허가 또는 변경허가를 받지 아니하고 샘물등을 개발하거나 거짓으로, 그 밖의 부정한 방법으로 허가나 변경허가를 받아 샘물등을 개발한 자

2. 제11조 제2항이나 제21조 제6항에 따른 조건을 위반한 자

   ㄴ, 제11조(샘물등의 개발허가의 제한 등) ② 시·도지사는 제9조에 따라 샘물등의 개발을 허가할 때에는 제18조에 따른 조사서의 심사결과에 따라 1일 취수량(取水量)을 제한하는 등의 필요한 조건을 붙일 수 있다.

   ㄴ, 제21조(영업의 허가 등) ⑥ 시·도지사는 먹는샘물제조업의 허가를 할 때에는 제18조에 따른 조사서의 심사결과에 따라 1일 취수량을 제한하는 등의 필요한 조건을 붙일 수 있다.

3. 제13조 제1항에 따른 조사서를 거짓으로 작성한 자

   ㄴ, 제13조(환경영향조사) ① 제9조에 따라 샘물등의 개발허가를 받으려는 자 중 먹는샘물등의 제조업을 하려는 자와 그 밖에 1일 취수능력이 대통령령으로 정하는 기준에 해당하는 규모의 샘물등을 개발하려는 자는 샘물등의 개발로 주변환경에 미치는 영향과 주변환경으로부터 발생하는 해로운 영향을 예측 분석하여 이를 줄일 수 있는 방안에 관한 환경영향조사를 실시하여야 하며, 조사서를 작성하여 제9조에 따라 허가를 신청할 때에 시·도지사에게 제출하여야 한다.

3의2. 제14조의2 제2항 제1호를 위반하여 다른 조사서를 무단으로 복제하여 조사서를 작성한 자

3의3. 제14조의2 제2항 제2호를 위반하여 조사서를 거짓으로 작성한 자

3의4. 제14조의2 제2항 제3호를 위반하여 등록증이나 명의를 다른 사람에게 대여하거나 일괄하여 하도급한 자

4. 제15조에 따른 조사대행자의 등록을 하지 아니하고 환경영향조

사 대행업무를 한 자

5. 제21조 제2항에 따라 변경등록을 하지 아니하고 수처리제 제조업을 한 자

6. 제21조 제3항에 따라 변경등록을 하지 아니하고 먹는샘물등의 수입판매업을 한 자

6의2. 제21조 제4항에 따른 변경신고를 하지 아니하고 먹는샘물등의 유통전문판매업을 한 자

7. 제21조 제5항에 따른 정수기의 제조업이나 수입판매업의 변경신고를 하지 아니하고 정수기의 제조업이나 수입판매업을 한 자

8. 제26조 제1항에 따른 신고를 하지 아니하거나 거짓된 신고를 하고 수처리제나 그 용기를 수입한 자

9. 제27조 제1항 또는 제3항이나 제40조 제1항을 위반한 자

 └, 제27조(품질관리인) ① 먹는샘물등의 제조업자, 수처리제조업자, 정수기제조업자는 품질관리인을 두어야 한다. 다만, 개인인 먹는샘물등의 제조업자, 수처리제조업자 또는 정수기제조업자가 제4항에 따른 품질관리인의 자격을 갖추고 제2항에 따른 업무를 직접 수행하는 경우에는 품질관리인을 따로 두지 아니할 수 있다.

 ② 품질관리인은 먹는샘물등, 수처리제 또는 정수기를 제조하는 과정에서 품질를 관리하고, 제조시설을 위생적으로 관리하여야 한다.

 ③ 먹는샘물등의 제조업자, 수처리제제조업자, 정수기제조업자는 제2항에 따른 품질관리인의 업무를 방해하여서는 아니 되며, 그로부터 업무수행에 필요한 요청을 받으면 정당한 사유가 없으면 요청에 따라야 한다.

 └, 제40조(거짓 또는 과대표시·광고의 금지 등) ① 먹는샘물, 수처리제, 정수기와 그 용기·포장의 명칭, 제조방법·품질 등에 관하여 거짓 또는 과대의 표시·광고를 하거나 의약품과 혼동할 우려가 있는 표시·광고를 하여서는 아니 된다.

10. 제27조 제2항을 위반한 자

　　ㄴ. 제9호 참조

11. 제36조 제3항을 위반하여 수처리제 또는 그 용기를 판매하거나
　　판매할 목적으로 제조, 수입, 저장, 운반, 진열하거나 그 밖의
　　영업상으로 사용한 자

　　ㄴ. 제36조 제3항은 기준과 규격에 관하여 규정하였다.

12. 제36조 제3항을 위반하여 정수기를 판매하거나 판매할 목적으
　　로 제조, 수입, 저장, 운반, 진열하거나 그 밖의 영업상으로 사
　　용한 자

13. 제39조 제1항에 따른 광고의 금지 또는 제한을 위반한 자

14. 제39조 제2항에 따른 명령을 이행하지 아니한 자

　　ㄴ. 시 · 도지사는 먹는샘물의 제조업자와 수입판매업자가 광고의 금지 · 제한을 위반하면
　　그 먹는샘물등의 수입 또는 판매를 제한하거나 광고물의 제거 등 시정에 필요한 명령
　　이나 조치를 할 수 있다.

15. 제41조 제1항에 따른 자가검사를 실시하지 아니한 자

16. 제42조에 따른 출입 · 검사 또는 수거를 거부 · 방해 또는 기피
　　한 자

17. 제46조나 제47조 제2항에 따른 폐쇄, 압류 · 폐기를 거부 · 방해
　　또는 기피한 자

18. 제48조 제1항에 따른 영업정지명령을 위반하여 수처리제 제조
　　업을 한 자

18의2. 제48조 제1항에 따른 영업저지명령을 위반하여 먹는샘물등
　　의 유통전문판매업을 한 자

19. 제48조 제1항에 따른 영업정지명령을 위반하여 정수기의 제조
    업이나 수입판매업을 한 자

제60조(양벌규정) 제57조부터 제59조까지 해당

제51조(과징금처분) ① 환경부장관 또는 시·도지사는 검사기관이 제
43조 제6항에 해당하거나 먹는물관리영업자가 제48조 제1항에 해당하
면 대통령령으로 정하는 바에 따라 업무정지 또는 영업정지를 갈음하
여 2억 원 이하의 과징금을 부과할 수 있다.

제57장 무인도서의 보전 및 관리에 관한 법률

제1절 법률의 이해

이 법은 무인도서(無人島嶼)와 그 주변해역의 보전 및 관리에 관하여
필요한 사항을 규정한다. 이 법에서 말하는 "무인도서"란 바다로 둘러
싸여 있고, 만조 시에 해수면 위로 드러나는 자연적으로 형성된 땅으
로서 사람이 거주(정착하여 지속적으로 경제활동을 하는 경우를 말한
다.)하지 아니하는 곳을 말한다. 다만, 등대관리 등 대통령령으로 정하
는 사유(시행령 제2조)로 인하여 제한적 지역에 한하여 사람이 거주하
는 도서는 무인도서로 본다. "주변해역"이란 무인도서의 만조수위선(滿
潮水位線)으로부터 거리가 1킬로미터 이내의 바다 중 「항만법」 제2조
제4호에 따른 항만구역 등을 제외한다.

이 책의 제52장에서 소개한 「독도 등 도서지역의 생태계보전에 관한 특별조치법」에 따라 특정도서로 지정된 도서는 이 법의 적용을 받지 않는다(제5조 제1항). 이 법의 주관부처는 해양수산부(해양영토과)이다.

제2절 법령의 규정

제34조(벌칙) ① 제12조 제1항 제1호부터 제4호까지의 규정 중 어느 하나에 해당하는 행위를 한 자는 3년 이하의 징역 또는 5천만 원 이하의 벌금에 처한다.

ㄴ 제12조(행위제한) ① 누구든지 절대보전무인도서 및 준보전무인도서에서 다음 각 호의 어느 하나에 해당하는 행위를 하여서는 아니 된다. 다만 「재난 및 안전관리기본법」 제37조 제1항 각 호에 따른 응급조치가 필요한 경우 또는 국방부장관이 군사상의 기밀보호가 필요하거나 군사작전의 긴급한 수행을 위하여 필요하다고 인정하여 해양수산부장관과 협의한 것으로서 해양수산부장관이 정하여 고시한 사항에 해당하는 경우에는 그러하지 아니하다.

  1. 건축물 또는 공작물의 신축 및 증·개축

  2. 토지의 형질변경

  3. 개간·매립·준설 또는 간척

  4. 토석의 채취, 광물의 채굴, 지하수의 개발

  5. 입목(立木)·대나무의 벌채 또는 훼손

  6. 가축의 방목 또는 무인도서 안으로 야생생물(「생물다양성보전 및 이용에 관한 법률」 제2조 제8호에 따른 생태계교란 생물을 말한다)을 반입하는 행위

  7. 야생동식물을 포획·살생·채취하거나 포획물 등을 무인도 밖으로 반출하는 행위. 다만, 대통령령으로 정하는 무인도서 주변지역의 주민이 생계수단의 확보 등을 위하여 행하는 경우를 제외한다.

  8. 자연적 생성물을 반출하는 행위

  9. 생활폐기물을 투기하는 행위

  10. 인화성 물질을 이용하여 음식물을 조리하거나 야영을 하는 행위. 다만, 선박의 안전운항 등 대통령령으로 정하는 공공목적을 위하여 일시 거주하는 자를 제외한다.

② 제1항에도 불구하고 절대보전무인도서 및 준보전무인도서 안에 있는 문화재 등에 대한

각종 행위제한에 관하여는 각각 「문화재보호법」, 「야생생물보호 및 관리에 관한 법률」, 「자연환경보전법」, 「자연공원법」, 「습지보전법」 및 「산림자원의 조성 및 관리에 관한 법률」에서 정한 바에 따른다.

② 제16조 제1항 또는 제5항을 위반하여 승인 또는 변경승인을 받지 아니하고 무인도서를 개발한 자로서 제20조 제2항에 따른 중지명령 등을 따르지 아니한 자는 3년 이하의 징역 또는 3천만 원 이하의 벌금에 처한다.

제35조(벌칙) ① 제12조 제1항 제5호부터 제8호까지와 제11호의 어느 하나에 해당하는 행위를 한 자는 1년 이하의 징역 또는 2천만 원 이하의 벌금에 처한다.
└ 제34조 제1항 참조

② 제12조 제1항 제9호의 행위를 한 자는 1년 이하의 징역 또는 1천만 원 이하의 벌금에 처한다.
└ 제34조 제1항 참조

③ 제16조 제1항 또는 제5항을 위반하여 승인 또는 변경승인을 받지 아니하고 무인도서를 개발한 자는 1년 이하의 징역 또는 1천만 원 이하의 벌금에 처한다.

제36조(양벌규정) 제34조 및 제35조 해당

제37조(과태료) ① 다음 각 호의 어느 하나에 해당하는 자에게는 300만 원 이하의 과태료를 부과한다.

1. 제12조 제1항을 위반한 자로서 제20조 제1항에 따른 중지명령을 위반한 자

2. 제13조 또는 제14조를 위반하여 무인도서에 출입한 자

   └ 누구든지 절대무인도서82)에 출입할 수 없다(제13조 제1항 전단). 해양수산부장관은 자연환경 또는 생태계의 보호를 위하여 긴급한 조치가 필요하다고 인정되는 경우에는 준보전무인도서83)의 전부 또는 일부에 대하여 일정한 기간을 정하여 출입을 제한할 수 있다(제13조 제1항 전단).

3. 제15조 제1항 각 호 외의 행위를 하여 무인도서의 형상을 훼손한 자

4. 제15조 제2항에 따른 허가 등을 받지 아니하고 제15조 제1항 각 호의 행위를 하여 무인도서의 형상을 훼손한 자

5. 제22조 제3항을 위반하여 출입 또는 장애물의 변경ㆍ제거를 방해한 자

   └ 토지 또는 공유수면의 소유자 등은 정당한 사유 없이 공무원이나 무인도서조사원의 출입 또는 장애물의 변경ㆍ제거를 방해할 수 없다.

---

82) ★ 절대무인도서 : 무인도서의 보전가치가 매우 높거나 영해(領海)의 설정과 관련하여 특별히 보전할 필요가 있어 일정한 행위를 제한하는 조치를 하거나 상시적인 출입제한의 조치가 필요한 무인도서로서 해양수산부장관이 지정하여 고시한 섬을 말한다.

83) ★ 준보전무인도서 : 무인도서의 보전가치가 높아 해양수산부장관이 일정한 행위를 제한하는 조치를 하거나 필요한 경우 일시적인 출입제한의 조치를 할 수 있는 무인도서를 말한다.

제58장 문화재보호법

제1절 법률의 이해

"문화재"란 인위적이거나 자연적으로 형성된 국가적 · 민족적 또는 세계적 유산으로서 역사적 · 예술적 · 학술적 또는 경관적 가치가 큰 유형문화재, 무형문화재, 기념물 및 민속문화재를 말한다. 이 중 무형문화재는 이 법을 적용하지 않는다. 이 법의 주관부서는 문화재청 법무감사담당관실이다.

제2절 법령의 규정

제90조(무허가 수출 등의 죄) ① 제39조 제1항 본문(제59조 제2항과 제74조 제1항에 따라 준용하는 경우를 포함한다)을 위반하여 <u>지정문화재 또는 가지정문화재[84]</u>를 국외로 수출 또는 반출하거나 제39조 제1항 단서 및 제2항(제59조 제2항과 제74조 제1항에 따라 준용하는 경우를 포함한다)에 따라 반출한 문화재를 기한 내에 다시 반입하지 아니한 자는 5년 이상의 유기징역에 처하고 그 문화재는 몰수한다.

② 제60조 제1항을 위반하여 문화재를 국외로 수출 또는 반출하거나 반출한 문화재를 다시 반입하지 아니한 자는 3년 이상의 유기징역에

---

84) ★ 지정문화재 · 가지정문화재 : "지정문화재"는 국가지정문화재, 시 · 도지정문화재 및 문화재자료를 말하고, "가지정문화재"는 문화재심의위원회의 심의를 거칠 시간적 여유가 없을 때에 문화재청장 또는 시 · 도지사가 지정하는 문화재를 말한다.

처하고 그 문화재는 몰수한다.

③ 제1항 또는 제2항을 위반하여 국외로 수출 또는 반출하는 정(情)을 알고 해당 문화재를 양도·양수 또는 중개한 자는 3년 이상의 유기징역에 처하고 그 문화재는 몰수한다.

제91조(허위지정 등 유도죄) 거짓이나 그 밖의 부정한 방법으로 지정문화재 또는 가지정문화재로 지정하게 한 자는 5년 이상의 유기징역에 처한다.

제92조(손상 또는 은닉 등의 죄) ① 국가지정문화재(중요무형문화재는 제외한다)를 손상, 절취(竊取)85) 또는 은닉하거나 그 밖의 방법으로 그 효용을 해한 자는 3년 이상의 유기징역에 처한다.

② 다음 각 호의 어느 하나에 해당하는 자는 2년 이상의 유기징역에 처한다.

1. 제1항에 규정된 것 외의 지정문화재 또는 가지정문화재(건조물은 제외한다)를 손상, 절취 또는 은닉하거나 그 밖의 방법으로 그 효용을 해한 자
2. 일반동산문화재인86) 것을 알고 일반동산문화재를 손상, 절취 또는 은닉하거나 그 밖의 방법으로 그 효용을 해한 자

③ 다음 각 호의 어느 하나에 해당하는 자는 2년 이상의 유기징역이나 2천만 원 이상 1억 5천만 원 이하의 벌금에 처한다.

1. 제35조 제1항 제1호에 따른 현상변경의 허가나 변경허가를 받지

---

85) ★ 절취 : 훔치는 것을 말한다.

86) ★ 일반동산문화재 : 동산문화재로 지정되기 전인 동산문화재를 말한다.

아니하고 천연기념물을 박제 또는 표본으로 제작한 자

2. 제1항·제2항 또는 제1호를 위반한 행위를 알고 해당 문화재를 취득, 양도, 양수 또는 운반한 자

3. 제2호에 따른 행위를 알선한 자

④ 제1항과 제2항에 규정된 은닉행위 이전에 타인에 의하여 행하여진 같은 항에 따른 손상, 절취, 은닉, 그 밖의 방법으로 그 지정문화재, 가지정문화재 또는 일반동산문화재의 효용을 해하는 행위가 처벌되지 아니한 경우에도 해당 은닉행위자는 같은 항에 정한 형으로 처벌한다.

⑤ 제1항부터 제4항까지의 행위에 해당하는 문화재는 몰수하되, 몰수하기가 불가능하면 해당 문화재의 감정가격을 추징한다. 다만, 제4항에 따른 은닉행위자가 <u>선의(善意)</u>[87]로 해당 문화재를 취득한 경우에는 그러하지 아니하다.

제93조(가중죄) ① 단체나 다중(多衆)의 위력을 보이거나 위험한 물건을 몸에 지녀서 제90조부터 제92조까지의 죄를 범하면 각 해당 조에 정한 형의 2분의1까지 가중한다.

② 제1항의 죄를 범하여 지정문화재나 가지정문화재를 관리 또는 보호하는 사람을 상해에 이르게 한 때에는 무기 또는 5년 이상의 징역에 처한다. 사망에 이르게 한 때에는 사형, 무기 또는 5년 이상의 징역에 처한다.

제94조(형법의 준용) 다음 각 호의 건조물에 대하여 방화, <u>일수(溢水)</u>[88] 또는 파괴의 죄를 범한 자는 「형법」 제165조·제178조 또는 제

---

87) ★ 선의 : 그러한 정을 알지 못함

367조와 같은 법 중 이들 조항에 관계되는 법조의 규정을 준용하여 처벌하되, 각 해당 조에 정한 형의 2분의1까지 가중한다.

1. 지정문화재나 가지정문화재인 건조물
2. 지정문화재나 가지정문화재를 보호하기 위한 건조물

제95조(사적 등에의 일수죄) 물을 넘겨 문화재청장이 지정 또는 가지정한 사적(史蹟), 명승(名勝) 또는 천연기념물이나 <u>보호구역89)</u>을 침해한 자는 2년 이상 10년 이하의 징역에 처한다.

제96조(그 밖의 일수죄) 물을 넘겨 제95조에 규정된 것 외의 지정문화재 또는 가지정문화재나 그 보호구역을 침해한 자는 10년 이하의 징역이나 1억 원 이하의 벌금에 처한다.

제97조(미수범 등) ① 제90조부터 제92조까지, 제93조 제1항, 제95조 및 제96조의 <u>미수범90)</u>은 처벌한다.

② 제90조부터 제92조까지, 제93조 제1항, 제95조 및 제96조의 죄를 범할 목적으로 예비 또는 음모한 자는 2년 이하의 징역이나 2천만 원 이하의 벌금에 처한다.

---

88) ★ 일수 : 물을 넘김

89) ★ 보호구역 : 지상에 고정되어 있는 유형물이나 일정한 지역이 문화재로 지정된 경우에 해당 지정문화재의 점유면적을 제외한 지역으로서 그 지정문화재를 보호하기 위하여 지정된 구역을 말한다.

90) ★ 미수범 : 범죄의 실행을 위하여 착수는 하였으나 어떤 사정으로 인하여 범죄를 완성하지 못한 범죄를 말한다. 이는 법률에서 처벌한다는 규정이 있을 때에만 처벌이 가능하다. 과실범도 법률에 규정이 있어야만 처벌할 수 있다.

　제98조(과실범) ① 과실로 인하여 제95조 또는 제96조의 죄를 범한 자는 1천만 원 이하의 벌금에 처한다.

　② 업무상과실이나 중대한 과실로 인하여 제95조 또는 제96조의 죄를 범한 자는 3년 이하의 금고나 3천만 원 이하의 벌금에 처한다.

　제99조(무허가행위 등의 죄) ① 다음 각 호의 어느 하나에 해당하는 자는 5년 이하의 징역 또는 5천만 원 이하의 벌금에 처한다.

1. 제35조 제1항 제1호 또는 제2호(제47조와 제74조 제2항에 따라 준용되는 경우를 포함한다)를 위반하여 지정문화재(보호물[91], 보호구역과 천연기념물 중 죽은 것을 포함한다)나 가지정문화재의 현상을 변경하거나 그 보존에 영향을 미칠 우려가 있는 행위를 한 자

2. 제35조 제1항 제4호(제74조 제2항에 따라 준용되는 경우를 포함한다)를 위반하여 허가 없이 명승, 천연기념물로 지정 또는 가지정된 구역 또는 보호구역에서 동물, 식물, 광물을 포획·채취하거나 이를 그 구역 밖으로 반출한 자

3. 제75조 제1항을 위반하여 허가를 받지 아니하고 영업행위를 한 자

　ㄴ 제75조(매매등 영업의 허가) ① 동산에 속하는 유형문화재나 유형의 민속문화재를 매매 또는 교환하는 것을 업으로 하려는 재(위탁을 받아 매매 또는 교환하는 것을 업으로 하는 자를 포함한다)는 대통령령으로 정하는 바에 따라 특별자치도지사, 시장·군수 또는 구청장의 문화재매매업 허가를 받아야 한다.

　② 다음 각 호의 어느 하나에 해당하는 자는 2년 이하의 징역이나 2천만 원 이하의 벌금에 처한다.

---

91) ★ 보호물 : 문화재를 보호하기 위하여 지정한 건물이나 시설물을 말한다.

1. 제1항 각 호의 경우 그 문화재가 자기소유인 자
2. 제56조 제2항을 위반하여 허가나 변경허가를 받지 아니하고 등록문화재의 현상을 변경하는 행위를 한 자

제100조(행정명령위반 등의 죄) 다음 각 호의 어느 하나에 해당하는 자는 3년 이하의 징역과 3천만 원 이하의 벌금에 처하고, 제2호의 경우에는 그 물건을 몰수한다.

1. 정당한 사유 없이 제21조 제1항이나 제42조 제1항(제74조 제1항에 따라 준용되는 경우를 포함한다)에 따른 명령을 위반한 자

   ㄴ. 제21조(비상시의 문화재보호) ① 문화재청장은 전시·사변 또는 이에 준하는 비상사태 시 문화재의 보호에 필요하다고 인정하면 국유문화재와 국유 외의 지정문화재 및 제32조에 따른 가지정문화재를 안전한 지역으로 이동·매몰 또는 그 밖에 필요한 조치를 하거나 해당 문화재의 소유자, 보유자, 점유자, 관리자 또는 관리단체에 대하여 그 문화재를 안전한 지역으로 이동·매몰 또는 그 밖에 필요한 조치를 하도록 명할 수 있다.

   ㄴ. 제42조(행정명령) ① 문화재청장이나 지방자치단체의 장은 국가지정문화재(보호물과 보호구역을 포함한다. 이하 이 조에서 같다)와 그 역사문화환경 보존지역의 관리·보호를 위하여 필요하다고 인정하면 다음 각 호의 사항을 명할 수 있다.
   1. 국가지정문화재의 관리상황이 그 문화재의 보존상 적당하지 아니하거나 특히 필요하다고 인정되는 경우 그 소유자, 관리자 또는 관리단체에 대한 일정한 행위의 금지 또는 제한
   2. 국가지정문화재의 소유자, 관리자 또는 관리단체에 대한 수리, 그 밖에 필요한 시설의 설치나 장애물의 제거
   3. 국가지정문화재의 소유자, 보유자, 관리자 또는 관리단체에 대한 문화재 보존에 필요한 긴급한 조치
   4. 제35조 제1항 각 호에 따른 허가를 받지 아니하고 국가지정문화재의 현상을 변경하거나 보존에 영향을 미칠 우려가 있는 행위 등을 한 자에 대한 행위의 중지 또는 원상회복 조치

2. 천연기념물(시·도지정문화재 중 기념물을 포함한다)로 지정 또

는 가지정된 동물의 서식지, 번식지, 도래지 등에 그 생장에 해
로운 물질을 유입하거나 살포한 자

제101조(관련행위 방해 등의 죄) 다음 각 호의 어느 하나에 해당하는
자는 2년 이하의 징역이나 2천만 원 이하의 벌금에 처한다.

1. 정당한 사유 없이 제12조에 따른 지시에 불응하는 자

   ┗ 제12조(건설공사 시의 문화재 보호) 건설공사로 인하여 문화재가 훼손, 멸실 또는 수몰
   (水沒)될 우려가 있거나 그 밖에 문화재의 역사문화환경 보호를 위하여 필요한 때에는
   그 건설공사의 시행자는 문화재청장의 지시에 따라 필요한 조치를 하여야 한다. 이 경
   우 그 조치에 필요한 경비는 그 건설공사의 시행자가 부담한다.

2. 제34조 제5항(제74조 제2항에 따라 준용되는 경우를 포함한다)을
   위반하여 관리단체의 관리행위를 방해하거나 그 밖에 정당한 사
   유 없이 지정문화재나 가지정문화재의 관리자의 관리행위를 방
   해한 자

3. 허가 없이 제35조 제1항 제3호(제74조 제2항에 따라 준용되는 경
   우를 포함한다)에 규정된 행위를 한 자

   ┗ 제35조(허가사항) ① 국가지정문화재(중요무형문화재는 제외한다. 이하 이 조에서 같다)
   에 대하여 다음 각 호의 어느 하나에 해당하는 행위를 하려는 자는 대통령령으로 정
   하는 바에 따라 문화재청장의 허가를 받아야 한다. 허가사항을 변경하려는 경우에도
   또한 같다.
   3. 국가지정문화재를 탁본(拓本)92) 또는 영인(影印)93)하거나 그 보존에 영향을 미칠
   우려가 있는 촬영을 하는 행위

---

92) ★ 탁본 : 석비(石碑), 기와 등에 새긴 문자나 무늬를 종이에 그대로 떠내는 것
   을 말한다.

93) ★ 영인 : 사진으로 찍은 다음 복제하여 인쇄하는 것을 말한다.

4. 제44조 제4항 본문(제45조 제2항과 제74조 제2항에 따라 준용되는 경우를 포함한다)에 따른 협조를 거부하거나 필요한 행위를 방해한 자

5. 지정문화재나 가지정문화재의 관리·보존에 책임이 있는 자 중 중대한 과실로 인하여 해당 문화재를 멸실 또는 훼손하게 한 자

6. 거짓의 신고 또는 보고를 한 자

7. 지정문화재로 지정된 구역이나 그 보호구역의 경계표시를 고의로 손괴, 이동, 제거, 그 밖의 방법으로 그 구역의 경계를 식별할 수 없게 한 자

8. 제48조 제2항에 따른 문화재청장의 공개제한을 위반하여 문화재를 공개하거나 같은 조 제5항에 따른 허가를 받지 아니하고 출입한 자(제74조 제2항에 따라 준용되는 경우를 포함한다)

ㄴ. 제48조(국가지정문화재의 공개 등) ② 문화재청장은 국가지정문화재의 보존과 훼손 방지를 위하여 필요하면 해당 문화재의 전부나 일부에 대하여 공개를 제한할 수 있다. 이 경우 문화재청장은 해당 문화재의 소유자(관리단체가 지정되어 있으면 그 관리단체를 말한다)의 의견을 들어야 한다.
⑤ 공개가 제한되는 지역에 출입하려는 자는 그 사유를 명시하여 문화재청장의 허가를 받아야 한다.

제102조(양벌규정) 제94조부터 제96조까지, 제98조부터 제101조까지 해당

제86조(포상금) ① 문화재청장은 제90조부터 제92조까지와 「문화재보호 및 조사에 관한 법률」 제31조의 죄를 범한 자나 그 미수범이 기소유예처분을 받거나 유죄판결이 확정된 경우 그 자를 수사기관에 제보한 자와 체포에 공로가 있는 자에게 예산의 범위에서 포상금을 지급하

여야 한다.

② 수사기관의 범위, 제보의 처리, 포상금의 지급기준 등 포상금 지급에 필요한 사항은 대통령령으로 정한다.

제59장 물가안정에 관한 법률

제1절 법률의 이해

이 법은 물가를 안정시킴으로써 소비자의 권익을 보호하고 국민생활과 국민경제의 안정에 기여하는 것을 목적으로 한다. 이 법에 의한 주요 단속대상은 매점매석행위(買占賣惜 : 물건 값이 오를 것을 예상하여 한꺼번에 필요 이상으로 많은 양의 물건을 사재기하는 것)가 될 것이다. 이 법의 주관부처는 기획재정부(물가정책과)이다.

제2절 법령의 규정

제25조(벌칙) ① 제6조 제1항에 따른 긴급수급조정조치를 위반한 자는 2년 이하의 징역 또는 5천만 원 이하의 벌금에 처한다.

└ 제6조(긴급수급조정조치) ① 정부는 물가가 급격히 오르고 물품공급이 부족하여 국민생활의 안정을 해치고 국민경제의 원활한 운영을 현저하게 저해할 우려가 있을 때에는 해당 물품의 사업자나 수출입 또는 운송이나 보관을 업으로 하는 자에 대하여 대통령령으로 정하는 바에 따라 5개월 이내의 기간을 정하여 다음 각 호의 어느 하나에 해당하는 조치(이하 "긴급수급조정조치"라 한다)를 할 수 있다.

　　1. 생산계획의 수립·실시 및 변경에 관한 지시

　　2. 공급 및 출고에 관한 지시

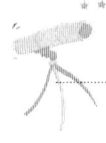 

3. 수출입의 조절에 관한 지시

4. 운송·보관 또는 양도에 관한 지시

5. 유통조직의 정비, 유통단계의 단순화 및 유통시설의 개선에 관한 지시

② 제1항의 징역형과 벌금형은 병과할 수 있다.

제26조(벌칙) 제7조를 위반하여 매점매석행위를 한 자는 2년 이하의 징역 또는 5천만 원 이하의 벌금에 처한다.

ㄴ. 제7조(매점매석행위의 금지) 사업자는 폭리(暴利)를 목적으로 물품을 매점(買占)하거나 판매를 기피하는 행위로서 기획재정부장관이 물가의 안정을 해칠 우려가 있다고 인정하여 매점매석 행위로 지정한 행위를 하여서는 아니 된다.

제27조(벌칙) 제16조 제1항에 따른 검사를 거부·방해 또는 기피한 자는 6개월 이하의 징역 또는 1천만 원 이하의 벌금에 처한다.

제28조(벌칙) 제17조를 위반한 자는 2년 이하의 징역 또는 1천만 원 이하의 벌금에 처한다.

ㄴ. 제17조(자료의 내용 등 목적 외 이용금지) 이 법에 따른 직무에 종사하는 공무원은 제16조 제1항에 따라 받은 자료의 내용이나 검사하여 알게 된 내용을 이 법의 시행을 위한 목적 외 의 용도에 이용하여서는 아니 된다.

제2조의2(과징금) ① 기획재정부장관은 제2조 제1항에 따라 정부가 지정한 최고가격을 초과하여 거래를 함으로써 부당한 이득을 얻은 자에게는 과징금을 부과한다.

ㄴ. 제2조(최고가격의 지정 등) ① 정부는 국민생활과 국민경제의 안정을 위하여 필요하다고 인 정할 때에는 특히 중요한 물품의 가격, 부동산 등의 임대료 또는 용역의 대가에 대하여 최고 가액을 지정할 수 있다.

제60장 방문판매 등에 관한 법률

제1절 법률의 목적

이 법은 방문판매, 전화권유판매, 다단계판매, 후원권유판매, 계속거래 및 사업권유거래 등에 의한 재화 또는 용역의 공정한 거래에 관한 사항을 규정하는 것 등을 목적으로 한다. 이 법의 주관부서는 공정거래위원회 특수거래과이다.

제2절 용어의 정리(제2조)

1. "방문판매"란 재화 또는 용역(일정한 시설을 이용하거나 용역을 제공받을 수 있는 권리를 포함한다)의 판매(위탁 및 중개를 포함한다)를 업으로 하는 자(이하 "판매업자"라 한다)가 방문을 하는 방법으로 그의 영업소, 대리점, 그 밖에 총리령으로 정하는 영업장소(이하 "사업장"이라 한다) 외의 장소에서 소비자에게 권유하여 계약의 청약을 받거나 계약을 체결(사업장 외의 장소에서 권유 등 총리령으로 정하는 방법으로 소비자를 유인하여 사업장에서 계약의 청약을 받거나 계약을 체결하는 경우를 포함한다)하여 재화 또는 용역(이하 "재화등"이라 한다)을 판매하는 것을 말한다.

    ㄴ. "총리령으로 정하는 영업장소"란 영업소, 대리점, 지점, 출장소 등 명칭에 관계없이 다음 각 호의 요건을 모두 갖춘 장소(이하 "사업장"이라 한다)를 말한다.

      가. 소유 또는 임차하거나 점용허가를 받은 고정된 장소에서 3개월 이상 계속적으

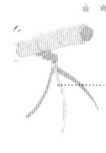

로 영업할 것. 다만, 천재지변 등 불가피한 사유로 영업을 계속할 수 없는 기간
은 산입하지 아니한다.

나. 판매에 필요한 시설을 갖출 것

다. 영업 중에는 소비자가 자유의사에 따라 출입할 수 있을 것

라. 영업장소 내에서 소비자가 자유의사에 따라 재화 또는 용역을 선택할 수 있는
상태를 유지할 것

2. "다단계판매"란 다음 각 목의 요건을 모두 충족하는 판매조직(이
하 "다단계판매조직"이라 한다)을 통하여 재화등을 판매하는 것
을 말한다.

└ 가. 판매업자에 속한 판매원이 특정인을 해당 판매원의 하위판매원으로 가입하도록 권
유하는 모집방식이 있을 것

나. 가목에 따른 판매원의 가입이 3단계(다른 판매원의 권유를 통하지 아니하고 가입
한 판매원을 1단계판매원으로 한다) 이상 단계적으로 이루어질 것. 다만, 판매원
의 단계가 2단계 이하라고 하더라도 사실상 3단계 이상으로 관리·운영되는 경
우로서 대통령령으로 정하는 경우를 포함한다.

└ "대통령령으로 정하는 경우"란 다음 각 호의 어느 하나에 해당하는 경우를
말한다(시행령 제2조 제1항).

1. 판매원에 대한 후원수당의 지급방법이 사실상 판매원의 단계가 3단계
이상인 경우와 같거나 유사한 경우

2. 다른 자로부터 판매 또는 조직관리를 위탁받은 자(법 제13조 및 제29조
제3항에 따라 다단계판매업자 또는 후원방문판매업자로 등록한 자는 제
외한다)가 자신의 하위판매원을 모집하여 관리·운영하는 경우로서 위탁
한 자와 위탁받은 자의 하위판매조직을 하나의 판매조직으로 볼 때 사
실상 3단계 이상인 판매조직이거나 이와 유사하게 관리·운영되는 경우

다. 판매업자가 판매원에게 제9호 나목 또는 다목에 해당하는 후원수당을 지급하는 방
식을 가지고 있을 것

└ "후원수당"이란 판매수당, 알선수수료, 장려금, 후원금 등 그 명칭 및 지급형
태와 상관없이 판매업자가 다음 각 목의 사항과 관련하여 소속 판매원에게
지급하는 경제적 이익을 말한다(법 제2조 제9호).

나. 판매원의 수당에 영향을 미치는 다른 판매원들의 재화등의 거래실적

다. 판매원의 수당에 영향을 미치는 다른 판매원들의 조직관리 및 교육
훈련 실적

3. "후원방문판매"란 방문판매 및 다단계판매의 요건에 해당하되, 대
통령령으로 정하는 바에 따라 특정판매원의 구매·판매 등의 실
적이 그 직근 상위판매원 1인의 후원수당에만 영향을 미치는 후
원수당 지급방식을 가진 경우를 말한다. 이 경우 방문판매 및
다단계판매에는 해당하지 아니하는 것으로 한다.

ㄴ. "후원수당 지급방식"은 특정판매원의 구매·판매 실적 및 이에 직접적으로 영향을 미
치는 교육훈련·조직관리 활동이 그 직근 상위판매원 1인의 후원수당에만 영향을 미
치는 지급방식으로 한다. 다만, 다음 각 호의 어느 하나에 해당하는 후원수당을 지급
하는 것은 법 제2조 제7호 전단에 따른 후원수당 지급방식에 포함되지 아니한다(시행
령 제3조).

1. 시간당 교육비 등 구매·판매 실적과 관계없이 미리 마련한 기준에 따라 부정기
적으로 지급되는 교육훈련비

2. 모든 판매원에게 똑같이 지급되는 상여금 또는 시용(試用) 제품

3. 실제 지출된 비용을 기준으로 지원하는 사업장 운영지원비

제3절 이 법의 적용 배제

이 법은 다음 각 호의 거래에는 적용하지 않는다(제3조).

1. 사업자(다단계판매원, 후원방문판매원 또는 사업권유거래의 상대방
은 제외한다. 이하 이 호에서 같다)가 상행위를 목적으로 재화등
을 구입하는 거래. 다만, 사업자가 사실상 소비자와 같은 지위에
서 다른 소비자와 같은 거래조건으로 거래하는 경우는 제외한다.

ㄴ. "사업권유거래"란 사업자가 소득기회를 알선·제공하는 방법으로 거래상대방을 유인하
여 금품을 수수하거나 재화등을 구입하게 하는 거래를 말한다(법 제2조 제11호).

2. 「보험업법」 제2조 제6호에 따른 보험회사와 보험계약을 체결하기 위한 거래

3. 개인이 독립된 자격으로 공급하는 재화등의 거래로서 대통령령으로 정하는 거래

　ㄴ. "대통령령으로 정하는 거래"란 방문판매원을 두지 아니하는 방문판매업자가 다음 각 호의 어느 하나에 해당하는 재화등을 방문판매하는 거래를 말한다.

　　1. 가공되지 아니한 농산물·수산물·축산물·임산물

　　2. 방문판매자가 직접 생산한 재화등

제4절 법령의 규정

제58조(벌칙) ① 다음 각 호의 어느 하나에 해당하는 자(제29조 제3항에 따라 준용되는 경우를 포함한다)는 7년 이하의 징역 또는 3억 원 이하의 벌금에 처한다. 이 경우 다음 각 호의 어느 하나에 해당하는 자가 이 법 위반행위와 관련하여 판매하거나 거래한 대금 총액의 3배에 해당하는 금액이 2억 원을 초과할 때에는 7년 이하의 징역 또는 판매하거나 거래한 대금 총액의 3배에 해당하는 금액 이하의 벌금에 처한다.

1. 제13조 제1항에 따른 등록을 하지 아니하고(제49조 제5항에 따라 등록이 취소된 경우를 포함하나) 다단계판매조직이나 후원방문판매조직을 개설·관리 또는 운영한 자

2. 거짓이나 그 밖의 부정한 방법으로 제13조 제1항에 따른 등록을 하고 다단계판매조직이나 후원방문판매조직을 개설·관리 또는 운영한 자

3. 제23조 제1항 제8호에 따른 금지행위를 한 자

ㄴ, 제23조(금지행위) ① 다단계판매자는 다음 각 호의 어느 하나에 해당하는 행위를 하여
서는 아니 된다.

8. 제37조에 따른 소비자피해보상보험계약등을 체결하지 아니하고 영업하는 행위

ㄴ, 제37조(소비자피해보상보험계약등) ① 제13조 제1항 및 제29조 제3항에 따
라 등록하려는 다단계판매업자 및 후원방문판매업자는 다음 각 호의 어느
하나에 해당하는 계약(이하 "소비자피해보상보험계약"이라 한다)을 체결하여
야 한다.

1. 소비자에게 보상을 위한 보험계약

2. 소비자피해 보상금의 지급을 확보하기 위한 채무지급보증계약

3. 제38조에 따라 설립된 공제조합과의 공제계약

4. 제24조 제1항 또는 제2항에 따른 금지행위를 한 자

ㄴ, 제24조(사행적 판매원 확장행위 등의 금지) ① 누구든지 다단계판매조직 또는 이와 비
슷하게 단계적으로 가입한 자로 구성된 조직을 이용하여 다음 각 호의 어느 하나에
해당하는 행위를 하여서는 아니 된다.

1. 재화등의 거래 없이 금전거래를 하거나 재화등의 거래를 가장하여 사실상 금전
거래를 하는 행위로서 다음 각 목의 어느 하나에 해당하는 행위

가. 판매원에게 재화등을 그 취득가격이나 시장가격보다 10배 이상과 같이 현저
히 높은 가격으로 판매하면서 후원수당을 지급하는 행위

나. 판매원과 재화등의 판매계약을 체결한 후 그에 상당하는 재화등을 정당한
사유 없이 공급하지 아니하면서 후원수당을 지급하는 행위

다. 그 밖의 판매업자의 재화등의 공급능력, 소비자에 대한 재화등의 공급실적,
판매업자와 소비자 사이의 재화등의 공급계약이나 판매계약, 후원수당의 지
급조건 등에 비추어 그 거래의 실질이 사실상 금전거래인 행위

2. 판매원 또는 판매원이 되려는 자에게 하위판매원 모집 자체에 대하여 경제적 이
익을 지급하거나 정당한 사유 없이 후원수당 외의 경제적 이익을 지급하는 행위

3. 제20조 제3항(제29조 제3항에 따라 준용되는 경우를 포함한다)에 위반되는 후
원수당의 지급을 약속하여 판매원을 모집하거나 가입을 권유하는 행위

4. 판매원 또는 판매원이 되려는 자에게 가입비, 판매 보조물품, 개인할당 판매액,
교육비 등 명칭이나 형태와 상관없이 10만 원 이하로서 대통령령으로 정하는
수준을 초과한 비용 또는 그 밖의 금품을 징수하는 등 의무를 부과하는 행위

5. 판매원에 대하여 상품권(그 명칭이나 형태와 상관없이 발행자가 일정한 금액이

나 재화등의 수량이 기재된 무기명증표를 발행하고 그 소지자가 발행자 또는 발행자가 지정하는 자(이하 이 조에서 "발행자등"이라 한다)에게 이를 제시 또는 교부하거나 그 밖의 방법으로 사용함으로써 그 증표에 기재된 내용에 따라 발행자등으로부터 재화등을 제공받을 수 있는 유가증권을 말한다. 이하 이 조에서 같다)을 판매하는 행위로서 다음 각 목의 어느 하나에 해당하는 행위

　　가. 판매업자가 소비자에게 판매한 상품권을 다시 매입하거나 다른 자로 하여금 매입하도록 하는 행위

　　나. 발행자등의 재화등의 공급능력, 소비자에 대한 재화등의 공급실적, 상품권의 발행규모 등에 비추어 그 실질이 재화등의 거래를 위한 것으로 볼 수 없는 수준의 후원수당을 지급하는 행위

6. 사회적인 관계 등을 이용하여 다른 사람에게 판매원으로 등록하도록 강요하거나 재화등을 구매하도록 강요하는 행위

7. 판매원 또는 판매원이 되려는 사람에게 본인의 의사에 반하여 교육·합숙 등을 강요하는 행위

8. 판매원을 모집하는 것이라는 목적을 명확하게 밝히지 아니하고 취업·부업알선 설명회, 교육회 등을 거짓 명목으로 내세워 유인하는 행위

② 다단계판매업자는 다단계판매원으로 하여금 제1항의 금지행위를 하도록 교사하거나 방조하여서는 아니 된다.

② 제1항의 징역형과 벌금형은 병과할 수 있다.

제59조(벌칙) ① 다음 각 호의 어느 하나에 해당하는 자는 5년 이하의 징역 또는 1억 5천만 원 이하의 벌금에 처한다. 다만, 제29조 제3항에 따라 준용되는 경우에는 3년 이하의 징역 또는 1억 원 이하의 벌금에 처한다.

1. 제22조 제2항을 위반한 자

　ㄴ. 다단계판매자는 다단계판매원에게 일정 수의 하위판매원을 모집하도록 의무를 지게 하거나 특정인을 그의 동의 없이 자신의 하위판매원으로 등록하여서는 아니 된다.

2. 제23조 제1항 제1호 또는 제2호에 따른 금지행위를 한 자

└, 제23조(금지행위) ① 다단계판매자는 다음 각 호의 어느 하나에 해당하는 행위를 하여
서는 아니 된다.

1. 재화등의 판매에 관한 계약의 체결을 강요하거나 청약철회등 또는 계약해지를
방해할 목적으로 상대방을 위협하는 행위

2. 거짓 또는 과장된 사실을 알리거나 기만적 방법을 사용하여 상대방과의 거래를
유도하거나 청약철회등 또는 계약해지를 방해하는 행위 또는 재화등의 가격·품
질 등에 대하여 거짓 사실을 알리거나 실제보다도 현저히 우량하거나 유리한 것
으로 오인시킬 수 있는 행위

3. 제29조 제1항에 따른 금지행위를 한 자

└, 제29조(후원방문판매자의 의무) ① 후원방문판매자는 후원방문판매자에게 판매원 자신
의 직근 하위판매원이 아닌 다른 후원방문판매원의 구매·판매 등의 실적과 관련하여
후원수당을 지급하거나 이러한 지급을 약속하여 후원방문판매원을 모집하여서는 아니
된다.

② 제1항의 징역형과 벌금형은 병과할 수 있다.

제60조(벌칙) ① 다음 각 호의 어느 하나에 해당하는 자는 3년 이하
의 징역 또는 1억 원 이하의 벌금에 처한다.

1. 제13조 제2항 또는 제3항을 위반하여 거짓으로 신고한 자

└, 제13조(다단계판매업자의 등록 등) ① 다단계판매업자는 대통령령으로 정하는 바에 따
라 다음 각 호의 서류를 갖추어 공정거래위원회 또는 특별시장·광역시장·특별자치시
장·도지사·특별자치도지사(이하 "시·도지사"라 한다)에게 등록하여야 한다.

1. 상호·주소, 전화번호 및 전자우편주소(법인인 경우에는 대표자의 성명, 주민등
록번호 및 주소를 포함한다) 등을 적은 신청서

2. 자본금이 3억 원 이상으로서 대통령령이 정하는 규모 이상임을 증명하는 서류
└, "대통령령이 정하는 규모"란 5억 원을 말한다(시행령 제21조).

3. 제37조에 따른 소비자피해보상보험계약등의 체결증명 서류

4. 후원수당의 산정 및 지급기준에 관한 서류

5. 재고관리, 후원수당 지급 등 판매의 방법에 관한 사항을 적은 서류

6. 그 밖에 다단계판매자의 신원을 확인하기 위하여 필요한 사항으로서 총리령으로 정하는 서류

② 다단계판매업자는 제1항에 따라 등록한 사항 중 같은 항 제1호부터 제4호까지의 사항이 변경된 경우에는 대통령령으로 정하는 바에 따라 신고하여야 한다.

③ 다단계판매업자는 휴업 또는 폐업을 하거나 휴업 후 영업을 다시 시작할 때에는 대통령령으로 정하는 바에 따라 이를 신고하여야 하며, 폐업을 신고하면 제1항에 따른 등록은 그 효력을 잃는다. 다만, 폐업신고 전 등록취소요건에 해당되는 경우에는 폐업신고일에 등록이 취소된 것으로 본다.

2. 제15조 제5항에 따른 다단계판매원 수첩에 거짓 사실을 기재한 자
3. 제18조 제2항을 위반하여 재화등의 대금을 환급하지 아니한 자
4. 제20조 제3항 또는 제5항을 위반한 자

ㄴ 제20조(후원수당의 지급기준) ③ 다단계판매업자가 다단계판매원에게 후원수당으로 지급할 수 있는 총액은 다단계판매업자가 다단계판매원에게 공급한 재화등의 가격(부가가치세를 포함한다) 합계액(이하 이 조에서 "가격합계액"이라 한다)의 100분의35에 대항하는 금액을 초과하여서는 아니 되며, 가격합계액 및 후원수당 등의 구체적인 산정방법은 다음과 같다.

1. 가격합계액은 출고 또는 제공시점을 기준으로 할 것
2. 후원수당 지급액은 그 후원수당의 지급사유가 발생한 시점을 기준으로 할 것
3. 가격합계액 및 후원수당은 1년을 단위로 산정할 것. 다만, 다단계판매 영업기간이 1년 미만인 경우에는 다단계판매업자의 실제 영업기간을 기준으로 한다.
4. 가격합계액을 산정할 때 위탁의 방법으로 재화등을 공급하는 경우에는 위탁을 받은 다단계판매업자가 다단계판매원에게 판매한 가격을 기준으로 하고, 중개의 방법으로 재화등을 공급하는 경우에는 다단계판매자가 중개를 의뢰한 사업자로부터 받은 수수료를 기준으로 한다.

⑤ 다단계판매업자는 일정 수의 하위판매원을 모집하거나 후원하는 것을 조건으로 하위판매원 또는 그 하위판매원의 실적에 관계없이 후원수당을 차등하여 지급하여서는 아니 된다.

5. 제21조 제1항 또는 제3항을 위반한 자

ㄴ 제21조(후원수당 관련 표시광고 등) ① 다단계판매업자는 다단계판매원이 되려는 사람

또는 다단계판매원에게 다단계판매원이 받게 될 후원수당이나 소매이익(대단계판매원이 재화등을 판매하여 얻는 이익을 말한다)에 관하여 거짓 또는 과장된 정보를 제공하여서는 아니 된다.

③ 다단계판매업자는 다단계조직의 운영방식 또는 활동 내용에 관하여 거짓 또는 과장된 사실을 유포하여서는 아니 된다.

6. 제22조 제1항 또는 제4항을 위반한 자

└ 제22조(다단계판매원의 등록 및 탈퇴 등) ① 다단계판매업자는 다단계판매원이 되려는 사람 또는 다단계판매원에게 등록, 자격 유지 또는 유리한 후원수당 지급기준의 적용을 조건으로 과다한 재화등의 구입 등 대통령령으로 정하는 수준을 초과한 부담을 지게 하여서는 아니 된다.

　└ "대통령령으로 정하는 수준"이란 연간 5만 원을 말한다(시행령 제29조).

④ 다단계판매원은 언제든지 다단계판매업자에게 탈퇴의사를 표시하고 탈퇴할 수 있으며, 다단계판매업자는 다단계판매원의 탈퇴에 조건을 붙여서는 아니 된다.

7. 제23조 제1항 제3호·제5호·제7호 또는 제11호에 따른 금지행위를 한 자

└ 제23조(금지행위) ① 다단계판매자는 다음 각 호의 어느 하나에 해당하는 행위를 하여서는 아니 된다.

3. 청약철회 등이나 계약해지를 방해할 목적으로 주소·전화번호 등을 변경하는 행위

5. 상대방의 청약이 없는데도 일방적으로 재화등을 공급하고 재화등의 대금을 청구하는 등 상대방에게 재화등을 강제로 판매하거나 하위판매원에게 재화등을 판매하는 행위

7. 다단계판매업자에게 고용되지 아니한 다단계판매원을 다단계판매업자에게 고용된 사람으로 오인하게 하거나 다단계판매원으로 등록하지 아니한 사람을 다단계판매원으로 활동하게 하는 행위

11. 다단계판매조직 및 다단계판매원의 지위를 양도·양수하는 행위. 다만, 다단계판매원의 지위를 상속하는 경우 또는 사업의 양도·양수·합병의 경우에는 그러하지 아니하다.

8. 제37조 제5항을 위반하여 소비자피해보상보험계약등의 체결 또

는 유지에 관하여 거짓 자료를 제출한 사업자

9. 제37조 제7항을 위반하여 같은 조 제6항에 따른 표지를 사용하거나 이와 비슷한 표지를 제작 또는 사용한 자

    ∟ 제37조(소비자피해보상보험계약등) ⑥ 소비자피해보상보험계약등을 체결한 자는 그 사실을 나타내는 표지를 사용할 수 있다.

       ⑦ 소비자피해보상보험계약등을 체결하지 아니한 자는 제6항에 따른 표지를 사용하거나 이와 비슷한 표지를 제작 또는 사용하여서는 아니 된다.

10. 제49조 제1항에 따른 시정조치명령을 따르지 아니한 자

11. 제49조 제4항에 따른 영업정지명령을 위반하여 영업을 한 자

② 제1항에 따른 징역형과 벌금형은 병과할 수 있다.

제61조(벌칙) ① 다음 각 호의 어느 하나에 해당하는 자는 2년 이하의 징역 또는 5천만 원 이하의 벌금에 처한다.

1. 제11조 제1항 제1호·제2호 또는 제5호에 해당하는 금지행위를 한 자

    ∟ 제11조(금지행위) ① 방문판매자등은 다음 각 호의 어느 하나에 해당하는 행위를 하여서는 아니 된다.

       1. 재화등의 판매에 관한 계약의 체결을 강요하거나 청약철회등 또는 계약해지를 방해할 목적으로 소비자를 위협하는 행위

       2. 거짓 또는 과장된 사실을 알리거나 기만적 방법을 사용하여 소비자를 유인 또는 거래하거나 청약철회등 또는 계약해지를 방해하는 행위

       5. 청약철회등이나 계약해지를 방해할 목적으로 주소·전화번호 등을 변경하는 행위

2. 제34조 제1항 제1호·제2호 또는 제5호에 해당하는 금지행위를 한 자

    ∟ 제34조(금지행위 등) ① 계속거래업자 등은 다음 각 호의 어느 하나에 해당하는 행위

를 하여서는 아니 된다.

1. 계속거래등의 계약을 하게 하거나 계약의 해지 또는 해제를 방해하기 위하여 소비자를 위협하는 행위

2. 거짓 또는 과장된 사실을 알리거나 기만적 방법을 사용하여 소비자를 유인 또는 거래하거나 계약의 해지 또는 해제를 방해하는 행위

5. 계약의 해지 또는 해제를 방해할 목적으로 주소·전화번호 등을 변경하는 행위

② 제1항의 징역형과 벌금형은 병과할 수 있다.

제62조(벌칙) 다음 각 호의 어느 하나에 해당하는 자(제29조 제3항에 따라 준용되는 경우를 포함한다)는 1년 이하의 징역 또는 3천만 원 이하의 벌금에 처한다.

1. 제5조 제1항을 위반하여 신고를 하지 아니하거나 거짓으로 신고한 자

ㄴ, 제5조(방문판매업자등의 신고 등) ① 방문판매업자 또는 전화권유판매자(이하 "방문판매업자등"이라 한다)는 상호, 주소, 전화번호, 전자우편주소(법인인 경우에는 대표자의 성명, 주민등록번호 및 주소를 포함한다), 그 밖에 대통령령으로 정하는 사항을 대통령령으로 정하는 바에 따라 공정거래위원회 또는 특별자치시장·특별자치도지사·시장·군수·구청장(자치구의 구청장을 말한다)에게 신고하여야 한다. 다만, 다음 각 호의 자는 그러하지 아니하다.

1. 방문판매원 또는 전화권유판매원(이하 "방문판매원등"이라 한다)을 두지 아니하는 소규모 방문판매업자등 대통령령으로 정하는 방문판매업자등

2. 제13조 제1항에 따라 등록한 다단계판매자

3. 제29조 제3항에 따라 등록한 후원방문판매자

2. 제11조 제1항 제3호에 따른 금지행위를 한 자

ㄴ, 제11조(금지행위) ① 방문판매자등은 다음 각 호의 어느 하나에 해당하는 행위를 하여서는 아니 된다.

3. 방문판매원등이 되기 위한 조건 또는 방문판매원등의 자격을 유지하기 위한 조건으로서 방문판매원등 또는 방문판매원이 되려는 자에게 가입비, 판매 보조물

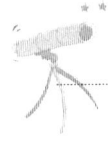

품, 개인할당 판매액, 교육비 등 그 명칭이나 형태와 상관없이 대통령령으로 정하는 수준을 초과한 비용 또는 그 밖의 금품을 징수하거나 재화등을 구매하게 하는 등 의무를 지게 하는 행위

3. 제12조 제1항 또는 제26조 제1항을 위반하여 휴업기간 또는 영업정지기간 중에 계속하여야 할 업무를 계속하지 아니한 자

ㄴ. 제12조(방문판매자등의 휴업기간 중 업무처리 등) ① 방문판매자등은 휴업기간 또는 영업정지기간 중에도 제8조 제1항 및 제3항에 따른 청약철회등의 업무와 제9조 제1항부터 제9항까지의 규정에 따른 청약철회등에 따른 업무를 처리하여야 한다.

ㄴ. 제26조(다단계판매업자의 휴업기간 중 업무처리 등) ① 다단계판매업자는 그 휴업기간 또는 영업정지기간 중에도 제17조 제1항에 따라 준용되는 제8조 제1항 및 제3항에 따른 청약철회등의 업무와 제18조 제1항부터 제8항까지의 규정에 따른 청약철회등에 따른 업무를 계속하여야 한다.

4. 제13조 제5항을 위반하여 자료를 제출하지 아니하거나 거짓자료를 제출한 자

5. 제15조 제1항에 따른 등록을 하지 아니하고 실질적으로 다단계판매원으로 활동을 한 자

6. 제15조 제2항 제1호 또는 제3호부터 제5호까지의 규정에 따라 다단계판매원으로 등록할 수 없는 자임에도 불구하고 다단계판매원으로 등록한 자

7. 제15조 제2항 제2호를 위반하여 미성년자를 다단계판매원으로 등록시킨 다단계판매자

8. 제15조 제3항에 따른 다단계판매원 등록증에 거짓 사실을 적은 자

9. 제15조 제4항을 위반하여 다단계판매원 등록부를 거짓으로 작성한 자

10. 제23조 제1항 제9호에 따른 금지행위를 한 자

ㄴ 제23조(금지행위) ① 다단계판매자는 다음 각 호의 어느 하나에 해당하는 행위를 하여
서는 아니 된다.

9. 상대방에게 판매하는 개별 재화등의 가격을 대통령령으로 정하는 금액을 초과하
도록 정하여 판매하는 행위

ㄴ "대통령령으로 정하는 금액"은 부가가치세를 포함하여 160만 원을 말한다(시
행령 제30조).

11. 제33조에 따른 재화등의 거래기록 등을 거짓으로 작성한 자

제63조(벌칙) 다음 각 호의 어느 하나에 해당하는 자(제29조 제3항에 따라 준용되는 경우를 포함한다)는 1천만 원 이하의 벌금에 처한다.

1. 제6조 제3항을 위반하여 성명 등을 거짓으로 밝힌 자

ㄴ 방문판매자 또는 전화권유판매자(이하 "방문판매자등"이라 한다)가 재화등을 판매하려
는 경우에는 소비자에게 미리 해당 방문 또는 전화가 판매를 권유하기 위한 것이라는
점과 방문판매자등의 성명 또는 명칭, 판매하는 재화등의 종류 및 내용을 밝혀야 한다.

2. 제7조 제2항, 제16조 또는 제30조 제2항에 따른 계약서를 발급할 때 거짓 내용이 적힌 계약서를 발급한 자

3. 제11조 제1항 제4호 또는 제7호에 따른 금지행위를 한 자

ㄴ 제11조(금지행위) ① 방문판매자등은 다음 각 호의 어느 하나에 해당하는 행위를 하여
서는 아니 된다.

4. 방문판매원등에게 다른 방문판매원등을 모집할 의무를 지게 하는 행위

7. 소비자의 청약 없이 일방적으로 재화등을 공급하고 재화등의 대금을 청구하는 행위

4. 제34조 제1항 제3호ㆍ제4호 또는 제7호에 따른 금지행위를 한 자

ㄴ 제34조(금지행위 등) ① 계속거래[94]업자등은 다음 각 호의 어느 하나에 해당하는 행위

---

94) ★ 계속거래 : 1개월 이상에 걸쳐 계속적으로 또는 부정기적으로 재화등을 공급
하는 계약으로서 중도에 해지할 경우 대금 환급의 제한 또는 위약금에 관한 약
정이 있는 거래를 말한다.

　　를 하여서는 아니 된다.
　　　3. 계속거래등에 필요한 재화등을 통상적인 거래가격보다 현저히 비싼 가격으로 구
　　　　입하게 하는 행위
　　　4. 소비자가 계속거래등의 계약을 해지 또는 해제하였는데도 정당한 사유 없이 이
　　　　에 따른 조치를 지연하거나 거부하는 행위
　　　7. 소비자의 청약이 없는데도 일방적으로 재화등을 공급하고 재화등의 대금을 청구
　　　　하는 행위

제65조(양벌규정 등) 제58조부터 제63조까지 해당

제51조(과징금) ① 공정거래위원회는 제49조 제4항에 따른 영업정지를 갈음하여 해당 사업자에 대하여 대통령령으로 정하는 위반행위 관련 매출액을 초과하지 아니하는 범위에서 과징금을 부과할 수 있다. 이 경우 관련 매출액이 없거나 이를 산정할 수 없는 등의 경우에는 5천만원을 초과하지 아니하는 범위에서 과징금을 부과할 수 있다.

제44조(포상금의 지급) ① 공정거래위원회는 다음 각 호의 어느 하나에 해당하는 위반행위를 신고 또는 제보하고 이를 입증할 수 있는 증거자료를 제출한 자에 대하여 예산의 범위에서 포상금을 지급할 수 있다.
　　1. 제13조 제1항 또는 제29조 제3항을 위반하여 등록을 하지 아니
　　　하고 다단계판매조직 또는 후원방문판매조직을 개설·관리 또는
　　　운영하는 행위
　　2. 제24조를 위반한 행위
　② 제1항에 따른 포상금의 지급 대상이 되는 이 법 위반행위 및 포상금 지급대상자의 범위, 포상금 지급의 기준·절차 등에 관하여 필요한 사항은 대통령령으로 정한다.

공익신고 포상금(보상금) 1

2014년 10월 15일   1판 1쇄 인쇄
2014년 10월 20일   1판 1쇄 발행

저 자 최 종 배
발 행 인 김 용 성
발 행 처   법률출판사
         서울시 동대문구 휘경동 187-20 오스카빌딩 4층
         ☎ 02)962-9154 팩스 02)962-9156
등록번호   제1-1982호
E-mail : lawnbook@hanmail.net

정가 18,000원   ISBN 978-89-5821-241-6   14360